Erfolgskonzepte Praxis- & Krankenhaus-Management

Ihre Erfolgs-Konzepte für Klinik und Praxis Als Arzt sind Sie auch Führungskraft und Manager: Teamführung, Qualitätsmanagement, Kodier- und Abrechnungsfragen, Erfüllung gesetzlicher Vorgaben, patientengerechtes Leistungsspektrum, effiziente Abläufe, leistungsgerechte Kostensteuerung …Zusätzliche Kompetenzen sind entscheidend für Ihren Erfolg. **Agieren statt reagieren** Gestalten Sie zielgerichtet die Zukunft Ihres Unternehmens – als Organisator, Stratege und Vermarkter.

Weitere Bände in der Reihe http://www.springer.com/series/7617

Walter Leal
(Hrsg.)

Qualitätsmanagement in der Gesundheitsversorgung

 Springer

Hrsg.
Walter Leal
Fakultät Life Sciences
Department Gesundheitswissenschaften
Hamburg University of Applied Sciences
Hamburg, Deutschland

ISSN 2627-2636   ISSN 2627-2644   (electronic)
Erfolgskonzepte Praxis- & Krankenhaus-Management
ISBN 978-3-662-59674-6   ISBN 978-3-662-59675-3   (eBook)
https://doi.org/10.1007/978-3-662-59675-3

© Springer-Verlag GmbH Deutschland, ein Teil von Springer Nature 2020
Das Werk einschließlich aller seiner Teile ist urheberrechtlich geschützt. Jede Verwertung, die nicht ausdrücklich vom Urheberrechtsgesetz zugelassen ist, bedarf der vorherigen Zustimmung des Verlags. Das gilt insbesondere für Vervielfältigungen, Bearbeitungen, Übersetzungen, Mikroverfilmungen und die Einspeicherung und Verarbeitung in elektronischen Systemen.
Die Wiedergabe von allgemein beschreibenden Bezeichnungen, Marken, Unternehmensnamen etc. in diesem Werk bedeutet nicht, dass diese frei durch jedermann benutzt werden dürfen. Die Berechtigung zur Benutzung unterliegt, auch ohne gesonderten Hinweis hierzu, den Regeln des Markenrechts. Die Rechte des jeweiligen Zeicheninhabers sind zu beachten.
Der Verlag, die Autoren und die Herausgeber gehen davon aus, dass die Angaben und Informationen in diesem Werk zum Zeitpunkt der Veröffentlichung vollständig und korrekt sind. Weder der Verlag, noch die Autoren oder die Herausgeber übernehmen, ausdrücklich oder implizit, Gewähr für den Inhalt des Werkes, etwaige Fehler oder Äußerungen. Der Verlag bleibt im Hinblick auf geografische Zuordnungen und Gebietsbezeichnungen in veröffentlichten Karten und Institutionsadressen neutral.

Umschlaggestaltung: deblik Berlin/Fotonachweis Umschlag: © Troels Graugaard/istockphoto.com, ID: 22723201

Springer ist ein Imprint der eingetragenen Gesellschaft Springer-Verlag GmbH, DE und ist ein Teil von Springer Nature.
Die Anschrift der Gesellschaft ist: Heidelberger Platz 3, 14197 Berlin, Germany

Inhaltsverzeichnis

Teil III   Qualitätsmanagement aus Sicht der Kostenträger

15   Qualifizierung der Mitarbeiter im Bereich PQM 227
Elif Ölki

16   Compliance in Bezug auf Qualitätsmanagement 243
Sara Baschiri

**17   Marketing und Benchmarking im Qualitätsmanagement
aus der Sicht der Kostenträger** 259
Gülcan Dilay Sener

Einführung – Der strategische Wert von Qualitätsmanagement im Gesundheitswesen

Walter Leal und Svenja Scheday

Es gibt wenige Sektoren, in denen das Qualitätsmanagement (QM) eine so große Bedeutung hat wie im Sozial- und Gesundheitswesen. Die drei wichtigsten Gründe hierfür sind:

1. Das QM stellt sicher, dass die zahlreichen Aktivitäten, die zum Alltag der Akteurinnen und Akteure im Gesundheitswesen gehören, durch angemessene Prozesse begleitet werden und somit den gesetzlichen Auflagen entsprechen (Petzina und Wehkamp 2019, S. 2).
2. QM-Maßnahmen folgen einheitlichen Standards und können für verschiedene Bereiche angewendet werden. Zumeist wird Qualität in die drei Dimensionen „Strukturqualität", „Prozessqualität" und „Ergebnisqualität" unterteilt (Kuntsche und Börchers 2017, S. 309). In allen drei Dimensionen bestehen Standards, wie z. B. in der Strukturqualität bei der Aus- und Weiterbildung von Mitarbeiterinnen und Mitarbeitern. Durch die Maßnahmen soll unter anderem erreicht werden, dass die Einrichtungen effizienter sowie effektiver arbeiten.

In diesem Buch wurde auf eine geschlechtergerechte Formulierung geachtet. Unterschiedliche Schreibweisen in den einzelnen Kapiteln wurden bewusst belassen, um die individuelle Ausdrucksweisen der Autorenschaft beizubehalten. Wurde aus Gründen der besseren Lesbarkeit an manchen Stellen das generische Maskulinum verwendet, wird ausdrücklich darauf hingewiesen, dass sich diese Schreibform grundsätzlich auf beide Geschlechter bezieht.

W. Leal (✉)
Fakultät Life Sciences, Department Gesundheitswissenschaften,
Hochschule für Angewandte Wissenschaften Hamburg, Hamburg, Deutschland
E-Mail: walter.leal2@haw-hamburg.de

S. Scheday
Hochschule für Angewandte Wissenschaften Hamburg, Hamburg, Deutschland
E-Mail: Svenja.Scheday@haw-hamburg.de

© Springer-Verlag GmbH Deutschland, ein Teil von Springer Nature 2020
W. Leal (Hrsg.), *Qualitätsmanagement in der Gesundheitsversorgung,* Erfolgskonzepte Praxis- & Krankenhaus-Management, https://doi.org/10.1007/978-3-662-59675-3_1

3. Die Einführung und ordentliche Betreuung eines QM erhöht die Sicherheit der Mitarbeiterinnen und Mitarbeiter und kann zu einer Reduzierung von Risiken führen. Des Weiteren wird durch die Erkennung potenzieller Risiken auch die Behandlungsqualität der Patientinnen und Patienten verbessert.

Darüber hinaus kann ein QM zu einer langfristigen Reduzierung der Kosten beitragen, indem sich mögliche Duplikationen oder ineffiziente Prozeduren vermeiden lassen.

Das QM ist ein dynamischer Prozess, der zu einer ständigen Verbesserung der der Vorgänge führt.

Abb. 1.1 bietet eine Übersicht der Bereiche, in denen das QM eine wichtige Rolle spielt: Das QM wird im Gesundheitswesen meistens aus drei Sichtweisen betrachtet:

- Aus Sicht der Dienstleister, der Patientinnen und Patienten und der Kostenträger.
- Aus Sicht von Dienstleistern, wie z. B. Krankenhäusern und Kliniken, dient das QM als Werkzeug zur Umsetzung von gesetzlichen Regelungen und Vorgaben, die das Aufnahme- und Entlassungsmanagement bis hin zum Lob- und Beschwerdemanagement umfassen. Außerdem können durch ein funktionierendes QM die Kundenerwartungen besser erfüllt, das Qualitätsniveau verbessert und die Marktanteile erhalten bzw. neu erschlossen werden (Hensen 2016, S. 43).
- Aus Sicht der Patientinnen und Patienten ist die Umsetzung eines effizienten QM-Systems einer Einrichtung im Gesundheitswesen ein zuverlässiger Indikator für die Einhaltung der aktuellen Standards. Das QM im Allgemeinen und insbesondere die strukturierten Qualitätsberichte dienen häufig als Marketinginstrumente (Petzina und Wehkamp 2019, S. 13). Durch sie können die Patientinnen und Patienten einschätzen, welchen Stellenwert das Thema Qualität innerhalb einer Einrichtung hat.

Die Kostenträger setzen das QM außerdem als effizientes Instrument ein um zu ermitteln, ob die gesetzlichen Auflagen eingehalten werden.

Neben den bereits genannten Vorteilen gibt es weitere, die in der folgenden Abb. 1.2 dargestellt sind:

Es gibt wenige Publikationen, die sich mit dem QM im allgemeinen Sinne im Bereich des Gesundheitswesens beschäftigen. Dieses Buch beschäftigt sich speziell mit diesen Themen, indem es das QM und dessen Umsetzung aus Sicht der Einrichtungen sowie aus Sicht der Kostenträger und Patientinnen sowie Patienten betrachtet.

Die folgenden Kapitel erläutern die Gegebenheiten des es QM, speziell im Gesundheitsbereich, und beschreiben somit die Funktionsweise sowie den Nutzen der verschiedenen Komponenten. Der Fokus liegt auf dem strategischen, also dem langfristigen Potenzial eines QM-Systems im Gesundheitswesen.

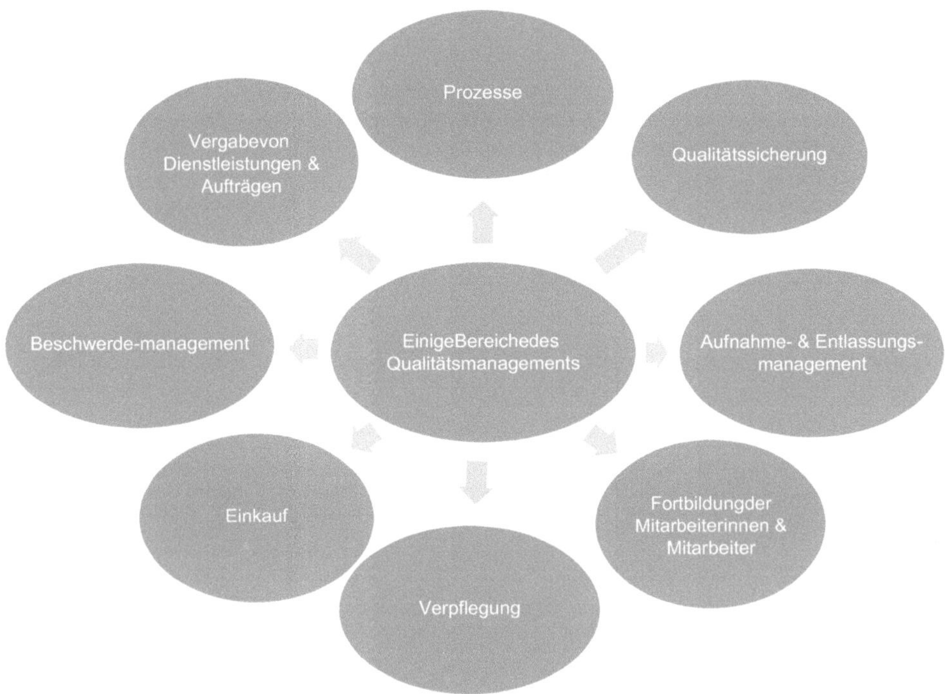

Abb. 1.1 Wichtige Bereiche des QM

Abb. 1.2 Vorteile von QM-Systemen

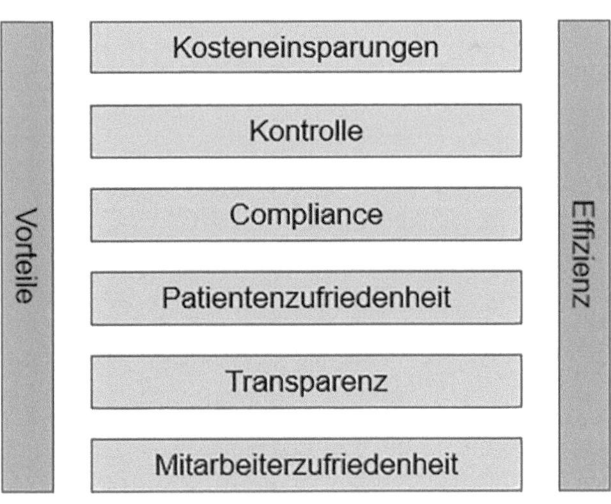

Literatur

Hensen, Peter. (2016). *Qualitätsmanagement im Gesundheitswesen*. Wiesbaden: Springer Fachmedien.

Kuntsche, P., & Börchers, K. (2017). Qualitätsmanagement in den gesundheitsversorgenden Sektoren des Gesundheitswesens. Qualitäts- und Risikomanagement im Gesundheitswesen. Berlin: Springer Gabler.

Petzina, R., & Wehkamp, K. (2019). Qualitätsmanagement und Qualitätssicherung im Gesundheitswesen. In R. Haring (Hrsg.), Gesundheitswissenschaften. Springer Reference Pflege – Therapie – Gesundheit. Berlin: Springer.

Qualitätsmanagement aus Sicht der Gesundheitseinrichtung

Einführung in das Qualitätsmanagement

2

Sabine Bart

2.1 Einleitung

Qualitätsmanagement spielt vor allem in der Gesundheitsversorgung eine wichtige Rolle und hat mittlerweile in allen Sektoren und Bereichen eine Anwendung gefunden. Es ist ein zentraler Bestandteil der medizinischen Versorgung. Der Qualitätsbegriff orientiert sich in der Gesundheitsversorgung hauptsächlich an der Behandlungsqualität der Patient_innen. Im Fokus steht, Risiken zu verringern und sichere Handlungen zu fördern (Kuntsche und Börchers 2017, S. V).

Dass dem Qualitätsmanagement im deutschen Gesundheitswesen eine immer höhere Bedeutung zugeschrieben wird, liegt an zwei wesentlichen Aspekten. Zum einen ist es die Notwendigkeit, Behandlungsfehler zu vermeiden, die selbst in modernen Versorgungssystemen vorkommen. Das bedeutet, dass die Patientensicherheit gewährleistet werden soll. Zum anderen soll durch ein Qualitätsmanagement sichergestellt werden, dass bei begrenzten Ressourcen die vorhandenen Mittel effizient zum Einsatz kommen. Vor allem in Bezug auf den demografischen Wandel ist mit einem Anstieg des Versorgungsbedarfs zu rechnen, da zukünftig mehr ältere Menschen in der deutschen Gesellschaft leben werden (Robert Koch – Institut 2015, S. 354). Dies verdeutlicht die Relevanz des Qualitätsmanagements in der Gesundheitsversorgung.

Das folgende Kapitel bietet eine Einführung in das Thema „Qualitätsmanagement in der Gesundheitsversorgung". Hierzu werden erst die Begriffe „Qualität" und „Qualitätsmanagement" definiert und anschließend der Bedarf und der Nutzen des Qualitätsmanagements erläutert. Daraufhin folgt eine Vorstellung des Qualitätsmanagements in den

S. Bart (✉)
Hochschule für Angewandte Wissenschaften Hamburg, Hamburg, Deutschland
E-Mail: Sabine.Bart@haw-hamburg.de

© Springer-Verlag GmbH Deutschland, ein Teil von Springer Nature 2020
W. Leal (Hrsg.), *Qualitätsmanagement in der Gesundheitsversorgung,* Erfolgskonzepte
Praxis- & Krankenhaus-Management, https://doi.org/10.1007/978-3-662-59675-3_2

verschiedenen Sektoren der Gesundheitsversorgung, nämlich dem stationären Bereich, dem ambulanten Bereich und der Rehabilitation. Danach werden mögliche Umsetzungsformate mithilfe von zwei Praxisbeispielen erläutert und die Herausforderungen des Qualitätsmanagements in der Gesundheitsversorgung erklärt. Abschließend folgt eine Schlussfolgerung.

2.2 Definitionen

Um das Konzept des Qualitätsmanagements in der Gesundheitsversorgung erklären zu können, bedarf es einer Erläuterung der sich dahinter verbergenden Begriffe, um ein Basiswissen herzustellen. Dazu wird im Folgenden erst der Begriff „Qualität" definiert und auf das Gesundheitswesen bezogen. Anschließend wird erläutert, was der Begriff „Qualitätsmanagement" beinhaltet und welche Bereiche er umfasst.

2.2.1 Qualität

Der Begriff Qualität lässt sich auf das lateinische Wort *qualitas* zurückführen. Dieses bedeutet übersetzt die Art, Beschaffenheit, Brauchbarkeit und Eigenschaft eines Gegenstandes oder einer Sache (Schmidt 2016, S. 10). Im Gesundheitswesen kann Qualität sowohl auf Sachgüter (materielle Produkte) als auch auf Dienstleistungen (immaterielle Leistungen) bezogen werden. All diese Güter sind darauf gerichtet, das Bedürfnis nach Gesundheit zu befriedigen. Mit Sachgütern sind Produkte wie Arzneimittel, technische Medizinprodukte und Verbrauchsmaterial, wie beispielsweise Verband, gemeint, während Dienstleistungen im Gesundheitswesen die notärztliche Versorgung, häusliche Pflege, therapeutische Behandlungen und Beratung umfassen. Diese vielen Bereiche verdeutlichen die Komplexität dieses Themas (Hensen 2016, S. 4).

Qualität kann nur dann entstehen, wenn Methoden, Verfahren, Technik und Organisation vereint werden und das Management und die Mitarbeiter_innen zusammenarbeiten und eine gute Kommunikation besteht (Kuntsche und Börchers 2017, S. 1).

Es gestaltet sich schwierig, eine einzige Definition für den Begriff Qualität zu finden, da berücksichtig werden muss, dass der Blickpunkt des Betrachters/der Betrachterin eine entscheidende Rolle spielt. Es müssen die verschiedenen Sichtweisen des Kunden (Patient_innen, Angehörige), der Mitarbeiter_innen und die der Gesellschaft beachtet werden (Schmidt 2016, S. 13). Im Gesundheitswesen ist die Definition der Qualität des *Institute of Medicine* (IOM) verbreitet. In dieser wird der Begriff Qualität als ein Ausmaß bezeichnet, durch welches die Wahrscheinlichkeit erwünschter gesundheitlicher Behandlungsergebnisse für Individuen und Populationen erhöht wird und das mit dem gegenwärtigen professionellen Wissensstand übereinstimmt (Institute of Medicine 2002). Des Weiteren ist Qualität vor allem im Gesundheitsbereich ein sehr komplexes Thema, da sie nur bedingt messbar und kaum objektivierbar ist und zwischenmenschliche

Aspekte wie Zuwendung eine bedeutende Rolle spielen. Eine Beurteilung der Qualität ist deshalb aufwendig oder nur in einzelnen Teilbereichen möglich (Schmidt 2016, S. 15).

In diesem Zusammenhang ist das Qualitätsmodell nach Avedis Donabedian aus dem Jahr (1966) im Bereich der Medizin und Pflege verbreitet. Dieses Modell unterteil den Qualitätsbegriff in die drei Bereiche der Struktur-, Prozess- und Ergebnisqualität. Unter der Strukturqualität werden die Rahmenbedingungen der gesundheitlichen Versorgung und die zur Leistungserbringung erforderlichen Fähigkeiten verstanden. Dies beinhaltet die verfügbaren personellen, materiellen und finanziellen Ressourcen und ob der Patient/ die Patientin einen Zugang zu den Dienstleistungen erreichen kann. Der Bereich der Prozessqualität umfasst die ärztlichen, pflegerischen und administrativen Aktivitäten in den Versorgungsprozessen. Dies umfasst die Tätigkeiten und das Zusammenwirken bei der medizinischen Versorgung, der Pflege, der Beratung und weiteren Bereichen. Unter der Ergebnisqualität wird die Veränderung des Gesundheitszustandes bezogen auf die vorausgegangene Leistungserbringung verstanden. Dies beinhaltet die Patientenbewertung bezogen auf die Zufriedenheit und Lebensqualität (Kuntsche und Börchers 2017, S. 2 f.).

In der Praxis stellt die Umsetzung der einzelnen Qualitätskriterien jedoch eine Herausforderung dar. Um diese zu meistern, ist ein gutes Qualitätsmanagement notwendig.

2.2.2   Qualitätsmanagement

Der Begriff Qualitätsmanagement (QM) wird definiert als aufeinander abgestimmte Tätigkeiten zur Leitung und Lenkung einer Organisation bezogen auf die Qualität. Das bedeutet, dass durch das Qualitätsmanagement die Qualität nicht nur geprüft und kontrolliert, sondern vielmehr geplant und gestaltet wird (Hensen 2016, S. 39). Dies beinhaltet, dass das Qualitätsmanagement als Bestandteil der Unternehmenspolitik und -ziele eingeführt wird und dass die Qualitätsziele und Verantwortlichkeiten wahrgenommen werden (Kuntsche und Börchers 2017, S. 4).

Das Deutsche Institut für Normung (DIN) hat Standards entwickelt, um den internationalen Anforderungen an ein gültiges Qualitätsmanagementsystem gerecht zu werden. Das Ziel dieser Richtlinien ist, dass die Produkte so hergestellt werden, dass sie auf dem internationalen Markt verkauft werden können. Eine dieser Normen ist die DIN EN ISO 9000, die für Dienstleistungen gilt. In dieser Norm werden die sieben Grundsätze des Qualitätsmanagements definiert, um einen Rahmen für Unternehmensentwicklung und Leistungsverbesserung zu schaffen.

1. Kundenorientierung: Bildung und Erhalt des Vertrauens des Kunden für die Sicherung des langfristigen Erfolges
2. Führung: Strategien, Ziele, Prozesse und Ressourcen werden an das sich ständig ändernde Umfeld angepasst
3. Einbeziehung von Personen: Mitarbeiter_innen werden in Entscheidungen miteinbezogen, Zusammenarbeit gefördert und Wissen und Erfahrung zur gemeinsamen Nutzung bereitgestellt

4. Prozessorientierter Ansatz: Verbesserung der Leistung von Prozessen, Beachtung der Wirksamkeit und Effizienz
5. Verbesserung: langfristiger und ganzheitlicher Erfolg durch Aufrechterhaltung, Verbesserung und Innovation
6. Faktengestützte Entscheidungsfindung: subjektive Entscheidungen werden durch das Verständnis des Zusammenhangs von Ursache und Wirkung reduziert
7. Beziehungsmanagement: Sicherung eines Erfolges durch Leitung und Lenkung der Beziehungen zu allen interessierten Parteien

Das Qualitätsmanagement besteht aus der Qualitätsplanung, in der einzelne Tätigkeiten vorausschauend festgelegt werden, der Qualitätslenkung, in der die notwendige Unterstützung zur Umsetzung der Anforderungen und die Arbeitstechniken bereit gestellt wird, der Qualitätssicherung, die alle geplanten Tätigkeiten strukturiert und systematisch umsetzt sowie der Qualitätsverbesserung, zu der sämtliche Maßnahmen zur Steigerung von Wirksamkeit und Wirtschaftlichkeit der Prozesse innerhalb eines Unternehmens gehören (Kamiske und Brauer 2011).

Ein weiteres Konzept, auf dem das Qualitätsmanagement stützt, ist der sogenannte PDCA-Zyklus nach Deming und Shewhart. Demnach wird der Prozess in Planen *(Plan)*, Ausführen *(Do)*, Überprüfen *(Check)* und Verbessern *(Act)* eingeteilt. In Abb. 2.1 werden die einzelnen Phasen erläutert und der Verlauf des Zyklus verdeutlicht. Der PDCA-Zyklus verfolgt eine Problemlösungsstrategie und soll diese Denkhaltung im Management etablieren.

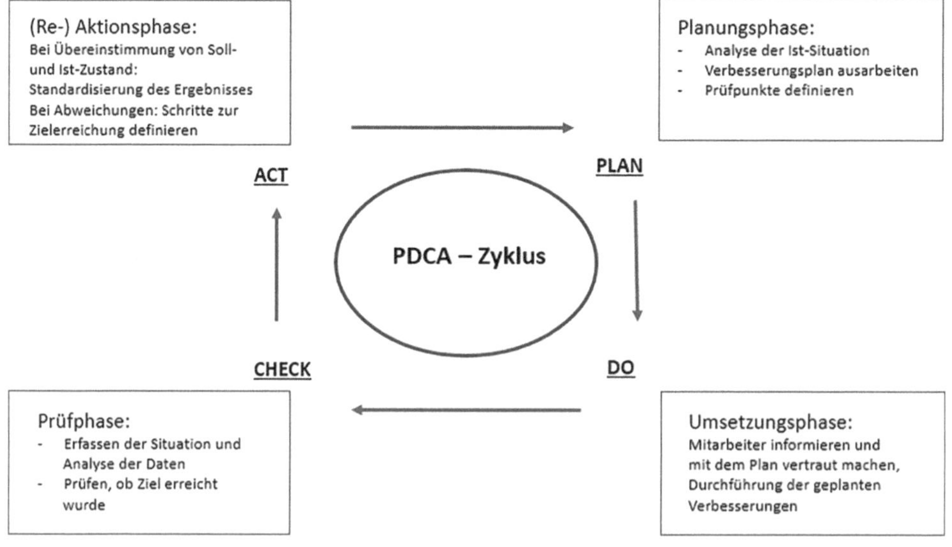

Abb. 2.1 Der PDCA-Zyklus (Ertl-Wagner et al. 2013, S. 6)

Die Struktur und der Inhalt des Qualitätsmanagements werden in einem Qualitätsmanagementhandbuch festgehalten. Dieses orientiert sich als wichtiges Dokument an den gewählten Standards und Vorgaben des jeweiligen Managementsystems und Modells (Schmidt 2016, S. V). In den folgenden Abschnitten wird erläutert, wieso es an Qualitätsmanagement in der Gesundheitsversorgung bedarf und wofür es nützlich ist.

2.3   Der Bedarf

Besonders im Bereich der Gesundheitsversorgung spielt Qualität und deshalb auch Qualitätsmanagement eine bedeutende Rolle. Unter Gesundheitsversorgung werden medizinische Leistungen wie Diagnostik, Therapie und Pflege verstanden, die in medizinischen Einrichtungen zur Feststellung, Heilung und Linderung von Krankheiten angeboten werden. Es zählen unter anderem auch Leistungen der Altenpflege, Prävention, der öffentlichen Gesundheitspflege und der arbeitsmedizinischen Überwachung zur Gesundheitsversorgung (Paschen 2013, S. 5). Diese Vielzahl an unterschiedlichen Bereichen verdeutlicht die Komplexität der Gesundheitsversorgung.

Das Gesundheitswesen in Deutschland ist mit mehr als vier Millionen Beschäftigten bezogen auf das Personal der größte volkswirtschaftliche Bereich und bildet damit einen zentralen Sektor der Wirtschaft und der Gesellschaft (Kuntsche und Börchers 2017, S. 7). Vor dem Hintergrund des demografischen Wandels, der eine steigende Anzahl älterer Menschen in der Gesellschaft bedeutet, ist damit zu rechnen, dass Gesundheitsleistungen in Zukunft verstärkt in Anspruch genommen werden. Dies stellt einen erhöhten Bedarf der gesundheitlichen Versorgung in der Gesellschaft in Deutschland dar (Robert Koch – Institut 2015, S. 435). Dadurch wird verdeutlicht, dass der Bereich der Gesundheitsversorgung vor Herausforderungen steht, wie beispielsweise der hohen Komplexität, Finanzierung und vor allem Qualität des Personals und der Leistungen. Aus diesem Grunde bedarf es vor allem im Gesundheitswesen eines guten Qualitätsmanagements in den medizinischen Einrichtungen, um Abläufe zu verbessern (Kuntsche und Börchers 2017, S. 7).

Des Weiteren stellt das Gesundheitswesen einen anspruchsvollen Bereich dar, da im Mittelpunkt der Mensch als Patient_in steht. Das höchste Gut des Menschen, die Gesundheit, wird behandelt und steht im Fokus. Aus diesem Grunde bedarf es hier allein schon aus ethischen-moralischen Verpflichtungen einer möglichst hohen Qualität. Eine optimale Diagnostik und Behandlung, Fachkompetenz und entsprechende Sicherheitsstandards sollten gestellt werden, um eine Patientensicherheit gewährleisten zu können. Außerdem spielen auch emotionale und zwischenmenschliche Faktoren eine Rolle, sodass die Gesundheitsversorgung einen vielfältigen Bereich mit stark vernetzten Strukturen und Beziehungen abbildet (Ertl-Wagner et al. 2013, S. VII).

Während die Begriffe Qualitätsmanagement und Qualitätssicherung seit vielen Jahrzehnten fest in der Wirtschaft verankert sind, sind sie im Gesundheitswesen erst seit den 1980er Jahren zum Thema geworden. Durch gesetzliche Regelungen ist

Qualitätssicherung in Krankenhäusern zu einer Verpflichtung geworden. Die Paragrafen §§ 135–137 des Sozialgesetzbuches V legen fest, dass Krankenhäuser gesetzlich verpflichtet sind, ein QM-System zu etablieren (Ertl-Wagner et al. 2013, S. 16). Dieses beinhaltet im Krankenhaus verschiedene Bereiche wie das Risikomanagement, Hygienemanagement, Lob- und Beschwerdemanagement und den Servicebereich wie die Verpflegung. Das Risikomanagement bedeutet, dass das Krankenhaus sich mit den bestehenden Risiken auseinandersetzt und versucht, diese zu verringern, um Fehler zu umgehen. Patienten- und Mitarbeiterschäden sollen dadurch vermieden werden (Sendlhofer et al. 2018, S. 90 f.). Das Hygienemanagement beschäftigt sich damit, gezielte Maßnahmen zur Verbesserung der Hygiene zu entwickeln, um Infektionen zu vermeiden. Hygienerelevante Abläufe sollen dokumentiert und die Mitarbeiter_innen speziell zu dem Thema Hygiene geschult werden (Kuntsche und Börchers 2017, S. 349). Das Lob- und Beschwerdemanagement setzt sich mit der Kritik und den Rückmeldungen der Patient_innen und Angehörigen auseinander. Dadurch kann erkannt werden, an welchen Stellen und in welchen Prozessen ein Optimierungsbedarf besteht. Dies kann beispielsweise durch Fragebögen oder Online-Formulare umgesetzt werden (Neugebauer 2018, S. 57).

2.4   Der Nutzen

Durch knapper werdende Ressourcen, gesellschaftliche Veränderungen und steigende Ansprüche werden dem Gesundheitswesen zahlreiche Anforderungen gestellt, die sowohl effiziente als auch effektive Leistungen verlangen. Dadurch ergibt sich zunehmend ein Wettbewerbs- und Wirtschaftlichkeitsdruck. Ein funktionierendes Qualitätsmanagement kann in diesem Kontext aus unternehmerischer Sichtweise sehr nützlich sein, um diese Herausforderungen zu bewältigen (Hensen 2016, S. 43). Krankenhäuser sind keine konkurrenzfreie Zone mehr, sondern stehen im Wettbewerb zu vielen anderen Krankenhäusern, sodass es wichtig ist, sich seine eigene Position im Wettbewerb zu sichern. Das heißt, dass das Leistungsspektrum und die individuellen Stärken in der Öffentlichkeit sichtbar sein müssen, sodass der Patient/die Patientin sich für das Krankenhaus entscheidet. Ein QM-System kann die Rahmenbedingungen schaffen, um Leistung und Qualität zu erhöhen (Ertl-Wagner et al. 2013, S. 17).

Das Qualitätsmanagement in der Gesundheitsversorgung hat jedoch nicht nur einen wirtschaftlichen Aspekt, sondern ist vor allem dafür zuständig, einen gesundheitlichen Nutzen zu erzeugen und Patient_innen vor Schäden zu bewahren, die vermeidbar sind. Die Bedürfnisse der Patient_innen und Hilfebedürftigen stehen damit an erster Stelle und stellen die Legitimation des Unternehmensgeschehens dar. Sie sind kein „Mittel", um wirtschaftliche Ziele zu erreichen. Im Qualitätsmanagement ist daher neben der unternehmerischen auch die sozialethische und moralische Sichtweise vertreten (Hensen 2016, S. 43). Damit das Qualitätsmanagement einen hohen Nutzen erzeugt, sollten bestimmte Aspekte im Mittelpunkt stehen.

1. Kundenorientierung: Es werden die Zielgruppe und deren Bedürfnisse ermittelt, um eine möglichst hohe Kundenzufriedenheit zu erreichen. In der Gesundheitsversorgung ist dies in erster Linie der/die Patient_in. Die Qualitätsziele orientieren sich an den Bedürfnissen und Wünschen der Kunden.
2. Mitarbeiterorientierung: Der Fokus liegt hierbei auf der Erreichung einer möglichst hohen Behandlungsqualität. Dies geschieht durch das Zusammenarbeiten verschiedener Berufsgruppen, der Ermittlung des Fortbildungsbedarfs und der Möglichkeit einer Beteiligung. Die Mitarbeiter_innen sollen zu einem qualitätsorientierten Handeln befähigt werden.
3. Prozessorientierung: Durch gut organisierte Prozesse können Abläufe optimiert werden, wie beispielsweise Wartezeiten verringert oder Doppeluntersuchungen vermieden werden, sodass insgesamt wirtschaftlicher gearbeitet wird. Im Fokus steht die Frage, ob die Aufgaben richtig erledigt werden *(Doing the things right),* um für alle Beteiligten Vorteile zu schaffen.
4. Beleuchtung interner Strukturen: Um eine langfristige Qualität sichern zu können, werden die internen Strukturen eines Unternehmens untersucht. Im Krankenhaus könnten dies beispielsweise die Organisation der einzelnen Stationen oder die Kommunikation untereinander sein. Im Vordergrund stehen hierbei Kosteneinsparungen und eine höhere Kosteneffizienz.
5. Präventive Orientierung: Die Vermeidung von Fehlern, die Suche nach Fehlerursachen und deren Beseitigung stehen im Fokus. Eine Verbesserung der Behandlungsabläufe soll erreicht und Risiken rechtzeitig erkannt werden.
6. Kontinuierliche Verbesserung: Das Hinterfragen, ob die richtigen Mittel in der richtigen Art und Weise genutzt werden, sollte in der Gesundheitsversorgung oberste Priorität haben *(Doing the right things right).* Die Leistungsqualität soll hierdurch systematisch und stetig weiterentwickelt werden, indem der medizinische Fortschritt und Erkenntnisse berücksichtigt werden.

(Ertl-Wagner et al. 2013, S. 16 f.).

Mit Berücksichtigung der genannten Aspekte ist ein Qualitätsmanagement verwendbar, um einen gesundheitlichen Nutzen zu erzeugen und wirtschaftliche und ethische Ziele zu kombinieren.

2.5 Qualitätsmanagement in den verschiedenen Sektoren

Wie bereits erläutert, umfasst die Gesundheitsversorgung mehrere Bereiche. In Anbetracht der Vielzahl der beteiligten Berufsgruppen und Versorgungsbereichen ist ein funktionierendes und gut aufgestelltes Qualitätsmanagement in den einzelnen Sektoren notwendig. Im Folgenden wird das Qualitätsmanagement im stationären, ambulanten und Rehabilitationsbereich kurz dargestellt, um einen Überblick über die einzelnen Sektoren zu bieten.

2.5.1 Stationärer Bereich (Krankenhäuser)

Eine stationäre Behandlung erfolgt in Krankenhäusern und Rehabilitations- und Vorsorgeeinrichtungen, die bestimmte Voraussetzungen erfüllen. Im Folgenden wird sich auf die Krankenhäuser bezogen und in einem gesonderten Abschn. (2.5.3) auf die Rehabilitationseinrichtungen.

Obwohl Krankenhäuser keiner Zertifizierungspflicht unterliegen, können immer mehr Krankenhäuser eine Zertifizierung nachweisen. Weit verbreitete Zertifizierungsverfahren sind unter anderem das KTQ-Verfahren (Kooperation für Transparenz und Qualität im Gesundheitswesen) und die Zertifizierung nach DIN EN ISO 9001 (Kuntsche und Börchers 2017, S. 289). Von insgesamt 2095 Krankenhäusern waren circa 26 % nach KTQ zertifiziert, während circa 17 % nach der ISO 9001 zertifiziert waren (Destatis 2013). Eine Studie von Neugebauer et al. aus dem Jahr (2013) zeigt, dass die Einführung eines Qualitätsmanagements unter anderem das Betriebsklima und den Führungsstil der Vorgesetzten verbessert hat. Mitarbeiter_innen eines Klinikums wurden befragt und vor allem eine gute Zusammenarbeit der Berufsgruppen und klare Strukturen in den Arbeitsprozessen sowie eine hohe Leistungsqualität wurden als besonders wichtig eingeschätzt (Kuntsche und Börchers 2017, S. 291).

Ein Verfahren, um Qualität im Krankenhaus zu sichern, ist die sogenannte externe stationäre Qualitätssicherung. Die medizinische und pflegerische Leistung der Krankenhäuser soll damit sichtbar gemacht werden, indem die Behandlung aller Patient_innen eines Krankenhauses in definierte Bereiche anhand von Qualitätsindikatoren erfasst wird. Eine Erfassung und Auswertung der Daten erfolgt jährlich, sodass eine Ergebnisbewertung der Leistungen durchgeführt werden kann. Dadurch werden konkrete Verbesserungsvorschläge abgeleitet (Kuntsche und Börchers 2017, S. 291).

2.5.2 Ambulanter Bereich

Unter der ambulanten Versorgung werden Behandlungsleistungen verstanden, die außerhalb von Krankenhäusern erfolgen. Den größten Bereich bildet die ärztliche und zahnärztliche Versorgung. Des Weiteren zählen psychotherapeutische Leistungen und Heilmittelerbringer wie beispielsweise Krankengymnastik und Ergotherapie dazu. Die ambulante Versorgung ist eine Schlüsselstelle im Gesundheitswesen und eine wichtige Anlaufstelle für Patient_innen (Gerlinger und Burkhardt 2014).

Alle Vertragsarztpraxen in Deutschland sind seit dem Jahr 2004 verpflichtet, ein Qualitätsmanagement einzuführen. In der Qualitätsmanagement-Richtlinie vertragsärztliche Versorgung des Gemeinsamen Bundesausschusses sind die grundsätzlichen Anforderungen, Grundelemente und Instrumente an ein internes Qualitätsmanagement seit 2006 festgelegt. Das Ziel ist, eine stetige Verbesserung der Patientenversorgung und Praxisorganisation zu erreichen. Die Abläufe und Praxisbereiche werden in einzelnen

Schritten systematisch evaluiert und ausgewertet. Neben einer guten Behandlungsqualität steht auch die Motivation der Mitarbeiter_innen im Fokus. Eine geplante Arbeitsorganisation, angemessene Arbeitszeiten und Fortbildungsmöglichkeiten sind dafür notwendig (Kuntsche und Börchers 2017, S. 299 f.).

Die Qualitätssicherung in der ambulanten Versorgung beruht auf mehreren Gesetzen und normgebenden Regeln. Dazu gehört das SGB V, Richtlinien des Gemeinsamen Bundesausschusses (G-BA) sowie weitere Regelungen der Kassenärztlichen Vereinigungen. Es besteht jedoch keine Pflicht zur Zertifizierung. Es steht den Ärzt_innen frei, entweder ein eigenes Konzept eines Qualitätsmanagements zu entwickeln oder ein standardisiertes System wie beispielsweise nach DIN EN ISO 9001 anzuwenden. Die Auswahl eines Systems richtet sich nach den Strukturen der Praxis, den personellen und finanziellen Aufwänden und nach dem persönlichen Geschmack (Bundesärztekammer 2018).

2.5.3 Rehabilitation

Im Bereich der Rehabilitation haben die Themen Qualitätsmanagement und Qualitätssicherung einen hohen Stellenwert. Die Qualitätssicherung ist sowohl für die Reha-Einrichtungen als auch für die Reha-Träger eine gesetzlich festgelegte Aufgabe. Seit 1994 ist dafür ein externes Qualitätssicherungsprogramm etabliert. Dieses umfasst die rehabilitative Versorgung, die Organisation und Struktur der Einrichtungen und die Qualität bezogen auf die Rehabilitanden. Es besteht, im Gegensatz zu den Krankenhäusern und ambulanten Praxen, eine Pflicht zur Zertifizierung für stationäre Reha-Einrichtungen. Dadurch muss die erfolgreiche Umsetzung des Qualitätsmanagements in regelmäßigen Abständen nachgewiesen werden. Zu den grundsätzlichen Anforderungen gehören unter anderem ein Beschwerdemanagement, ein Fehlermanagement, Beziehungen zu den Patient_innen und Angehörigen und die Personalentwicklung (Kuntsche und Börchers 2017, S. 332).

2.6 Mögliche Umsetzungsformate

Krankenhäuser sind seit dem Jahr 2005 durch den Paragrafen § 136b des SGB V gesetzlich verpflichtet, in Qualitätsberichten über ihre Arbeit zu informieren. Diese geben einen Überblick über die Strukturen und Leistungen, indem sie beispielsweise das Diagnose- und Behandlungsspektrum und Zahlen zur Personalausstattung angeben (Gemeinsamer Bundesausschuss 2018a).

Um darzustellen, wie eine mögliche Umsetzung von Qualitätsmanagement in der Praxis aussehen könnte, werden im Folgenden zwei Praxisbeispiele aus Krankenhäusern in Deutschland vorgestellt. Dafür werden die Qualitätsberichte aus dem Jahr 2016 des Universitätsklinikums Hamburg Eppendorf und der Charité – Universitätsmedizin Berlin analysiert und weitere Aspekte des Qualitätsmanagements der beiden Krankenhäuser erläutert.

2.6.1   QM im Universitätsklinikum Hamburg Eppendorf

Der Qualitätsbericht aus dem Jahr 2016 bietet einen guten Überblick über die Leistungen und Angebote des Universitätsklinikums Hamburg Eppendorf. Die Anzahl der Betten betrug 1436 und es wurden 61.996 Fälle vollstationär, 6400 teilstationär und 337.455 Fälle ambulant behandelt. Der erste Teil des Qualitätsberichtes bietet einen Überblick über das medizinisch-pflegerische Leistungsangebot sowie über das nicht medizinische Leistungsangebot des Krankenhauses. Aus der Sicht des Qualitätsmanagements ist es nennenswert, dass das Krankenhaus beispielsweise über eine eigene Klinikschule des Kindes- und Jugendalters für Patient_innen der Psychiatrie und Psychotherapie verfügt. Des Weiteren werden besondere Ernährungsgewohnheiten im Sinne der Kultursensibilität berücksichtigt. Bei Bedarf werden muslimische Speisen, vegane und vegetarische Kost und spezielles Essen bei Nahrungsunverträglichkeiten angeboten. Auch die im Qualitätsbericht genannten Aspekte der Barrierefreiheit sprechen für die Qualität eines Krankenhauses. Das Universitätsklinikum Hamburg Eppendorf bietet beispielsweise einen Dolmetscherdienst und eine Behandlungsmöglichkeit durch fremdsprachiges Personal. Es sind Räumlichkeiten zur Religionsausübung vorhanden und Ausschilderungen, Informationsmaterial und die Internetseite sind mehrsprachig vorhanden. Das Krankenhaus bietet außerdem zahlreiche Ausbildungsplätze in unterschiedlichen Berufsgruppen wie Gesundheits- und Krankenpfleger_innen aber auch Diätassistent_innen und Hebammen (Gemeinsamer Bundesausschuss 2018b, S. 9 ff.).

Des Weiteren werden die Maßnahmen für den Umgang mit Risiken in der Patientenversorgung, also das Risikomanagement, beschrieben. Es liegt eine übergreifende Dokumentation des Qualitäts- und Risikomanagements vor (QM-Handbuch) und regelmäßige Fortbildungs- und Schulungsmaßnahmen werden geboten. Es gibt ein Schmerzmanagement und eine Sturzprophylaxe sowie Standards zur sicheren Medikamentenvergabe und die Anwendung standardisierter OP-Checklisten. Eine Vorgehensweise zur Vermeidung von Eingriffs- und Patientenverwechselungen ist ebenfalls im QM-Handbuch beschrieben sowie das Entlassungsmanagement. Außerdem wird ein internes Fehlermeldesystem eingesetzt, durch welches im Jahr 2016 600 Maßnahmen zur Verbesserung der Patientensicherheit und Behandlungsqualität ergriffen werden konnten. Dies waren unter anderem Schulungen, Konfliktklärungen oder ein Produktwechsel. Hygienebezogene Aspekte des Risikomanagements werden auch genannt. Es findet halbjährlich eine Tagung der Hygienekommission statt und es werden verschiedene Maßnahmen zur Vermeidung von Infektionen ergriffen wie beispielsweise eine hygienische Händedesinfektion und die Anwendung eines Mund Nasen Schutzes. Der Umgang mit Wunden und der Umgang mit Patient_innen mit multiresistenten Erregern wird auch festgelegt. Es findet eine regelmäßige Überprüfung der Aufbereitung und Sterilisation von Medizinprodukten statt sowie regelmäßige Schulungen der Mitarbeiter_innen (Gemeinsamer Bundesausschuss 2018b, S. 31 ff.).

Das patientenorientierte Lob- und Beschwerdemanagement wird ebenfalls im Qualitätsbericht erfasst. Den Patient_innen stehen überall im Krankenhaus Flyer zur Verfügung, die auf die Möglichkeiten der Beschwerde hinweisen. Es wird jährlich ein Bericht über das Beschwerdemanagement verfasst, der dem Vorstand vorgelegt wird und im Internet veröffentlicht wird. Alle drei Jahre werden die Patient_innen durch ein externes Institut befragt und die Ergebnisse dienen dazu, entsprechende Verbesserungsmaßnahmen zu entwickeln (Gemeinsamer Bundesausschuss 2018b, S. 38 f.).

Ein Projekt des Qualitätsmanagements in der Klinik ist der Ideenwettbewerb unter dem Namen „Mach mit!". Dieses Projekt bietet allen Mitarbeiter_innen die Möglichkeit, ihre Verbesserungsvorschläge und kreativen Ideen umsetzen zu können. Durch die Vorschläge soll eine Verbesserung der Patientensicherheit und -orientierung erreicht werden sowie das Qualitätsmanagement und die Führungsqualitäten verbessert werden. Ein weiteres Projekt ist das sogenannte „Team-Time-Out". Alle Mitglieder_innen des OP-Teams halten kurz vor der Operation inne, um eine kurze Frageliste durchzugehen. Diese beinhalten Fragen nach dem Patienten, der Eingriffsstelle, der Lagerung und der Einwilligungserklärung. Dadurch soll eine Verwechselung und Fehler bei den Operationen vermieden werden (UKE 2017).

2.6.2   QM in der Charité – Universitätsmedizin Berlin

Wie bereits bei dem ersten Praxisbeispiel bietet auch der Qualitätsbericht der Charité einen Überblick über die Leistungen des Krankenhauses. Die Anzahl der Betten betrug im Jahr 2016 3011 Betten und es wurden 142.757 Fälle vollstationär, 7396 Fälle teilstationär und 1537.233 Fälle ambulant behandelt. Diese Zahlen verdeutlichen die Größe des Krankenhauses, wenn sie mit denen des Universitätsklinikums Hamburg Eppendorf verglichen werden. Bei der Betrachtung des medizinisch-pflegerischen und nicht medizinischen Leistungsangebotes ist auffällig, dass die Charité ein sehr vielfältiges und spezielles Angebot aufstellt, das beispielsweise eine Musiktherapie, Gedächtnistraining und eine Reittherapie beinhaltet. Dies spiegelt eine hohe Qualität des Krankenhauses wider. Auch hier werden im Qualitätsbericht die Aspekte der Barrierefreiheit wie diätetische Angebote, Dolmetscherdienste und Behandlungsmöglichkeiten durch fremdsprachiges Personal genannt. Es werden viele Ausbildungsplätze wie Gesundheits- und Krankenpfleger_innen, Logopäd_innen und Diätassistent_innen geboten (Charité – Universitätsmedizin Berlin 2016, S. 10 ff.).

In dem Bericht werden die Maßnahmen des Qualitätsmanagements beschrieben. Der Umgang mit Risiken und das klinische Risikomanagement werden beleuchtet. Die zuständige Abteilung des klinischen Qualitäts- und Risikomanagements tagt wöchentlich in einem Gremium. Zu den Instrumenten und Maßnahmen zählt auch in dieses Krankenhaus die Dokumentation des Qualitäts- und Risikomanagements in einem QM-Handbuch.

Dieses beinhaltet Bereiche wie das Schmerzmanagement, Sturzprophylaxe und das Entlassungsmanagement. Mitarbeiterbefragungen und regelmäßige Fortbildungs- und Schulungsmaßnahmen sind Teil des Risikomanagements. In diesen Maßnahmen unterscheiden sich die beiden Praxisbeispiele kaum voneinander. Beide Krankenhäuser nutzen ähnliche Instrumente und Maßnahmen. Auch die Charité nutzt ein einrichtungsübergreifendes Fehlermeldesystem, das der Prozessoptimierung nutzen soll. Monatlich werden intern die eingegangenen Meldungen ausgewertet und Mitarbeiter_innen zum Umgang mit dem Fehlermeldesystem geschult. Des Weiteren werden die hygienebezogenen Aspekte aufgelistet. Insgesamt zählen 323 Personen zum Hygienepersonal und quartalsweise tagt die Hygienekommission. Im Gegensatz zum Universitätsklinikum Hamburg Eppendorf wurde der Händedesinfektionsmittelverbrauch erhoben und es gibt ein risikoadaptiertes Aufnahmescreening nach RKI-Empfehlungen. Außerdem bietet die Charité den Mitarbeiter_innen Schulungen zum Umgang mit MRSA/MRE/Noro-Viren und erhielt das Zertifikat Gold für die Teilnahme an der Aktion „Saubere Hände" (Charité 2016, S. 43 ff.).

Im Folgenden wird das patientenorientierte Lob- und Beschwerdemanagement erläutert. Im Krankennhaus existiert ein verbindliches Konzept zum Beschwerdemanagement, das Beschwerdeannahme, -bearbeitung und -auswertung beinhaltet. Alle stationär aufgenommenen Patient_innen werden mit einem eigens ermittelten Fragebogen befragt, der in elf verschiedenen Sprachen vorliegt. Eine anonyme Eingabe von Beschwerden ist möglich (Charité 2016, S. 51 f.).

Die Grundlage des Qualitätsmanagements in der Charité bildet die Norm DIN EN ISO 9001. Außerdem ist die Klinik seit September 2010 als erste Einrichtung weltweit nach der Norm DIN ISO 29.990:2010 zertifiziert, die speziell auf Lerndienstleistungen für die Aus- und Weiterbildung zielt (Charité n. d.).

2.7 Herausforderungen

Wie bereits erläutert, stellt das Qualitätsmanagement einen Handlungsrahmen zur Erfüllung der an den Betrieb gestellten Anforderungen dar und ist damit ein wichtiger Bestandteil, um ein effektives und effizientes Arbeiten zu ermöglichen. Dennoch gibt es einige Limitationen und Herausforderungen, die sich dem Qualitätsmanagement stellen.

Oftmals verläuft der Aufbau eines Qualitätsmanagements im Unternehmen schwierig. Es kann Uneinigkeiten über die Art der Aufbauorganisation geben und die schriftliche Festlegung und praktische Umsetzung kann sich aufwendig und schwierig gestalten. Die Mitarbeiter_innen müssen für eine erfolgreiche Umsetzung des Qualitätsmanagements erst motiviert und überzeugt werden, damit es zu keinem Widerstand kommt. Qualitätsmanagement erfordert oftmals zusätzliche Arbeitsschritte, wie beispielsweise häufigere Kontrollen oder im Hygienemanagement mehrmaliges Desinfizieren der Hände. Dies könnte den Miterarbeiter_innen als lästig erscheinen, sodass der Nutzen des Qualitätsmanagements verdeutlicht werden muss. Doch auch aufseiten der Führungskräfte kann es zu Widerständen kommen. Gewachsene Hierarchien werden durch das Qualitätsmanagement aufgebrochen, sodass ein Gefühl des Machtverlustes oder Einzigkeit der fachlichen Kompetenz entstehen kann. Auch an dieser Stelle ist es wichtig, dass der Sinn und Zweck des Qualitätsmanagements verdeutlicht wird. Dies ist die Aufgabe der Unternehmensleitung und der Führungskräfte (Sendlhofer et al. 2018, S. 33).

Eine weitere Herausforderung ist, dass die Abläufe im Qualitätsmanagement und vor allem im Prozessmanagement nicht zu langsam erfolgen. Der bereits in Kap. 2 erläuterte PDCA-Zyklus ist hierfür die Grundlage. Wenn sich die Prozesse zu lange in der ersten Phase, der Planungsphase *(Plan)*, aufhalten, ist die Umsetzung verzögert und der Durchlauf des gesamten Zyklus bis hin zur letzten Phase, der Aktionsphase *(Act)*, dauert sehr lange. Um dies zu vermeiden, ist es notwendig, dass die Führungskräfte oder Organisationsleiter_innen sich den Verlauf regelmäßig berichten lassen, die Umsetzungen unterstützen und bei Problemen helfen (Sendlhofer et al. 2018, S. 42).

Des Weiteren ist es wichtig, dass die Relevanz des Qualitätsmanagements in einem Unternehmen bei den Führungskräften deutlich wird. Die Etablierung eines Qualitätsmanagements erfordert oftmals vorab zusätzliche Ressourcen, wie beispielsweise mehr Personal oder ein erhöhter Zeitaufwand für einige Prozesse. Dadurch kann vor allem in kleinen Betrieben Qualitätsmanagement ein eher unwichtiger Bestandteil werden, dem nicht so viel Aufmerksamkeit geschenkt wird. Jedoch rechnen sich diese vorläufig erhöhten Kosten, da ein erfolgreiches Qualitätsmanagement im besten Fall zu einer erhöhten Zufriedenheit der Mitarbeiter_innen führt und die Patientensicherheit und -zufriedenheit gesteigert wird. Das Image des Unternehmens kann verbessert werden und insbesondere in der Gesundheitsversorgung ist dies ein wichtiger Aspekt, da grobe Fehler sich sogar existenzbedrohend auswirken können, wenn dadurch das Vertrauen der Patient_innen sinkt. Das bedeutet, dass eine mangelnde Aufmerksamkeit seitens der Führungspositionen für ein gutes Qualitätsmanagement eine große Hürde sein kann (Sendlhofer et al. 2018, S. 96).

Außerdem ist es wichtig zu erkennen, dass die Qualität in der Gesundheitsversorgung auch immer von Bedingung abhängt, die nicht veränderbar oder aufhebbar sind. Der Nutzen, der von einem internen Qualitätsmanagement ausgeht, ist nur innerhalb der gegebenen wirtschaftlichen Ressourcen und vorhandenen Strukturen erreichbar. Das heißt, dass eine maximale Qualität nicht zu jeder Zeit erreichbar ist und von der Verfügbarkeit der vorhandenen Mittel abhängt. Des Weiteren bestimmen die Bedingungen und das Verhalten der Patient_innen das Qualitätsmaß. Spezielle Vorerkrankungen oder Vorbehandlungen oder anatomische Voraussetzungen limitieren das Erreichen einer maximalen Qualität. Das bedeutet, dass vor allem in der Gesundheitsversorgung die Qualität durch Faktoren beeinflusst wird. Deshalb ist das Erreichen einer *maximalen* Qualität nicht möglich und stattdessen sollte das Erreichen einer *optimalen* Qualität zum Ziel werden. Optimale Qualität ist in diesem Sinne der optimale Nutzen, der durch Qualitätsmanagement erreicht werden kann, wenn die vorhandenen Mittel so eingesetzt werden, dass sie der Qualitätssicherung und -verbesserung dienen. Die Erreichung einer maximalen Qualität zählt eher zu den Aufgaben der Gesundheitspolitik, indem Mittel anders verteilt werden. Dieser Aspekt verdeutlicht, dass Qualitätsmanagement nur „das Mögliche" möglich machen kann und die Anforderungen der Gesellschaft an Qualität oftmals mit den zur Verfügung stehenden Mittel nicht realisierbar sind. Qualitätsmanagement leistet dennoch einen wertvollen Beitrag, um die Ziele der Gesundheitsversorgung bestmöglich umzusetzen (Hensen 2016, S. 45 ff.).

2.8 Schlussfolgerungen

Das Qualitätsmanagement hat eine bedeutende Auswirkung auf das Leistungsangebot eines Unternehmens im Gesundheitsbereich. Die Produkt- und Dienstleistungsqualität soll mit den Erwartungen und Wünschen der Patient_innen in Einklang gebracht werden und besonders in der Gesundheitsversorgung spielt dies eine wichtige Rolle. Das Angebot im Gesundheitsbereich ist vielfältig und beinhaltet neben einer stationären Versorgung in Krankenhäusern und Kliniken auch eine ambulante Versorgung in beispielsweise Arztpraxen. Verschiedene Parteien treffen aufeinander. Neben dem Gesundheitspersonal wie Ärzt_innen und Pfleger_innen sind auch Patient_innen und deren Angehörige beteiligt. Aus diesem Grunde sollte dem Qualitätsmanagement besonders in der Gesundheitsversorgung einer erhöhten Aufmerksamkeit zukommen, da nicht nur auf wirtschaftlicher Ebene, sondern auch auf emotionaler und ethischer Ebene, Entscheidungen getroffen werden (Sendlhofer et al. 2018, S. 1).

Um ein erfolgreiches Qualitätsmanagement im Unternehmen einzuführen, bedarf es eines umfassenden Konzeptes, der Aufmerksamkeit der Führungskräfte und der Motivation der Mitarbeiter_innen. Dabei können sich einige Herausforderungen stellen, die gemeistert werden müssen. Durch ein Qualitätsmanagement werden klar strukturierte Abläufe erreicht, verbesserte Prozesse und eine gesteigerte Zufriedenheit der Mitarbeiter_innen und Patient_innen. Aus diesem Grunde ist Qualitätsmanagement speziell in der Gesundheitsversorgung unausweichlich und sollte eine hohe Aufmerksamkeit bekommen, besonders wenn die zukünftige gesellschaftliche Entwicklung mit einem gesteigerten Versorgungsbedarf betrachtet wird.

Literatur

Bundesärztekammer. (Hrsg.). (2018). Qualitätssicherung in der ambulanten Versorgung. Berlin: Bundesärztekammer. https://www.bundesaerztekammer.de/aerzte/qualitaetssicherung/qs-in-verschiedenen-bereichen/qualitaetssicherung-in-der-ambulanten-versorgung/. Zugegriffen: 31. Dez. 2018.

Charité. (n. d.). Qualitätsmanagement. Qualität gestalten: Arbeit des QM-Teams in der Gesundheitsakademie. Berlin: Charité. https://akademie.charite.de/ueber_die_akademie/qualitaetsmanagement/. Zugegriffen: 2. Jan. 2019.

Charité – Universitätsmedizin Berlin. (2016). Strukturierter Qualitätsbericht. Berichtsjahr 2016. Berlin: Charité.

Destatis. (2013). *Grunddaten der Krankenhäuser.* https://www.destatis.de/DE/Publikationen/Thematisch/Gesundheit/Krankenhaeuser/GrunddatenKrankenhaeuser2120611137004.pdf?blob=publicationFile. Zugegriffen: 30. Dez. 2018.

Donabedian, A. (1966). Evaluating the quality of medical care. *Milbank Memorial Fund Quarterly, 44*(3), 166–206.

Ertl-Wagner, B., Steinbrucker, S., & Wagner, B. C. (2013). *Qualitätsmanagement und Zertifizierung. Praktische Umsetzung in Krankenhäusern, Reha-Kliniken, stationären Pflegeeinrichtungen* (2. Aufl.). Berlin: Springer.

Gemeinsamer Bundesausschuss. (Hrsg.). (2018a). Qualitätsbericht der Krankenhäuser. Berlin: G-BA. https://www.g-ba.de/institution/themenschwerpunkte/qualitaetssicherung/qualitaetsdaten/qualitaetsbericht/. Zugegriffen: 2. Jan. 2019.

Gemeinsamer Bundesausschuss. (2018b). Referenzbericht 2016. Universitätsklinikum Hamburg-Eppendorf. Referenzbericht zum Qualitätsbericht 2016 gemäß § 136b Abs. 1 Satz 1 Nr. 3 SGB V. Berlin: G-BA.

Gerlinger, T., & Burkhardt, W. (2014). Strukturen und Versorgungsformen. Dossier – Gesundheitspolitik. Bundeszentrale für politische Bildung. http://www.bpb.de/politik/innenpolitik/gesundheitspolitik/72594/strukturen-und-versorgungsformen. Zugegriffen: 31. Dez. 2018.

Hensen, P. (2016). *Qualitätsmanagement im Gesundheitswesen. Grundlagen für Studium und Praxis.* Wiesbaden: Springer Gabler.

Institute of Medicine. (2002). Guidance for the national healthcare disparities report. Washington, DC: National Academy Press. https://www.nap.edu/catalog/10512/guidance-for-the-national-healthcare-disparities-report. Zugegriffen: 28. Dez. 2018.

Kamiske, G. F., & Brauer, J. (2011). *Qualitätsmanagement von A bis Z. Wichtige Begriffe des Qualitätsmanagements und ihre Bedeutung* (7. Aufl.). München: Hanser.

Kuntsche, P., & Börchers, K. (2017). *Qualitäts- und Risikomanagement im Gesundheitswesen. Basis- und integrierte Systeme, Managementsystemübersichten und praktische Umsetzung.* Berlin: Springer.

Neugebauer, F. (2018). Risikomanagement und Patientensicherheit im Kontext von Pflege. In K. Jacobs, A. Kuhlmey, S. Greß, J. Klauber, & A. Schwinger (Hrsg.) *Pflege-Report 2018. Qualität in der Pflege* (S. 53–62). Berlin: Springer.

Neugebauer, F., et al. (2013). Evaluation einrichtungsinterner Effekte nach Durchführung eines Zertifizierungsverfahrens im Krankenhaus. *Das Gesundheitswesen, 75,* e108–e112.

Paschen, U. (2013). *Qualitätsmanagement in der Gesundheitsversorgung nach DIN EN 15224 und DIN EN ISO 9001.* Berlin: Beuth Verlag.

Robert Koch - Institut (Hrsg.). (2015). Gesundheit in Deutschland. Gesundheitsberichterstattung des Bundes. Gemeinsam getragen von RKI und Destatis. Berlin: RKI.

Sendlhofer, G., Eder, H., & Brunner, G. (2018). *Qualitäts- und Risikomanagement im Gesundheitswesen. Der schnelle Einstieg.* München: Hanser.

Schmidt, S. (2016). *Das QM-Handbuch. Qualitätsmanagement für die ambulante Pflege* (3. Aufl.). Berlin: Springer.

UKE. (2017). Qualitätsmanagement und klinisches Prozessmanagement. Projekte. https://www.uke.de/organisationsstruktur/gesch%C3%A4ftsbereiche/qualit%C3%A4tsmanagement-klinisches-prozessmanagement/projekte/index.html. Zugegriffen: 2. Jan. 2019.

Gina Mertens

Abkürzungen

ÄLRD	Ärztlicher Leiter Rettungsdienst
DIN	Deutsches Institut für Normung
EN	Europäische Norm
ISO	*International Organisation for Standardisation*
ISO 9001	DIN EN ISO 90012.019
KTQ	Kooperation für Transparenz und Qualität im Gesundheitswesen
KVP	Kontinuierlicher Verbesserungsprozess
PDCA	*Plan-Do-Check-Act*
PfWG	Pflege-Weiterentwicklungsgesetz
QMHB	Qualitätsmanagementhandbuch
SGB	Sozialgesetzbuch
TGA	Trägergemeinschaft für Akkreditierung
TQM	*Total Quality Management*

3.1 Einleitung

Zu Qualität lassen sich diverse Definitionen finden. Diesen Begriff im Gesundheitswesen zu definieren, gestaltet sich noch schwieriger. Donabedian prägte 1966 die Definition von Qualität als „Ausmaß, in dem die tatsächliche Versorgung mit vorausgesetzten

G. Mertens (✉)
Projekt- und Qualitätsmanagement, Hochschule für Angewandte
Wissenschaften Hamburg, Hamburg, Deutschland
E-Mail: Gina.Mertens@haw-hamburg.de

© Springer-Verlag GmbH Deutschland, ein Teil von Springer Nature 2020
W. Leal (Hrsg.), *Qualitätsmanagement in der Gesundheitsversorgung*, Erfolgskonzepte
Praxis- & Krankenhaus-Management, https://doi.org/10.1007/978-3-662-59675-3_3

Kriterien für gute Versorgung übereinstimmt." Diese ist auch noch heute gültig (Schlüchtermann 2016, S. 216).

Um Qualitätsmanagement in der Gesundheitsversorgung aus der Sicht der Gesundheitseinrichtung soll es in der folgenden Arbeit gehen. Es soll ein Qualitätsmanagementsystem definiert, Bedarf und Nutzen vorgestellt und die Umsetzung in der Praxis erläutert werden. Die Rede ist hier von der DIN EN ISO 9001:2015 (im Weiteren nur noch ISO 9001 genannt). Qualitätsmanagement aus Sicht der Patienten und Patientinnen und aus Sicht der Kostenträger sind ebenfalls wichtige Aspekte in der Gesundheitsversorgung, sollen aber hier keine weitere Rolle spielen. Es wird außerdem auf eventuelle Herausforderungen eingegangen und entsprechende Schlussfolgerungen gezogen.

3.2 Definition der Begrifflichkeiten und Aufbau der DIN EN ISO 9001:2015

3.2.1 Definition der DIN EN ISO 9001:2015

Um zu verstehen, worum es sich bei der DIN EN ISO 9001:2015 handelt, werden im Folgenden die Einzelbestandteile der Bezeichnung näher erklärt.

DIN-Normen sind technische Normen, welche keine Gesetzestexte darstellen, „sondern am Stand von Wissenschaft und Technik orientierte Empfehlungen an Industrie und Handel" (Piekenbrock 2015, S. 128). Sie werden vom **D**eutschen **I**nstitut für **N**ormung e. V. veröffentlicht.

Das Kürzel „EN" steht für Europäische Normen, welche von verschiedenen europäischen Institutionen herausgegeben werden. Sie gelten als „Regelwerk zur Standardisierung". Die einzelnen Kategorien sind durch Zahlenbereiche voneinander abgegrenzt. So steht der Zahlenbereich 9000 ff. für Qualitätsmanagement und 9001 für Qualitätsmanagementsysteme – Anforderungen (www.din.de).

Hinter der Normnummer erscheint nach einem Doppelpunkt eine Jahreszahl, in der die Norm entstanden oder einer Revision unterzogen worden ist. EN-Normen und DIN-Normen können auch als ISO-Normen bezeichnet werden, wenn die *International Organisation for Standardisation* (im weiteren nur noch ISO genannt) diese übernimmt (Piekenbrock 2015, S. 159, 290 f.).

Eine Revision stellt immer auch eine erneute Verbesserung der Grundlage dar und damit auch eine Verbesserung des Qualitätsmanagementsystems und der Qualität des Unternehmens selbst. Darüber hinaus soll durch eine Überholung der Norm ihre Umsetzbarkeit gesteigert werden. Eine wichtige Veränderung in der Normausgabe von 2015 ist die neue Gliederung nach der *„High-Level-Structure"*. Alle Normen, die sich mit Managementthemen beschäftigen, sollen seit 2012 diese Gliederung haben (Brugger-Gebhardt, S 2016, S. V). Dies soll dafür sorgen, dass Bestimmungen und Begrifflichkeiten gleich verwendet werden und die Vereinbarkeit bzw. Austauschbarkeit der verschiedenen Managementsysteme gewährleistet werden (Schmidt, S 2016a, b, S. 46).

Der TÜV Thüringen definiert die „*High-Level-Structure*" als „ein von der ISO initiierter Leitfaden für die Entwicklung und Überarbeitung von Managementstandards. Sie bezweckt eine einheitliche Struktur und strukturierte Anforderungen von Managementsystemen." (o. A. 2017).

Die ISO 9001 kann aber bei der Implementierung eines Qualitätsmanagementsystems nicht alleinstehend betrachtet werden. Zuvor müssen die Grundbegriffe aus der DIN EN ISO 9000 (Grundlagen und Begriffe) verstanden worden sein. Ebenso sind in der Revision der ISO 9001 im Jahre 2015 etliche Kernpunkte aus der DIN EN ISO 9004 (Qualitätsmanagement – Qualität einer Organisation – Anleitung zum Erreichen nachhaltigen Erfolgs) adaptiert worden (Pfitzinger 2016, S. 9).

Außerdem handelt es sich bei der ISO 9001 nicht um eine Norm, welche explizit für das Gesundheitswesen verfasst worden ist. Daher ist 2012 die Bereichsnorm DIN EN 15.224 (Qualitätsmanagementsysteme – EN ISO 9001:2015 für die Gesundheitsversorgung) als extra auf den Gesundheitssektor bezogene Norm veröffentlicht worden (Hensen 2016, S. 122).

Dennoch stellt die ISO 9001 die Zertifizierungsgrundlage sowohl für Industrieunternehmen als auch für Dienstleister im Gesundheitswesen dar (Ertl-Wagner et al. 2013, S. 30).

3.2.2 Gliederung der DIN EN ISO 9001:2015

Der grobe Aufbau der Norm ISO 9001 befasst sich mit den Kernpunkten Kontext der Organisation, Führung, Planung, Unterstützung, Betrieb, Bewertung der Leistung und Verbesserung. Diese acht Prozessschritte stellen sowohl eine Orientierung für die Qualitätsverantwortlichen dar, an dem diese das Qualitätsmanagementsystem ausrichten können, als auch die Mindestanforderungen an ein gut arbeitendes Qualitätsmanagement. Dabei bestimmt das Unternehmen sein Qualitätsziel selbst und dies muss nicht beste Qualität für das Produkt bedeuten. Es kann auch niedrigste Herstellungskosten bedeuten, womit auch ein mangelhaftes Erzeugnis ein Zertifikat erhält (Ertl-Wagner et al. 2013, S. 30; Schmidt 2016a, b, S. 47).

Qualitätsmanagementsysteme müssen dokumentiert werden. Zu den grundsätzlichen Dokumentationsmitteln gehören dabei das Qualitätsmanagementhandbuch (QMHB), Verfahrensanweisungen und Prozessbeschreibungen sowie Standards und Dienstanweisungen. Seit der Revision von 2015 kann die Form der Dokumentation jedoch frei gewählt werden (Schmidt 2016a, b, S. 49; Kuntsche und Börchers 2017, S. 125).

Die Dokumentation dient als Nachweis für Vertragspartner, Behörden und Kostenträger, aber auch den eigenen Beschäftigten. Sie sorgt für Transparenz und Verstehbarkeit der Abläufe im Unternehmen, besonders für neue Mitarbeiter und Mitarbeiterinnen (Brüggemann und Bremer 2015, S. 133).

Außerdem sollten die Aufzeichnungen regelmäßig ausgewertet werden mit Hinblick auf die Kundenzufriedenheit, Produktanforderungen, Prozessleistung und Lieferantenqualität (Kuntscher und Börchers 2017, S. 130).

3.2.3 Die Zertifizierung nach DIN EN ISO 9001:2015

Seit 2000 ist die Prozessorientierung ein Kernelement der ISO 9001 und erfordert daher neben dem Qualitätsmanagement auch ein Prozessmanagement. Die vielen verschiedenen Prozesse eines Unternehmens können in einer Prozesslandschaft dargestellt werden. Das Prozessmanagement ist dem Abteilungsdenken vorzuziehen, da auch hier wieder Transparenz entsteht und die Abläufe zwischen den Abteilungen Hand in Hand gehen und damit Kosten eingespart werden (im Vergleich zum Abteilungsdenken). Außerdem lassen sich Risiken leichter erkennen, Effektivität und Effizienz werden gesteigert, Ressourcen geschont und die Motivation aller am Prozess Beteiligten erhöht (Brugger-Gebhardt 2016, S. 13 ff.).

Bei der Zertifizierung eines Unternehmens nach ISO 9001 handelt es sich um einen prozessorientierten Vorgang. Klassischer Weise wird er nach dem *Plan-Do-Check-Act-Circle* nach W. E. Deming abgearbeitet, damit er erfolgreich sein kann (Abb. 3.1) (Pfitzinger 2016, S. 30).

Dabei wird zunächst ein Entwurf erstellt *(plan),* in den alle bisher gesammelten Erfahrungen einfließen. Anschließend wird der Entwurf entweder realisiert oder in einem Probedurchlauf *(do)* getestet. Hierbei liegt das Hauptaugenmerk erst einmal auf der Durchführbarkeit des Entwurfs. Im nächsten Schritt wird geprüft *(check),* ob das gewünschte Ziel erreicht wurde. Erst wenn der Vorgang zufriedenstellende Ergebnisse liefert, kann er in den normalen Betriebsablauf und in die Dokumentation übernommen werden; andernfalls muss erst noch einmal gehandelt *(act)* werden, um Probleme, die aufgetreten sind, zu lösen. Anschließend beginnt der Zyklus von neuem (Brugger-Gebhardt 2016, S. 17).

Abb. 3.2 gibt einen Überblick über die 26 Schritte der Implementierung der ISO 9001 als Qualitätsmanagementsystem. Anschließend werden die Schritte näher erläutert.

Abb. 3.1 PDCA-Zyklus

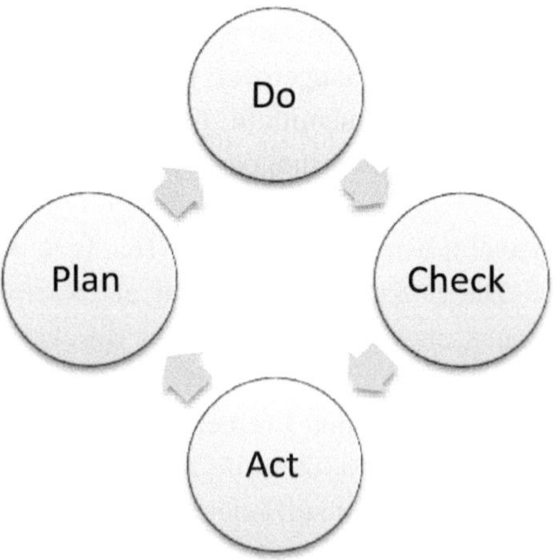

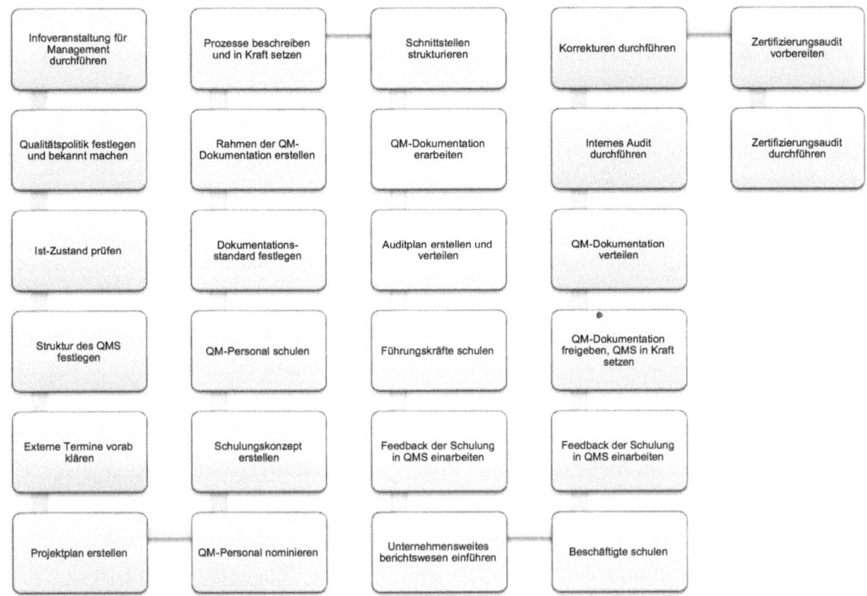

Abb. 3.2 Implementierungsprozess in 26 Schritten

Das Ziel der Informationsveranstaltung, dem ersten Schritt, ist es, die ISO 9001 zu verstehen und die in 3.2.1 Und 3.2.2 erläuterten Kapitel zu kennen, da diese die Anforderungen darstellen. Außerdem kann sich mit dem Endergebnis der Zertifizierung vertraut gemacht werden. Die Inhalte der Veranstaltung sollten den historischen Werdegang der ISO Normgruppe 9000, deren Bedeutung auf dem aktuellen Markt und den Sinn und Zweck einer Zertifizierung danach abdecken (Pfitzinger 2016, S. 73).

Um alle Beteiligten von der Zertifizierung zu überzeugen und sie im Zertifizierungsprozess zu motivieren, muss über die Qualitätspolitik offen und transparent kommuniziert werden. Diese kann aus den Unternehmensgrundsätzen abgeleitet werden, welche entweder schon existieren oder neu ausgearbeitet werden. Es wird geprüft, ob sie in den täglichen Abläufen bestehen können und ob Schwachpunkte behoben werden müssen. Eine Orientierung an *Best-practice*-Beispielen von Konkurrenzfirmen kann hier hilfreich sein. Darüber hinaus werden die Grundsätze für die einzelnen Abteilungen aufgegliedert, wobei die Erfahrungen der Beschäftigten aus den Abteilungen von großem Wert sind (Pfitzinger 2016, S. 77).

Für die IST-Analyse kann sich modellhaft an Abschn. 3.5 „Führung" der ISO 9001 orientiert werden. Ein möglicher Ablauf ist die Formulierung von Qualitätsfragen mit anschließender Punktevergabe, wobei bereits vorhandene Qualitätsansätze nicht verworfen, sondern unter dem Aspekt möglicher Verbesserungen mitbetrachtet werden. Mit dem Punktesystem wird der Arbeitsfokus im Implementierungsprozess leicht erkennbar (Pfitzinger 2016, S. 79 ff.).

Um die Struktur des Qualitätsmanagementsystems festlegen zu können, benötigt es drei Schritte: zum Ersten einen Überblick über die Prozessstruktur des Unternehmens zu erhalten, anhand dessen zum Zweiten der Aufbau der Dokumentation bestimmt wird. Die Prozesslandkarte gibt die Ordnung der Qualitätsdokumentation vor. Im dritten Schritt wird die Qualitätsmanagementstruktur selbst festgelegt, wobei die Benennung von Verantwortlichen und die Bekanntmachung der einzelnen Ansprechpartner für die Mitarbeitenden von Wichtigkeit sind. Dies steht im engen Zusammenhang mit der Größe des Unternehmens, mit dem Standort der Firma, den organisatorischen Verhältnissen und der benannten Prozessstruktur (Pfitzinger 2016, S. 83 ff.).

Schritt fünf erklärt sich von selbst. Die Termine mit der jeweiligen Zertifizierungsstelle und auch die mit allen weiteren Beteiligten sind rechtzeitig im Vorfeld festzulegen. Ist dieser Punkt abgearbeitet, kann der Projektplan erstellt werden. Das kann durch die Verwendung eines elektronischen Programms geschehen (Pfitzinger 2016, S. 88 f.).

Das in Schritt sieben nominierte Personal soll die Arbeit im Qualitätsmanagementbereich nicht als Mehrarbeit ansehen. Um dies zu gewährleisten, müssen die Schulungsmaßnahmen entsprechend qualitativ gewählt werden. Es ist zu überlegen, ob ein Ausbildungsangebot extern wahrgenommen wird oder ob es sich lohnt, das Ausbildungspersonal in das Unternehmen einzuladen. Letzteres hat den Vorteil, dass die Ausbildungsinhalte am eigenen Unternehmen verdeutlicht und umgesetzt werden können (Pfitzinger 2016, S. 94).

Im Anschluss daran muss sich das neue Qualitätsmanagementpersonal sogleich mit der Frage nach der Art und Weise der Dokumentation auseinandersetzen. Hierzu müssen Werkzeuge und Standards ausgewählt werden. Wird eine Software ausgesucht, sollte diese den Grundsätzen des Unternehmens entsprechen. Deshalb ist es die Überlegung wert, eine komplett neue Software erstellen zu lassen, sofern die finanziellen Mittel dies zulassen (Pfitzinger 2016, S. 95).

Auf den Rahmen der Dokumentation wird in Abschn. 3.6 dieser Arbeit noch genauer eingegangen und soll deshalb hier nicht näher betrachtet werden.

Um die Prozesse darstellen zu können, müssen der Prozessumfang, die Prozessaufgabe und die Verantwortlichen eindeutig identifiziert werden. Auch hierbei spielen die Kenntnisse der Beschäftigten eine Rolle. Um alle Prozesse aus allen Abteilungen für alle Beschäftigte transparent machen zu können, wird eine einfache Sprache empfohlen, welche für alle nachvollziehbar ist. Hier vermögen wiederum Softwareprogramme unterstützend zu wirken (Pfitzinger 2016, S. 98 ff.).

In Schritt 13 sollen Schnittstellen bestmöglich gestaltet werden, vor allem solche, die im bisherigen Prozess Schwierigkeiten bereitet haben. Dazu kann eine Vereinbarung geschlossen werden, welche die Abläufe optimieren soll. Ist dies abgeschlossen, können alle bisherigen Punkte in die Dokumentation aufgenommen werden (Pfitzinger 2016, S. 102 f.).

Der nächste große Schritt besteht darin, einen Auditplan zu erstellen und an alle Mitarbeiter und Mitarbeiterinnen in allen Ebenen zu verteilen. Audits, also Überprüfungen müssen in einem Terminplan festgehalten werden. So kann sich jede Abteilung auf ihre individuelle Überprüfung vorbereiten. Dies gilt auch für den abschließenden Zertifizierungsaudit (Pfitzinger 2016, S. 104).

Anschließend werden nun erst die Führungskräfte geschult und deren Rückmeldung in die Dokumentation eingepflegt. Daraufhin kann das unternehmensweite Berichtswesen eingeführt werden, in dem „qualitätsrelevante Messzahlen" festgehalten werden müssen. Bei der Erstellung des Berichtswesens ist der Mehrwert an Information für die Beschäftigten zu bedenken. Dieser Punkt fließt sogleich in die Schulung der Mitarbeiter und Mitarbeiterinnen ein und auch deren Resonanz wird in das Qualitätsmanagementsystem eingeflochten (Pfitzinger 2016, S. 105 ff.).

Nun kann die Qualitätsdokumentation für alle freigegeben werden und das Qualitätsmanagementsystem in Kraft treten. Dazu muss die Dokumentation allen Beschäftigten zu jeder Zeit zugänglich sein, auch deshalb empfiehlt sich die Verwendung einer firmenindividuellen Software. Die letzten drei großen Schritte bestehen aus dem internen Audit, welches zum ersten Mal alle Abläufe überprüft. Im Rahmen dessen können Schwachstellen identifiziert und Korrekturen durchgeführt werden. Anschließend wird das Zertifizierungsaudit vorbereitet und die Zertifizierung durchgeführt. Diese drei Schritte sollten jedoch nicht zu zeitnah nacheinander erfolgen, da mögliche Korrekturen Zeit brauchen, umgesetzt zu werden. Als letztes wird, bei erfolgreichem Abschluss, das Zertifikat ausgestellt (Pfitzinger 2016, S. 112 ff.).

Zertifizierungsstellen müssen akkreditiert sein, also von höherer Stelle für fähig erklärt Zertifizierungen durchführen zu können. Dafür ist unteranderem die Trägergemeinschaft für Akkreditierung (TGA) zuständig, welche sich an den geltenden internationalen Standards und Reglements orientiert. Die beauftragte Zertifizierungsstelle darf für das zu zertifizierende Unternehmen keine Beratungstätigkeiten ausführen. Akkreditierte Zertifizierungsstellen unterscheiden sich, daher sollten sie vor der Beauftragung verglichen werden, um ein möglichst auf die eigenen Strukturen passendes Zertifizierungsunternehmen zu finden (Ertl-Wagner et al. 2013, S. 182).

3.3 Der Bedarf

Der Bedarf an Qualität, Qualitätskontrolle, sowie Qualitätssteigerung sind in jedem Unternehmen unbestritten. Ob der Qualitätsprozess jedoch einer Zertifizierung bedarf, wird im folgenden Abschnitt betrachtet.

Betriebe der Gesundheitsversorgung in Deutschland sind gemäß Sozialgesetzbuch fünf Paragraf 135–137 verpflichtet, Qualitätssicherung in Form eines Qualitätsmanagements umzusetzen und zu verbessern (Ertl-Wagner et al. 2013, S. 16).

2017 waren in Deutschland 64 658 Betriebe nach der ISO 9001 zertifiziert, davon 5565 Unternehmen im *„health and social work"*, also im Gesundheits- und Sozialsektor. (Charlet 2017).

Die Implementierung eines Qualitätsmanagementsystems funktioniert auch ohne Zertifizierung. Jedoch kann bei einer Inspektion von außen festgestellt werden, ob bestimmte Ansprüche nicht erlangt werden. Dadurch gewinnt das zu zertifizierende Unternehmen wertvolle Daten darüber, inwiefern das Qualitätsmanagement verbessert werden muss. Außerdem stellt eine Zertifizierung immer auch die Bescheinigung über die Qualität dar, welche im Gesundheitswesen heutzutage oftmals gefordert wird, beispielsweise von den eingangs erwähnten Patienten oder Kostenträgern (Hensen 2016, S. 333 f).

3.4 Der Nutzen – Vorteile einer Zertifizierung

„Qualitätsmanagement dient in der Wirtschaft zur Optimierung der Kosten-Nutzen-Relation. Es zielt damit nicht zwangsläufig auf ein höherwertiges Endprodukt, sondern stellt die Erreichung eines vorgegebenen Qualitätsstandards sicher" (Ertl-Wagner et al. 2013, S. 14).

Der hauptsächliche Nutzen einer Implementierung eines Qualitätsmanagementsystems ist somit die Kosteneinsparung, denn ungenügende Qualität erzeugt Kosten, wie zum Beispiel Rückrufaktionen in der Automobilindustrie und Lebensmittelherstellung. Unternehmen arbeiten hier nach dem „Mindestmaß", wobei nicht die optimale Qualität im Vordergrund steht, sondern das optimale „Verhältnis von Aufwand und Nutzen" (Ertl-Wagner et al. 2013, S. 13).

Zertifizierte Unternehmen haben eine Vielzahl von Qualitätskriterien zu erfüllen, womit auch Dritte, an der Produktion oder der Dienstleistung Beteiligte, fast immer zertifiziert sein müssen. Im Verlauf der Geschichte des Qualitätsmanagements ist dabei ein deutliches Beispiel die Produktbeschreibung *„Made in Germany"* (Ertl-Wagner et al. 2013, S. 14).

Es reicht nicht, die Norm einfach umzusetzen. Es muss auch geprüft werden, ob sich durch die Umsetzung etwas verbessert oder verschlechtert hat (Brugger-Gebhardt 2016, S. 164).

Bisher ist die Zertifizierung eines Qualitätsmanagementsystems freiwillig, mit Ausnahme von Rehabilitationskliniken. Hier ist verankert, dass „ein einrichtungsinternes Qualitätsmanagement sowie ein einheitliches, unabhängiges Zertifizierungsverfahren [… und] die erfolgreiche Umsetzung des Qualitätsmanagements in regelmäßigen Abständen nachgewiesen werden muss" (Sozialgesetzbuch XI § 6 Absatz 1 Nummer 1, 3–5) (Kuntsche et al. 2017, S. 120).

Der Zertifizierungsprozess hat den Vorteil, dass es die Mitarbeiter und Mitarbeiterinnen abteilungsübergreifend, beispielsweise in einem Krankenhaus, näher zusammenbringt. Außerdem haben die Beschäftigten die Möglichkeit sich einzubringen und enger mit der Führung zu kooperieren. Dadurch werden Befangenheiten reduziert, was zur Prozessoptimierung führen kann. Darüber hinaus stellt die freiwillige Zertifizierung auch ein wichtiges Zeugnis über die Qualität für Patienten und Patientinnen und auch Lieferanten dar. Das bedeutet Imageverbesserung und damit verbunden auch einen Wettbewerbsvorteil (Ertl-Wagner et al. 2013, S. 176).

Die Einführung eines Qualitätsmanagementsystems wie die ISO 9001 bildet die Basis eines TQMs, eines *Total Quality Managements,* da sämtliche Areale eines Unternehmens einbezogen werden. Kernelemente des TQM sind stetige Dokumentation, Kontrolle und

Einbeziehung aller Beschäftigten. Dazu soll Qualität als Grundsatz des Unternehmens verstanden werden, die Unternehmensführung geht dort als Beispiel voran. Die Fähigkeiten aller sollen genutzt und ausgebaut werden. (Ertl-Wagner et al. 2013, S. 48).

3.5 Mögliche Umsetzungsformate

Der Duden definiert das Gesundheitswesen als „Gesamtheit der öffentlichen Einrichtungen zur Förderung und Erhaltung der Gesundheit, zur Bekämpfung von Krankheiten und Seuchen". Entsprechend vielfältig ist die Zahl der verschiedenen Institutionen, die hier mitwirken.

Im folgenden Abschnitt soll es um die Umsetzung der DIN EN ISO 9001:2015 in der Praxis gehen. Dazu wird zunächst die Methode der Datenbeschaffung erläutert und anschließend auf Umsetzungsbeispiele in drei verschiedenen Bereichen des Gesundheitswesens eingegangen. Dabei wird jeweils der aktuelle Stand in Sachen Qualitätsmanagement und die Herausforderungen betrachtet, sowie eine Zielgruppe definiert. Des Weiteren wird die rechtliche Grundlage näher betrachtet und abschließend explizit auf die ISO 9001 eingegangen.

3.5.1 Methodik

Alle bisher genannten Daten und auch die nachkommenden, fußen in erster Linie auf einer intensiven Literaturrecherche. Die dabei hauptsächlich verwendeten Schlagworte sind Qualitätsmanagement, Prozessorientierung, DIN EN ISO 9001, Gesundheitswesen und Zertifizierung. Einige weitere Schlagworte ergaben sich dabei aus der Schneeballmethode, sprich, neue Begriffe innerhalb der auf den großen Schlagworten basierenden Quellen werden recherchiert und aufgenommen, sofern sie zum Thema relevant sind. Die Auswahl konzentriert sich im ersten Rechercheabschnitt auf Bücher und E-Books, da diese einen umfassenderen Überblick bieten. Im weiteren Verlauf werden außerdem Zertifizierungsstellen, Einrichtungen des Gesundheitswesens und auch Fachzeitschriftenartikel mitbetrachtet. Außerdem findet die Nutzung von Statistiken und deren Auswertung statt. Die Recherche findet vorrangig online statt, bezieht aber auch etliche Druckwerke ein.

3.5.2 Die Umsetzung der DIN EN ISO 9001:2015 im (Alten-) Pflegebereich

Der Anspruch an Pflegekräfte ist in den letzten Jahren gestiegen. Ein Grund dafür ist der stetige demografische Wandel in Deutschland und weltweit. Die sinkende Geburtenrate und die steigende Lebenserwartung führen dazu, dass für 2060 Voraussagen existieren, welche besagen, dass jeder Dritte Mensch in der Europäischen Union 65 Jahre oder älter sein wird (www.bpb.de), was bedeutet, dass der Anteil pflegebedürftiger Menschen steigt.

In Bereichen der Pflege, in denen Mitarbeiter und Mitarbeiterinnen unzureichend aufgeklärt sind über Qualitätsmanagement, herrscht eine weitgehend negative Meinung zu diesem Thema. Beschäftigte in diesem Bereich der Gesundheitsversorgung fürchten, dass Aufgaben, welche mit dem Qualitätsmanagement verbunden sind, Zeitverlust zulasten der Patientenversorgung bedeuten. Die langfristigen Ziele eines Qualitätsmanagementsystems können sie nicht erkennen, nämlich mehr Zeit für die Patienten und Patientinnen, bedarfsgerechtere Versorgung und letztendlich auch Kosteneinsparungen. Entsprechend ist es von Nöten das Personal in Kenntnis zu setzen, sowie aus- und weiterzubilden (Schmidt, S 2016a, b, S. 5 f.).

> „Qualitätsmanagement wird […] derzeit von Seiten der Politik auch dazu eingesetzt, ein Mindestmaß an medizinischer Versorgung zu gewährleisten" (Schmidt, S 2016a, b, S. 6).

In der Altenpflege sind Tendenzen in Richtung zunehmender ambulanter Pflegedienste zu beobachten, da die Kapazitäten von stationären Versorgungseinrichtungen an ihre Grenzen kommen. Ambulante Dienste verfügen jedoch oftmals nicht über ausreichend finanzielle Mittel oder Personal um allen Anforderungen vonseiten des Gesetzgebers gerecht zu werden. Dennoch erfordert es die ökonomische Lage am Markt, dass sie Patientinnen und Patienten weiterhin bestmöglich versorgen und das oftmals ohne ausreichende Fortbildung im Bereich des Qualitätsmanagements.

Neben der bereits genannten Gesetzeslage Sozialgesetzbuch V §§ 135–137, verpflichtet auch das Pflege-Weiterentwicklungsgesetz (PfWG) stationäre und ambulante Pflegeeinrichtungen zur Implementierung von Qualitätsmanagementmaßnahmen. Im stationären Bereich kommen außerdem die sogenannten Expertenstandards hinzu, deren Anwendung gesetzlich im SGB XI § 112 verankert sind. Derzeit gibt es neun Expertenstandards, welche sich unteranderem mit den Themen Dekubitus- und Schmerzprophylaxe, Schmerz- und Ernährungsmanagement und weiteren befassen (Schmidt 2016a, b, S. 23).

Eine genauere Betrachtung der Struktur dieser Leitlinien erinnert stark an den *Plan-Do-Check-Act*-Zyklus, der bereits unter Punkt 2.3 erläutert wird. Die Struktur gliedert sich nach Screening, Verfahrensregelung, Maßnahmeplan, Beratung und Evaluation auf (Schmidt 2016a, b, S. VI).

Darüber hinaus verfolgen die Expertenstandards das Ziel, weitverbreitete Schwierigkeiten in der Pflege zu erkennen, zu beheben und dadurch Kosten zu sparen. Gleichzeitig können Lebens- und Pflegequalität gesteigert werden. Dies gilt jedoch insbesondere für stationäre Patienten und Patientinnen, da sich die Implementierung in der ambulanten Pflege oder bei Patienten und Patientinnen mit kurzer Liegedauer schwierig gestaltet. Die Dokumentation findet in Form von Verfahrensanweisungen im Qualitätsmanagementhandbuch statt (Schmidt 2016a, b, S. 5 ff.).

Während der Recherche ließen sich keine Zahlen darüber finden, ob und wie viele Pflegeeinrichtungen, ambulant oder stationär, in den letzten Jahren nach ISO 9001 zertifiziert wurden.

3.5.3 Die Umsetzung der DIN EN ISO 9001:2015 im Rettungsdienst

Das besondere am Qualitätsmanagement in der prähospitalen Patientenversorgung ist, dass nicht nur ein Leistungserbringer beteiligt ist, sondern eine ganze Kette (Neumayr et al. 2013, S. VII).

Die rechtlichen Grundlagen bildet hierbei das Notfallsanitätergesetz, welches auf Artikel 74 Absatz 1 Nummer 19 des Grundgesetzes basiert und welches das Rettungsassistentengesetz ablöst. Rettungsdienst ist in Deutschland Ländersache und entsprechend bilden hier die Rettungsdienstgesetze der Länder die weitere Grundlage. Beispielsweise soll hier das Hamburgische Rettungsdienstgesetz von 1992 genannt werden, worin jedoch nichts im Bereich Qualitätsmanagement hinterlegt ist (Staufer 2018, o. A.).

Im Rettungsdienst greift Sozialgesetzbuch V § 135 ff. nicht. Dies sorgt dafür, dass sich manche Rettungsdienste, insbesondere kleinere Organisationen dem Thema Qualitätsmanagement gar nicht widmen. Eine Einbindung des Rettungsdienstes in das Sozialgesetzbuch fünf würde die erforderliche, rechtliche Vorgabe auf Bundesebene darstellen (Moecke et al. 2013, S. 10).

Ist der gesetzliche Rahmen nicht klar definiert, macht es die Implementierung eines Qualitätsmanagementsystems schwierig. Außerdem ist der Rettungsdienst kein klassisches gewinnorientiertes Unternehmen, sondern wird als öffentliches Gut von verschiedenen öffentlichen Kostenträgern finanziert. Entsprechend wird von den jeweiligen Leistungserbringern kein Hauptaugenmerk auf Kosteneinsparung liegen, ausgenommen die jeweilige Landesebene (Neumayr et al. 2013, S. 15 ff.).

Die Aufgabe des Rettungsdienstes ist es, kranke oder verletzte Personen jedes Alters und jeglicher Herkunft erst-zu-versorgen, transportfähig zu machen und anschließend in eine geeignete Einrichtung der weiteren Versorgung zu verbringen (Neumayr et al. 2013, S. 13).

Ein besonderes Mittel zur Qualitätssicherung stellt in der prähospitalen Versorgung der Ärztliche Leiter Rettungsdienst (ÄLRD) dar. Dieser legt Versorgungsstandards für das mittlere medizinische Personal fest, sowie Ablauforganisationen, Ausstattungsanweisungen und diverses anderes. Es handelt sich hierbei um einen Arzt mit der Qualifikation Notfallmedizin, welcher als Qualitätsbeauftragter tätig ist. Eine weitere Fortbildung in diesem Bereich ist notwendig, um den Posten des Ärztlichen Leiters Rettungsdienst bekleiden zu können (Bundesärztekammer 2013, S. 1 f.).

Doch auch hier ist die Bestellung des Ärztlichen Leiters Rettungsdienst und die Festlegung seiner Aufgaben Landessache. Es fehlt eine einheitliche Regelung zur Qualitätssicherung auf Bundesebene (Moecke et al. 2013, S. 137).

In Deutschland ist federführender Rettungsdienst der Malteser Rettungsdienst, welcher alle 250 Rettungswachen in Deutschland nach ISO 9001 zertifizieren lässt. Er teilt sich in 5 Regionen auf und umfasst ca. 4000 Mitarbeiter und beschreibt sich selbst als „zeitgemäße[s] Dienstleistungsangebot auf höchstem Niveau" (www.malteser-rettungsdienst.de).

3.5.4   Die Umsetzung der DIN EN ISO 9001:2015 im Krankenhaus

In den letzten zwei Dekaden fand ein Umdenken in deutschen Krankhäusern von Quantität zu Qualität statt. Besonders in der Medizin wird die Qualität von vielen Faktoren beeinflusst, wie zum Bespiel von der Mitarbeit der Patienten und Patientinnen.

Die meisten Krankenhäuser in Deutschland oder deren Abteilungen lassen sich nach der ISO 9001 zertifizieren, besonders bei privaten Trägern ist diese Form der Zertifizierung vermehrt zu finden. Herausforderungen ergeben sich aus der Problematik einer sogenannten „Prozess-Bürokratie", bei welcher nicht unbedingt der Nutzen für Patienten und Patientinnen im Vordergrund steht, sondern die Erfüllung der Auflagen, welche die Norm vorgibt (Schlüchtermann 2016, S. 221).

In Hamburg sind alle Asklepios-Kliniken vom Qualitätsmanagementsystem KTQ (Kooperation für Transparenz und Qualität im Gesundheitswesen) zur ISO 9001 gewechselt und als einziger Klinikverband in Norddeutschland komplett zertifiziert. Asklepios ist der größte Arbeitgeber Hamburgs mit über 14.000 Beschäftigten (www.asplepios.de).

Die rechtliche Grundlage bildet auch hier das Sozialgesetzbuch V § 135 ff.

3.6   Herausforderungen – Nachteile einer Zertifizierung

Bei der Implementierung eines Qualitätsmanagementsystems kommt es zu verschiedenen Schwierigkeiten, welche zunächst behoben werden müssen. Dabei spielt es keine Rolle, um welches System es sich handelt. Um diese Herausforderungen soll es in diesem Abschnitt gehen.

Alle Zertifikate, die nach der DIN EN ISO 9001:2008 ausgestellt wurden, verlieren am 14.09.2018 ihre Gültigkeit. Unternehmen, welche eine Revision der Norm nicht eingeplant hatten, stehen damit vor unvorhergesehenen Mehrkosten, denn Übergangsaudits und erneute Zertifizierung werden dadurch nötig. Das ist mit erneutem Zeit- und Arbeitsaufwand verbunden. Die Übergangsfrist beträgt hier drei Jahre (Schmidt 2016a, b, S. V & S. 47).

Die Literatur weist unterschiedliche Empfehlungen zum Aufbau der Dokumentationsstruktur auf. Brugger zum Beispiel empfiehlt nicht, sich an der Struktur der ISO 9001 entlang zu arbeiten (2016a, b, S. 4). Schmidt dagegen spricht sich für die Erstellung des Qualitätsmanagementhandbuchs gemäß der Gliederung der ISO 9001 aus, weil so sichergestellt wird, dass alle Unterpunkte Berücksichtigung finden (2016a, b, S. 72). Pfitzinger findet hier den Kompromiss, dass die Anlehnung an die ISO 9001 nur dann Sinn macht, wenn sie den entsprechenden Beschäftigten auch geläufig ist, andernfalls kann die Dokumentation eine Fehlerquelle darstellen (2016, S. 96).

Auch die Erstzertifizierung stellt einen erheblichen Kostenfaktor dar. Die Aufwendungen schlüsseln sich nach Beratungskosten, Ausbildungs- und Schulungskosten, Zertifizierungskosten sowie Personalkosten auf. Entsprechend ist eine umfassende, sorgfältige Kostenkalkulation im Vorfeld nötig (Ertl-Wagner 2013, S. 181).

Tab. 3.1 Beschäftigte in der Pflege

	Beschäftigte insgesamt absolut	Beschäftigte Pflege relativ	In Krankenhäusern	Altenpflege (davon ambulant)
2016	5 264 000	41,7 %	1 134 000	1 059 000 (364 000)
2017	5 579 000	40,2 %	1 155 000	1 090 000 (378 000)

Wie bereits unter Punkt 3.2.1 erläutert, ist die ISO 9001 keine Norm, welche sich auf das Gesundheitswesen spezialisiert. Im Gegenteil, ihr Ursprung liegt in der Industrie und dem Wunsch nach einheitlichen Arbeitsabläufen. Entsprechend sind die Formulierungen so weitgefasst formuliert, dass eine Anpassung an Gesundheitsaspekte nicht immer leichtfällt (Schmidt 2016a, b, S. 37).

Beschäftigte in der Alten-, Gesundheits- und Krankenpflege im deutschen Gesundheitswesen machen den größten Anteil an allen Beschäftigten aus (siehe Tab. 3.1). Dennoch sind sie diejenige Berufsgruppe, welche in der Politik am wenigsten vertreten werden. Entsprechend herrscht ein großer Handlungsbedarf vonseiten der Politik, die Umstände für die Pflegenden mit Hilfe von Qualitätsstandards zu verbessern, was wiederum die Qualität der Pflege verbessern würde (Schmidt 2016a, b, S. 7).

3.7 Schlussfolgerungen

Qualität und Qualitätsmanagement haben eine hohe Public Health Relevanz, da sie sich damit beschäftigen, Fehler zu erkennen, zu reduzieren und damit Gesundheitsausgaben zu senken, welche jährlich steigen. Beliefen sie sich 2010 noch auf 291 Millionen Euro, sind sie 2016 schon auf 357 Mio. EUR gestiegen (GBE 2018a, b).

Um die in Punkt acht genannten Herausforderungen erfolgreich zu meistern, empfiehlt sich in Zukunft eine Aufschlüsselung des Sozialgesetzbuches V in die verschiedenen Bereiche des Gesundheitswesens mit genaueren Vorgaben in den jeweiligen Gesetzestexten. Dies bildet eine bundesweit einheitliche Grundlage für die Umsetzung von Qualitätsmanagementvorgaben.

Die Zertifizierung nach ISO 9001 ist kein in sich abgeschlossener Prozess. Wie in 3.2.3 dargestellt, handelt es sich um einen Prozess nach PDCA. Auch dieser beginnt nach seinem Ende wieder von vorn, ähnlich einer Spirale (vergleiche Abb. 3.3). Dies ist der Hauptbestandteil des Kontinuierlichen Verbesserungsprozesses (KVP), welcher auch Kernelement des bereits erwähnten TQM darstellt. Hierbei liegt das Hauptaugenmerk nicht auf den Ergebnissen, sondern auf den Prozessen, da hierin die größten Fehlerquellen gesehen werden. Dabei soll das Management eher aus weniger Leuten bestehen, um einen „Wasserkopf" zu vermeiden. Auch hier ist die Orientierung an den *Best-Practice*-Beispielen der Konkurrenz erwünscht. Außerdem soll ein Qualitätscontrolling implementiert werden, um stetig Verbesserungsmöglichkeiten entdecken zu können (Ertl-Wagner et al. 2013, S. 50).

Abb. 3.3 PDCA-Spirale

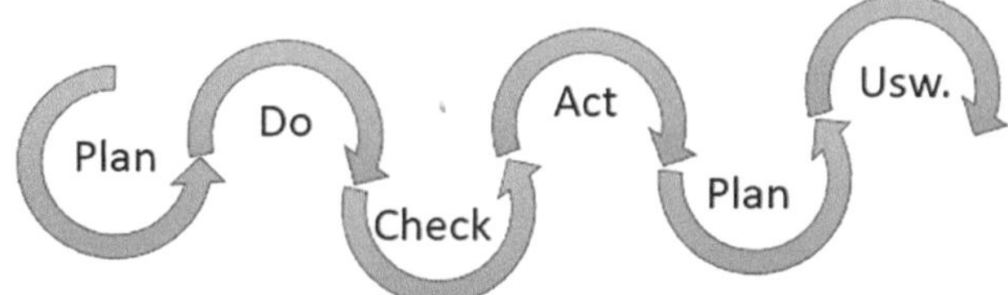

Um auch auf politischer Ebene nachvollziehen zu können, wie der Sachstand in der Gesundheitsversorgung hinsichtlich Qualitätsmanagement ist, sollte über ein Meldesystem für zertifizierte Unternehmen nachgedacht werden. Vergleichbare Meldesysteme gibt es in den Bereichen Krebs und Infektionskrankheiten unter der Public Health Rubrik Surveillance und Gesundheitsberichterstattung, welche schon seit langem ein wichtiges Instrument für Entscheidungsträger ist. Ebenso sind staatliche Subventionen für kleinere Unternehmen, welche nicht so finanzkräftig sind, wie beispielsweise privatfinanzierte Unternehmensketten (siehe Malteser oder Asklepios) eine mögliche Maßnahme, Qualität im Gesundheitswesen zu fördern und sogar zu steuern.

3.8 Fazit

Aus der Sicht von Gesundheitseinrichtungen im System der Gesundheitsversorgung in Deutschland ist der Bereich Qualität stark ausbaufähig. Um die Gesundheitsausgaben in den kommenden Jahren nicht weiter steigen zu lassen, müssen Möglichkeiten gefunden werden, Kosten zu senken, ohne dass die Versorgung darunter leidet. Dies ist nur durch effektives und effizientes Qualitätsmanagement zu erreichen. Dazu wiederum müssen einheitliche Gesetze auf Bundesebene verfasst werden, um die Vorgaben explizit auf die verschiedenen Bereiche des Gesundheitswesens zu schneiden zu können. Um eine zukunftsorientierte Aussage darüber treffen zu können, ob Zertifizierungen nach DIN EN ISO 9001:2015 oder anderen Qualitätsmanagementsystemen verpflichtend gemacht werden sollten, müsste zunächst die Datenlage verbessert werden, um zu sehen, wie viele Gesundheitsunternehmen bereits zertifiziert sind.

Literatur

Bundeszentrale für politische Bildung. (o. J.). https://www.bpb.de/politik/innenpolitik/demografischer-wandel/. Zugegriffen: 05. Jan. 2019.

Bundesärztekammer in Deutsches Ärzteblatt. (2013). Empfehlung der Bundesärztekammer zum Ärztlichen Leiter Rettungsdienst, 110 (25). https://www.bundesaerztekammer.de/fileadmin/user_upload/downloads/Empf_BAeK_Aerztl_Leiter_Rettungsdienst_26052013.pdf. Zugegriffen: 5. Jan. 2019.

Brüggemann, H., & Bremer, P. (2015). *Grundlagen Qualitätsmanagement. Von den Werkzeugen über Methoden zum TQM* (2. Aufl.). Wiesbaden: Springer Vieweg.

Brugger-Gebhardt, S. (2016). *Die DIN EN ISO 9001:2015 verstehen. Die Norm sicher interpretieren und sinnvoll umsetzen* (2. Aufl.). Wiesbaden: Springer Gabler.

Charlet, L. (2017). The ISO survey Genf: International standardisation organisation. https://isotc. iso.org/livelink/livelink?func=ll&objId=18808772&objAction=browse&viewType=1.

Donabedian, A. (1966). Evaluating the quality of medical care. In J. Schlüchtermann (Hrsg.), (2016). *Betriebswirtschaft und Management im Krankenhaus. Grundlagen und Praxis* (2. Aufl.). Berlin: Medizinisch Wissenschaftliche Verlagsgesellschaft mbH & Co. KG.

Ertl-Wagner, B., Steinbrucker, S., & Wagner; B. (2013). *Qualitätsmanagement und Zertifizierung. Praktische Umsetzung in Krankenhäusern, Reha-Kliniken, stationären Pflegeeinrichtungen* (2. Aufl., S. 15–28, 29–72, 175–185). Berlin: Springer.

Gesundheitsberichterstattung des Bundes. (2018a). Gesundheitsausgaben in Deutschland in Mio. €. Berlin: Gesundheitsberichterstattung des Bundes.

Gesundheitsberichterstattung des Bundes. (2018b). Gesundheitspersonal in 1000. Berlin: Gesundheitsberichterstattung des Bundes.

Hensen, P. (2016). *Qualitätsmanagement im Gesundheitswesen. Grundlagen für Studium und Praxis*. Wiesbaden: Springer Gabler.

Kuntsche, P., & Börchers, K. (2017). *Qualitäts- und Risikomanagement im Gesundheitswesen. Basis- und integrierte Systeme, Managementsystemübersichten und praktische Umsetzung*. Berlin: Springer.

Moecke, H., Marung, H., & Oppermann, S. (2013), *Praxishandbuch Qualitäts- und Risikomanagement im Rettungsdienst. Planung, Umsetzung, Zertifizierung*. Berlin: Medizinisch Wissenschaftliche Verlagsgesellschaft.

Neumayr, A., Schinnerl, A., & Baubin, M. (2013). *Qualitätsmanagement im prähospitalen Notfallwesen. Bestandsaufnahme, Ziele und Herausforderungen*. Wien: Springer.

Pfitzinger, E. (2016). *Projekt DIN EN ISO 9001:2015. Vorgehensmodell zur Implementierung eines Qualitätsmanagementsystems*. (3. Aufl.). Berlin: DIN Deutsches Institut für Normung e. V., Beuth.

Piekenbrock, D. (2015). *Kompakt-Lexikon Wirtschaft*. (12. Aufl.). Bonn: Bundeszentrale für politische Bildung, Wiesbaden: Springer Gabler.

Schlüchtermann, J. (2016). *Betriebswirtschaft und Management im Krankenhaus. Grundlagen und Praxis* (2. Aufl.). Berlin: Medizinisch Wissenschaftliche Verlagsgesellschaft mbH & Co. KG.

Schmidt, S. (2016a). *Das QM-Handbuch. Qualitätsmanagement für die ambulante Pflege* (3. Aufl.). Berlin: Springer.

Schmidt, S. (2016b). *Expertenstandards in der Pflege – Eine Gebrauchsanweisung* (3. Aufl.). Berlin: Springer.

Staufer, A. (2018). *Gesetzessammlung Rettungsdienst*. München. http://www.rettungsdienstgesetze.de. Zugegriffen: 5. Jan. 2019.

https://www.tuev-nord.de/de/unternehmen/zertifizierung/systemzertifizierung/gesundheitswesen/pflegeeinrichtungen/. Zugegriffen: 5. Jan. 2019.

https://www.tuev-thueringen.de/gk/managementsysteme/informationen-der-zertifizierungsstelle/artikel/kombizertifizierung-der-vorteil-der-high-level-structure/. Zugegriffen: 5. Jan. 2019.

https://www.din.de/de/meta/suche/62730!search?query=ISO+9001&submit-btn=Submit. Zugegriffen: 8. Jan. 2019.

https://www.asklepios.com/hamburg/harburg/qualitaet/qm/auszeichnungen/. Zugegriffen: 12. Jan. 2019.

https://www.duden.de/rechtschreibung/Gesundheitswesen. Zugegriffen: 12. Jan. 2019.

https://www.malteser-rettungsdienst.de/arbeitgeber-malteser.html?type=. Zugegriffen: 12. Jan. 2019.

Risikomanagement in Gesundheitseinrichtungen

Aileen Udowenko

4.1 Einleitung

Seinen Ursprung hat das Risikomanagement in der Industrie in den Bereichen Luft- und Raumfahrt. Diese Bereiche sind durch komplexe Arbeitsabläufe und Prozesse gekennzeichnet und verfolgen den Wunsch nach maximaler Sicherheit. Bei dem Zusammenspiel von Mensch und Maschine und einem hohen Kompetenzniveau konnten umfassende Risikomanagementsysteme entwickelt werden. Auch Gesundheitseinrichtungen sind fortlaufend Gefahren und Risiken ausgesetzt, welche sich negativ auf die Zielerreichung dieser Einrichtungen auswirken können. Eine absolute Sicherheit vor diesen Ereignissen kann nicht erreicht werden. Doch durch ein strukturiertes Risikomanagement kann die tatsächliche Bedrohung erfasst und bewertet werden (Bundesamt für Bevölkerungsschutz und Katastrophenhilfe 2008, S. 1). Auch Fehler des Personals können ein Risiko für Patienten_Innen oder Teilnehmende bedeuten, sodass in Krankenhäusern medizinische Fehler bereits als dritthäufigste Todesursache angesehen werden. In diesen Fällen kann durch risikobasiertes Denken, Einfluss auf die Mitarbeiter_Innen, Patienten_Innen und Organisationssicherheit genommen werden, um diese Fehler zu vermeiden (Sendlhofer 2018, S. 89 f.). Es wird deutlich, dass es in mehreren Bereichen einer Gesundheitseinrichtung zu Risiken verschiedener Art kommen kann, die negative Auswirkungen auf die Arbeitsabläufe und Beteiligten haben können.

A. Udowenko (✉)
Projekt- und Qualitätsmanagement, Hochschule für Angewandte Wissenschaften, Hamburg, Deutschland
E-Mail: Aileen.Udowenko@haw-hamburg.de

© Springer-Verlag GmbH Deutschland, ein Teil von Springer Nature 2020
W. Leal (Hrsg.), *Qualitätsmanagement in der Gesundheitsversorgung*, Erfolgskonzepte Praxis- & Krankenhaus-Management, https://doi.org/10.1007/978-3-662-59675-3_4

Im Folgenden soll das Risikomanagement im Setting Gesundheitseinrichtung näher erläutert werden. Hierzu wird zuerst der Begriff „Risikomanagement" definiert. Anschließend werden der Bedarf und der Nutzen aufgeführt, mögliche Umsetzungsverfahren werden dargestellt und durch ein Praxisbeispiel genauer erläutert. Zudem werden Herausforderungen bei der Implementierung aufgezeigt und am Ende ein Fazit formuliert. Der Fokus liegt hierbei auf dem klinischen Risikomanagement.

4.2 Definition relevanter Begriffe

Um das Risikomanagement definieren zu können, müssen zunächst risikorelevante Begriffe erläutert werden. Wichtig sind hierfür die Begriffe „Fehler" und „Risiko".

Ein Fehler wird nach der DIN EN ISO 9001 als Nichterfüllung einer Anforderung bezeichnet, welche erwartet, festgelegt oder verpflichtend ist (Deutsches Institut für Normung 2015). Als Beinahe-Fehler werden Fehler bezeichnet, die rechtzeitig vor dem Eintreten unerwünschter Folgen erkannt und abgewendet wurden (Kuntsche und Börcher 2017, S. 384).

Ein Risiko liegt immer dann vor, wenn ein Ereignis Auswirkungen nach sich zieht, welche in unterschiedlicher Häufigkeit eintreten. Diese Ereignisse üben einen negativen Einfluss auf Prozesse, Kunden_Innen oder Organisationen aus. Durch diese Risiken kann ein Imageverlust erfolgen und es können Schäden an Mitarbeiter_Innen oder Patienten_ Innen entstehen, welche finanzielle Folgen nach sich ziehen (Sendlhofer 2018, S. 91). Risiken können hierbei beabsichtigt entstehen, zum Beispiel durch Manipulation oder unbeabsichtigt durch Fahrlässigkeit, Fehlentscheidungen oder durch mangelnde Sorgfalt. Auch durch Naturereignisse, wie Unwetter aber auch durch technische Störungen, kann ein Risiko entstehen (Holzer et al. 2005, S. 91). Zu unterscheiden ist hierbei zwischen struktur-, prozess- und ergebnisbedingten Risiken. Die Auswirkungen auf personeller Ebene, auf die finanziellen Mittel, die Räumlichkeiten und technischen Mittel eines Unternehmens werden unter den strukturbedingten Risiken zusammengefasst. Prozessbedingte Risiken beschreiben alle Risiken, welche sich auf die Abläufe innerhalb des Unternehmens beziehen. Beeinträchtigungen des Behandlungsergebnisses werden unter den ergebnisbedingten Risiken betrachtet. Aus Unternehmenssicht ist auch die Einteilung von normativen, strategischen und operativen Risiken von Bedeutung. Hierbei beschreiben normative Risiken die Bereiche, die die Unternehmensziele und vorhandene Regeln betreffen. Strategische Risiken haben Auswirkungen auf die Erfolge eines Unternehmens und die operativen Risiken beeinträchtigen Unternehmensabläufe (Kuntsche und Börcher 2017, S. 385 f.). Durch verschiedene Maßnahmen, abgestimmt auf das jeweilige Risiko, können diese verringert oder vermieden werden. Diese Maßnahmen werden im Rahmen des Risikomanagements entwickelt und umgesetzt (Sendlhofer 2018, S. 91). Hierzu ist die Unterteilung in Risikoträger, Risikoursachen und Risikoarten von hoher Bedeutung, um die bestmögliche Maßnahmenentwicklung zu gewährleisten.

Als Risikoträger werden jene bezeichnet, die unmittelbar vom Schaden betroffen sind (Institut für Versicherungswirtschaft 1995, S. 10). Mit dem Blick auf das Gesundheitswesen kann dies von den Mitarbeiter_Innen, also dem medizinischen, pflegerischen, technischen oder auch kaufmännischen Personal, über die Träger und Organisationen, dem Krankenhaus oder dem Unternehmen bis zu den Patienten_Innen reichen. Die Patienten_Innen sind in diesem Kontext die größte Gruppe der Risikoträger_Innen und erfordern somit spezielle Maßnahmen zu ihrem Schutz. Diese werden im Bereich der Patientensicherheit erarbeitet. Hierunter können alle Maßnahmen im Krankenhaus oder anderen Gesundheitsbetrieben verstanden werden, die zur Vermeidung von Schäden, im Zusammenhang mit der Behandlung der jeweiligen Patienten_Innen, stehen. Um diese Sicherheit zu gewähren, müssen verschiedene Systemkomponenten in Wechselwirkung stehen. Hierzu gehört die Zusammenarbeit von Mitarbeiter_Innen der jeweiligen Abteilungen, Apparaten und Organisationen unter der richtigen Anleitung von Führungskräften (Holzer et al. 2005, S. 17 f.).

Derzeit sind die häufigsten Ursachen bei der Entstehung von Risiken in Krankenhäusern der Mensch, die Technik, das System und der Prozess. Dies macht auch die Vielzahl der möglichen Risikoarten deutlich (Kuntsche und Börcher 2017, S. 385 f.).

4.3 Das Risikomanagement

Durch das Risikomanagement werden Risiken systematisch analysiert und bewertet, um anschließend Maßnahmen entwickeln zu können, welche das jeweilige Risiko beeinflussen sollen (Sendlhofer 2018, S. 92). Die Güter, die zur Gewährleistung oder Verbesserung der Sicherheit verwendet werden können, werden Sicherheitsgüter genannt. Hier kann zwischen materiellen, immateriellen und nominellen Gütern unterschieden werden. Materielle Sicherheitsgüter umschreiben Gegenstände wie Feuerlöscher oder Löschdecken, immaterielle Güter können Weiterbildungen, Versicherungen oder auch Vorschriften umschreiben. Geld wird hierbei als nominelles Sicherheitsgut bezeichnet (Jirsa und Oppl 1988, S. 21).

Wie bereits in der Definition der Risiken erwähnt, kann auch das Risikomanagement in die Teilbereiche normatives, strategisches und operatives Risikomanagement unterteilt werden. Für die Entwicklung einer Bewertungsgrundlage dient das normative Risikomanagement. Mit diesem können alle auftretenden Risiken bewertet werden und eine Kategorisierung der Risiken, bezogen auf ihr Gefährdungspotenzial, kann durchgeführt werden. Das strategische Risikomanagement umfasst alle Maßnahmen, die das Erfolgspotenzial eines Unternehmens positiv beeinflussen sollen, und das Fortbestehen des Unternehmens sichern. Außerdem soll es ein Risikobewusstsein unter den Mitarbeiter_Innen schaffen und somit ein Anreiz zum Melden von Risiken entstehen. Durch das operative Risikomanagement werden Risiken identifiziert (Kuntsche und Börcher 2017, S. 387).

Für die Umsetzung aller Maßnahmen, die das Risikomanagement umfassen, ergeben sich vier Ebenen, welche im Folgenden genauer erläutert werden.

4.3.1 Risikoanalyse

Der erste Schritt des Risikomanagements umschreibt die Analyse der möglichen oder erfolgten Risiken. Hierfür werden alle Risiken identifiziert, die innerhalb einer Gesundheitseinrichtung oder auch vergleichbaren Organisationen aufgetreten sind. Hinzu kommen die Risiken, die gegenwärtig passieren, und die Prognose für zukünftige Risiken, die erfolgen könnten. Desto detaillierter der Grund für ein jeweiliges Risiko bekannt ist, desto besser können Maßnahmen für die Vermeidung dessen entwickelt werden. Für diesen Prozessschritt ist die Akzeptanz und Mitwirkungsbereitschaft aller Beteiligten von großer Wichtigkeit. Hierzu sollte innerhalb des Unternehmens eine Transparenz der jeweiligen Schritte und Maßnahmen herrschen. Durch Risikoprofile oder die Risikoerfassung können Daten aufgearbeitet werden und in Zusammenhang, mit Zielen und Strategien des Unternehmens gesetzt werden. Um dies zu erreichen, können Fälle aus Schadensdateien und die Ergebnisse aus Fehlermeldesystemen betrachtete werden. Außerdem kann auch Brainstorming der Unternehmensleitung und den Arbeitnehmer_ Innen stattfinden (ebd., S. 404–427).

In dieser Phase kann zwischen drei Analyse-Schritten unterschieden werden. Zum einen wird eine Kritikalitätsanalyse durchgeführt. Hierbei geht es um die kritischen Prozesse der Einrichtung und allen Prozessbausteinen, die sich direkt oder indirekt auf die Durchführung dieser Prozesse auswirken. Sollte hier zum Beispiel die Intensivstation innerhalb eines Krankenhauses als kritisch eingestuft werden, muss geprüft werden, welche weiteren Bausteine für die Aufrechterhaltung der Station, in Notfallsituationen, unverzichtbar sind. Die zweite durchzuführende Analyse ist die Gefährdungsanalyse. Hierbei werden, mit der Hilfe von Gefahrenkategorien, mögliche Gefahrenquellen identifiziert. Welche Kategorien genutzt werden können, wurde bereits in dem vorherigen Kapitel „Risikoursachen" definiert. Durch die Identifikation der Risiken können Szenarien formuliert werden, die die Gefährdung des Krankenhauses wiedergeben. Hierbei können Angaben zur Intensität und Stärke des Risikos gemacht werden und wie exponiert die Einrichtung gegenüber der Gefahr ist. Bei der Verwundbarkeitsanalyse geht es um die Identifikation möglicher Anfälligkeiten jedes Bausteines für ein Gefahrenszenario. Bei der Beurteilung der Verwundbarkeit müssen bereits implementierte Maßnahmen beachtet werden, welche sich auf die Minderung der Verwundbarkeit auswirken (Bundesamt für Bevölkerungsschutz und Katastrophenhilfe 2008, S. 21 ff.).

4.3.2 Bewertung

In dem Prozessschritt der Bewertung geht es um die Ermittlung des jeweiligen Gefahren-
potenzials. Zu dieser Beurteilung werden die Parameter Eintrittswahrscheinlichkeit und
Schadenausmaß genutzt. Mehrere Risiken werden in Bezug zueinander gesetzt, um
Priorisierungen zu erarbeiten und die jeweilige Gewichtung der anstehenden Maßnahmen zu errechnen (Kuntsche und Börcher 2017, S. 405). Zur Visualisierung kann hier
eine Risikomatrix genutzt werden, aus welcher der jeweilige Handlungsbedarf ersichtbar
wird. Hierbei ist auch eine Klassifikation der Risiken nach ihrem Schweregrad möglich.
Risikoklasse I bezeichnet ein Existenzrisiko, diese stellen eine unmittelbare Bedrohung
der Existenz des Unternehmens dar. Risiken dieser Art treten nur sehr selten auf und
sind schwer vorauszusagen. Ein Großrisiko wird unter die Risikoklasse II gefasst. Diese
Risiken stellen nur eine Existenzbedrohung des Unternehmens dar, wenn mehrere dieser
Risiken gleichzeitig auftreten. Auch diese haben ein seltenes Vorkommen. Die Risikoklasse III beschreibt Kleinrisiken. Auch bei mehrmaligem Auftreten dieser Ereignisse
besteht keine Existenzbedrohung. Diese Risiken kommen häufig bis sehr häufig vor
(Romeike und Müller-Reichart 2005, S. 64 ff.).

4.3.3 Steuerung

In dem Bereich der Steuerung werden die bereits vorhanden Maßnahmen aufgezeigt und
durch neue Kenntnisse erweitert und vervollständigt. In diesem Bereich ergeben sich vier
Maßnahmenkategorien, die Risikovermeidung, die Risikoübertragung, die Risikover-
minderung und die Risikoakzeptanz. Die Risikovermeidung beschreibt eine Strategie,
bei der auf eine bestimmte Handlung verzichtet wird. Somit wird das Risiko vermieden,
aber auch das Ergebnis der Handlung nicht mehr erzielt. Die Strategie der Risikover-
minderung implementiert Vorsichtsmaßnahmen bei verschiedenen Handlungen, um die
Eintrittswahrscheinlichkeit oder das Schadenausmaß zu reduzieren. Durch die Risikoübertragung können die Handlung oder das Risiko und dessen finanzielle Folgen auf
andere Organisationen übertragen werden. Die letzte Strategie ist die Risikoakzeptanz.
Bei dieser werden Vorkehrungen getroffen, um das unvermeidliche Risiko selbst-
zutragen. Dies kann zum Beispiel in Form von finanziellen Rücklagen erfolgen (Glocke
2003, S. 487 f.). Die Wirksamkeit einer Maßnahme muss hierbei, bezogen auf die Hand-
lungsziele, Kostenaspekte, den Bedarf an Zeit und den Gesamtaufwand, überprüft werden (Bundesamt für Bevölkerungsschutz und Katastrophenhilfe 2008, S. 28).

4.3.4 Überwachung

Die Ergebnisse werden allen beteiligten Personen zur Verfügung gestellt. Dies geschieht zeitgerecht. Durch den Bereich des Controllings können prozessabhängige Überwachungen stattfinden, eine prozessunabhängige Überwachung kann durch eine objektive Prüfung, in Form einer internen Revision, erfolgen (Kuntsche und Börcher 2017, S. 405). Die identifizierten Risiken müssen fortlaufend überwacht werden. Hierzu können die folgenden Instrumente genutzt werden.

Für die Analyse und Erfassung von Fehlern und Beinahe-Fehlern können interne Fehlermeldesysteme genutzt werden. Diese werden unter der Bezeichnung „Critical Incident Reporting System" geführt und stellen eine zentrale Rolle des Risikomanagementsystems dar. In diesen können Fehler anonym durch die Mitarbeiter_Innen, gemeldet werden und somit abgestimmte Maßnahmen entwickelt werden. Somit können Risiken frühzeitig identifiziert werden. Hierfür ist auch die Dokumentation der Beinahe Fehler von großer Bedeutung, da sie die Behandlungsqualität verbessern und zu einer Steigerung der Patientensicherheit führen. Durch die gemeldeten Fehler und Beinahe Fehler können Aktionspläne erstellt werden, welche zu einer allgemeinen Prozessverbesserung und Stabilisierung der Sicherheit führen (Kuntsche und Börcher 2017, S. 430 f.).

Im Rahmen des Beschwerdemanagements werden Beschwerden der Patient_Innen gesammelt, welche Hinweise auf das Auftreten möglicher Risiken aufzeigen können. Dies macht es möglich, Prozessabläufe weiter zu optimieren und die bestmögliche Behandlung zu gewährleisten. Diese Maßnahmen führen zu einer erhöhten Patientenzufriedenheit (ebd., S. 431).

Auch Risikoaudits können eine Verbesserung der Prozessabläufe erzielen, hierzu finden Gespräche zur praktischen Umsetzung der Sicherheitschecklisten und Standards mit den Mitarbeiter_Innen statt. So können detailliert einzelne Prozessabschnitte des Risikomanagements betrachtet und mehr Sicherheit während der Durchführung erreicht werden. Zudem kommt es zu einer Sensibilisierung der Mitarbeiter_Innen und zu einer erhöhten Transparenz der Prozessabläufe. Risikoaudits können auch in Form einer Berichterstattung, über Ergebnisse aus den Methoden, an die Unternehmensleitung durch die Arbeitnehmer_Innen erfolgen (ebd., S. 432).

Schadensanalysen werden in Form einer Morbiditäts- und Mortalitätskonferenz durchgeführt. In diesen werden alle relevanten Fälle besprochen, welche in einer medizinischen oder operativen Behandlung stattgefunden haben. Diese Komplikationen müssen genau analysiert werden, um mögliche vergleichbare Fehler zu vermeiden und die Behandlung kontinuierlich zu verbessern (ebd., S. 432).

4.4 Bedarf

Medizinische Schadensfälle nehmen seit Jahren zu. So kommt es Europaweit bei 8 bis 12 % der Krankenhauspatient_Innen zu Zwischenfällen. Die Hälfte dieser Zwischenfälle gilt hierbei als vermeidbar. In Deutschland sterben jährlich ungefähr 19.000

Krankenhauspatient_Innen aufgrund von Behandlungsfehlern. Währenddessen wird wegen dieser Fehler die gerichtliche Durchsetzung von Schadensersatzprüfungen weiter forciert. Dies führt zu immer häufiger auftretenden Haftungen in dem Bereich des Gesundheitswesens und zu steigenden Haftungssummen. Durch diese Behandlungsfehler kommt es nicht nur zu negativen Folgen für die Patient_Innen, sondern auch zu psychischen Folgen für die Mitarbeiter_Innen. Das Krankenhaus benötigt zudem zusätzliches Personal für die Bewältigung von Rechtsstreitigkeiten und erleidet durch die Fehler Imageschäden. Des Weiteren kann es für das Unternehmen zu Kündigungen von Geschäftsbeziehungen und Kooperationspartner_Innen und somit zu fehlenden Investitionen kommen. Es kann auch eine Erhöhung der Versicherungsprämien für die Einrichtung erfolgen. Da Spätschadenrisikos nicht kalkulierbar sind, kommt es zu einem Rückzug vieler Krankenhausversicherungen vom Markt (Heyers 2016, S. 23 f.).

Aufgrund dieser Missstände ist ein Qualitätsmanagement für Einrichtungen im Gesundheitswesen Pflicht. Seit 2013 hat das Risikomanagement, im Zuge des Patientenrechtegesetzes, Einzug in das SGB V erhalten. Dort heißt es: das Risikomanagement sei ein zwingender Bestandteil des internen Qualitätsmanagements (ebd., S. 27).

4.5 Nutzen

Patient_Innen, deren Angehörige und Mitarbeiter_Innen werden durch ein gut strukturiertes und funktionierendes Risikomanagement vor Schäden geschützt. Aus Sicht des Unternehmens ist auch die Bewahrung von Sachwerten des Krankenhauses, wie zum Beispiel dem Gebäude oder medizinischen Geräten, von großer Bedeutung. Zudem können ökonomische Mittel geschützt werden und das Krankenhaus vor finanziellen Verlusten bewahrt. Durch die Einführung des Risikomanagements innerhalb des Qualitätsmanagements kommt es zu einer Verbesserung von „weichen" und „harten" Faktoren (Heyers 2016, S. 31).

Weiche Faktoren umschreiben zum einen die Steigerung des Risikobewusstseins der Mitarbeiter_Innen und der Bereitschaft aus Fehlern zu lernen. Zum anderen ist die erhöhte Identifikation mit den jeweiligen Aufgaben der Mitarbeiter_Innen durch die eigene Mitwirkung an der Entwicklung von Maßnahmen und Arbeitsabläufen gemeint. Harte Faktoren bezeichnen hingegen unmittelbare und mittelbare Kosten, die zum Beispiel durch eine Kostenreduzierung durch die Vermeidung von Schäden entstehen kann. Somit kann sich das Risikomanagement auch positiv auf wirtschaftliche Ereignisse außerhalb des Unternehmens auswirken (Kuntsche und Börchers 2017, S. 401).

Durch die Einbindung des Risikomanagements in das Qualitätsmanagement kann es auch zu Synergieeffekten kommen und beide Bereiche können voneinander profitieren. So kann zum Beispiel die Befragung der Kunden und Patient_Innen, im Rahmen des Qualitätsmanagements, nach ihrer Zufriedenheit für die Identifikation von möglichen Schwachstellen und Risiken genutzt werden. Zudem kann, durch die Verknüpfung beider Bereiche, Doppelarbeit vermieden werden. Gleiche Sachverhalte können gemeinsam behandelt werden, der Einsatz von Ressourcen kann ökonomischer genutzt werden,

Probleme können aus unterschiedlichen Blickwinkeln betrachtet werden, die Dokumentation kann in einem gemeinsamen Managementhandbuch erfolgen und die Prozesse haben ein hohes Maß an Rechtssicherheit (ebd., S. 425).

4.6 Implementierung des Risikomanagements in einer Gesundheitseinrichtung

Die Eingliederung eines Risikomanagements in ein Gesundheitsunternehmen unterliegt gesetzlichen Vorschriften und Standards. Ziel ist die Integration in bereits bestehende Systeme des Betriebes, wie zum Beispiel dem Controlling. Das Risikomanagement ist somit kein eigenständiger Managementkreislauf, sondern setzt in vielen Bereichen des Unternehmens an. Somit ist eine Einbettung in vorhandene Organisationsstrukturen möglich. Eine gesonderte Form des Risikomanagements ist das klinische Risikomanagement, welches einen systematisch präventiven Ansatz hat (ebd., S. 402). Für die Implementierung eines Risikomanagements in ein Gesundheitsunternehmen lassen sich die folgenden fünf Themenblöcke teilen.

4.6.1 Analyse der Ist-Situation

Durch öffentliche Kennzahlen und Marktinformationen können für das Krankenhaus spezifische Ziele erarbeitet werden, die eine Wegrichtung für das dortige Risikomanagement aufzeigen. Durch diese strategische Ausrichtung bekennt sich die Gesundheitseinrichtung zu der entstehenden Verantwortung. Diese Ausrichtung wird Teil der Vision, Mission oder dem Leitbild des Unternehmens (Sendlhofer 2018, S. 93).

4.6.2 Qualifikation und Ressourcen

Während dieser Phase wird in der Gesundheitseinrichtung Personal ausgebildet, welches das Risikomanagement anwenden kann. Für die erfolgreiche Implementierung des Risikomanagements muss eine Akzeptanz der Beschäftigten herrschen und eine Bereitschaft zu der Durchführung neuer Regelungen und Umsetzung neuer Strukturen. Es sollte eine klare Aufgabenteilung innerhalb des Krankenhauses herrschen, damit die verschiedenen Schnittstellen effektiv zusammenarbeiten. Die Steuerung der Risikomanagement-Prozesse sollte einem/r Mitarbeiter_In im Bereich des Controllings zugeteilt werden. Diesem/r Mitarbeiter_in muss der gesamte Datensatz des Krankenhauses zur Verfügung stehen, damit kontinuierlich an neuen Entscheidungsvorbereitungen gearbeitet werden kann (ebd., S. 93 f.).

4.6.3 Identifikation von Risiken

Durch Interviews und Workshops können Risiken unter Mitwirken der Mitarbeiter_ Innen, Patient_Innen aber auch Experten identifiziert werden. Den Risiken werden nun Gewichtungen zugeordnet. Diese ergeben sich nach der Schwere des Einflusses, dass das jeweilige Risiko auf die Erreichung der gesteckten Ziele hat. In dieser Phase findet die Erstellung eines Portfolios statt, welche die identifizierten Risiken genauer strukturiert. Durch diesen Punkt kommt es zu einer Priorisierung der Maßnahmen, die zu der Verhinderung der Risiken führen sollen und somit zu der Möglichkeit, die vorhandenen Ressourcen bestmöglich auf die verschiedenen Bereiche aufzuteilen. Durch qualitative Bewertungen können Eintrittswahrscheinlichkeit und Schadenhöhe von Risiken ermittelt werden, welche nur schwer quantitativ zu erfassen sind. Dies wäre zum Beispiel ein Imageverlust durch einen Behandlungsfehler. Für eine qualitative Bewertung können vorgegebene Klassifikationen und Rasterungen genutzt werden. Bei der quantitativen Bewertung werden die vorhandenen Daten zu Berechnungen von Prozentangaben genutzt und Simulationsrechnungen durchgeführt. Anhand dieser können weiterreichende Aussagen getätigt werden. Zu der Identifikation der Risiken wird, nach dem Vorbild der Luftfahrt Industrie, der CIRS (Critical Incident Reporting System) genutzt (Hellmann 2006).

In diesen Systemen werden Beinahe Fehler und mögliche Gefahrenquellen dokumentiert, welche die Patientensicherheit betreffen. Diese werden anschließend von einem Gremium, bestehend aus Experten, analysiert und veröffentlicht. Hierfür ist es wichtig, dass die Mitarbeiter_Innen vertraulich über die Fehler, unerwünschten Ereignisse, Beschwerden, Risiken und Chancen berichten können, ohne Sanktionen fürchten zu müssen. Somit ist eine Sicherheitskultur erforderlich, die die Meldung von Risiken fördert und eine sichere und gute Kommunikation, gegebenenfalls durch Briefings und Feedbacks, sichert (Kuntsche und Börcher 2017, S. 421 f.).

4.6.4 Vorgabedokumente und Dokumentation

Für die sachgemäße Umsetzung des Risikomanagements müssen Vorgabedokumente in der Einrichtung eingeführt werden. Diese können in Form von Checklisten, Arbeitsanweisungen oder Formularen eingesetzt werden und sollten für jede/n Mitarbeiter_In nachvollziehbar und einsehbar sein. Zusätzlich kann das Unternehmen auch softwaregestützte Dokumentationsformate nutzen, um die bestmögliche Dokumentation und die Auswertung dieser zu gewährleisten (Sendlhofer 2018, S. 94).

4.6.5   Einbinden der Anspruchsgruppen

Zu Beginn konzentriert sich die Implementierung nur auf die Einrichtung und die dortigen Prozesse, doch das Ziel soll sein, alle Mitarbeiter_Innen so einzubinden, dass Risiken schnellstmöglich identifiziert werden können und eine geeignete Maßnahme abgestimmt werden kann, die das Risiko verringert oder auch komplett vermeiden kann (ebd., S. 94).

4.7   Risikomanagement als Führungsaufgabe

Aus den vorigen Abschnitten ist zu erkennen, wie essenziell das Risikomanagement für die erfolgreiche Umsetzung der Prozesse eines Unternehmens ist. Dabei müssen Prozesse und Abläufe durch eine Führungskraft koordiniert werden. Die Führungskraft, der jeweiligen Hierarchieebene muss sich der Verantwortung und Vorbildfunktion gegenüber der Mitarbeiter_Innen bewusst sein. Bei der Delegation des Risikomanagements und dessen Aufgaben ist zu beachten, dass die Führungskraft die notwendigen Ressourcen zur Verfügung stellt. Nur so kann das Risikomanagement nachhaltig in einem Unternehmen implementiert werden. Ressourcen können hierbei materiellen, personellen oder infrastrukturellen Ursprungs sein. (Sendlhofer 2018, S. 93).

4.8   Probleme bei der Implementierung und Durchführung

Bereits vor dem Versuch der Implementierung sollte sich das Unternehmen an Beispielen aus bereits erfolgten Implementierungen anderer Gesundheitseinrichtungen orientieren. Hier können sie den Best-Practice Beispielen folgen und somit erfolgreiche Strategien übernehmen, aber auch aus bereits erfolgten Fehlern vergleichbarer Unternehmen lernen und diese Fehler von Beginn an vermeiden. Dennoch ist jedes Unternehmen eigenen Risiken ausgesetzt, deshalb empfiehlt sich zudem eine externe Moderation zu beziehen, mitwelcher Prozesse objektiver angeschaut werden und Hürden konfliktfreier geregelt werden können. Ein großes Problem bei der Umsetzung kann sich im Bereich der Kommunikation abspielen, sobald über verschiedene Ebenen kein Informationsaustausch stattfindet. Des Weiteren ist die Umsetzung eines erfolgreichen Risikomanagements sehr zeitintensiv. Dies kann gerade im Bereich der Pflege zu einer Herausforderung werden. Aber auch an anderen Stellen, die einen gewissen Zeitaufwand aufweisen und eine hohe Flexibilität fordern, kann zum Beispiel die korrekte Dokumentation schwer durchführbar werden. Hierbei ist es wichtig, dass die Mitarbeiter_Innen genügend Zeit für den Teil der Dokumentation zur Verfügung haben und diesen gewissenhaft durchführen können (ebd., S. 95).

4.9 Iso 9001

In der internationalen Norm ISO 9001:2015–11 sind weltweit gültige Standards zum Thema Risikomanagement festgelegt. In dieser wird aufgezeigt, dass innerhalb eines Qualitätsmanagementsystems eine Berücksichtigung von Risiken und Chancen stattfinden muss. Dies hat zum Ziel, dass das Qualitätsmanagementsystem seine angestrebten Ergebnisse erzielen kann. Zudem sollen erwünschte Ereignisse verstärkt, unerwünschte verhindert oder verringert werden und Verbesserungen der Prozessabläufe erfolgen. In der ISO werden sieben Einzelmaßnahmen des Risikomanagements angesprochen, diese umfassen den Kontext, die Führung, die Planung, die Unterstützung, den Betrieb, die Bewertung der Leistung und die Verbesserung. Unter dem Abschnitt Kontext wird aufgezeigt, dass das Unternehmen die eigenen Risiken und Chancen bestimmen muss und anhand dieser Ergebnisse ihre Prozesse optimieren. Auch die Ebene der Führung wird in der ISO aufgegriffen. Hier heißt es, die Leitung muss ihre Anforderungen erfüllen und bei der Kundenorientierung die Risiken berücksichtigen. Der nächste Abschnitt umfasst die Verpflichtung der Ergreifung von Maßnahmen zur Identifizierung von Risiken und Chancen und wird in Form der Planung aufgezeigt. Bei der Unterstützung muss die Organisation die Gefahren, ausgehend aller Beteiligten, Geräten und der Infrastruktur berücksichtigen und das Wissen für die Identifizierung dieser prüfen. In dem Abschnitt des Betriebs muss dieser Prozesse für die Einhaltung der Anforderungen und gewünschten Ergebnisse sicherstellen. Die Organisation muss auch den Nutzen und die Wirksamkeit der Maßnahmen zur Behandlung von Risiken und Maßnahmen überprüfen und bewerten. Zudem muss die Organisation für eine Verbesserung der Leistung sorgen und auf veränderte Risiken antworten können (Paschen 2016, S. 73 f.).

4.10 Chancenmanagement innerhalb eines Risikomanagementsystems

Innerhalb eines Risikomanagementsystems ist die Betrachtung von Chancen, in Form eines Chancenmanagements, essenziell. Eine Chance beschreibt die Identifizierung aller möglichen Maßnahmen, um neue Prozessabläufe, Therapien und Weiteres. zu erkennen und diese anzubieten. Die Umsetzung von erkannten Chancen kann es dem Gesundheitsunternehmen ermöglichen, attraktiver für potenzielle Kunden zu werden. Allerdings können vergebene Chancen auch ein Risiko darstellen. Im Fall einer Gesundheitseinrichtung kann so zum Beispiel überprüft werden, ob die verwendeten Methoden und Technologien noch zeitgemäß sind oder ob es schon neuere effizientere Verfahren für die Patientenversorgung gibt. Durch das Anwenden des Chancenmanagements kann das Unternehmen einen Wettbewerbsvorteil erlangen (Sendlhofer 2018, S. 91 f.).

Durch das Changemanagement profitieren alle beteiligten Gruppen, bestehend aus den Mitarbeiter_innen, Patient_Innen und den Angehörigen. Dies führt zu einem besseren Zugehörigkeitsgefühl der Mitarbeiter_Innen innerhalb des Unternehmens und einer erhöhten Zufriedenheit bei den Kunden. Zudem entwickelt das Unternehmen eine nachhaltige Unternehmenskultur und es entsteht ein professioneller Eindruck in der Öffentlichkeit (ebd., S. 92 f.).

4.11 Das Risikomanagement der Asklepios Klinik Wandsbek

Im Folgenden wird zur Verdeutlichung der praktischen Umsetzung eines Risikomanagements ein Praxisbeispiel genutzt. Hierzu wird die Durchführung des Risikomanagements in der Asklepios Klinik Wandsbek aufgezeigt und genauer erläutert. Dies geschieht anhand des 2015 erschienen Qualitätsbericht der Klinik. Dieser wurde für eine bessere Lesbarkeit und Verständlichkeit durch den „Gemeinsamen Bundesausschusses" durch Umstrukturierungen und Ergänzungen in einen Referenzbericht, gemäß § 136b Abs. 1 Satz 1 Nr. 3 SGB V, umgewandelt und zum Download zur Verfügung gestellt.

Die Asklepios Klinik Wandsbek verfolgt ein klinisches Risikomanagement und nutzt hierzu Instrumente und Maßnahmen, um medizinische, therapeutische und pflegerische Risiken bei der Patientenversorgung zu identifizieren und zu bewältigen. Im Folgenden werden diese Maßnahmen und Instrumente genauer erläutert (Asklepios Klinik Wandsbek 2015).

Anwendung standardisierter OP-Checklisten
Durch OP-Checklisten können Erinnerungshilfen entstehen und die Versorgung gleichbleibend strukturiert werden, um so die bestmögliche Versorgung zu gewährleisten. Dieses Instrument wirkt sich vor allem auf die Patientensicherheit aus und hat somit eine immer größer werdende Bedeutung. Die Klinik nutzt hierzu die „Asklepios-Sicherheits-Checkliste", welche nach der Empfehlung der WHO entworfen wurde. Durch diese Liste werden in drei Schritten durch das OP-Team alle sicherheitsrelevanten Aspekte der OP geprüft: Vor Einleitung der Narkose, vor dem eigentlichen Beginn der Operation und zum Ende der Operation (ebd.).

Durchführung eines Entlassungsmanagements
Die Durchführung des Entlassungsmanagements erfolgt nach § 39 Abs. 1a des SGB V (Rahmenvertrag Entlassungsmanagement). Hierdurch soll eine lückenlose Weiterversorgung des/r Patient_In, nach dem stationären Aufenthalt, gewährleistet werden. Hierzu stellt die Klinik ein interdisziplinäres Team aus Ärzt_Innen, Pflegekräften, Sozialdienst und Therapeut_Innen zur Verfügung. Dieses soll feststellen, ob und welche Form pflegerische oder therapeutische Maßnahmen im Anschluss des Krankenhausaufenthaltes benötigt werden (ebd.).

Klinisches Notfallmanagement

Für eintretende Notfälle sind bestimmte Abläufe standardisiert und laufen nach einem bestimmten Muster ab. Zudem befinden sich an festzugeordneten Standorten innerhalb des Krankenhauses immer gleich ausgestattete Notfallausrüstungen. Somit kann jede/r Mitarber_In in einem Notfall auf diese zurückgreifen und feste Strukturen einhalten. Jedes Jahr erfolgt eine Schulung für die Ärzt_Innen und das Pflegepersonal für lebenserhaltende Maßnahmen, diese Schulung ist für die Mitarbeiter_Innen verpflichtend. Um das Notfallmanagement stetig zu verbessern, trifft sich mindestens einmal im Jahr eine achtköpfige Gruppe von Experten zur Weiterentwicklung (ebd.).

Nutzung eines standardisierten Konzepts zur Dekubitusprophylaxe

Das Klinikum nutzt hier den „Expertenstandard Dekubitusprophylaxe in der Pflege" (ebd.). Dort sind sechs Standartkriterien festgelegt, die erfüllt werden müssen, um die bestmögliche Dekubitusprophylaxe zu gewährleisten:

- Der Wissensstand der Pflegekraft über die Entstehung und das Risiko eines Dekubitus muss aktuell sein (Standartkriterium 1).
- Die Pflegekraft muss haut- und gewebsschonende Bewegungs- und Lagerungstechniken beherrschen (Standardkriterium 2).
- Die Pflegekraft muss über die Kompetenz verfügen, über die Notwendigkeit und Anwendung druckverteilender Mittel zu urteilen (Standardkriterium 3).
- Die Pflegekraft muss in der Lage sein, durch Informations- und Schulungsmaterial die Patient_Innen und Angehörigen anzuleiten (Standardkriterium 4).
- Die Einrichtung muss sicherstellen, dass alle Beteiligten, die an der Versorgung beteiligt sind, über die Kontinuität der Anwendung und dem Zusammenhang mit dem Erfolg aufgeklärt sind (Standardkriterium 5).
- Die Pflegekraft muss über die Kompetenz verfügen, die Effektivität der Prophylaxe zu beurteilen (Standardkriterium 6) (Schmidt 2016, S. 15–30).

Schmerzmanagement

Durch das Schmerzmanagement wird eine angemessene Versorgung der Patient_Innen angestrebt, die einen operativen Eingriff hinter sich haben oder an chronischen oder nicht mehr heilbaren Erkrankungen leiden. Hierzu bedient sich die Asklepios Klinik „Pain-Nurses". Dies sind speziell ausgebildete Pflegekräfte, welche Schmerzpatient_Innen optimal betreuen können. Diese Pflegekräfte erarbeiten, in enger Zusammenarbeit mit der Anästhesie, Konzepte zur planmäßigen Umsetzung der Schmerztherapie aus. „Pain-Nurses" führen tägliche Visiten auf den Stationen durch und organisieren regelmäßige Fortbildungen für das Pflegepersonal (Asklepios Klinik Wandsbek 2015).

Standard zur sicheren Medikamentenvergabe

Vor jeder Verabreichung von Medikamenten werden diese, durch eigene Apotheker_ Innen, mit der Verordnung der Ärzt_Innen und dem Namen der/s jeweiligen Patient_In abgeglichen. Medikamente werden so aufbewahrt, dass eine Sicherheit der Patient_Innen gewährleistet ist und keine Einnahmefehler entstehen und ein Missbrauch der Medikamente verhindert wird. Die Klinik setzt hierbei eine „patientenorientierte Arzneimittel Versorgung" um (ebd.).

Sturzprophylaxe

Durch die Sturzprophylaxe versucht die Asklepios Klinik, Stürze und dessen Folgen zu vermeiden, indem auf die entsprechenden Risikofaktoren Einfluss genommen wird. Die Sturzprophylaxe unterliegt, wie die Dekubitusprophylaxe, Standartkriterien. Diese lassen sich, abgeleitet auf die Sturzprophylaxe, übernehmen (ebd.).

Übergreifende Qualitäts- und/oder Risikomanagement- Dokumentation

Für die Entwicklung und Dokumentation der Prozessabläufe nutzt die Klinik das QM-Handbuch. Alle zugelassenen deutschen Krankenhäuser sind dazu verpflichtet, in regelmäßigen Abständen Qualitätsberichte zu veröffentlichen. Dies ermöglicht die Information von Patient_Innen und einweisenden Ärzt_Innen. Durch diese Berichte können Krankenhäuser ihre Leistung und ihre Qualität darstellen (ebd.).

Des Weiteren nutzt die Asklepios Klinik Wandsbek die folgenden Maßnahmen für das Risikomanagement, auf welche nicht spezifischer eingegangen wird:

- Strukturierte Durchführung von interdisziplinären Fallbesprechungen und Konferenzen
- Geregelter Umgang mit auftretenden Fehlfunktionen von Geräten
- Geregelter Umgang mit Freiheitsentzug
- Präoperative, vollständige Präsentation notwendiger Befunde
- Präoperative Zusammenfassung der vorhersehbaren kritischen OP-Schritte, der OP-Zeit, und dem zu erwartenden Blutverlust
- Regelmäßige Fortbildungs- und Schulungsmaßnahmen
- Standards für Aufwachphase und postoperative Versorgung
- Verwendung standardisierter Aufklärungsbögen
- Vorgehensweisen zur Vermeidung von Eingriffs- und Patientenverwechslungen (ebd.)

Die Asklepios Klinik Eppendorf nutzt ein einrichtungsinternes Fehlermeldesystem. Hierzu wird das CIRS verwendet, welches bereits genauer erläutert wurde. Zur Bewertung der gemeldeten Ereignisse tagt monatlich ein Gremium. Dieses Gremium entwickelt Maßnahmen zur Verbesserung der Sicherheit der Mitarbeiter_Innen, Patient_ Innen und anderen Beteiligten. Im Jahr 2015 hat die Klinik 128 Maßnahmen, aufgrund der eingegangen CIRS Meldungen, entwickelt. Außerdem wurde innerhalb des Klinikums ein Lenkungsgremium eingerichtet, in diesem wird sich zu allen relevanten

Themen des Risikomanagements ausgetauscht. Das Gremium findet monatlich statt und umfasst die folgenden Abteilungen, Funktionsbereiche und Beteiligten: das CIRS Management, das Klinikmanagement, das Qualitätsmanagement, die Anästhesie, die Viszeralmedizin, Stv. Ärztlicher Direktor_In, Stv. Pflegedirektor_In, leitender Arzt/Ärztin der Notaufnahme und die Pflegemitarbeiter_Innen (ebd.).

4.12 Fazit

Durch das Risikomanagement sollen Fehler vermieden, Haftpflichtschäden vermindert und die Patientensicherheit erhöht werden. Hierzu stehen Gesundheitseinrichtungen verschiedene Prozesse und Strategien zur Verfügung, mit welchen Maßnahmen zum Umgang mit Risiken entwickelt werden können. Das Risikomanagement ist in deutschen Krankenhäusern verpflichtend, die Durchführung ist hierzu nach sozialrechtlichen und medizinischen Standards geregelt. Details bei der Organisation bleiben hierbei jedoch den einzelnen Krankenhäusern überlassen. Um eine flächendeckende Implementierung eines Risikomanagements zu gewährleisten, sollten Sanktionsbewehrungen überdacht werden. Gerade wegen der hohen Zahlen vermeidbarer Risiken und Fehler im Krankenhaus sollte ein Risikomanagement verbreitet werden.

Das Risikomanagement hat nicht nur die Verbesserung der Patientensicherheit zur Folge, sondern bringt auch viele Vorteile für Gesundheitseinrichtungen mit sich. So werden Krankenhäuser durch die Implementierung eines Risikomanagements attraktiver für potenzielle Investoren, Kooperationspartner_Innen und Mitarbeiter_Innen und tragen Wettbewerbsvorteile davon.

Abhängig von der Größe der Einrichtung muss die Verantwortung für das Risikomanagement geregelt sein. Die Verantwortlichen steuern die Implementierung und koordinieren die Abläufe zwischen allen Beteiligten und den einzelnen Bereichen der Einrichtung. Das Risikomanagement wird stets weiterentwickelt und durch die Identifikation von Risiken, der Bewertung dieser und einer anschließenden Entwicklung einer Maßnahme erweitert.

Literatur

Asklepios Klinik Wandsbek. (2015). *Qualität und Sicherheit.* https://www.asklepios.com/hamburg/wandsbek/qualitaet/. Zugegriffen: 2. Jan. 2019.

Bundesamt für Bevölkerungsschutz und Katastrophenhilfe. (2008). Schutz Kritischer Infrastruktur: Risikomanagement im Krankenhaus. Bonn: Moser.

Deutsches Institut für Normung. (2015). *Qualitätsmanagementsysteme – Anforderungen (ISO 9001:2015).* Berlin: Beuth.

Glocke, M. (2003). Sind Krankenhäuser noch versicherbar? *KU, 6,* S. 485–488.

Hellmann, W. (2006). *Strategie Risikomanagement – Konzepte für das Krankenhaus und die Integrierte Versorgung.* Stuttgart: Kohlhammer.

Heyers, J. (2016). Risikomanagementsysteme im Krankenhaus, Standards und Patientenrechte. *Medizinrecht, 34,* 23–31.

Holzer, E., Thomeczek, C., Hauke, E., Conen, D., & Hochreutener, M.-A. (2005). *Patientensicherheit – Leitfaden für den Umgang mit risiken im Gesundheitswesen.* Wien: Facultas.

Institut für Versicherungswirtschaft. (1995). Versicherungswesen. Wien: Manz.

Jirsa, V., & Oppl, C. (1988). *Versicherunglehre.* Wien: 4.

Kuntsche, P., & Börchers, K. (2017). *Qualitäts- und Risikomanagement im Gesundheitswesen.* Berlin: Springer.

Paschen, U. (2016). *Qualitätsmanagement in der Gesundheitsversorgung nach DIN EN ISO 9001 und DIN EN 15224 – Normentext, Erläuterungen, Ergänzungen, Musterformulare.* Berlin: Beuth.

Romeike, F., & Müller-Reichart, M. (2005). *Risikomanagement in Versicherungsunternehmen: Grundlagen, Methoden, Checklisten und Implementierung.* Weinheim: Wiley.

Schmidt, S. (2016). *Expertenstandard in der Pflege – Eine Gebrauchsanleitung.* Ladenburg: Springer.

Sendlhofer, G. (2018). Chancen- und Risikomanagement. In G. Sendlhofer, G. Brunner, & H. Eder (Hrsg.), *Qualitäts- und Risikomanagement im Gesundheitswesen* (S. 89–97). München: Hanser.

Prozessoptimierungen und Schnittstellenmanagement in der Gesundheitsversorgung

Jessica Wendt

5.1 Einleitung

Das übergeordnete Ziel eines jeden Gesundheitssystems sollte das Wohlbefinden der Menschen sein, Gesundheit ist an erster Stelle als Menschenrecht anzusehen (Schwartz et al. 2012, S. 4). Dennoch besteht ein wechselseitiger Zusammenhang zwischen Wirtschaftlichkeit und Gesundheit. Während eine gesunde Bevölkerung als Grundlage wirtschaftlicher Produktivität gesehen werden kann, sind die Kosten der medizinischen Versorgung als volkswirtschaftliches Anliegen zu betrachten (Schwartz et al. 2012, S. 4). Gesundheitspolitische Entscheidungen, wie beispielsweise die verpflichtende Vergütung im stationären Bereich durch das G-DRG-System, setzen jedoch vermehrt Anreize, die das wirtschaftliche Handeln in den Vordergrund drängen. So hat sich die finanzielle Lage der Krankenhäuser verschlechtert, es lässt sich ein Privatisierungstrend vermerken und das Streben nach wirtschaftlicher Effizienz ist verstärkt worden (Reuschl 2011, S. 1). Hinzu kommen Herausforderungen wie der akute Personalmangel in der Pflege, die zunehmend alternde Bevölkerung und die trotz Einführung des DRG-Systems weiterhin explodierenden Kosten im Gesundheitssystem. Friedrich Wilhelm Schwartz benennt die Frage, wie „sich eine verbesserte Effizienz im Gebrauch der gesundheitlichen Ressourcen einschließlich der Reduzierung eskalierender Kosten bei Bewahrung angemessener gleicher Chancen im Zugang zum Gut Gesundheit erreichen" lässt (2012, S. 4), als eine

J. Wendt (✉)
Projekt- und Qualitätsmanagement, Hochschule für Angewandte Wissenschaften Hamburg, Hamburg, Deutschland
E-Mail: Jessica.Wendt@haw-hamburg.de

© Springer-Verlag GmbH Deutschland, ein Teil von Springer Nature 2020
W. Leal (Hrsg.), *Qualitätsmanagement in der Gesundheitsversorgung*, Erfolgskonzepte Praxis- & Krankenhaus-Management, https://doi.org/10.1007/978-3-662-59675-3_5

der wichtigsten, der sich Gesundheitspolitik und *Public Health* Akteure im 21. Jahrhundert stellen müssen. Als Antwort auf diese hat die Bedeutung von Qualität und damit einhergehend die Forderung nach mehr Qualitätsmanagement im Gesundheitswesen zugenommen (Roeder und Franz 2014, S. 16).

Für das Erreichen der Zielsetzung des Zeit- und Kosteneinsparens bei Erhalt oder Verbesserung der Qualität der Gesundheitsversorgung ist eine Abkehr des Denkens in Aufgaben und Strukturen notwendig, stattdessen ist eine Orientierung an Prozessen unausweichlich (Töpfer 2010, S. 436 f.). Der Urvater des modernen Qualitätsmanagements, Edward Deming, äußerte sich hierzu wie folgt: „Wer die Prozesse im Unternehmen nicht beherrscht, beherrscht das ganze Unternehmen nicht." (Töpfer 2010, S. 437). Die Prozessorientierung ist in der Industrie und im Dienstleistungssektor bereits etabliert, wie Prozessoptimierung in der Gesundheitsversorgung einzusetzen ist, soll der Gegenstand dieses Kapitels sein. Hierfür werden zunächst grundlegende Begrifflichkeiten wie der des Prozesses, der Prozessoptimierung und des Schnittstellenmanagements als Methode der Prozessoptimierung definiert. Daraufhin folgt eine Analyse des Bedarfs von Prozessoptimierung im Gesundheitswesen und mögliche Umsetzungsformate sowie der daraus resultierende Nutzen werden vorgestellt. Zuletzt werden denkbare Herausforderungen benannt, bevor die Überlegungen in einem Fazit zusammengefasst werden.

5.2 Begriffsbestimmungen

Um den Begriff der Prozessoptimierung darzustellen, lohnt sich zunächst eine Einordnung innerhalb des Prozessmanagements. Prozessmanagement meint „(…) alle planerischen, organisatorischen, ausführenden und kontrollierenden Maßnahmen (…), die zur zielorientierten Führung und Steuerung der vorher analysierten, modellierten und dokumentierten Wertschöpfungsketten (…) dienen" (Binner 2004, S. 419). Ziel des Prozessmanagements liegt in der Wiederholbarkeit und Standardisierung der Vorgänge, sowie in der Optimierung und Steigerung von Effizienz und Produktivität (Reuschl 2011, S. 5). Hierbei lassen sich drei wesentliche Aufgaben des Prozessmanagements benennen: Die Beschreibung und Dokumentation der Prozesse, die Analyse und Optimierung dieser und die Implementierung und Aufrechterhaltung. Die Prozessoptimierung ist demnach als eine der Hauptaufgaben im Prozessmanagement einzuordnen und kann als wichtige Strategie des Qualitätsmanagements bewertet werden (Hensen 2016, S. 203 ff.).

5.2.1 Prozessoptimierung

Unter Prozessoptimierung ist zu verstehen, dass im Sinne der Qualitätsverbesserung neue oder veränderte Soll-Vorgaben für einzelne Prozesse konzipiert und entworfen werden. Hierfür geht eine andere Aufgabe des Prozessmanagements voraus, nämlich die Analyse der Vorgänge. Die Optimierung der Prozesse gelingt auf Grundlage der erhaltenen Daten und Informationen, indem verschiedene Methoden der Teamarbeit, Problemlösung, Kreativtechniken und weitere angewandt werden. Die in der Prozessoptimierung erarbeiteten Konzepte gilt es im nachfolgenden Schritt, also der Prozesslenkung, zu implementieren und fortlaufend anzupassen (Hensen 2016, S. 219 f.).

Der Prozess liegt demnach im Fokus der Optimierungsvorgänge. In der Literatur lassen sich zahlreiche Definitionen eines Prozesses ausfindig machen. Nach Katja Damm ist ein Prozess eine Anreihung von zielgerichteten und aufeinanderfolgenden Aufgaben und Aktivitäten in einer mehr oder weniger standardisierten Reihenfolge, wobei die einzelnen Elemente von Menschen und/oder Maschinen ausgeführt werden (Damm 2017, S. 170). Peter Hensen beschreibt einen Prozess als „System von Tätigkeiten" (Hensen 2016, S. 204). Gemeint ist damit „der strukturierte Ablauf (z. B. die Behandlung eines Patienten während eines stationären Aufenthalts) von einzelnen Tätigkeiten und Verrichtungen (z. B. Aufnahmegespräch, OP-Vorbereitung, Entlassung)" (Hensen 2016, S. 204). Er ergänzt diese Definition um die Merkmale eines Prozesses, dass dieser niemals zweckfrei oder beliebig ist, da stets ein übergeordnetes Ziel verfolgt wird. Das wäre im Beispiel eines Krankenhausaufenthalts die Heilung der Patient_innen (Hensen 2016, S. 204). Dieses Ziel eines Prozesses ist als *Output*.

zu verstehen, welches durch das zielgerichtete *Input* erreicht wird. Dieser Umwandlungsprozess wird durch das „*Input-Output*-Modell" beschrieben (Abb. 5.1).

Abb. 5.1 Input-Output Modell. (Eigene Darstellung nach Hensen 2016, S. 205)

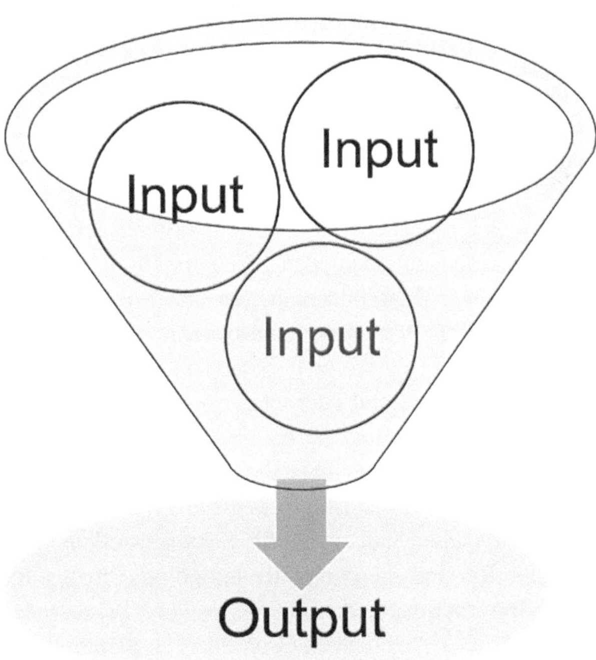

Ziel der Prozessoptimierung liegt darin, eine Balance zwischen den am Prozess beteiligten Personen und Aktionen und deren Beziehungen zueinander zu erlangen, sodass ein optimales Maß an Kosten, Zeit und Qualität erlangt wird (Damm 2017, S. 171). Es wird zwischen zwei Wirkungsrichtungen einer Prozessoptimierung unterschieden. Zum einen die spezifische Festlegung des Ergebnisses, also des *Outputs,* um die Effektivität eines Vorgangs zu erhöhen. Zum anderen die Konzentration auf die Verringerung des Prozessvolumens, womit eine zunehmende Prozesseffizienz angestrebt wird (Greiling 2005, S. 936). Insbesondere für die zweitgenannte Wirkungsrichtung gibt es sogenannte Verbesserungsregeln, die für die Prozessoptimierung angewandt werden. Beispiele für solche Regeln sind das Parallelisieren, Standardisieren oder Eliminieren, hier werden Prozessbestandteile gleichzeitig ausgeführt, vereinheitlicht oder entfernt (Hensen 2016, S. 219). Konkrete Methoden der Prozessoptimierung werden im Abschn. 5.4 *Mögliche Umsetzungsformate* dargestellt.

5.2.2   Schnittstellenmanagement

Die oben genannte Definition eines Prozesses als „System von Tätigkeiten" (Hensen 2016, S. 204) legt nahe, dass ein Prozess durch Komplexität geprägt ist. Jeder Prozess ist in ein Organisationsgefüge eingebettet, sodass Prozesse stets Grenzen verschiedener Organisationseinheiten überschreiten. Diese Überschreitungen werden als Schnittstellen benannt (Hensen 2016, S. 206).

Eine weitere Definition von Schnittstellen besagt, dass eine solche durch den Wechsel des Systems, der Arbeit, der arbeitenden, liefernden oder belieferten Person, des Ziels oder der Maßnahme geprägt ist (Reuschl 2011, S. 4). Eine Schnittstelle ist der Berührungspunkt verschiedener Personen, Objekte, Funktionen und Sachverhalte, an dem ein Entscheidungsbereich in den nächsten übergeht (Damm 2017, S. 175). Diese Berührungspunkte lassen sich nach verschiedenen Aspekten kategorisieren. So wird zum einen zwischen funktionalen, organisatorischen oder personalen Grenzen an den Schnittstellen unterschieden. Eine funktionale Grenze ist durch den Berührungspunkt verschiedener Funktionseinheiten im Prozess gekennzeichnet. Eine organisatorische trennt mehrere Verantwortungssysteme voneinander und eine personale Grenze meint die Einbindung mehrerer Personen in einen Prozess. Des Weiteren lässt sich zwischen intraprozessualen und interprozessualen Schnittstellen differenzieren. Das entscheidende Merkmal hierbei liegt darin, ob ein Prozess innerhalb einer Einrichtung angelegt ist (intraprozessual), oder über die Leistungserbringung über die Grenze einer Einrichtung hinweg organisiert ist (interprozessual) (Hensen 2016, S. 206).

Schnittstellen stellen häufig Schwachstellen innerhalb eines Prozesses dar, ursächlich hierfür sind meist unvollständige oder mangelhafte Ergebnisse, Materialien, Daten oder Informationen, die für die weitere Prozessbearbeitung benötigt werden (Hensen 2016, S. 206). Aus diesem Grund bergen Schnittstellen meist Wirtschaftlichkeitsreserven und Optimierungspotenziale, die sie für die Prozessoptimierung hoch relevant machen (Damm 2017, S. 175). Das Managen von Schnittstellen, also das systematische Analysieren und Optimieren dieser, ist demnach als elementarer Bestandteil der Prozessoptimierung zu verstehen.

5.3 Bedarf an Prozessoptimierung in der Gesundheitsversorgung

Das Sozial- und Gesundheitswesen steht zunehmend vor Anforderungen, die nicht nur nach Effektivität, sondern auch nach mehr Effizienz verlangen. Peter Hensen benennt diese Anforderungen als zunehmenden Legitimationsdruck, Wettbewerbsdruck und Wirtschaftlichkeitsdruck auf Mikro- und Mesoebene, welche durch vielfältige und komplexe Gründe hervorgerufen werden. Zu diesen Gründen zählt er die Verknappung von finanziellen Mitteln, gesellschaftliche Veränderungen und die steigenden Ansprüche der Wissens- und Informationsgesellschaft (Hensen 2016, S. 42). Parallel hierzu ist seit Jahrzehnten ein Anstieg der Gesundheitsausgaben im deutschen Gesundheitssystem zu vermerken. Die Ausgaben haben sich von ca. 187.500 Mio. Euro im Jahr 1995 auf ca. 356.500 Millionen Euro entwickelt (Statistisches Bundesamt, n. d.). Der hieraus entstehende Druck auf die Gesundheitsversorgung, insbesondere auf die Krankenhäuser als Hauptleistungserbringer, nach Kosteneinsparungen bei gleichzeitigem Qualitätserhalt stellt eine Herausforderung dar (Reuschl 2011, S. 1). Den hieraus entstehenden Bedarfen an der Ausschöpfung von Wirtschaftlichkeitspotenzialen, ohne dabei die Versorgungsqualität durch bloßes Kosteneinsparen zu gefährden, kann durch Prozessoptimierung begegnet werden. Wie in Abschn. 5.2 bereits erwähnt, soll durch Prozessoptimierung ein Gleichgewicht zwischen Kosten, Zeit und Qualität erreicht werden. Bei der Prozessorientierung steht immer auch eine zunehmende Orientierung an den Patient_innen und deren Bedürfnissen im Vordergrund (Damm 2017, S. 171 f.). So bleiben sozialethische Anforderungen, die ein humanistisch geprägtes Leitbild als Ausgangspunkt und Ziel aller Geschäftstätigkeiten der Gesundheitsversorgung zugrunde legen, berücksichtigt (Hensen 2016, S. 42).

5.3.1 Schnittstellenproblematik

Die deutsche Gesundheitsversorgung ist durch eine starke Fragmentierung gekennzeichnet, die sich in der sektoralen Trennung innerhalb des Systems äußert (Häckl 2010, S. 26). Da sich aus dieser ein erhöhter Bedarf an Schnittstellenmanagement ergibt, soll diese Fragmentierung näher beschrieben werden.

Die historisch gewachsene Organisationsstruktur ist bedingt durch drei grundlegende Prinzipien. Das eine ist der Föderalismus, also die nach Bund, Ländern und Kommunen gegliederten Verantwortungs- und Entscheidungsbereiche. Des Weiteren besteht in

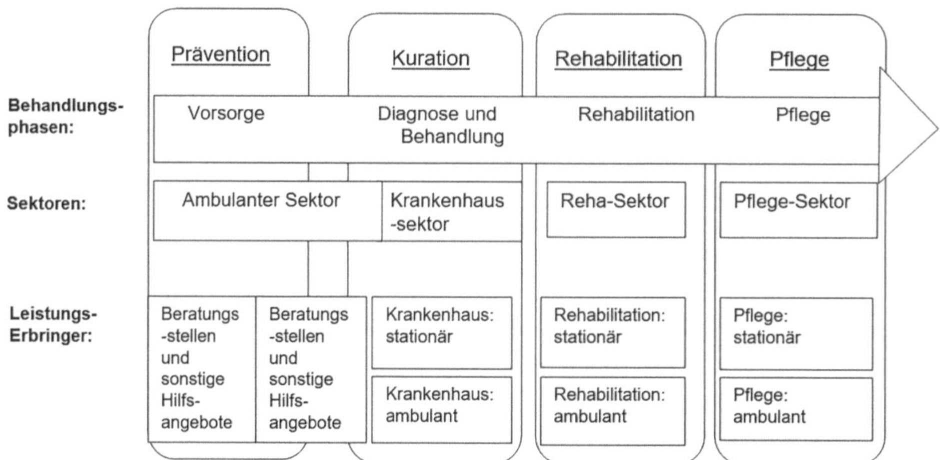

Abb. 5.2 Versorgungssektoren im Gesundheitswesen. (Eigene Darstellung nach Bönisch 2017, S. 15)

Deutschland ein Pluralismus in Hinsicht auf die Trägerschaften der einzelnen Gesundheitseinrichtungen, hier bestehen öffentliche und gemeinnützige Einrichtungen neben privaten Trägerschaften. Zuletzt ist die Versorgung anhand der einzelnen Funktionsbereiche aufgegliedert, nämlich in die ambulante und stationäre Akutversorgung, die Rehabilitation, Pflege und den Öffentlichen Gesundheitsdienst (Schwartz et al. 2012, S. 244). Zusätzlich hierzu lassen sich Teilaufgaben in der Gesundheitsversorgung aufzeigen, die verschiedenen Behandlungsphasen und Sektoren zugehörig sind und durch unterschiedliche Leistungserbringer_innen und Finanzierungsansätze geprägt sind, wie es in Abb. 5.2 verdeutlicht wird (Bönisch 2017, S. 14 f.).

Durch die komplexe Organisation der Gesundheitsversorgung entstehen zahlreiche Schnittstellen innerhalb der Einrichtungen und zwischen diesen. Diese interprozessualen, also einrichtungsübergreifenden Schnittstellen werden in der Hinsicht zum Problem, dass die einzelnen Sektoren nur unzureichend miteinander verzahnt sind. Im deutschen Gesundheitssystem finden regelmäßige Ärztewechsel, sowie Wechsel zwischen dem ambulanten und stationären Sektor statt. Mangelnde Koordination und systematische Kommunikation innerhalb der Intersektoralität hat Informationsverluste, hohe Kosten und schlussendlich die Abnahme der Versorgungsqualität zur Folge (Häckl 2010, S. 26). Fehlende Absprachen, unklare Aufgabenzuteilungen und Versorgungsbrüche führen zu Über-, Unter- oder Fehlversorgungen (Bönisch 2017, S. 1). Die Schnittstellen stellen in der Hinsicht oftmals Schwachstellen dar, die potenzielle Bruchstellen der Versorgung und somit Gefährdungen der Patient_innen bergen. Ein Beispiel hierfür ist das Fortführen der Medikation der Patient_innen beim Wechsel zwischen ambulanter und stationärer Versorgung. Hier kommt es durch fehlende Abstimmungen der behandelnden Ärzt_innen zu Schwierigkeiten, sodass weniger Therapietreue *(Compliance)* und Neben- und Wechselwirkungen das Behandlungsergebnis beeinträchtigen (Müller und Engelmeyer 2013, S. 297).

Für die Schnittstellenproblematik ist entscheidend, dass es keine Verantwortlichkeit für den Behandlungsprozess als Ganzes gibt, sodass keine durchgängige Betreuung der Patient_innen über die Aufgaben Prävention, Kuration, Rehabilitation und Pflege und dessen Schnittstellen hinweg besteht (Häckl 2010, S. 26). Laut Sachverständigungsrat zur Begutachtung der Entwicklung im Gesundheitswesen liege in der Gestaltung von Schnittstellen in der Gesundheitsversorgung ein beachtliches Potenzial zur Erhöhung der Effektivität und Effizienz (Sachverständigenrat zur Begutachtung der Entwicklung im Gesundheitswesen 2012, S. 23).

Auf den Handlungsbedarf bezüglich der Schnittstellenproblematik wurde 2007 mit dem GKV-Wettbewerbsstärkungsgesetz reagiert. Im § 14 Absatz 4 SGB V ist seither ein gesetzlicher Anspruch der Versicherten auf Versorgungsmanagement festgelegt, womit Problemen an den Übergängen der verschiedenen Versorgungsbereiche vorgebeugt werden soll (Bönisch 2017, S. 24). Hiermit besteht der Bedarf nach Schnittstellenmanagement nicht nur mit wirtschaftlichen Kennzahlen, sondern auch mit dem gesetzlichen Anspruch auf einen nahtlosen und erleichterten Versorgungsverlauf innerhalb der Gesundheitsversorgung.

Doch auch intraprozessuale Schnittstellen, die sich auf die Abläufe innerhalb einer Einrichtung beziehen, gelten als potenzielle Schwachstellen in der Versorgung. Die Organisation innerhalb der Krankenhäuser ist ebenfalls durch Fragmentierung geprägt, da zwischen Planung, Zuteilung und Ausführung der Tätigkeiten getrennt wird. Für die Krankenhausorganisation ist das „Drei-Säulen-Modell" charakteristisch, hier wird in die Bereiche Medizin, Pflege und Verwaltung differenziert (Abb. 5.3; Damm 2017, S. 173).

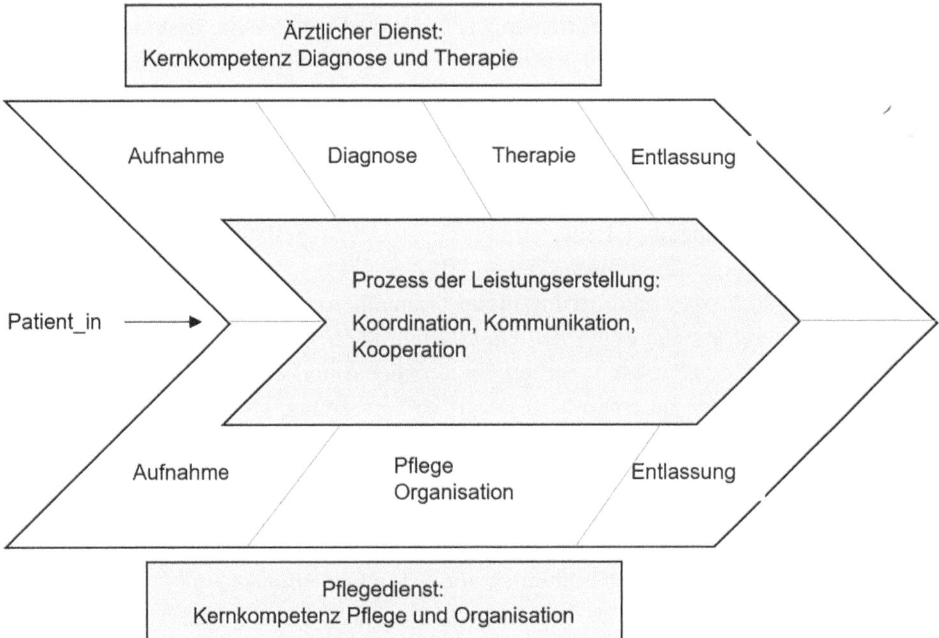

Abb. 5.3 Leistungserstellung im Krankenhaus. (Eigene Darstellung nach Damm 2017, S. 174)

Durch diese Fragmentierung entstehen zahlreiche Schnittstellen, so durchläuft ein Patient beispielsweise die Schritte der Anamnese durch eine Arzthelfer_in, Diagnostik und Therapie durch verschiedene Ärzt_innen, Pflege durch das Pflegepersonal und Aufnahme und Entlassung durch das Verwaltungspersonal. Der Informationsaustausch, also etwa die Kommunikation von Behandlungsempfehlungen oder das Übergeben von Materialien sind elementar, um den Behandlungsprozess an der Schnittstelle nicht zu unterbrechen oder zu gefährden (Reuschl 2011, S. 9 f.). Durch an Schnittstellen entstehende Informationsasymmetrien und Koordinierungsschwierigkeiten stellen diese im Behandlungsprozess der Patient_innen eine Schwachstelle dar, die zu Ineffizienz führen kann (Reuschl 2011, S. 10).

5.3.2 Weitere Bedarfe

Ein weiterer Bedarf an Prozessoptimierung in der Gesundheitsversorgung besteht neben der unzureichenden Vernetzung innerhalb der Intersektionalität im akuten Personalmangel, insbesondere in der Pflege. Es liegen unterschiedliche Schätzungen zum Ausmaß der sogenannten „Pflegestellenlücke" vor. Simon schätze 2015 die Lücke zwischen Soll- und Ist-Zustand des Pflegedienstes im Krankenhaus auf 100.000 Personen (Albrecht et al. 2017, S. 51). Umfragen von ver. di zufolge gab es 2013 160.000 unbesetzte Stellen in Krankenhäusern, wobei davon 70.000 Arbeitskräfte in der Pflege fehlten. Vorliegenden Schätzungen zufolge wird sich die „Pflegestellenlücke" bis 2030 auf bis zu 400.000 fehlende Vollzeitkräfte ausweiten (Albrecht et al. 2017, S. 52).

Der oben aufgezeigte Fachkräftemangel im Gesundheitssystem lässt sich nicht allein durch Prozessoptimierung lösen, es müssen dringend weitere Maßnahmen seitens der Regierungen und Krankenhausgesellschaften ergriffen werden. Dennoch weist diese Verknappung darauf hin, dass in Zukunft vor allen in den Krankenhäusern die Ressource Personal effizienter genutzt werden muss. Zu diesen Zwecken hilft die Prozessoptimierung, das vorhandene Personal optimal zu nutzen, indem Maßnahmen zur zeitlichen Priorisierung und Feinabstimmung zwischen Teilaufgaben im Rahmen der Prozesssteuerung ergriffen werden (Damm 2017, S. 170).

Der Bedarf an Prozessoptimierung in der Gesundheitsversorgung wird durch die sich wandelnde Demografie der deutschen Gesellschaft noch verschärft. Durch das steigende Durchschnittsalter der Patient_innen erhöht sich der Anteil an multimorbiden und chronisch Erkrankten. Dies hat einen Mehrbedarf an Versorgung, Unterstützung und Schnittstellenkompetenz zur Folge. Insbesondere für ältere Patient_innen nimmt die Bedeutung an sektorenübergreifender Zusammenarbeit zu, da die Wahrscheinlichkeit für Pflege- und Hilfsbedürftigkeit zunimmt. Die Koordination zwischen stationären Ärzt_innen, häuslicher Pflege und Hausärzt_innen setzt eine erhöhte Schnittstellenkompetenz voraus (Bönisch 2017, S. 17), was das Etablieren von Schnittstellenmanagement bedarf.

Neben den vermehrten Fallzahlen durch den demografischen Wandel nimmt auch die Komplexität der Fälle zu. Vor diesem Hintergrund stellt nicht nur die oben dargestellte Personalknappheit ein Problem dar, sondern auch die durch das DRG-System resultierende Verringerung der Verweildauer im Krankenhaus. Diese hat sich von 7,07 Tage im Jahre 2009 auf 6,69 Tage 2011 verringert, die Tendenz der darauffolgenden Jahre verhält sich ähnlich (Institut für das Entgeltsystem im Krankenhaus GmbH 2012, S. 84 f.). Diese Entwicklung verschärft ebenfalls die in Abschn. 5.3.1 beschriebene Schnittstellenproblematik, da die poststationäre Versorgung durch frühere Entlassungen an Bedeutung gewinnt (Müller und Engelmeyer 2012, S. 297).

5.4 Mögliche Umsetzungsformate und deren Nutzen

In den bisherigen Darstellungen ist ein allgemeines Verständnis von Prozessoptimierung und Schnittstellenmanagement vermittelt, sowie Bedarfe im deutschen Gesundheitssystem dargestellt worden. Dieses Kapitel soll sich mit der Umsetzung von Prozessoptimierung in der Praxis beschäftigen. Hierfür wird zunächst der verallgemeinerte Ablauf von Optimierungsvorgängen geschildert.

Zu Beginn steht die Darstellung von IST-Vorgängen. Hierbei ist das Fokussieren auf grundlegenden Sachverhalten und Zusammenhängen wichtig, um eine strukturierte Basis zu schaffen, ohne zu viele Ressourcen und Zeit aufzubringen. Es folgt das Herausarbeiten von Erfolgsfaktoren des Unternehmens oder der Einrichtung, die die Bedürfnisse der Kund_innen, beziehungsweise Patient_innen befriedigen, und das Benennen der Werttreiber und Wertgeneratoren. Im nächsten Schritt werden Möglichkeiten zur Verbesserung und Vereinfachung der IST-Vorgänge erarbeitet, woraufhin die SOLL-Vorgaben festgelegt werden. In diesem Schritt ist es wichtig, sowohl Kund_innen-, beziehungsweise Patient_innen-bezogene als auch unternehmerische, also zumeist wirtschaftliche Ziele zu berücksichtigen. Zuletzt werden die mitwirkenden Personen an den SOLL-Abläufen bestimmt (Abb. 5.4). Es gilt zudem zu berücksichtigen, dass alle bisherig und zukünftig an den Prozessen beteiligten Mitarbeitenden an den Aktivitäten der Prozessoptimierung einzubinden sind (Töpfer 2010, S. 442 f.).

Von dieser Grundlage ausgehend wird im Folgenden anhand zweier Praxisbeispiele aufgezeigt, welche konkreten Umsetzungsformate von Prozessoptimierung es gibt und welchen Nutzen diese haben. Anhand der Beispiele werden so die jeweils verwendeten Methoden der Prozessoptimierung aufgegriffen und erklärt. In diesem Vorgehen wird außerdem verdeutlicht, inwiefern das übergeordnete Ziel, vorhandene Ressourcen optimal zu nutzen und somit ein höheres Qualitätsniveau zu erreichen (Damm 2017, S. 171), in den aufgezeigten Beispielen verwirklicht wird. Zuletzt werden zwei Ansätze präsentiert, die der Schnittstellenproblematik im Gesundheitssektor entgegenwirken können.

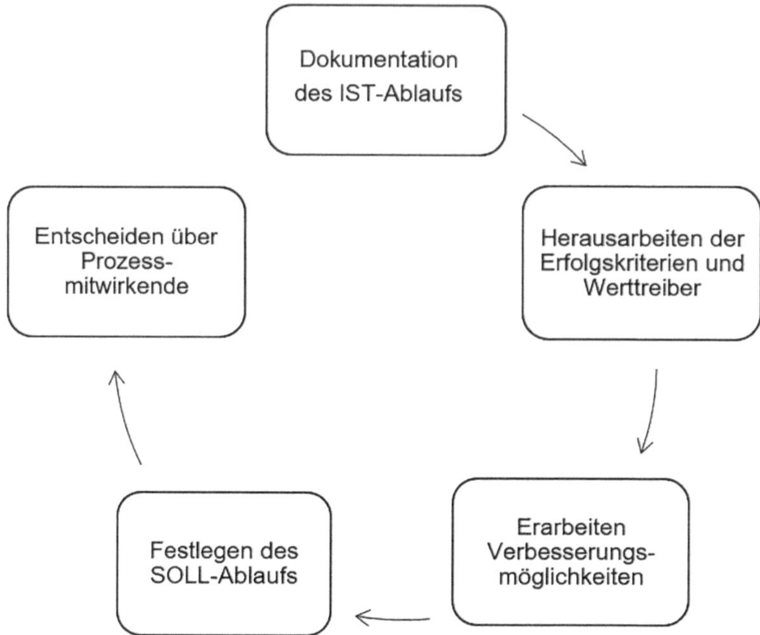

Abb. 5.4 Schritte zur Prozessoptimierung. (Eigene Darstellung nach Töpfer 2010, S. 442)

5.4.1 Schnittstellenanalyse

Die erste Methode zur Verwirklichung von Prozessoptimierung ist die Schnittstellenanalyse, in der Literatur auch als Schwachstellenanalyse bekannt. Schnittstellen bergen
meist ein erhebliches Wirtschaftlichkeitspotenzial und sind somit als Schwachstellen
innerhalb von Prozessen anzusehen (Hensen 2016, S. 206; Damm 2017, S. 175). Vor
geplanten Veränderungen in komplexen Prozessen ist es erforderlich, die in den Abläufen
vorhandenen Schnittstellen zu identifizieren und zu analysieren. Als Methode für eine
solche Analyse werden beispielsweise Befragungen von Mitarbeiter_innen, Patient_
innen und Einweiser_innen hinzugezogen, ebenso wie Ist-Analysen und begleitende
Beobachtungen (Damm 2017, S. 175). Zur Beurteilung der Ergebnisse werden festgelegte Ergebnis-, Struktur- und Prozesskriterien angewendet. Die Kernaufgaben der
Schnittstellenanalyse liegen in der Betrachtung von Schlüsselprozessen, Schlüssel-
funktionen und -leistungen (Damm 2017, S. 175).

Ein Beispiel für die Schnittstellenanalyse bietet Michael Greiling. In einer Ver-
öffentlichung aus 2013 stellt er die Notwendigkeit an Schnittstellenmanagement in der
Gesundheitsversorgung dar, indem er beispielhaft den Versorgungsprozess einer Knie-
TEP in Hinsicht auf vorhandene Schnittstellen analysiert. Hierbei liegt der Fokus auf
Datenredundanzen aufgrund von unzureichender Verzahnung zwischen den Sektoren

und damit einhergehender mangelnder Kommunikation, die hohe Kosten verursachen (Greiling 2013, S. 351).

Zu Beginn der Schnittstellenanalyse stellt Greiling die an der Knie-TEP beteiligten Akteure dar. Diese sind im ambulanten Bereich der Hausarzt und eine Orthopädin, im stationären Sektor das Akutkrankenhaus und die Rehabilitationsklinik. Als ersten Analyseschritt identifiziert er für die jeweiligen Leistungserbringer Dokumente, die für einen reibungslosen und effektiven Behandlungsprozess notwendig sind. Daraufhin werden die zu erstellenden Dokumente im gesamten Versorgungsprozess, also dem IST-Prozess, identifiziert. Er dokumentiert 102 im stationären und acht im ambulanten Sektor. Außerdem hält er für einen späteren SOLL-IST-Vergleich fest, welche Dokumente per Hand eingetragen werden und im SOLL-Konzept per EDV-System automatisiert werden könnten (Greiling 2013, S. 355 ff.). Im Folgeschritt werden die Schnittstellen im Versorgungsprozess bestimmt und analysiert. Greiling stellt zu wenig Kommunikation und Defizite im Datentransfer fest. So erhält die Orthopädin lediglich einen Überweisungsschein und hat keinen Zugriff auf Dokumente aus vorhergegangenen Untersuchungen (Greiling 2013, S. 539). Es wird ein SOLL-Konzept erstellt, bei dem die Verwendung miteinander kompatibler EDV-Systeme vorausgesetzt wird. Alle Dokumente werden digital erstellt und hinterlegt, sodass alle beteiligten Akteure darauf zugreifen können. Nach diesem Konzept werden ambulant 11 und stationär 81 Dokumente erstellt, sodass eine Verringerung von 20,59 % – ohne die Berücksichtigung von noch vorhandenen Doppelungen – vermerkt werden kann. Im Weiteren werden die Daten analysiert, die im SOLL-Konzept noch per Hand eingetragen werden müssen und mit dem IST-Zustand verglichen. Es könnte eine Reduzierung von 130 verschiedenen und insgesamt 408 Datensätzen auf 94 verschiedene und insgesamt 99 Datensätze erreicht werden. Dies entspricht einer Verringerung um 75,74 % der Datensätze insgesamt (Greiling 2013, S. 360 f.). Zuletzt untersucht Greiling die anfallenden Dokumentationskosten beim IST- und SOLL-Zustand. Er kommt zu dem Ergebnis, dass pro Fall 71,46 % der Kosten eingespart werden könnten. Ausgehend von 10.000 Fällen pro Jahr rechnet er pro Krankenhaus Einsparungen in Höhe von 810.000 EUR und für die gesamte Versorgungskette in Höhe von 1.431.700 EUR aus. Hochgerechnet für das gesamte Gesundheitssystem könnten pro Jahr 1,4 bis 2 Mrd. EUR eingespart werden, und hierbei wurden lediglich Kosten aufgrund von mangelndem Datentransfer berücksichtigt, die Analyse von Kommunikationsproblemen würde noch höhere Einsparungen ergeben (Greiling 2013, S. 364 ff.).

Dieses Beispiel einer Schwachstellenanalyse zeigt erneut den Bedarf an Schnittstellenmanagement im Gesundheitssystem, der in Abschn. 5.3 beschrieben wurde. Zudem wird der mögliche Nutzen von Optimierungsmaßnahmen dargestellt: Das Rechenbeispiel zeigt enorme Einsparungen an Kosten, wobei ebenfalls Zeitressourcen des Personals durch weniger Dokumentationszeit freigegeben werden. Außerdem wird verdeutlicht, wie durch die Analyse des IST-Zustandes Schwachstellen erkannt und mögliche Lösungsansätze auf realistischer Basis erarbeitet werden können.

5.4.2 Six Sigma

Unter *Six Sigma* ist ein prozessorientiertes Verbesserungskonzept zu verstehen, dessen Fokus auf Wertschöpfungsprozessen mit nachweislich hoher Abweichung der Kundenerwartungen liegt, welche somit für hohe Fehlerkosten und unzureichende Qualität verantwortlich sind (Töpfer 2010, S. 443). Die prozessoptimierende Methode basiert auf quantitativen Messungen und macht sich eine Kombination aus etablierten Qualitätssicherungsmethoden, Methoden der Datenanalyse und systematischen Schulungen der Mitarbeiter_innen zu Nutze (Sobottka et al. 2010, S. 481).

Als messbare Kennzahl wird der Sigma-Wert zugrunde gelegt. Der Sigma-Wert gibt die durchschnittliche Abweichung von einem Mittelwert an, also die Standardabweichung von der Normalverteilungskurve nach Gauß. Diese Abweichung gilt es, in der *Six-Sigma*-Methode zu minimieren (Töpfer 2010, S. 443). Abweichungen sind dann als Fehler anzusehen, wenn sie in erheblicher Weise von einem vorgegebenen Standard abweichen. Beispiele für solche Standards sind zentrale Patientenanforderungen, das durch das Risikomanagement vorgegebene Qualitätsniveau der Patientensicherheit, Vorgaben der Geschäftsführung zum Qualitätsniveau zur Differenzierung im Wettbewerb und rechtliche Vorgaben (Sobottka et al. 2010, S. 482).

Als Grenzwert für die sogenannte Null-Fehler-Qualität wird der 6-Sigma-Wert genutzt, welcher einem Qualitätsniveau von 99,9996 % entspricht. Ist dieses Niveau erreicht, kommt es bei einer Millionen Fehlermöglichkeiten einer Dienstleistung oder Produktion zu lediglich 3,4 fehlerhaften *Output*-Ergebnissen (Töpfer 2010, S. 443 f.).

Zur Veranschaulichung des inhaltlichen Vorgehens bei *Six Sigma* wird das Pilotprojekt der Klinik und Poliklinik für Neurochirurgie des Universitätsklinikums Dresdens als Praxisbeispiel aufgegriffen. Da in der Neurochirurgie die Patientensicherheit und der Erfolg einer Operation neben der Durchführung auch von der sorgfältigen und fehlerfreien Vorbereitung der OP (z. B. das Bereitstellen technischer Hilfsmittel) abhängt, sollte in dem Pilotprojekt durch die *Six-Sigma*-Methode eine Null-Fehler-Qualität in der OP Vorbereitung als Grundlage für ein optimales Behandlungsergebnis erlangt werden (Sobottka et al. 2010, S. 482). Zunächst wurde im Rahmen des präventiven Risikomanagements ein Risikoportfolio erstellt, bei dem die OP-Vorbereitung als erfolgskritischer und im hohen Maße sicherheitsrelevanter Prozess bewertet wurde. Es folgte das Erstellen einer Projektcharta, um die Ziele des Projektes zu konkretisieren. Als Problemschwerpunkte wurden hierbei das rechtzeitige Fertigstellen des OP-Programms und das Bereitstellen patientenbezogener OP-Unterlagen benannt. Als Ziele des Projektes wurde die Erhöhung der Patientensicherheit und -zufriedenheit, sowie die Mitarbeiterzufriedenheit festgelegt. Außerdem sollten die Wartezeiten der Patient_innen minimiert und Doppeluntersuchungen vermieden werden (Sobottka et al. 2010, S. 482).

Daraufhin folgten die Arbeitsschritte des standardisierten DMAIC-Zyklus *(Define, Measure, Analyze, Improve, Control),* welche bei der *Six-Sigma*-Methode angewendet werden. Der Zyklus beginnt mit der *Define*-Phase, wo die Kund_innen-, beziehungsweise Patient_innenbedürfnisse herausgearbeitet werden sollen (Sobottka et al. 2010, S. 483). Dies gelang im Projekt anhand einer SIPOC-Analyse. SIPOC steht für *Supplier-Input-Process-Output-Costumer*, es wurde also der gesamte Prozess analysiert, um Qualitätsprobleme zu identifizieren und die Bedürfnisse aller Beteiligten zu erkennen (Töpfer 2010, S. 444). Im nächsten Arbeitsschritt, der *Measure*-Phase, wurden für das Pilotprojekt alle wesentlichen Messgrößen ermittelt. Hierbei wurden Maße zur Messung des *Inputs, Outputs* und der Ergebnisse festgelegt. Zu diesem Arbeitsschritt gehört ebenfalls die erste Messphase, um den IST-Zustand zu belegen und Daten für einen späteren Vergleich zu generieren. Für die OP Vorbereitung des Universitätsklinikums Dresden wurden in der ersten Messphase unterdurchschnittliche Sigma-Werte im Vergleich zu geltenden Industriestandards ermittelt. In der *Analyze*-Phase wurden die Messwerte aus der Erhebung ausgewertet, um die aktuelle Performance der Klinik zu beurteilen. Außerdem wurden die Hauptursachen für Abweichungen oder Fehler herausgearbeitet und erste Lösungsansätze festgehalten (Sobottka et al. 2010, S. 484 f.). Im nächsten Arbeitsschritt *(Improve)* wird mit weiteren Analysen und statistischen Tests fortgefahren, die Ergebnisse werden für die Ideenfindung von Lösungen verwendet. Alle Ideen wurden dokumentiert und bewertet, um schließlich eine überschaubare Auswahl an Handlungsmöglichkeiten zu erhalten. Nach einem Workshop wurde der erarbeitete SOLL-Zustand innerhalb von fünf Wochen in die Tat umgesetzt, was insgesamt 13 Einzelaktivitäten umfasste. Die letzte Phase, die *Control*-Phase, zielte auf das Stabilisieren der optimierten OP-Vorbereitungsprozesse ab, indem das erreichte Qualitätsniveau kontrolliert wird. Außerdem fand eine Prozessdokumentation mit visualisiertem SOLL-Prozess und das Formulieren verständlicher Verfahrensanweisungen statt. Zudem wurden mit allen Prozessbeteiligten Einzelgespräche geführt. Der letzte Schritt der *Control*-Phase war das Durchführen der zweiten Messphase (Sobottka et al. 2010, S. 486 f.).

Die Ergebnisse der zweiten Datenerhebung zeigen, dass sich durch die Prozessoptimierung im Sinne der *Six-Sigma*-Methode die Hälfte der *Output*-Ergebnisse nun oberhalb des Industriestandards befindet. Zweite Werte erreichten sogar nahezu den Bereich des 6-Sigma-Wertes, was für das Pilotprojekt als großer Erfolg bewertet wurde. In der Abschlussbeurteilung des Projektes heißt es, dass „im Einzelnen die geforderten Qualitätsstandards einer zu 100 % vollständigen OP-Vorbereitung zu OP-Beginn und der geforderte Erstkontakt des Operateurs mit dem Patienten/den OP-Unterlagen am Vortag der Operation im Bereich praktikabler Null-Fehler-Qualität erfüllt werden" konnten (Sobottka et al. 2010, S. 480). Als Schlussfolgerung kann gesagt werden, dass sich die *Six-Sigma*-Methode hervorragend zum Optimieren medizinischer Prozesse eignet, insbesondere für komplexe Prozesse mit einer Vielzahl an Beteiligten und für Anliegen der Patientensicherheit (Sobottka et al. 2010, S. 487 f.).

Abgesehen vom Nutzen der Methode, die Qualität zu steigern, zeigt das Pilotprojekt außerdem das Potenzial an Kosten- und Zeiteinsparungen. Die Nachkalkulationen des Projektes bestätige den vorher in der Projektcharta angegebenen *Net-Benefit*-Wert in Höhe von 90.000 EUR. Dieser Wert gibt die Netto-Einsparungen durch die Prozessoptimierung an. Darüber hinaus konnte eine Reduzierung der durchschnittlichen Wartezeit pro OP um 7,6 min und eine Verringerung an Behandlungstagen um ca. 390 Tage aufgrund von verkürzter präoperativer Verweildauer erlangt werden (Sobottka et al. 2010, S. 487).

5.4.3   Umsetzungsformate Schnittstellenmanagement

Wie in Abschn. 5.3 ausführlich erläutert, führen verschiedene Faktoren zu einer Schnittstellenproblematik im deutschen Gesundheitssystem. Hierbei handelt es sich sowohl um interprozessuale als auch um intraprozessuale Schnittstellen. Nachdem dieses Kapitel die Methoden der Schnittstellenanalyse und *Six Sigma* vorgestellt hat, sollen nun zwei Ansätze der Prozessoptimierung aufgezeigt werden, die eine Lösung für den Qualitätsverlust an Schnittstellen bereitstellen.

Der erste Lösungsansatz ist die Bildung von Versorgungszentren. Die vorhandene Literatur bietet keine einheitliche Definition eines Versorgungszentrums, eine Übereinstimmung verschiedener Definitionen ist allerdings die funktionelle Zusammenfassung von alle dessen, was medizinisch und ökonomisch zusammengehört oder zusammengehören soll (Erbsen et al. 2010, S. 41). Dies bedeutet einen Umbruch der bisher traditionellen Organisationsstruktur der Krankenhäuser nach Fachbereichen und eine Entwicklung hin zu Zentren, in denen mehrere Disziplinen gebündelt werden. (Damm 2017, S. 177). Dies führt zu einer „interdisziplinäre[n] Zusammenarbeit ausgewählter Fachbereiche in einer spezialisierten Einheit" (Erbsen et al. 2010, S. 41). Ebenfalls gebündelt wird in einem Versorgungszentrum die medizinische, ökonomische und pflegerische Verantwortung, die im Optimalfall in einer Hand liegt. Durch die Zentrenbildung wird eine verbesserte Versorgungsqualität angestrebt, zeitgleich soll der Ressourceneinsatz optimiert werden. (Damm 2017, S. 177). Der Nutzen der Versorgungszentren kann an einem simplen Beispiel verdeutlicht werden. Eine Patientin wird in einem interdisziplinär versorgten Darmzentrum aufgenommen. Durch die eng aufeinander abgestimmte Zusammenarbeit der Ärzte, sowie der umfassenden Pflegekompetenz wird eine optimale medizinische und pflegerische Versorgung über vorherige Schnittstellen hinweg gewährleistet. Dies ist dann unabhängig davon, ob ein endoskopischer Eingriff durch einen Gastroenterologen oder eine Operation durch einen Viszeralchirurgen notwendig sein wird (Damm 2017, S. 177).

Als zweiter Ansatz sollen Behandlungspfade dargestellt werden. Bei Behandlungspfaden werden die Prozesse der Patient_innenwege standardisiert. Dies gelingt, indem für bestimmte Patient_innengruppen (meist nach Diagnose) klar definiert wird, welche Schritte zu durchlaufen sind und wer für diese verantwortlich ist. Somit stellt ein Behandlungspfad eine „interdisziplinäre und interprofessionelle Vereinbarung" (Damm 2017, S. 175) dar, in der alle am Prozess beteiligten Berufsgruppen integriert sind. Ein Behandlungspfad wird auf Grundlage von evidenzbasierten Studien, Erfahrungen und der Verfügbarkeit bestimmter Behandlungsmethoden getroffen. Darüber hinaus werden zu jedem Prozess Angaben bezüglich des Zeit-, Ressourcen- und Personalbedarfs getroffen. Der Vorteil dieser Pfade liegt in der klaren Definition von Aufgaben- und Verantwortungsbereichen, sowie der Festlegung von Materialien und weiterem, womit die Schnittstellen durch die SOLL-Vorgaben die Behandlungsqualität nicht vermindern. Es ist allerdings anzumerken, dass für die optimale Versorgung eine Kombination aus Behandlungspfad und persönlicher Kompetenz des behandelnden Personals notwendig ist, sodass durch individuelle Fachkompetenz erkannt wird, wann von einem Behandlungspfad abgewichen werden muss (Damm 2017, S. 175 f.).

5.5 Herausforderungen

Für die Umsetzung von Prozessoptimierung und Schnittstellenmanagement gibt es zahlreiche Möglichkeiten und Methoden, die je nach Bedarf in der jeweiligen Einrichtung, des Unternehmens oder der Institution ausgewählt werden können. Dennoch ist ein Veränderungsprozess hin zur Prozessorientierung in einem Betrieb jeglicher Art auch mit Herausforderungen verbunden, wie beispielsweise der Angst vor Veränderungen und Hürden der Bürokratie (Töpfer 2010, S. 445). Die Herausforderungen variieren nach der angewandten Methode und sind von Einrichtung zu Einrichtung unterschiedlich und dementsprechend vielschichtig. Dennoch werden in diesem Kapitel einige denkbare Herausforderungen beleuchtet, die die Umsetzung von Optimierungsvorgängen beeinträchtigen können.

Eine Herausforderung zur Umsetzung von Prozessoptimierung liegt laut Merz in oftmals unterschiedlichen Verständnissen von Prozessmanagement bei den Beteiligten. Es kann zu Kommunikationsproblemen und Missverständnissen kommen, was in einem meist langwierigen Optimierungsprozess Energie rauben kann. Er spricht hierbei über die verschiedenen Spielarten des Prozessmanagements. Wie in Abschn. 5.2 dargestellt, wird Prozessoptimierung als eine der Hauptaufgaben des Prozessmanagements verstanden, sodass die Spielarten im Management gleichermaßen für die Optimierung von Abläufen gelten. Er nennt vier Varianten zur Umsetzung, nämlich Dokumentation, Design, revolutionäre und evolutionäre Optimierung und geht in seinem Artikel auf die unterschiedlichen Wirkweisen und damit einhergehende Vor- und Nachteile ein. Dies ist seiner Meinung nach wichtig, da die Auswahl der für das gewählte Optimierungsziel passenden Methode oftmals eine Herausforderung darstellt (Merz et al. 2008, S. 1673 ff.). Eine weitere Herausforderung kann darin benannt werden, dass in Krankenhäusern oftmals Optimierungsprozesse in der Spielart der revolutionären Optimierung gescheitert sind. In dieser Form von Prozessmanagement werden Prozesse in kürzerer Zeit radikal verändert, um Kosten zu sparen und die Qualität zu erhöhen. In der Industrie zeigte diese Variante der Optimierung große Erfolge, wobei die Übertragbarkeit des Konzeptes auf das *Setting* Krankenhaus hinterfragt werden sollte. Gründe hierfür sind unter anderem die weniger linearen und planbaren Prozesse eines Krankenhauses (Merz et al. 2008, S. 1675).

Für eine erfolgreiche Prozessoptimierung gilt, unabhängig von der gewählten Methode, dass die Mitarbeiter_innen nicht „optimiert werden", sondern an der Neugestaltung der Abläufe beteiligt werden. So betrifft die Umgestaltung der Prozesse immer die Emotionen und den Arbeitsplatz der dort arbeitenden Personen (Töpfer 2010, S. 443). Darüber hinaus ist nach einem Optimierungsvorgang der Erfolg der umgestalteten Unternehmensführung in großen Teilen von den Verhaltensweisen und Einstellungen der Mitarbeiter_innen abhängig, da diese schlussendlichen die Arbeitsschritte eines Prozesses ausführen und dabei im Kontakt mit den Patient_innen, Kund_innen und weiteren Beteiligten stehen. Aus diesem Grund ist eine Beteiligung der Mitarbeitenden elementar, damit die erarbeiteten SOLL-Konzepte auf Akzeptanz bei allen Betroffenen stoßen (Damm 2017, S. 172). Eine Herausforderung in der Beteiligung aller Mitarbeiter_innen liegt darin, dass oftmals ein fundamentales Umdenken sowohl von der Belegschaft als auch vom Management notwendig ist. Aus etablierten Hierarchien und horizontaler Gliederung muss sich in vertikal gedachte Prozesse umorientiert werden (Töpfer 2010, S. 445). Im *Setting* Krankenhaus ergeben sich hier besondere Schwierigkeiten, da neben Management-Belegschaft-Hierarchien auch von Arzt-Pfleger-Hierarchien zu sprechen ist. Eine ganzheitliche, sprich interprofessionale Umgestaltung der Prozesse wird durch die Interaktionen der vorherrschenden Subkulturen erschwert (Damm 2017, S. 172).

In Krankenhäuser ergeben sich noch weitere Erschwernisse einer Prozessoptimierung. In Abschn. 5.3 wurde aus dem Fachkräftemangel und insbesondere aus der Knappheit an Pflegepersonal ein Bedarf an Prozessoptimierung abgeleitet. Für eine erfolgreiche Umgestaltung der Prozesse unter Beteiligung der Mitarbeiter_innen gilt es zu beachten, dass gerade in der Einführungsphase solcher Prozesse ein nicht zu unterschätzender Zeitaufwand entsteht (Töpfer 2010, S. 445). Bei derzeit 70.000 unbesetzten Stellen in der Pflege (Albrecht et al. 2017, S. 52) ergibt sich allerdings ein erhöhtes Arbeitspensum pro Person, was in einer Verknappung der Ressource Zeit resultiert. Die Unterbesetzung von Fachkräften in den einzelnen Stationen führt so zu Arbeitsbedingungen, die einer aktiven Beteiligung der Belegschaft entgegenstehen – der Bedarf stellt hier zeitgleich eine Herausforderung dar. Aus diesem Grund ist es denkbar, dass zusätzliche Maßnahmen notwendig sind, um der Personalverknappung und den damit einhergehenden Arbeitsbedingungen entgegenwirken.

5.6   Schlussfolgerungen

Zusammenfassen lassen sich die dargestellten Ausführungen darin, dass Prozessoptimierung als Hauptaufgabe des Prozessmanagements im Qualitätsmanagement zu verorten ist (Hensen 2016, S. 203 ff.). Unter Prozessoptimierung wird eine Strategie verstanden, die vorhandene Arbeitsabläufe auf Ineffizienzen hin überprüft und eine SOLL-Vorgabe entwirft und umsetzt, die zu mehr Qualität und einem optimierten Ressourceneinsatz führt. Schnittstellenmanagement ist in der Prozessoptimierung von besonderer Bedeutung, da Schnittstellen oftmals Schwachstellen innerhalb von Prozessen darstellen. Sowohl inter- als auch intraprozessuale Schnittstellen bergen besondere Wirtschaftlichkeitspotenziale (Hensen 2016, S. 206). Die starke Fragmentierung der Organisationsstruktur im Gesundheitswesen führt zu einer Schnittstellenproblematik, da die einzelnen Sektoren nur unzureichend miteinander vernetzt sind. Dies gilt auch für die Prozesse innerhalb des Krankenhauses (Reuschl 2011, S. 10). Ein weiterer Bedarf liegt in der starken Zunahme der Gesundheitsausgaben in Deutschland, sowie in der Problematik des Fachkräftemangels. Es entsteht eine Notwendigkeit, den Ressourceneinsatz zu optimieren und gleichzeitig ein menschenwürdiges Qualitätsniveau zu erhalten oder zu verbessern (Töpfer 2010, S. 436 f.). Zur Umsetzung von Prozessoptimierung gibt es zahlreiche Methoden, wie beispielsweise die Schnittstellenanalyse und die *Six-Sigma*-Methode. Für die Lösung der Schnittstellenproblematik bieten sich Ansätze wie die Bildung von Versorgungszentren und das Etablieren von Behandlungspfaden an. Als Herausforderungen werden unterschiedliche Aspekte benannt, unter anderem das Vorliegen unterschiedlicher Vorstellungen und Ansätze des Prozessmanagements, sowie die Schwierigkeit der Auswahl einer geeigneten Methode. Hinzu kommen Schwierigkeiten beim Einbeziehen des Personals, wie vorhandene Hierarchien und die hohe Auslastung des Personals im Krankenhaus aufgrund des Fachkräftemangels.

Abschließend lässt sich sagen, dass Prozessoptimierung eine wichtige Methode ist, um den Problemen im Gesundheitssystem, wie den Ineffizienzen an den Schnittstellen und hohe Kosten, zu begegnen und eine patientengerechte Qualität zu erlangen. Bei einer gelungenen Umsetzung können demnach unternehmerische Interessen im Sinne der Kosteneinsparungen und einer verbesserten Reputation ebenso wie eine verbesserte Versorgungs- und Behandlungsqualität für die Patient_innen erreicht werden. Hierfür sollten allerdings die Methoden dem Bedarf entsprechend ausgewählt und die Mitarbeiter_innen miteinbezogen werden. Vor allem im Krankenhaus stellt der Mangel an Pflege- und anderen Fachkräften sowohl Bedarf als auch Herausforderung dar, weshalb Maßnahmen, die über Prozessmanagement hinausgehen, ergriffen werden müssen. Anderweitig führt die hohe Zeitintensität der Arbeitsschritte in der Prozessoptimierung entweder zum Ausschluss oder einer weiteren Überlastung des Personals.

Literatur

Albrecht, M., Loos, S., Möllenkamp, M., Sander, M., Schiffhorst, G., Braeseke, G., & Stengel, V. (2017). *Faktencheck Pflegepersonal im Krankenhaus, Internationale Empirie und Status quo in Deutschland*. Gütersloh: Bertelsmann Stiftung.

Binner, H. F. (2004). *Handbuch der prozessorientierten Arbeitsorganisation, Methoden und Werkzeuge zur Umsetzung*. München: Carl-Hanser Verlag.

Bönisch, S. (2017). *Was bringt Vernetzung im Gesundheitswesen, Eine wirkungsorientierte Betrachtung interorganisationaler Netzwerke*. Wiesbaden: Springer VS.

Damm, K. (2017). Prozessoptimierung und Arbeitsteilung. In P. Bechtel, I. Smerdka-Arhelger, & K. Lipp (Hrsg.), *Pflege im Wandel gestalten – Eine Führungsaufgabe* (S. 170–178). Berlin: Springer.

Erbsen, A., Rüdiger-Stürchler, M., & Heberer, M. (2010). Interdisziplinäre Zentren in Krankenhäusern? Ein Literaturüberblick. *Zeitschrift für Evidenz, Fortbildung und Qualität im Gesundheitswesen, 104*, 39–44.

Greiling, M. (2013). Schnittstellenmanagement – Analyse und zentrales Problemfeld. In E.-W. Luthe (Hrsg.), *Kommunale Gesundheitslandschaften* (S. 351–368). Wiesbaden: Springer VS.

Greiling, M. (2005). Klinische Pfade optimaler gestalten. Prozessanalysen mit Hilfe der Netzplantechnik. *Krankenhaus Umschau, 11*, 936–939.

Häckl, D. (2010). *Neue Technologien im Gesundheitswesen, Rahmenbedingungen und Akteure.* Wiesbaden: Springer Gabler.

Hensen, P. (2016). *Qualitätsmanagement im Gesundheitswesen, Grundlagen für Studium und Praxis.* Wiesbaden: Springer Gabler.

Institut für das Entgeltsystem im Krankenhaus GmbH (2012). Abschlussbericht, Weiterentwicklung des G-DRG-Systems für das Jahr 2013, Klassifikation, Katalog und Bewertungsrelationen. Zugegriffen: 14. Febr. 2019. https://www.g-drg.de/Archiv/DRG_Systemjahr_2013_Datenjahr_2011#sm7.

Merz, J., Bucher, S., & Rüegg-Stürm, J. (2008). Prozessmanagement im Krankenhaus: Spielarten und deren Wirkungsweisen. *Schweizerische Ärztezeitung, 89*, 1673–1676.

Müller, H-J., & Engelmeyer, A. (2013). Anforderungen an ein Schnittstellenmanagement in der GKV. In H. Rebscher & D. Altena (Hrsg.), *Versorgungsmanagement in Gesundheitssystemen* (S. 291–305). Heidelberg: medhochzwei.

Reuschl, A. (2011). *Prozessorganisation, Kritische Würdigung von Business Reengineering und Geschäftsprozessoptimierung für den Einsatz in Krankenhäusern.* Bayreuth: BaRoS – Bayreuth Reports on Strategy.

Roeder, N., & Franz, D. (2014). Qualitätsmanagement im Krankenhaus – Aktueller Entwicklungsstand und Ausblick. *Gesundheitsökonomie & Qualitätsmanagement, 19*, 16–21.

Sachverständigenrat zur Begutachtung der Entwicklung im Gesundheitswesen. (2012). *Wettbewerb an der Schnittstelle zwischen ambulanter und stationärer Gesundheitsversorgung (Sondergutachten).* Bern: Huber.

Schwartz, F.W., Kickbusch, I., Wismar, M., & Krugmann, C. S. (2012). Ziele und Strategien der Gesundheitspolitik. In F. W. Schwartz, U. Walter, J. Siegrist, P. Kolip, R. Leidl, M.-L. Dierks, R. Busse & N. Schneider (Hrsg.), *Public Health. Gesundheit und Gesundheitswesen* (S. 243–258). München: Elsevier.

Sobottka, S., Töpfer, A., Eberlein-Gonska, M., Schackert, G., & Albrecht, D. M. (2010). Medizinische Prozessoptimierung durch Six Sigma – Praktikable Null-Fehler-Qualität in der OP Vorbereitung. *Zeitschrift für Evidenz, Fortbildung und Qualität im Gesundheitswesen, 104*, 480–488.

Statistisches Bundesamt. (n. d.). Jährliche Gesundheitsausgaben in Deutschland in den Jahren von 1992 bis 2016 (in Millionen Euro). In Statista – Das Statistik-Portal. Zugegriffen: 7. Febr. 2019. https://de.statista.com/statistik/daten/studie/5463/umfrage/gesundheitssystem-in-deutschland—ausgaben-seit-1992/.

Töpfer, A. (2010). Prozessoptimierung: Von der Theorie zur konkreten Umsetzung. *Zeitschrift für Evidenz, Fortbildung und Qualität im Gesundheitswesen, 104*, 436–446.

Jane Saftig

6.1 Einleitung

Der Begriff Marke wird oftmals mit Markenartikeln im Bereich der Konsumgüter wie beispielsweise Kleidung oder Lebensmitteln verbunden. Doch auch für Firmen im Gesundheitswesen ist „Marke sein" ein relevantes Thema. So steht hinter jedem Medikament der Pharmaindustrie eine Marke und hinter jeder Krankenkasse ein Logo. Es wird das Ziel verfolgt, mit der entsprechenden Marke neue Kund_innen zu akquirieren. Im Gegensatz dazu wird die Institution Krankenhaus in der Zivilbevölkerung in der Regel nicht mit dem Begriff Markenbildung assoziiert. Im Kontext Gesundheit ist für die potenziellen Patient_innen eines Krankenhauses nicht das herkömmliche Kosten-Nutzen-Abwägen eines Produktes oder einer Dienstleistung von Bedeutung. Bei Gesundheitsleistungen wird nicht aufgrund von wirtschaftlichen Interessen entschieden, sondern die Menschen nehmen Leistungen in Anspruch, weil Not, Krankheit und Unwohlbefinden die Lebensqualität beeinträchtigen. Die Finanzierung, wenn ein/eine Bürger_in in Deutschland eine Leistung im Krankenhaus in Anspruch nimmt, ist durch die gesetzlichen und privaten Krankenkassen geregelt. Das bedeutet, die Behandlungskosten sind nicht der Entscheidungsfaktor, ob es für den/die Krankenhauspatient_in zur Behandlung kommt. Folglich ist der Sinn einer Markenbildung im Krankenhaus nicht im ersten Moment so ersichtlich wie beispielsweise bei Konsumgütern. Trotzdem wird in der Literatur von Markenbildung bzw. Markenführung (Begriffe werden adäquat verwendet) im Krankenhaus berichtet. Dieser Prozess ist jedoch aufgrund der hohen Relevanz der Dienstleistungen in einem Krankenhaus mit ethischen Konflikten verbunden.

J. Saftig (✉)
Projekt- und Qualitätsmanagement, Hochschule für Angewandte
Wissenschaften Hamburg, Hamburg, Deutschland
E-Mail: Jane.Saftig@haw-hamburg.de

© Springer-Verlag GmbH Deutschland, ein Teil von Springer Nature 2020
W. Leal (Hrsg.), *Qualitätsmanagement in der Gesundheitsversorgung,* Erfolgskonzepte
Praxis- & Krankenhaus-Management, https://doi.org/10.1007/978-3-662-59675-3_6

Im Folgenden wird der Begriff Marke und Markenführung/Markenbildung definiert. Im Anschluss wird der Bedarf dieses Prozesses insbesondere in Hinblick auf die Ökonomisierung des Gesundheitswesens erläutert. Des Weiteren werden in diesem Kapitel die drei Zielgruppen der Markenbildung im Krankenhaus beschrieben. Anschließend wird der Nutzen einer Markenbildung in dieser Institution erläutert und eine Möglichkeit der Umsetzung aufgezeigt. Außerdem werden zu beachtende rechtliche Grundlagen beim Markenaufbau im Krankenhaus im darauffolgenden Kapitel beschrieben. Abschließend werden die Herausforderungen dieser Thematik diskutiert und abschließend bewertet.

6.2 Definition

In der Literatur finden sich verschiedene Definitionen des Markenbegriffes (engl: *Brand*). Eine Definition besagt, dass mit dem Begriff Marke aus Sicht des Menschen, der eine Leistung in Anspruch nimmt, hochwertige Kriterien und Merkmale verknüpft sind. Es wird eine große Wirkung des Produktes oder der Dienstleistung erwartet und die Marke impliziert eine Qualitätsgarantie. Um diese Erwartungen erfüllen zu können, müssen verschiedene politische Ebenen des Anbieters mobilisiert und ausgerichtet werden. Dazu gehören neben der Produkt- & Servicepolitik, der Preispolitik und der Vertriebspolitik auch personal- und kommunikationspolitische Instrumente. Durch das Ausrichten dieser Instrumente auf die Qualitätsziele, kann bestenfalls eine hohe Bekanntheit und ein positives und klares Bild von dem/der Anbieter_in und den Dienstleistungen erreicht werden. Des Weiteren sollte ein Ziel einer Marke die hohe Zufriedenheit der Kund_innen sein. Die erbrachten Leistungen sollten den Qualitätsstandards insofern entsprechen, als dass die Kund_innen, nachdem die Leistung erhalten wurde, eine Form der Wertschätzung empfinden. Als Leistung wird allgemein ein materielles oder immaterielles Ergebnis einer – in diesem Fall Dienstleistung – in einer Volkswirtschaft bezeichnet (Bruhn 2002, S. 15). Im Krankenhaus wäre dies also beispielsweise das Ergebnis einer Operation oder medikamentösen Therapie.

Außerdem ist als weiteres Merkmal und Ziel eine Marke eine hohe Kundenbindung zu nennen (Bruhn 2002, S. 15). Dieses Ziel geht jedoch im Krankenhaus mit einer gewissen Ironie einher, da die Patient_innen prinzipiell so medizinisch betreut werden sollten, dass kein weiterer Krankenhausbesuch nötig sein sollte.

Als letztes Ziel wird der ökonomische Erfolg einer Markenbildung beschrieben, der oftmals besonders im Fokus steht (Bruhn 2002, S. 15 f.).

Die ökonomische Produktivität ist in der Institution des Krankenhauses schwieriger umzusetzen, als in anderen unternehmerischen Bereichen. Wie bereits beschrieben, ist es eine ethische Herausforderung im Krankenhaus eine Marke aufzubauen. Im Gegensatz zu einem Konsumgut, für welches geworben werden kann, weil es nützlich oder schön ist, darf es im Krankenhaus nicht offensichtlich um das Werben von Patient_innen gehen.

Hans Domizlaff setzt in einer möglichen Definition des Begriffes Marke und Markenbildung einen anderen Fokus. Domizlaff beschreibt, dass es bei einer Marke primär darum gehen sollte, dem Konsumenten Vertrauen in das Produkt oder die Dienstleistung zu vermitteln (Domizlaff 2004). Im Krankenhaus ist es essenziell, dass die erkrankten Menschen Vertrauen in die Kompetenzen des Personals und Vertrauen in eine optimale Versorgungsstrategie haben. Diese Definition ist für die allgemeine Bevölkerung also vermutlich greifbarer und Vertrauen impliziert die Qualitätsgarantie, die bereits als eines der Merkmale einer Marke beschrieben wurde.

Als Markenführung (Begriff wird in der Literatur häufiger benutzt als Markenbildung) wird die Entwicklung einer Marke bezeichnet. Diese Entwicklung erfolgt systematisch und organisiert und verfolgt das Ziel durch besondere Stärken des Anbieters sich von der Konkurrenz abzuheben. Die Marke soll den jeweiligen Zielgruppen verhelfen, das richtige Angebot zu wählen und Vertrauen und Loyalität vermitteln. Des Weiteren wird vom Markenverband als Ziel von Markenbildung „Begehren auslösen" beschrieben (Markenverband o. J.).

Letzteres ist schwierig übertragbar auf ein Krankenhaus, da Krankheit und medizinische Versorgung nicht mit dem Begriff „Begehren" kombinierbar bzw. vereinbar sind. Betrachtet man jedoch die zuvor beschriebenen Ziele, lassen sich diese gut auf die Markenbildung in einem Krankenhaus anwenden:

- *verhelfen, das richtige Angebot zu finden*
  (z. B. In welchem Krankenhaus gibt es Spezialist_innen für Kardiologie)
- *Loyalität*
  (z. B. ehrlicher Umgang, Versprechen werden gehalten)
- *Vertrauen*
  (z. B. Vertrauen in die medizinische Kompetenz des Personals, Vertrauen in Bezug auf eine korrekte Medikamentengabe)

Es lässt sich also schlussfolgern, dass im Krankenhaus in Bezug auf einige Merkmale die Markenführung anders ausgerichtet werden muss.

Die Markenführung im Krankenhaus sollte wenig mit visuellen Maßnahmen wie einem neuem Logo zu tun haben, sondern viel mehr den Fokus auf die Weiterentwicklung von kommunikations- und verhaltensbezogenen Faktoren legen (Pirck 2015, S. 159).

Warum die Markenbildung im Krankenhaus trotzdem notwendig ist, wird im folgenden Kapitel erläutert.

6.3 Der Bedarf

Die Notwendigkeit eine Marke im Krankenhaus zu entwickeln ist in erster Linie mit der starken Konkurrenzsituation zwischen den einzelnen Häusern zu begründen. Grund hierfür ist die Ökonomisierung des Gesundheitswesens, welche mittlerweile auch die

Krankenhäuser erreicht hat. Des Weiteren wird der Bedarf deutlich, wenn die Zielgruppen der Marke klar definiert werden. Diese zwei Unterthemen werden in diesem Kapitel erläutert.

6.3.1 Ökonomisierung des Gesundheitswesens

Einerseits steigt der Bedarf an medizinischer Versorgung im Krankenhaus aufgrund des demografischen Wandels. Das bedeutet die Bevölkerungsstruktur verändert sich dahin gehend, dass die Anzahl der Hochaltrigen in Deutschland in Zukunft steigen wird. Während heute ca. 21 % der Bevölkerung in Deutschland über 65 Jahre alt sind, wird im Jahr 2060 mit einem Anteil von 33 % dieser Altersgruppe gerechnet (+12 %) (Pötzsch und Rößger 2015, S. 17). Die Tendenz einer Überversorgung und Medikalisierung in Deutschland führt außerdem dazu, dass Menschen schneller und oftmals ohne wirklich dringende medizinische Belange ins Krankenhaus gehen. So belegt eine Studie der Techniker Krankenkasse, dass im Durchschnitt nur sechs von zehn Menschen in der Notaufnahme im Krankenhaus tatsächlich akut medizinisch behandelt werden mussten (Techniker Krankenkasse 2018). Das bedeutet 40 % der Patient_innen in der Notaufnahme hätten stattdessen zum/zur Haus- oder Fachärzt_in gehen können. Trotzdem belasten solche Patient_innen die Kapazitäten der Krankenhäuser.

Ausdruck dieser aufgeführten Faktoren sind die explodierenden Gesundheitskosten in Deutschland. Es steigt der ökonomische Druck im Gesundheitswesen, sowie der Druck auf die Krankenhäuser.

In Jahr 2017 beliefen sich die Gesundheitsausgaben auf über 1 Mrd. EUR pro Tag. Gesundheitsausgaben meinen alle Kosten für Gesundheitsgüter und Dienstleistungen, Investitionen sowie alle Kosten für Pflege, Gesundheitssicherung und Maßnahmen zur Wiedereingliederung ins Berufsleben. Im ganzen Jahr 2017 vermerkte das Statistische Bundesamt 374,2 Mrd. EUR für Gesundheitsausgaben. Das entspricht ca. 11,3 % des Bruttoinlandproduktes (Destatis 2018a).

Im Jahr 2017 betrugen die stationären Kosten im Krankenhaus rund 91,3 Mrd. EUR. Das entspricht mit 24,4 % fast einem Viertel aller Gesundheitskosten. Im Vorjahr beschreibt das Statistische Bundesamt 87,8 Mrd. EUR Krankenhauskosten. Folglich lässt sich eine Steigerung der Kosten im Krankenhaus um 3,9 % von 2016 im Vergleich zum Jahr 2017 feststellen. 2017 wurden stationär 19,4 Mio. Patient_innen behandelt. Das bedeutet pro Patient_in betrugen die durchschnittlichen Kosten 4695 EUR. Zum Vorjahr (4497 EUR pro Patient_in) ist dies eine Steigerung um 4,4 % (Destatis 2018b).

Durch diese Steigerung der Kosten erhöht sich der ökonomische Druck. Daher müssen Krankenhäuser bestimmte Mindestanzahlen von Operationen in einem bestimmten Bereich erreichen, um effizient zu arbeiten (Abrechnung durch DRGs). So hat sich die Helios Klinik in Altona zum Beispiel auf Operationen des Stütz- und Bewegungsapparates fokussiert und operiert mehr als 8000 Patient_innen jährlich in diesem Fachbereich (Helios Endo- Klinik 2018). Eine hohe Anzahl von Operationen in einem spezifischen medizinischen Bereich, wie in diesem Beispiel orthopädischen Eingriffen, kann aber auch als Vorteil gesehen werden. Durch die hohe Frequenz gewinnen die Ärzt_innen an Erfahrung und werden zu spezialisierten Expert_innen. Dadurch kann die Qualität gesteigert werden.

Trotzdem ist durch die Kostensteigerung auch die Gefahr der Insolvenz immer präsent. Die Krankenhäuser werden gewissermaßen in eine Konkurrenzsituation gezwungen (Brandstädter et al. 2013, S. 19). Brandstädter et al. bezeichnen die Markenbildung im Krankenhaus als „Gradwanderung zwischen der staatlich organisierten Medizin & der freien Marktwirtschaft der Medizinleistung" (Brandstädter et al. 2013, S. 19).

Das Krankenhaus kann die steigenden Gesundheitskosten wenig beeinflussen. Daher müssen Bewältigungsstrategien in Bezug auf diese Situation entwickelt werden. Ein möglicher Ansatz wäre eine systematische Entwicklung der Krankenhausmarke in Hinblick auf die relevanten Zielgruppen.

6.3.2 Zielgruppen einer Markenbildung im Krankenhaus

Für diesen organisierten Markenaufbau müssen alle Zielgruppen des Krankenhauses bekannt sein. Der Soziologe und Markenberater Peter Pirck unterscheidet hierbei drei verschiedene Zielgruppen. Die erste Zielgruppe sind die potenziellen Patient_innen eines Krankenhauses. Als medizinisch nicht ausgebildete Laie verlässt sich der bzw. die Hilfesuchende zum Beispiel auf Empfehlungen in Krankenhausrankings oder Meinungen auf Bewertungsseiten für Krankenhäuser im Internet (Pirck 2015, S. 158). In diesem Kontext ist zu beachten, dass die Entwicklung der Massenmedien in den letzten Jahren starken Einfluss auf die Situation der Krankenhäuser genommen hat (Brandstädter et al. 2013, S. 1). In den Medien wird weniger die medizinische Kompetenz diskutiert, sondern mehr die Art der Kommunikation vonseiten des Personals. Das bedeutet also, dass der emotionale Eindruck (z. B. „Wie wurde mit mir gesprochen?" „Hat man mir zugehört?") für diese Zielgruppe entscheidend für die Meinungsbildung über das Krankenhaus ist (Pirck 2015, S. 158).

Als zweite Zielgruppe werden die Zuweiser_innen vonseiten der Ärzt_innen bezeichnet. Insbesondere Hausärzt_innen aber auch Fachärzt_innen genießen bereits das Vertrauen der Patient_innen. Obwohl die Patient_innen Wahlfreiheit bei einer Einweisung in ein Krankenhaus haben, werde eine Empfehlung von dem/der betreuenden niedergelassenen Arzt/Ärztin in der Regel gefordert. Diese Empfehlung habe eine hohe Relevanz (Pirck 2018, Interview Transkription, S. 22). Daher ist es ebenso relevant das Vertrauen der Zuweiser_innen durch die Marke des Krankenhauses zu gewinnen.

Als dritte Zielgruppe wird das Personal betitelt. Gemeint ist damit, dass es krankenhausintern zu einer Solidarisierung mit der Marke und der damit verbundenen Werte kommen muss. Das Personal ist die Schnittstelle zwischen Marke und Patient_in und ist maßgeblich dafür verantwortlich, welcher emotionale Eindruck, der wie oben bereits erwähnt der wichtigste Indikator für Internetbewertungen ist, entsteht (Pirck 2015, S. 158 f.).

Im qualitativen Interview erläutert der Geschäftsführer der Brandmeyer Marken-beratung Peter Pirck, dass zu Beginn einer Markenführung die Innensicht des Kranken-hauses, und insbesondere die Stärken des Hauses, zu betrachten sind. Das bedeutet, die Zielgruppe des Personales ist von zentraler Bedeutung. Das Personal im Krankenhaus hat laut Pirck sogar mehr Relevanz als in anderen Betrieben, da erbrachte Leistungen menschliche Leistungen sind, die maßgeblich mit der Betreuung und dem Umgang mit den Patient_innen zusammenhängen. Des Weiteren ist die Außensicht, also die Meinung der Patient_innen von großer Bedeutung. Diese Zielgruppe funktioniere heutzutage auch als Multiplikator, der durch soziale Medien „die Mundpropaganda auf digitalem Wege vorantreibt" (Vgl. Pirck 2018, Interview Transkription, S. 22).

Wenn alle drei Zielgruppen also der Marke des Krankenhauses vertrauen, genießt das Krankenhaus einen annähernd optimalen Ruf. Das hat zur Folge, dass vermutlich ins-besondere zu Zeiten der Medikalisierung, alle Betten belegt sind und somit ein optima-ler ökonomischer Nutzen entfaltet werden kann. Durch die politische Reaktion auf die steigenden Kosten in den Krankenhäusern (Umstellung zum DRG System), stehen die Krankenhäuser unter immer größer werdenden ökonomischen Druck (Brandstädter et al. 2013, S. 19). Um allen Kosten gerecht zu werden, muss die optimale Auslastung der Bet-ten gewährleistet werden und im besten Fall müssen insbesondere viele gewinnbringende Diagnosen gestellt und Prozeduren ausgeführt werden (z. B. Neugeborenes < 600 g, Erlös = 158.776,11 EUR) (InEk, G-DRG Fallpauschalen-Katalog 2017). Ein öko-nomischer Anreiz ist also die Ausweitung von gewinnbringenden DRG Bereichen. Diese Entwicklung ist aus vielerlei Hinsicht kritisch zu hinterfragen und lässt Schwachstellen des DRG Systems erkennen.

Vor allem entsteht durch das Ziel beispielsweise möglichst viele Neugeborene unter 600 g zu betreuen, ein Widerspruch zu dem Hauptziel der Markenbildung im Kranken-haus: Vertrauen zu schaffen. Es dürfte keinen ökonomischen Anreiz geben, ein Kind untergewichtig und früh zur Welt zu bringen bzw. solche Fälle, bei denen eine Früh-geburt unvermeidbar ist, in irgendeiner Form zu „werben". Hier entsteht der größte ethi-sche Konflikt in Bezug auf die Markenbildung im Krankenhaus. Trotzdem kann auch der/die Patient_in aus dieser Entwicklung Vorteile bzw. einen Nutzen erlangen. Das folgende Kapitel beschäftigt sich mit dem Nutzen von Spezialisierung auf bestimmte Krankheitsbilder bzw. OPs und Prozeduren.

6.4   Der Nutzen einer Markenbildung im Krankenhaus

Durch das Fokussieren auf die Stärken des Krankenhauses und das Ziel in diesem Bereich besonders viele Patient_innen zu erreichen, kann eine deutlich höhere Expertise des Fachpersonals in diesem Bereich erlangt werden. Des Weiteren hat das Krankenhaus logistische Vorteile durch eine Spezialisierung. Um das zu verdeutlichen, wird im Fol-genden ein fiktives und stark vereinfachtes Beispiel von drei Krankenhäusern in einer Stadt abgebildet. In Abbildung eins sind drei Krankenhäuser mit den monatlichen OP

Krankenhaus A

Unfallchirurgie: 20 OPs im Monat

Pädiatrie: 70 OPs im Monat

Orthopädie: 10 OPs im Monat

Krankenhaus B

Unfallchirurgie: 50 OPs im Monat

Pädiatrie: 10 OPs im Monat

Orthopädie: 40 OPs im Monat

Krankenhaus C

Unfallchirurgie: 30 OPs im Monat

Pädiatrie: 20 OPs im Monat

Orthopädie: 50 OPs im Monat

Abb. 6.1 fiktives Beispiel der OP Verteilung in drei Krankenhäusern. (Eigene Darstellung)

Krankenhaus A

Unfallchirurgie: 20 OPs im Monat

***Pädiatrie*: 70 OPs im Monat**

Orthopädie: 10 OPs im Monat

Krankenhaus B

***Unfallchirurgie:* 50 OPs im Monat**

Pädiatrie: 10 OPs im Monat

Orthopädie: 40 OPs im Monat

Krankenhaus C

Unfallchirurgie: 30 OPs im Monat

Pädiatrie: 20 OPs im Monat

***Orthopädie*: 50 OPs im Monat**

Abb. 6.2 Stärkenanalyse in drei Krankenhäusern. (Eigene Darstellung)

Zahlen in den Abteilungen der Unfallchirurgie, Pädiatrie und Orthopädie abgebildet (Abb. 6.1).

Jedes Krankenhaus hat in einem anderen Bereich die hausintern höchsten OP Zahlen (siehe Abb. 6.2). Dieser Fachbereich ist folglich als Stärke des Krankenhauses zu interpretieren.

Es wäre nun denkbar, dass die Krankenhäuser sich jeweils auf ihren Bereich spezialisieren und die anderen Abteilungen in den Hintergrund stellen bzw. sogar schließen.

Das würde dazu führen, dass die meisten Patient_innen der Stadt mit beispielsweise orthopädischen Belangen in Krankenhaus C gebracht werden würden (siehe Abb. 6.3). Nutzen der Krankenhäuser wäre neben der Markenbildung („sich einen Namen in einem bestimmten Fachbereich machen") auch ein ökonomischer Nutzen. Durch die Fokussierung auf einen Teilbereich kann beispielsweise kostensparender mit Ressourcen umgegangen werden, Abläufe können besser optimiert werden und Qualitätsmanagement kann auf einer anderen Ebene stattfinden. Außerdem kann Forschung und die Entwicklung neuer Innovationen durch die Expertise der Mitarbeiter_innen eine hohe Relevanz entwickeln.

Für die Zielgruppe der Patient_innen ist ein weiterer Nutzen, dass eindeutiger entschieden werden kann, welche Klinik die besten Optionen aufweist. Auch für die Zielgruppe der Zuweiser_innen hat die Spezialisierung im Rahmen der Markenbildung einen großen Vorteil. Der Arzt bzw. die Ärztin kann ein Krankenhaus so klar einer bestimmten Kompetenz zuordnen. Folglich können die Zuweiser_innen die Patient_innen mit spezifischen Krankheitsbildern Krankenhäuser empfehlen, die Expertise in genau diesem Fachgebiet haben.

Auch für die dritte Zielgruppe, das Personal im Krankenhaus, eröffnet die Markenbildung Vorteile. Durch klare Kommunikation der Stärken kann spezifischer ausgebildet und fortgebildet werden. So kann Personal sowohl im Bereich der Pflege sowie der Ärzteschaft in starken Bereichen zu Expert_innen werden und obgleich in Schwachpunkten geschult werden, damit eine Verbesserung stattfinden kann.

Des Weiteren kann durch eine Markenbildung eine starke Identifikation, sowie Sinnhaftigkeit der Arbeit, entstehen. Aus gesundheitswissenschaftlicher Perspektive beschreibt die Sinnhaftigkeit/Bedeutsamkeit zum Beispiel im Beruf, eine der Grundvoraussetzungen für Gesundheit (Salutogenese, Modell von Antonowsky zum Verständnis von Gesundheit und Krankheit) (Blättner und Waller 2011, S. 19). Also kann die Markenbildung im Krankenhaus, bzw. die Identifikation und Solidarisierung des Personals mit dem Krankenhaus auch zur Gesundheit und Motivation der Mitarbeiter_innen beitragen. Wie die verschieden Schritte bis dorthin aussehen, wird im folgenden Kapitel erläutert.

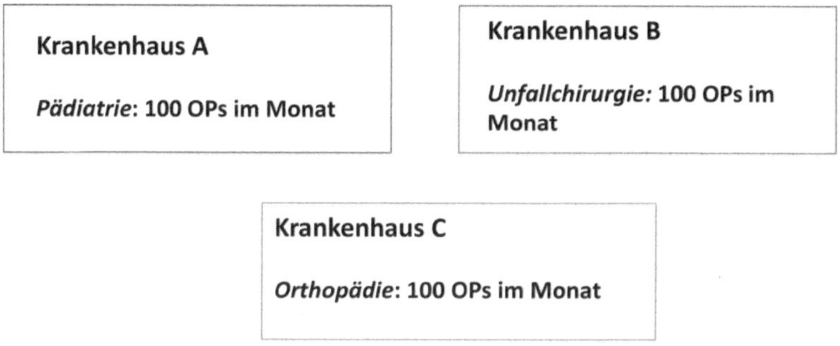

Krankenhaus A

Pädiatrie: 100 OPs im Monat

Krankenhaus B

Unfallchirurgie: 100 OPs im Monat

Krankenhaus C

Orthopädie: 100 OPs im Monat

Abb. 6.3 Spezialisierung in drei Krankenhäusern. (Eigene Darstellung)

6.5 Mögliche Umsetzungsformate

In diesem Kapitel wird ein mögliches Umsetzungsformat für den Markenaufbau im Krankenhaus vorgestellt. Die drei Hauptschritte dieser Entwicklung werden beschrieben. Im Anschluss wird der Fokus auf die Gesetzgebungen gelegt, die ein Krankenhaus beim Aufbau einer Marke beachten sollte.

6.5.1 Entwicklung einer Marke im Krankenhaus

In der Entwicklung einer Markenstrategie ist die Frage nach den Stärken des Krankenhauses essenziell. Laut Herrn Pirck sollte eine Fokussierung auf das Ursache Wirkungs-Prinzip stattfinden. Das bedeutet im übertragenen Sinn, dass die Ursache, sprich die Leistungen im Krankenhaus direkte Wirkung auf die verschiedenen bereits erläuterten Zielgruppen und deren Zufriedenheit und Vertrauen in das Krankenhaus, haben. Diese Wirkung zu erzielen ist ganzheitliche Aufgabe der Institution und braucht Zeit der Entwicklung. Wichtig ist hierbei den Fokus auf die identifizierten Stärken bzw. Besonderheiten zu setzen und die größtmögliche Wirkung bei den Zielgruppen zu erreichen (Pirck 2015, S. 160).

Im ersten Schritt ist folglich eine Stärkenanalyse von Bedeutung. Zu Beginn sind dafür Fokusgruppen denkbar, in denen die verschiedenen Berufsgruppen eines Hauses erste Hypothesen über die besten Leistungen/die Stärken des Krankenhauses aufstellen. Wissenschaftlich sinnvoll ist es anschließend das Instrument der quantitativen Befragungen zu benutzen. Wichtig ist, dass eine große Zahl von Befragten mobilisiert wird (steigert die Repräsentativität der Studie) und alle Zielgruppen die relevant sind und das Krankenhaus kennen, befragt werden (Pirck 2015, S. 161).

Der Geschäftsführer der Brandmeyer Markenberatung beschreibt im Interview die Bereiche, in denen große Zufriedenheit in Bezug auf die Stärken des Krankenhauses herrscht, als Chance um Stolz und Identifikation zu schaffen. Gleichzeitig müsse natürlich auch betrachtet werden, was nicht optimal läuft und wo es Verbesserungsbedarf gibt. Bei der Stärkenanalyse gehe es laut Pirck nicht um „Kommunikation im Rahmen von Hochglanzbroschüren, sondern um wirkliche Kommunikation im Rahmen von Zurückspielen von Ergebnissen" (Vgl. Pirck 2018, Transkription, S. 23). Dieses Zurückspielen geschehe dann in Seminaren und Workshops. Ziel sei dabei auch, dass die Mitarbeiter_innen sich als Botschafter_innen des Krankenhauses und der Marke verstehen (Pirck 2018, Transkription, S. 23).

Stärken, die dementsprechend Indikatoren von Qualität sind, können unterschiedlich aussehen. So können zum Beispiel gewisse Zertifizierungen, Qualitätsberichte o. ä. etwas über die Stärken eines Krankenhauses aussagen. Das Krankenhaus Groß-Sand in Wilhelmsburg in Hamburg hat zum Beispiel neben gängigen Zertifizierungen wie die ISO 9001 oder ein kundenorientiertes Beschwerdemanagement, auch ein Qualitätssiegel für die Geriatrie und darf sich als Referenzzentrum für Hernienchirugie bezeichnen

(Wilhelmsburger Krankenhaus Groß-Sand o. J.). Aus solchen Qualitätsindikatoren kann der/die Patient_in individuell ableiten, inwiefern das Krankenhaus für die individuellen medizinischen Bedürfnisse, geeignet ist. Kritisch zu sehen ist hierbei die Frage, inwiefern der/die Patient_in tatsächlich die veröffentlichten Qualitätsberichte liest oder sich vielmehr auf Internetbewertungen oder mündliche Empfehlungen verlässt.

Im zweiten Schritt geht es um die Positionierung, also darum, die Kommunikationsziele zu definieren. Es stellt sich folglich die Frage, wie die gewünschte Marke definiert sein soll. Daraus sollten ein oder mehrere (Unterscheidung in Abteilungen ggf. sinnvoll) Kommunikationsziel/e abgeleitet werden. Dieses Ziel bzw. diese Ziele sollten erreichbar und realistisch sein sowie mit den identifizierten Stärken des Krankenhauses übereinstimmen. Von Vorteil ist eine klare Abgrenzung zur Konkurrenz. Das ist durch individuell identifizierte Kommunikationsziele, die nicht pauschal für alle Krankenhäuser gültig sind (z. B. „Wir machen Sie gesund!"), möglich. Außerdem sollte diese Positionierung breitflächig die Zielgruppen ansprechen (Pirck 2015, S. 161 f.).

Im dritten Schritt sollten alle Kontaktpunkte konsequent ausgerichtet werden. Das bedeutet alle relevanten Schnittpunkte zwischen dem/der Patient_in und dem Krankenhaus müssen identifiziert & informiert werden. Im Fall der Patient_innen wäre das beispielsweise nicht nur das Personal im Krankenhaus, sondern auch frühere Berührungspunkte wie der/die Zuweiser_in und das Internet (Pirck 2015, S. 162). Im Optimalfall identifizieren sich alle diese Kontaktstellen mit dem Markenziel des Krankenhauses. Das hätte eine positive Markenkommunikation gegenüber den Zielgruppen zur Folge.

Allgemein betrachtet sollten vor allem alle Inhalte der Markenbildung klar und für alle Beteiligten verständlich kommuniziert werden. Auch wenn die Stärken und folglich die Markenausrichtung gleich bleibt, bedarf es immer neuer Impulse, kreativer Ideen und Innovationen um die Marke nach außen zu tragen. Fokus sollte dabei sein (Pirck 2015, S. 163 ff.):

- *sich von der Konkurrenz abzuheben (einzigartige Stärken des Hauses in den Vordergrund rücken)*
- *reelle Geschichten und keine abstrakten Beschreibungen benutzen (z. B. über das Internet verbreiten)*
- *Wiedererkennungswert schaffen (z. B. durch grafisch immer wiederkehrende Muster)*

So beschreibt das israelitische Krankenhaus in Hamburg etwa das friedliche Zusammenkommen aller fünf Weltreligionen im eigenen Haus als eine Stärke. In Form von farbigen Tüchern im Eingangsbereich und im Raum der Stille werden das Christentum, das Judentum, der Islam, der Buddhismus und der Hinduismus visualisiert. 2015 wurde der Gebets- und Ruheraum von Vertretern eben dieser fünf Religionen gesegnet und eingeweiht (Israelitisches Krankenhaus Hamburg o. J.). Durch die Erwähnung solcher reeller Geschichten (s.o) kann an die Emotionen des/der potenziellen Patient_in appelliert werden. Aber auch für die Zielgruppe des Personals sind Werte wie in diesem Beispiel

Religionsfreiheit und -akzeptanz von großer Bedeutung für die Identifikation mit dem Leitbild und der Marke des Krankenhauses. Im Rahmen der möglichen Umsetzungsformate ist es außerdem wichtig, die rechtlichen Grundlagen von Markenbildung im Internet zu kennen.

6.5.2 Rechtliche Grundlagen der Markenbildung durch Werbung im Krankenhaus

Da dem Internet als Schnittstelle zwischen Patient_in und dem Krankenhaus eine immer größere Bedeutung zukommt, ist es sinnvoll sich als Krankenhaus mit den gesetzlichen Regelungen für Werbung im Internet auseinanderzusetzen. Die deutsche Krankenhausgesellschaft hat über diese Thematik ein Informationspapier veröffentlicht. Die wesentlichen Aussagen werden im Folgenden zusammengefasst.

Generell muss das Krankenhaus Regeln des Datenschutzes, des Urheberrechts und der werberechtlichen Grenzen beim Werben im Internet beachten. Allgemein gibt es für Werbung im Internet keine besonderen gesetzlich festgelegten Regelungen. Daher ist dem Krankenhaus tendenziell alles erlaubt, wobei die Werbeeinschränkungen für den Gesundheits- und Krankenhausbereich berücksichtigt werden müssen. Der Artikel 12 Abs. 1 S. 1 des Grundgesetzes beschreibt die Gewerbe- und Unternehmensfreiheit. Das gilt auch für Krankenhäuser und erlaubt diesen, solange die allgemeinen Wettbewerbsbeschränkungen beachtet werden, Patient_innen zu werben. Dabei macht es keinen Unterschied ob die Werbung im Internet oder über ein anderes Medium stattfindet. Zu den genannten Wettbewerbsbeschränkungen gehören bei einem Krankenhaus drei Gesetze (Deutsche Krankenhausgesellschaft 2000):

- Vorschriften des Heilmittelwerbegesetzes (HWG)
- Das Gesetz gegen den unlauteren Wettbewerb (UWG)
- Das Standesrecht

Das Heilmittelwerbegesetz (HWG) richtet sich an alle, die mit dem Thema Werbung im Gebiet des Heilwesens zu tun haben. Besonders wichtig sind hierbei die Gesetze aus § 11 und 12 des Heilmittelgesetzes. In § 11 wird das Verbot ausgesprochen, Werbung außerhalb von den jeweiligen Fachkreisen zu praktizieren. Das bedeutet es dürfte keine Person bildlich während des Ausübens eines Heilberufes beispielsweise auf der Krankenhaus *homepage* abgelichtet werden (§ 11 Nr. 4 HWG). Dank-, Annerkennungs- oder Empfehlungsschreiben sind nach § 11 Nr. 11 HWG nicht dem Zweck der Werbung zuzugestehen. In Paragraf 12 HWG werden bestimmte Krankheitsbilder aufgeführt, von denen die Information über bestimmte Behandlungsformen (Erkennung, Verhütung, Beseitigung) nicht als Werbung für Laien benutzt werden darf. In Fachkreisen darf dieser Informationsaustausch hingegen stattfinden (Deutsche Krankenhausgesellschaft 2000). Zu den aufgelisteten Erkrankungen gehören beispielsweise neben nach dem

Infektionsschutzgesetz meldepflichtige Erkrankungen, auch Suchkrankheiten, bösartige Neubildungen oder auch krankhafte Komplikationen der Schwangerschaft (Bundesministerium der Justiz und für Verbraucherschutz o. J.).

Das Gesetz gegen den unlauteren Wettbewerb (UWG) verbietet vor allem irreführende Werbung (§ 3 UWG), wobei die Definition von dem Begriff „irreführend" sehr allgemein gehalten ist und im Einzelfall überprüft werden muss. Generell lassen sich beispielsweise Gefühlsausnutzung, Kundenwerben durch falsche Information oder Ausnutzung des „Laienseins" (fehlenden Fachwissens der Zielgruppe) als Verstöße gegen dieses Gesetz bezeichnen. Auch der Titel eines Krankenhauses darf nicht den Eindruck erwecken, beispielsweise das einzige Orthopädiezentrum der Stadt zu sein (Deutsche Krankenhausgesellschaft 2000).

Das Standesrecht sollte in Bezug auf die Werbung im Krankenhaus Beachtung finden obgleich ein Krankenhaus nicht mit den Gesetzen für niedergelassene Ärzt_innen (diese dürfen keine werbenden Berichte über die eigene Person veröffentlichen) gleichzusetzen ist. Trotzdem ist ein Krankenhaus, auch aufgrund der verschiedenen nicht nur rein medizinischen Dienstleistungen (andere: z. B. Verpflegung, Unterbringung u. ä.), auf die öffentliche Präsentation der Leistungen auf der *homepage* angewiesen. Das deutsche Ärzteblatt hat eine Leitlinie für angemessene und nicht zulässige Information auf einer Praxishomepage veröffentlicht. Nicht zulässig sind laut der Leitlinie beispielsweise (Deutscher Ärzteverlag GmbH, Redaktion Deutsches Ärzteblatt 2002; Deutsche Krankenhausgesellschaft 2000):

- Inhalte, die einen Werbeeffekt erzeugen z. B. Verwendung von sprachlichen Stilistik wie Superlativen („am besten", „am größten" usw.)
- Verwendung des Namens und das Veröffentlichen von Bildern von Ärzt_innen beim Ausübung ärztlicher Tätigkeiten
- Bezug zu Danksagungen und Empfehlungen von Patient_innen
- Zeigen von Vorher/Nachher Bilder von Behandlungsformen
- Produktnamen im Sinne einer Empfehlung zu benutzen

Die Gesundheitseinrichtung muss also sehr sensibel und ausgewählt die Marke präsentieren und eine Reflektion der öffentlich kommunizierten Inhalte muss stetig stattfinden.

Trotz der in diesem Kapitel theoretisch logischen Schritte bei der Entwicklung einer Marke, ist dieser Prozess mit Schwierigkeiten verbunden. Im Folgenden werden mögliche Herausforderungen diskutiert.

6.6 Herausforderungen

Bei den drei Schritten der beschriebenen möglichen Umsetzung einer Markenbildung im Krankenhaus, ist ein Schritt besonders langwierig und schwierig. Eine methodisch saubere Stärkenanalyse in einem Krankenhaus durchzuführen (Schritt eins) ist laut

Herrn Pirck gut in drei bis vier Monaten umsetzbar. Das Ableiten von Kommunikationszielen (Schritt zwei) ist meist strategische Aufgabe des Krankenhausmanagements. Jedoch ist das Ausrichten aller Kontaktpunkte laut Pirck die größte Herausforderung bzw. Schwierigkeit beim Aufbau einer Markenbildung. Pirck bezeichnet dieses Teil der Markenbildung als „Sisyphusarbeit, die Tagesarbeit" (Pirck 2018, Transkription, S. 23). Dies ist vor allem der Komplexität eines Krankenhauses geschuldet. Denn alle Kliniken mit all ihren wie Pirck es bezeichnet „Eigenkräften, die es gibt und eigenen Selbstverständnissen" gebündelt in einer Marke umzusetzen, ist schwierig (Pirck 2018, Transkription, S. 23).

Eine weitere Herausforderung ist die Ökonomisierung der Gesundheitseinrichtung Krankenhaus. Die Ökonomisierung mit Hinblick auf die explodierenden Gesundheitskosten sei laut Pirck gut erkennbar an dem Vergütungssystem in einem Krankenhaus (Abrechnungspaketen als DRGs). Ein großes Problem besteht in Schwachpunkten des Abrechnungssystems, die das Personal im Krankenhausen möglicherweise dazu verleiten könnten, Entscheidungen aufgrund ökonomischer und nicht medizinischer Belange zu treffen. Der Markenberater sieht trotz seiner Tätigkeit eine Gefahr in der Entmenschlichung & Entindividualisierung der Institution Krankenhaus durch die Ökonomisierung (Pirck 2018, Transkription, S. 25).

Auf der anderen Seite berichtet Pirck von der starken ethischen Einstellung der Mitarbeiter_innen in einem Krankenhaus, welche dieser Entwicklung entgegenwirkt (Pirck 2018, Transkription, S. 5). Dafür sprechen sowohl verschiedene Ehrenkodexe, die sich gegen ökonomisches Handeln der Ärzteschaft positionieren sowie die Erklärung zur ethischen und fachliche Unabhängigkeit der Bundesärztekammer (Bundesärztekammer o. J.).

Allgemein wird im Interview mit Peter Pirck deutlich, dass eine Herausforderung darin besteht, den Begriff der Markenbildung nicht falsch zu verstehen. Es gehe nicht um die Reduktion auf ein neues Logo oder eine neue Website, sondern vielmehr um Vertrauensbildung. Laut dem Markenberater ist dieser Prozess „keine Mogelpackung und keine Kosmetik, sondern eher eine ethische Herangehensweise" (Vgl. Pirck 2018, Transkription, S. 26). Dieses Ziel ist insofern schwierig zu erreichen, da die Menschen mit dem Begriff „Marke" oftmals Dinge wie *Public Relation* (PR) & Werbung verbinden. Grundsätzlich sollte also mit hoher Transparenz und vor allem Qualität eine Markenbildung im Krankenhaus aufgebaut werden.

6.7 Fazit

Abschließend lässt sich festhalten, dass eine Marke mit hochwertigen Kriterien und Merkmalen sowie mit einem Qualitätsversprechen verknüpft ist. Eine Krankenhausmarke sollte den Fokus auf das Merkmal Vertrauen in die Dienstleistungen zu schaffen legen. Durch steigende Patient_innenzahlen und steigende Krankenhauskosten herrscht großer Konkurrenzdruck unter den Krankenhäusern und die Ökonomisierung zwingt die

Institutionen in gewisser Weise zu ökonomischem Denken. Das drückt sich zum Beispiel durch Mindestanzahlen von gewinnbringenden Operationen aus. Das birgt Gefahren, kann allerdings auch durch Spezialisierung der Krankenhäuser auf starke Fachgebiete, als Vorteil für die Zielgruppen gesehen werden. Die Expertise eines Krankenhauses in einem bestimmten Bereich kann für höhere Qualität, mehr Innovationskraft und mehr Entscheidungssicherheit führen. Die drei Zielgruppen der Markenbildung im Krankenhaus sind die Patient_innen, die Zuweiser_innen und das hausinterne Personal. Schnittstellen wie Klinik*rankings* im Internet gewinnen zunehmend an Bedeutung, wobei rechtliche Einschränkungen beim Werben im Internet Beachtung finden müssen. In der Umsetzung eines Markenaufbaues im Krankenhaus sollte zuerst eine Stärkenanalyse durchgeführt werden. Anschließend kann das Krankenhaus klare Kommunikationsziele definieren (Positionierung) und im Anschluss alle Kontaktpunkte danach ausrichten. Im letzten Schritt liegt die größte Schwierigkeit, da für das Identifizieren mit der Marke, gerade für das Personal, Zeit und qualitative interne Kommunikation nötig sind. Außerdem sind Krankenhäuser hoch komplexe Systeme, welches den Schritt alle Schnittstellen zu identifizieren und zu informieren, zusätzlich erschwert. Eine weitere Herausforderung der Thematik ist die Gefahr der Ökonomisierung. Es sollten stets medizinisch ausgerichtete Entscheidungen getroffen werden, was jedoch durch das Setzen ökonomischer Anreize im DRG System erschwert wird. Schlussendlich ist es wichtig den Markenbegriff in dem Kontext Krankenhaus richtig zu verstehen und zu deuten.

Anhang 1: Leitfaden Interview

Fragen für das Leitfadeninterview am 27.11.2018 mit Diplom Soziologe Peter Pirck
Thema der Hausarbeit: Markenbildung im Krankenhaus

Thema des Interviews: Markenbildung & Ökonomisierung im Krankenhaus

1. **einleitende Worte**
   - Dank für die Gelegenheit zum Interview
   - Erlaubnis für Audioaufnahme erfragen
   - Wunsch zur Anonymisierung erfragen
   - Vorstellung (Name, Studiengang, Modul, Projekt)
   - Dauer des Gespräches nennen (max. 30 min)
   - Position/Werdegang des Gesprächspartners erfragen
   - Haben Sie Fragen bevor wir Starten?
2. **Einleitende Frage (zum „Aufwärmen")**
   - Wie lange befassen Sie sich schon mit dem Thema Markenbildung allgemein und insbesondere der Markenbildung im Krankenhaus?

3. **Hauptfragen**

Allgemeine Fragen in Bezug auf das Thema:

Sie beschreiben in ihrem Artikel Markenbildung bei Krankenhäusern aus dem Jahr 2015 (Medizin trifft Marke. Markentechnik für den Gesundheitsmark; Springer Verlag) drei Zielgruppen der Markenbildung im Krankenhaus: Die Patienten und Patientinnen, die Zuweiser vonseiten der Ärzteschaft und das Personal.

- Welche dieser drei Zielgruppen sollte zu Beginn einer Markenbildung im Fokus stehen?
- Nach welchen Faktoren entscheidet der Zuweiser bzw. die Zuweiserin an welches Krankenhaus die Patienten und Patientinnen überwiesen werden?
- Durch welche konkreten Maßnahmen kann für das Krankenhaus Personal eine Identifikation mit der Marke gefördert werden?
- *Sie beschreiben für die Markenbildung drei Schritte: Zuerst die Stärkenanalyse, dann sollten die Kommunikationsziele definiert werden und schlussendlich alle Kontaktpunkte ausgerichtet werden.*
- Bei welchem dieser drei Schritte sehen Sie die größten Schwierigkeiten bzw. Herausforderungen für ein Krankenhaus?

Persönliche Fragen in Bezug auf das Thema:

- Ist ihrer Meinung nach der Wettbewerbsdruck der Krankenhäuser auf die Umstellung zum DRG System zurückzuführen?
- Sehen sie eine Gefahr in der Ökonomisierung der Institution Krankenhaus?
- Können Sie ein *„Best Practise"* Beispiel nennen? Also ein Krankenhaus, welches Ihrer Meinung nach die Markenbildung optimal gestaltet?

4. **Abschlussfragen**
- Welche Entwicklung sollte Ihrer Meinung nach die Markenbildung der Krankenhäuser in Zukunft nehmen?
- Wie könnten politische Entscheidungen positiven Einfluss auf eine Entschärfung der Ökonomisierung der Krankenhäuser nehmen?

5. **Demografische Daten**
- **Name des Befragten:** Peter Pirck
- **Funktion/Tätigkeit des Befragten:** Geschäftsführer der Brandmeyer Markenberatung
- **Einrichtung/Arbeitsstelle:** Brandmeyer Markenberatung
- **Datum & Ort des Interviews:** Telefoninterview am 27.11.2018
- **Vorbemerkungen der Interviewerin:/**
- **Name der Interviewerin und Institution:** Jane Saftig, HAW Hamburg
- **Darlegung der Ziele der Befragung:** Einblicke in Praxis der Markenbildung (insbesondere in Krankenhäusern)
- **Voraussichtliche Dauer des Interviews:** MAX. 30 min

Anhang 2: Transkription Interview mit Peter Pirck am 27. November 2018

(…)

I: Ist es in Ordnung für Sie, wenn ich das Interview aufnehme?

B: Ja, ja klar.

I: Sie verstehen mich gut?

B: Ja, noch versteh ich Sie gut. Mal gucken, wie ich Sie gleich höre.

I: Okay, wunderbar. Ja, also erst einmal: Vielen Dank, dass Sie sich die Zeit nehmen. Das ist sehr wertvoll für mich und meine Hausarbeit.

B: (lacht) Ich hoffe es.

I: Noch einmal so zum Kontext: Ich bin im Studiengang Gesundheitswissenschaften und das Modul nennt sich Projekt und Qualitätsmanagement. Genau, das Thema der Hausarbeit ist eben „Markenbildung im Krankenhaus" und in dem Kontext habe ich dann ja auch Ihren Artikel gelesen und genau fand das alles sehr passend zu meinem Thema.

B: Ja wunderbar.

I: Vielleicht dann erst einmal die erste Frage an Sie: Wo arbeiten Sie jetzt gerade, wie sind sie da hingekommen? – also einfach Ihren Werdegang einmal erzählen.

B: Ja, also ich bin einer der Mitbegründer der Brandmeyer Markenberatung. Ich bin Geschäftsführer der Brandmeyer Markenberatung seit 15 Jahren sind wir hier von Hamburg aus aktiv und beraten in verschiedensten Brachen – also bei weitem nicht nur im Gesundheitsbereich. Und also ich bin hier schon lange, ich war vorher fünf Jahre beim Institut für Markentechnik in Genf aktiv, hab also damals auch schon in der Beratung von Unternehmen oder Institutionen gearbeitet. Von Haus aus bin ich Sozialwissenschaftler, also Soziologe.

I: Okay, super. Wie lange befassen Sie sich schon mit dem Thema Markenbildung allgemein oder insbesondere eben auch die Markenbildung im Krankenhaus?

B: Also ich muss dazu sagen, Markenbildung im Krankenhaus ist wirklich kein Spezialthema von mir. Sondern eines von sehr vielen – von unterschiedlichen Bereichen in denen wir arbeiten. Mit dem Thema Markenbildung allgemein in verschieden Branchen beschäftige ich mich seit 20 Jahren. Und darüber hinaus eben im Studium Beschäftigung mit dem Thema – also sicher schon 25 Jahre.

I: Toll. In ihrem Artikel haben sie ja die drei Zielgruppen bei der Markenbildung im Krankenhaus bezeichnet als Patienten und Patientinnen, Zuweiser und das Personal. Und bei diesen drei Zielgruppen, also im Aufbau einer Markenführung wie Sie das nennen, welche dieser drei Zielgruppen sollte man als erstes in den Fokus nehmen?

B: Das ist gar nicht so ganz klar zu beantworten. Also man kann sagen, dass eigentlich beginnt es mit Personal und Patienten. In der Art und Weise/(…) Ich glaube bei den Zuweisern kann man eigentlich ganz klar sagen, es ist Schritt drei.

Patienten und Personal – eigentlich parallel/(…) Weil in unserer Vorgehensweise steht am Anfang immer so etwas wie eine Stärkenanalyse. Das heißt, man muss einmal eine Klarheit schaffen/Nicht jedes Krankenhaus ist gleich. Was können wir als Krankenhaus eigentlich besonders gut? Und dazu muss man sich sowohl mit denen die das Krankenhaus machen …

I: Also das Personal?

B: Ganz genau, Ärzte, Management, im pflegerischen Bereich (…)/Sich damit beschäftigen, welche Stärken gibt es eigentlich aus der Innensicht. Aber man muss, deshalb gibt es auch kein Klares womit man anfängt, man muss auch immer, sollte man zumindest, die Außensicht betrachten. Die Außensicht sind hier maßgeblich die Patienten. Diese beiden stehen, wenn man so ein bisschen eine Reihenfolge nehmen möchte, für mich am Anfang. Personal hat eine riesige Relevanz für Krankenhausmarken – mehr als in vielen anderen Bereichen. Weil die Leistungen die erbracht werden, eben ganz stark Leistungen VON Menschen sind. Auf den verschiedenen Ebenen der medizinischen Leistungen. Aber auch das Menschliche, Betreuung, Umgang. Und es ist eben ganz wichtig, dass auch das Personal die Werte, die Stärken der Krankenhausmarke entsprechend realisiert, verinnerlicht. Und die engere Zielgruppe sind dann natürlich die Patienten selber, die wiederum auch wieder Multiplikatoren sind. Übrigens auch viel mehr als früher, da über soziale Medien/(…) die Mundpropaganda wird heutzutage also eher auf digitalem Wege vorangetrieben. Die beiden könnte man also sagen, stehen ein Tick weiter vorne. Aber dann kommen sicherlich an dritter Stelle auch die Zuweiser.

I: Super, vielen Dank. Jetzt wo wir bei den Zuweisern schon sind: Wie kann mich das vorstellen/Also nach welchen Faktoren entscheiden ein Zuweiser, ob/also an welches Krankenhaus er seinen Patient oder seine Patientin überweist?

B: Also, das Prozedere ist ja einen Tick anders. Wahrscheinlich meinen Sie Einweisung und nicht Überweisung.

I: Ja, ja genau.

B: Da ist ja sozusagen dann der stationäre Aufenthalt – also das wäre ja der Regelfall bzw. der größere Bereich. Ein Patient hat eine Indikation, die vom Arzt, vom niedergelassenen Arzt nicht mehr ausreichend behandelt werden kann, er schreibt eine Einweisung in ein Krankenhaus. Die ist aber in der Regel ja keine Einweisung in ein BESTIMMTES Krankenhaus, sondern in ein Krankenhaus. Der Patient ist ja/(…) gibt es noch kleine Unterschiede z. B. ob er privat oder gesetzlich ist/hat aber ja eine Wahlfreiheit bei Krankenhäusern. In der Regel ist es dann aber so, dass es schon (…)/Der Patient dann also schon nachfragt und er eine Empfehlung geben möchte. Die Wahrnehmung und die Empfehlung eines niedergelassenen Arztes hat eine ganz hohe Relevanz. Es ist aber nicht so, dass der jetzt sagen kann „Lieber Patient, sie kommen jetzt hierhin, oder dorthin, oder dahin“.

I: Sehr spannend. Also kann ich mich dann auch gegen die Empfehlung des Arztes entscheiden?

B: Genau. Ich denke, dass wird in der Regel nicht gemacht.

I: Ja. Durch welche konkreten Maßnahmen kann für das Krankenhaus eine Identifikation mit der Marke gefördert werden? Also wie kann man sich das konkret in der Umsetzung vorstellen?

B: Also ein wichtiger Faktor ist, wenn so eine Stärkenanalyse, die häufig am Anfang steht, einmal durchgeführt wurde, auch eine Patientenbefragung. Der erste Schritt ist, dass man das zurückspielt. Das man deutlich macht: Was ist dabei eigentlich herausgekommen? Was ist eigentlich die Wahrnehmung der Patienten? Das immer mit zwei Facetten. Also einmal wo haben wir noch Steigerungsbedarf, wo müssen wir noch besser werden? Was ist also unseren Patienten wichtig und wird aber nicht besonders positiv beurteilt? Aber auch was wird denn sehr positiv zurückgespielt? Wo gibt es eine große Zufriedenheit? – um Stolz zu schaffen. – um Identifikation zu schaffen. Also Kommunikation im Rahmen nicht notwendiger Hochglanzbroschüren, sondern wirklich Kommunikation im Rahmen von Zurückspielen von Ergebnissen. Oder eben auch von den, was ein Unternehmen/ein Krankenhaus zum Beispiel im Bereich des Managements/sich auserkoren hat, in die Bereiche, in die Kliniken, in die Abteilungen runterzubringen, vorzustellen, zu diskutieren. Das ist eigentlich das allerwichtigste. Das gesprochene Wort. Sozusagen die Kommunikation in diesem Sinne nach Innen. Das ist maßgeblich (…)/Das ist wichtiger als/Also wenn wir von Kommunikation nach Innen sprechen, ist das eigentlich der wichtigste Träger aus meiner Sicht.

I: Ja das kann ich nachvollziehen. Wie kann man sich das vorstellen, wird das dann in Form von Seminaren kommuniziert, oder (…)?

B: Ja Seminare, Workshops. Genau. Da gibt es tatsächlich keine großen Unterschiede zu – ich würde mal sagen – anderen Dienstleister Unternehmen. Ob das jetzt eine Spedition ist oder ähnliches. Da ist es auch in der Regel so, die Mitarbeiter sind als Botschafter der Marke unglaublich wichtig. Die werden eigentlich mit ähnlichen Methoden reingeholt wie in anderen Bereichen auch.

I: Ja da scheint Kommunikation ja wirklich das wichtigste zu sein.

B: Ja (…) Eben auch direkte Kommunikation.

I: Genau, dann die drei Schritte, die gemacht werden sollten: Hatten Sie eben auch schon ein bisschen angerissen: Die Stärkenanalyse die gemacht werden sollte, die Kommunikationsziele zu definieren und dann alle Kontaktpunkte auszurichten/ so hatten Sie das formuliert (…). Bei welchem dieser drei Schritte sehen Sie die größten Schwierigkeiten bzw. Herausforderungen für ein Krankenhaus – so in der Umsetzung?

B: Das ist sicherlich immer der Schritt drei. Also das Ausrichten aller Kontaktpunkte. Das ist am Ende die Sisyphusarbeit, die Tagesarbeit. Eine Stärkenanalyse durchzuführen, methodisch sauber, ist (…) wie soll ich sagen, das kann man machen/ Das kann man machen lassen auch. Das kann man sehr, sehr sauber durchführen. Ein Ableiten von Kommunikationszielen ist dann meinst auch etwas, was dann wirklich strategische Arbeit in der Management (…)/in der Führungsebene geschieht. Dann, wenn es aber darum geht jetzt bestimmte Stärken oder eben auch

Kommunikationsziele (…)/Sie können es auch übersetzen mit Positionierung. Also wofür soll unser Krankenhaus besonders stehen? Diese Dinge dann umzusetzen und auch wirklich zuzuspitzen: Das ist ein schwieriger Prozess, häufig auch ein sehr politischer Prozess, weil Krankenhäuser im Regelfall wahnsinnig komplexe Systeme sind. Wo es viele Kliniken, Abteilungen/das heißt unterschiedlich/gibt. Die aber immer ein ganz, ganz starkes (…) wie soll man sagen/zu Recht auch so etwas wie ein Eigenleben haben. Es gibt ein eigenes Verständnis davon, nehmen wir mal an was zum Beispiel das UKE/Weil sie auch aus Hamburg sind (…)/stark macht. Aber im UKE gibt es eine Augenklinik, es gibt die Orthopädie, es gibt die Kinderklinik und es gibt die Nuklearmedizin und viele von den Bereichen sind sogar Weltspitze in manchen Bereichen. Und sagen dann aber „Naja, jetzt haben wir zwar die Marke UKE, aber mal Butter bei die Fische, wir von Klinik XY (…)/ es ist viel wichtiger, dass wir uns profilieren". Also wenn Sie sich mal exemplarisch (…)/Es reicht schon, wenn Sie mal auf die Website wahrscheinlich gehen – vom UKE. Da sehen sie dann nicht nur die Marke UKE, da gibt es dann viele Weitere. Bei all diesen Eigenkräften, die es denn gibt und eigenen Selbstverständnissen ist es dann schwierig an den Kontaktpunkten konsistent eine Marke umzusetzen – das ist der langwierigste und der schwierigste Teil.

I: Und Sie hatten gesagt, die Stärkenanalyse wird auch oftmals von Außen gemacht. Wie kann man sich das vorstellen, was sind das dann für externe Leute, die ins Krankenhaus kommen?

B: Ja, also wir machen das zum Beispiel auch. Wir haben das auch schon für Krankenhäuser gemacht. Im Prinzip funktioniert so etwas dann, so das man mit zunächst einmal der Ebene Personal, Krankenhausmanagementebene, aber dann auch mit zum Beispiel Ärzten, Klinikdirektoren spricht – zum Beispiel im Rahmen von Workshops zusammen sitzt und einmal überlegt: Es gibt ja viele andere Krankenhäuser – es gibt ja auch in Hamburg viele andere Krankenhäuser. Was unterscheidet uns eigentlich von anderen? Wo sind wir besonders gut? Wofür sind wir bekannt? Wofür sind wir vielleicht bei Zuweisern bekannt – In der Branche bekannt? Gibt es bestimmte Dinge, die seit der Gründung des Krankenhauses schon immer Spezialitäten waren? Also würde man zunächst einmal so etwas wie eine Innensicht erfassen. Und dann kann man eben auch – und das gibt es ja auch gar nicht so selten – auch Patientenbefragungen durchführen. Dann einmal entgegenprüfen: Wie wird eigentlich, dass was von innen vermutet wird, von Patienten wahrgenommen? ggf. auch von Zuweisern? Das sind ja ganz verschiede Zielgruppen, schon deswegen weil Patienten eben medizinische Laien sind. Andere Dinge vielleicht beurteilen und auch Dinge anders beurteilen als wenn sie jetzt niedergelassene HNO Ärzte wären (…)/Zur entsprechenden Klinik vom UKE befragen. So etwas kann also durchgeführt werden. Also Befragungen, die dann statistisch ausgewertet werden. Und das meine ich damit, also das ist kein Hexenwerk, das ist saubere empirische Arbeit. So ein Schritt/Also das sind immer komplexe Geschichten, aber das ist problemlos machbar.

I: Ja vor allem wenn man dann Experten hat, die wissen wie es läuft.

B: Genau. Das geht dann und auch das Ableiten von Kommunikationszielen ist dann schon etwas schwieriger, aber dieser Schritt drei „Wie setzten wir das jetzt um?" – der läuft nicht, ich sage mal, wie eine Stärkenanalyse in 3–4 Monaten, also diese Umsetzungen an den Kontaktpunkten(…) Im Prinzip geht das über Jahre.

I: Endet nie.

B: Eigentlich nie. Völlig richtig.

I: Super. Dann sind wir jetzt schon ein bisschen beim Thema Ökonomisierung, was auch Überhaupt mit dem Thema Markenbildung zusammenhängt.

B: Ja (…). Muss ich gleich mal sehen, wie sehr ich da was beitragen kann. Da kommen wir gleich mal drauf. Das ist ja eben so ein bisschen die Grenze – Ich kann Ihnen was zum Thema Markenbildung sagen, aber ich bin kein Gesundheitspolitiker.

I: Alles wunderbar. Es geht ja auch ein bisschen um ihre persönliche Einschätzung, sie kennen es mehr aus der Praxis als ich. Also ist Ihrer Meinung nach der Wettbewerbsdruck bei den Krankenhäusern (…)/Also hat das etwas mit dem DRG System zu tun?

B: Das habe ich eher so ein bisschen das Henne-Ei Problem. Was war zuerst da? Ich würde eher sagen das System ist ein Tool. Die Grundidee ist ja, es gibt bestimmte Abrechnungspakete sozusagen, die dann ein Preisschild bekommen. Ich glaube da ist eher die Idee dagewesen und dann gibt es ein System, mit dem man das umsetzt. Das greift sozusagen Hand in Hand. Insofern ist nicht unbedingt das System Auslöser für eine Ökonomisierung. Ich würde eher sagen, es ist ein Zeichen dieser grundlegenden Ökonomisierung, die wir in diesem Bereich sehen – und daran wird es ganz gut handhabbar – ganz gut erkennbar.

I: Ja das kann ich nachvollziehen. Sehen Sie eine Gefahr in der Ökonomisierung dieser Institution?

B: Jetzt wirklich meine persönliche Sicht: Ja durchaus. Also das ist ganz sicher eine Gefahr. Die Frage ist immer die, der Alternative. Wir haben explodierende Gesundheitskosten. Aber das ist grundsätzlich die Gefahr gibt, einer Entmenschlichung, einer Entindividualisierung. Das ist glaube ich ein Stück weit da. Wobei es da tatsächlich ein ganz starkes Korrektiv tatsächlich schon gibt. Und das ist immer noch die starke ethische Grundeinstellung der Menschen, die im Krankenhausbereich arbeiten. Also bei den Eindrücken, die ich immer gewonnen habe, muss ich sagen, so hart der Job ist (…)/und egal ob wir jetzt auf der Ebene von Pflegern oder auch eben von Ärzten sprechen. Arbeit im Krankenhaus ist ein Knochenjob, also richtig hart. Es gibt einfach wahnsinnig viele Überzeugungstäter – mein Eindruck. Die mit Freude und Liebe zum Menschen bei der Arbeit sind. Ich glaube auch – jetzt ganz banal – das Fach Medizin zu studieren hat immer noch ganz maßgeblich etwas mit dem Wunsch zu tun, anderen Menschen zu helfen. So in meiner wirklich ganz subjektiven Wahrnehmung, ist das Gott sei Dank immer noch wahnsinnig stark, gleichwohl: JA! Trotzdem sehe ich auch diese Gefahr, ohne dass ich da irgendwie ansatzweise Lösungsansätze parat hätte. Weil wir eben das Problem der explodierenden Gesundheitskosten haben und weil die Menschen ja zudem immer älter (…)/Die Medizin entwickelt sich ständig weiter, die neuen Pharm. sind teuer. Es ist ein wahnsinniges Problem und ich habe das Glück fast dann hier nur diese etwas oberflächlichere Sicht der Markenbildung betrachten zu können. Und das ist schon kompliziert genug (lacht).

I: Ja, das kann ich mir vorstellen. Wunderbar. Die nächste Frage wäre ob Sie ein best pratice Beispiel – so nennen wir das bei uns im Studiengang, immer wenn sozusagen (…)

B: Jaja!

I: Kennen Sie den Begriff?

B: Ja.

I: Genau, (…) also ein Krankenhaus, dass ihrer Meinung Nach schon fast optimal diesen Prozess der Markenführung, der Markenbildung gestaltet?

B: (…) So richtig, dass ich sagen kann: ne, ehrlich gesagt nicht. Die Beispiele, die ich ganz gut kenne, da gibt es vieles was gut gemacht wird. Aber so richtig ein Musterbeispiel – wie ich in anderen Branchen, dass besser sagen könnte – kenne ich nicht. Heißt aber nicht, dass es das nicht gibt. Sondern schlicht und einfach vielleicht auch der Tatsache geschuldet, dass für mich dieser Sektor einer von relativ vielen ist. Vielleicht wird Ihnen jemand, der da noch tiefer drin steckt sagen: Doch da gibt es eins, zwei, drei Fälle (…). Es gibt die berühmten Krankenhausmarken natürlich in Deutschland. Ich kann Ihnen aber jetzt wirklich nicht sagen, ob die jetzt heute zu 150 % markentechnisch (…)/

I: Alles gut. Das ist ja auch eine Antwort. Ja, wir sind gut in der Zeit: Dann sind wir bei den zwei letzten Abschlussfragen. Welche Entwicklung sollte ihrer Meinung nach die Markenbildung in Zukunft nehmen – also der Krankenhäuser allgemein?

B: Da fällt mir so eine generelle Antwort schwer. Weil ich jetzt gar nicht sagen würde, werdet alle Marke. Macht das alle. Für mich ist Markenbildung(…)/Also eins wäre mir wichtig, dass man Markenbildung nicht falsch versteht. Markenbildung wird häufig verstanden als: Wir machen uns jetzt ein schickes neues Logo und nehmen eine neue Schrift auf der Website. Und machen jetzt auch eine Facebook Seite. Also dieses (…) für mich stärker Kosmetik. Das ist nicht, was ich persönlich jetzt unter Markenführung verstehe. Markenführung ist für mich nicht nur ein *Cooperate Design*, sondern ist eine Sache der Vertrauensbildung. Gegenüber den Patienten, gegenüber Zuweisern, Identifikation schaffen gegenüber dem eigenen Personal. Und im Kern geht es wirklich darum, dass man sich überlegt: Was sind die Dinge, die uns besonders ausmachen. Die unsere Stärken sind. Mit denen wir sozusagen, über das, was ein Krankenhaus hinaus ja an Basisleistungen schaffen muss, was ihr Auftrag ist(…)/Was können wir darüber hinaus machen, wofür wollen wir bekannt sein? Das ist eben wie ich in dem Beitrag geschrieben hatte, keine Mogelpackung. Das ist keine Kosmetik. Das ist in dem Sinne auch eher eine ethische Herangehensweise. Wir wollen niemanden (…)/Also die Idee von Marke ist nicht die Menschen zu veralbern, oder denen etwas vorzugaukeln. Sondern eigentlich so wie in anderen Bereichen auch – nehmen wir mal zum Beispiel Schulen oder so. Auch Schulen stehen im Wettbewerb um die Schüler.

I: Ja, stimmt. Sehr extrem sogar.

B: Extrem! Und häufig ist es dann: Was machen die denn da? Alle beschäftigen sich mit Marke und ich finde das teilweise auch ganz gruselig. Im Prinzip geht es darum, mal sauber zu machen: „So, Mensch, lieber Schüler oder lieber Patient, wenn Du zu uns kommst, wir sind diejenigen, wo du sicher sein kannst, wir nehmen uns genug Zeit für dich. Wir haben die Ärzte, die sich auch mit Dir unterhalten und auch deine Rückfragen achten. Was ist es? Oder das Krankenhaus meint für bestimmte Indikationen: „Da sind wir einfach unglaublich gut“. Wenn man das schafft, wenn in diesem Sinne Markenbildung passiert, dann glaube ich hat am Ende glaube ich sowohl der Patient als auch der Zuweiser einen Nutzen. Weil er vielleicht klarer, da wo er dann die Wahlmöglichkeit dann hat, auch wirklich wählen kann, zu sagen: „Ahja, das ist das richtige für mich!“. So das wäre am Ende doch noch eine Antwort. Das wäre aus meiner Sicht ein Wunsch. Und Marke jetzt eben nicht zu reduzieren.

I: Ja, also ich finde, tatsächlich auch sehr schön, wie Sie das in dem Artikel mit dem Vertrauen formuliert haben. Also für mich persönlich jetzt, war es als ich das Thema bekommen habe schon ein „Ich finde das total blöd, dass ein Krankenhaus überhaupt eine Marke bilden muss“

B: Ja das finde ich sehr nachvollziehbar (lacht).

I: Aber so mit dem Aspekt von Vertrauen gewinnen und man muss da irgendwie ein gutes Gefühl zu haben – zur Marke dann ja irgendwie doch- damit konnte ich mich dann anfreunden.

B: Ich verstehe den Vorbehalt in dem Bereich auch total, es ist da ethischer Bereich. Ähnlich wie mit Schulen. Also es gibt einen Auftrag. Auch sozusagen einen gesellschaftlichen Auftrag. Und deswegen finde ich, diese ethische Herangehensweise- so würde ich es beschreiben – das wäre für mich ein Punkt, der mir wichtig wäre.

I: Ja das sehe ich genauso. Wunderbar. Die letzte Frage: (…) ob politische Entscheidungen ihrer Meinung nach, diesen Wettbewerb zwischen den Krankenhäusern eventuell entschärfen können?

B: Klar, also das ist DAS Feld der Gesundheitspolitik. Eines DER entscheidenden Felder von Gesundheitspolitik. Die Situation, die wir heute haben, ist natürlich auch eine politisch so(…)/letztlich gewollt ist das falsche Wort/ist ja auch das Resultat der Gesundheitspolitik, die wir haben. Insofern glaube ich auch natürlich kann Gesundheitspolitik hier Einfluss nehmen. (…) Aber WIE. Da komme ich wirklich an meine Grenzen (lacht).

I: Ja, ich glaube das geht vielen so (lacht).

B: Ist ein eigenes Feld. Und noch weitere Arbeiten die geschrieben werden müssen (lacht).

I: Absolut. Sehr schön, dann sind wir schon durch mit den Fragen. Ich habe am Anfang, fällt mir gerade ein, vergessen zu fragen, ob ich Ihren Namen nennen darf in meiner Ausarbeitung – oder ob ich das anonym beschreibe.

B: Da habe ich im Prinzip nichts dagegen. Sie werden wahrscheinlich mit ähnlichen Personen (…)/Da habe ich nichts gegen.

(…)

I: Vielen lieben Dank für Ihre Zeit.

B: Gutes Gelingen für die Arbeit. Einen schönen Abend noch.

I: Das wünsche ich Ihnen auch. Alles Gute!

Literatur

Blättner, B., & Waller, H. (2011). *Gesundheitswissenschaften. Eine Einführung in Grundlagen, Theorie und Anwendung* (5. Aufl.). Stuttgart: Kohlhammer.

Brandstädter, M., Ullrich, T. W., & Haertel, A. (2013). *Klinikmarketing mit Web 2.0. Ein Handbuch für die Gesundheitswirtschaft.* Stuttgart: Kohlhammer.

Bruhn, M. (2002). Was ist eine Marke? Aktualisierung der Definition Marke. Basel: Gesellschaft zur Erforschung des Markenwesens e. V. (GEM).

Bundesärztekammer. (o. J.). Grundsätze ärztlicher Ethik (Europäische Berufsordnung). http://www.bundesaerztekammer.de/recht/berufsrecht/muster-berufsordnung-aerzte/medizinethik-in-der-berufsordnung/grundsaetze-aerztlicher-ethik-europaeische-berufsordnung/. Zugegriffen: 8. Dez. 2018.

Bundesministerium der Justiz und für Verbraucherschutz. (o. J.). HWG – Gesetz über die Werbung auf dem Gebiete des Heilwesens. https://www.gesetze-im-internet.de/heilmwerbg/anlage.html. Zugegriffen: 24. Dez. 2018.

Destatis – Statistisches Bundesamt. (2018a). Pressemitteilungen – Gesundheitsausgaben pro Tag überschreiten Milliardengrenze – Statistisches Bundesamt (Destatis). https://www.destatis.de/DE/PresseService/Presse/Pressemitteilungen/2018/02/PD18_050_23611.html;jsessionid=29C536003CBACE8CE375B0A8F698438F.InternetLive1. Zugegriffen: 20. Dez. 2018.

Destatis – Statistisches Bundesamt. (2018b). Pressemitteilungen – Stationäre Krankenhauskosten 2017 auf 91,3 Milliarden Euro gestiegen – Statistisches Bundesamt (Destatis). https://www.destatis.de/DE/PresseService/Presse/Pressemitteilungen/2018/11/PD18_435_231.html. Zugegriffen: 20. Dez. 2018.

Deutsche Krankenhausgesellschaft. (2000). Werbung für das Krankenhaus im Internet. Informationspapier. http://www.dkg.digramm.com/alte_seite/1_jur/jur_009.htm. Zugegriffen: 24. Dez. 2018.

Deutscher Ärzteverlag GmbH, Redaktion Deutsches Ärzteblatt. (2002). Die Arztpraxis im Internet: Werbung und Marketing in den neuen Medien. https://www.aerzteblatt.de/archiv/30534/Die-Arztpraxis-im-Internet-Werbung-und-Marketing-in-den-neuen-Medien. Zugegriffen: 25. Dez. 2018.

Domizlaff, H. (2004). *Grundgesetze der natürlichen Markenbildung.* Wiesbaden: Springer Vieweg.

Experteninterview mit Herrn Peter Pirck, Geschäftsführer der Brandmeyer Markenbildung, telefonisch geführt am 27.11.2018, 16:30–17:00 Uhr (Fragenkatalog Anhang 1).

Helios ENDO-Klinik Hamburg. (2018). https://www.helios-gesundheit.de/kliniken/hamburg-endo/. Zugegriffen: 20. Dez. 2018.

Israelitisches Krankenhaus Hamburg. (o. J.). Raum der Stille – Israelitisches Krankenhaus Hamburg. https://www.ik-h.de/fuer-patienten-angehoerige/aus-liebe-zum-menschen/raum-der-stille/. Zugegriffen: 9. Dez. 2018.

Markenverband. (o. J.). Markenführung. http://www.markenverband.de/kompetenzen/markenfuehrung. Zugegriffen: 21. Dez. 2018.

Pirck, P. (2015). Markenbildung bei Krankenhäusern. In K. Brandmeyer, P. Pirck, & A. Pogoda (Hrsg.), *Medizin trifft Marke. Markentechnik für den Gesundheitsmarkt*. Wiesbaden: Springer Gabler.

Pötzsch, O., & Rößger, F. (2015). *Bevölkerung Deutschlands bis 2060. 13. Koordinierte Bevölkerungsvorausberechnung*. Wiesbaden: Statistisches Bundesamt.

Techniker Krankenkasse. (2018). https://www.tk.de/tk/pressemitteilungen/bundesweite-pressemitteilungen/978652. Zugegriffen: 22. Dez. 2018.

Wilhelmsburger Krankenhaus Groß-Sand. (o. J.). Qualitätsmanagement. https://www.gross-sand.de/de/patienten-angehoerige/qualitaetsmanagement. Zugegriffen: 9. Dez. 2018.

Funda Kilic

7.1 Einleitung

Die zunehmende Digitalisierung und der Fortschritt im IT- Bereich, ermöglicht Krankenhäusern einen schnellen Zugriff auf die Gesundheitsdaten der Patienten_innen (Wagner 2014, S. 32 ff.). Menschen kommen aus unterschiedlichen Gründen ins Krankenhaus. Das Krankenhaus hat somit die Funktion die Genesung der Betroffen wiederherzustellen. Hierfür ist es zwingend notwendig, dass Krankenhäusern Zugriff auf Patientendaten haben, damit sie auf diese ständig und zu jeder Zeit zugreifen können, um den weiteren Behandlungsverlauf zu bestimmen (Jäschke und Vogel 2016, S. 11 ff.).

Neben einer qualitativen hochwertigen medizinischen Behandlung müssen Krankenhäuser verstärkt den Datenschutz und die damit verbundene Datensicherheit der Patienten_innen gewährleisten. Krankenhäuser arbeiten mit äußerst sensiblen Gesundheitsdaten, die stark in die Privat- und Intimsphäre der Betroffenen eingreifen können (Wagner 2014, S. 5 ff.). Daher ist es in Einrichtungen des Gesundheitswesens besonders wichtig, die Anforderungen an den Einsatz von Informationstechniken und der IT-Sicherheit zu beachten. Personenbezogen Daten der Patienten_innen erfordern einen besonderen Schutz und werden als Qualitätsmerkmal eines Krankenhauses angesehen (Schütze 2016, S. 46).

Für eine erfolgreiche Etablierung am Markt ist es daher zwingend notwendig, dass Krankenhäuser durch die Implementierung der europäischen Datenschutzgrundverordnung, den Schutz der Patientendaten verbessern. Da Datenschutz als Grundrecht gilt,

F. Kilic (✉)
Projekt- und Qualitätsmanagement, Hochschule für Angewandte
Wissenschaften Hamburg, Hamburg, Germany

© Springer-Verlag GmbH Deutschland, ein Teil von Springer Nature 2020
W. Leal (Hrsg.), *Qualitätsmanagement in der Gesundheitsversorgung,* Erfolgskonzepte
Praxis- & Krankenhaus-Management, https://doi.org/10.1007/978-3-662-59675-3_7

haben Patienten_innen das Recht zur informationellen Selbstbestimmung ihrer Gesundheitsdaten (Schütze 2016, S. 49 ff.).

Die nachfolgenden Kapitel, welche im Rahmen des Moduls „Projekt- und Qualitätsmanagement", verfasst werden, beschäftigt sich mit der Bedeutung von Datenschutz in Krankenhäusern.

Hierfür wird als erstes auf die Begriffsdefinitionen Qualität, Qualitätsmanagement, Qualitätssicherung und die Abgrenzung von Datenschutz und Datensicherheit näher eingegangen. Daraufhin wird die Ausarbeitung des Themas Bedarfs- und Nutzenanalyse von Datenschutz in einem Krankenhaus näher dargestellt. Im weiteren Verlauf werden mögliche Umsetzungsformate zur Gewährleistung von Datenschutz in Krankenhäusern und deren Herausforderungen, die dabei auftreten können, näher erläutert. Als letztes werden die Schlussfolgerungen dargestellt.

7.2 Definition und Abgrenzung der Begriffsdefinition Datenschutz und Datensicherheit

Im Gesundheitswesen ist dem Begriff Qualität einen hohen Stellenwert zu geben. Nahezu alle Krankenhäuser, ambulante Pflegedienste, Altenheime und sonstige Institute im Gesundheitswesen achten darauf, ihre Strukturen und Arbeitsabläufe zu reorganisieren, um eine möglichst hohe Qualität ihren Patienten_innen anzubieten (Schmola und Rapp 2014, S. 155 f.).

Jeder Mensch definiert Qualität anders, daher ist eine allgemeingültige Definition nahezu unmöglich. Trotz der unterschiedlichen Auffassung der Begriffsdefinition stellt ein wichtiges Kriterium zum einen die Nutzung von Dienstleistungen und zum anderen der Kauf von Produkten dar (Benes und Grohn 2014, S. 12). Im Gesundheitswesen wird der Begriff Qualität mit einer medizinischen Versorgung beschrieben, wobei im Mittelpunkt das Wohl des einzelnen Patienten_innen steht, sodass die Erfolgsaussichten der Behandlung gesteigert werden können (Sänger 2010, S. 51 ff.).

Patienten_innen werden im Gesundheitswesen und somit auch in verschiedenen Gesundheitseinrichtungen als Kunden_innen angesehen, die sowohl die medizinische Leistung der Ärzte, die pflegerische Versorgung als auch die notwendige Kommunikation mit den behandelnden Ärzten bewerten (Hahne 2011, S. 41 ff.). Daher ist es besonders wichtig die Erwartungen und die Bedürfnisse der Patienten_innen zu erfüllen, sodass die verschiedenen Einrichtungen im Gesundheitswesen eine möglichst hohe Qualität anbieten und wettbewerbsfähig bleiben können. Im Gesundheitswesen gilt Qualität als ein Instrument, das zum einen durch die Patienten_innen Zufriedenheit als auch durch den unternehmerischen Erfolg einer Institution bewertet werden kann. Damit eine hohe Patienten_innen Zufriedenheit gewährleistet werden kann, ist Qualitätsmanagement im Gesundheitswesen nicht nur aus gesundheitspolitischen Gründen notwendig, sondern auch aus unternehmerischen Gründen, um sich erfolgreich und langfristig am Markt etablieren zu können (Rudolf et al. 2007, S. 165 ff.).

Qualitätsmanagement im Gesundheitswesen kann als eine Unternehmensstrategie bezeichnet werden, die darauf abzielt, die Qualität aus verschiedenen Gesundheitseinrichtungen langfristig zu gewährleistet und Maßnahmen zur Verbesserung beizusteuern (Hellmann 2017, S. 30). Die im fünften Sozialgesetzbuch verankerten gesetzlichen Regelungen der Grundanforderung zur Qualitätssicherung besagt, dass Gesundheitseinrichtungen, dazu verpflichtet sind ein einrichtungsinternes Qualitätsmanagement einzuführen. Des Weiteren müssen Gesundheitseinrichtungen Maßnahmen zur einrichtungsübergreifende Qualitätssicherung beisteuern (Schmola und Rapp 2014, S. 155).

Der wesentliche Unterschied zwischen einem internen Qualitätsmanagement und einer externen Qualitätssicherung soll im nachfolgenden Verlauf kurz definiert werden.

Internes Qualitätsmanagement kann als systematischer Ansatz definiert werden, der zu einer Herstellung der Qualität führen soll. Somit liegt der Hauptfokus im internen Qualitätsmanagement dabei, ein hohes Maß an Qualität in Gesundheitseinrichtungen sicherzustellen. Zu einem internen Qualitätsmanagement zählt nicht nur die Dienstleistungen oder der Kauf von Produkten, sondern auch alle Prozesse in Gesundheitseinrichtungen, die dazu beisteuern sollen, die Zufriedenheit der Mitarbeiter_innen, Patienten_innen und Ärzten zu steigern.

Im Gegensatz zum internen Qualitätsmanagement, beschäftigt sich die externe Qualitätssicherung mit der Gewährleistung, dass die Bedingungen und die Vorgaben vom Qualitätsmanagement eingehalten werden. Hierbei werden die erbrachten Leistungen einer Gesundheitseinrichtung vergleichbar gemacht, damit Rückschlüsse zur Einhaltung und Umsetzung der Qualitätsziele gezogen werden können. Die externe Qualitätssicherung ermöglicht, bei auftretenden Qualitätsdefiziten möglichst schnell einzugreifen und Qualitätsverbesserungsmaßnahmen einzuleiten, sodass ein gleichbleibender hoher Standard gewährleistet werden kann (Schmola und Rapp 2014, S. 155 ff.).

Institute im Gesundheitswesen können mithilfe von Zertifizierungssysteme ihre Qualität darstellen. Die Zertifizierung einer Gesundheitseinrichtung hat das Ziel, hilfreiche Verbesserungsvorschläge von Dritten zu erhalten, die zu einer Steigerung des Ansehens des Institutes beitragen können. Erwähnenswert ist allerdings, dass durch Zertifizierungssysteme nicht gleichzeitig die Attraktivität einer Institution gesteigert wird, da die Zertifizierung keine Aussagen bezüglich der medizinischen Qualität darstellt. Die Zertifizierung dient lediglich dazu, die Prozesse und Strukturen in Gesundheitseinrichtungen zu analysieren und zu bewerten (Schmola und Rapp 2014, S. 159 ff.). Das wohl bekannteste international abgestimmte Zertifizierungssystem ist die DIN EN ISO 9001:2008. Dieses Zertifizierungssystem ist allerdings nicht für das Gesundheitswesen entwickelt wurden, da es zu Problemen bei der Akzeptanz führen kann (Opitz 2011, S. 85).

In Deutschland wurde speziell für Krankenhäuser das Zertifizierungssystem Kooperation für Transparenz und Qualität (KTQ) entwickelt. Mit Hilfe des Zertifizierungssystem können Aussagen über die Qualität des Krankenhauses getroffen werden. Das KTQ- Verfahren teilt bestimmte Kriterien die notwendig für eine Qualitätssicherung sind in Kategorien auf, die von der Patientenorientierung bis hin zur Führung und Qualitätsmanagement reichen. Das Verfahren ermöglicht, die Prozessabläufe im Krankenhaus besser zu betrachten, damit angemessene Qualitätsverbesserungsmaß-nahmen gegeben werden können, um die Patienten_innen, Mitarbeiter_innen und Ärzten eine möglichst gleichbleibende Qualität zu gewährleisten (Schmola und Rapp 2014, S. 159 ff.).

Im ersten Abschnitt wurde auf den Begriff Qualität und ihre Bedeutung in Gesundheitswesen näher eingegangen. Fortlaufend wurden die Begriffe wie Qualitätsmanagement und Qualitätssicherung voneinander differenziert. Nachfolgend soll auf die Begriffsdefinition Datenschutz und Datensicherheit näher eingegangen werden.

Die Qualität im Gesundheitswesen ist nicht nur bedeutend für eine Gesundheitseinrichtung, sondern stellt auch ein wesentlicher Aspekt der Patientensicherheit dar. In diesem Kontext sind den Begriffen wie Datenschutz und Datensicherheit einen hohen Stellenwert zu geben. Unter dem Begriff Patientendatenschutz ist der Schutz des einzelnen Patienten_innen zu verstehen. Hierbei sollen die personenbezogenen Daten der Patienten_innen, die Auskunft über den aktuellen Gesundheitszustand liefern, vor einer unzulässigen Verarbeitung geschützt werden. Dies verfolgt zum einem das Ziel, dass die Beziehung zwischen den Ärzten und Patienten_innen offen und vertrauensvoll erfolgen soll, sodass die Patieten_innen sich nicht davor fürchten müssen, dass die personenbezogenen Daten weitervermittelt werden (Schmola und Rapp 2014, S. 163 ff.).

Aufgrund dessen, dass der Patientendatenschutz keine einheitliche Rechtsgrundlage hat, muss hierbei das allgemein geltende Datenschutzrecht und die ärztliche Schweigepflicht in Gesundheitseinrichtungen angewandt und eingehalten werden. Laut dem allgemein geltenden Datenschutzrecht gibt es unterschiedliche Rechtsnormen für Krankenhäuser. So müssen Krankenhäuser mit einer privaten Trägerschaft, dass Bundesdatenschutzgesetzt anwenden. Krankenhäuser auf Landesebene mit einer öffentlichen-rechtlichen Trägerschaft müssen hingegen das Landesdatenschutzgesetz beachten. Krankenhäuser auf Bundesebene mit einer öffentlichen- rechtlichen Trägerschaft müssen das Bundesdatenschutz verwenden. Und Krankenhäuser mit einer Religionsgesellschaft, die eine öffentliche- rechtliche Trägerschaft haben, eine kirchliche Datenschutzbestimmung anwenden (Schmola und Rapp 2014, S. 164 ff.).

Die Ärztliche Schweigepflicht hingegen besagt, dass Ärzte gesetzlich dazu verpflichtet sind, die Ihnen anvertrauten Informationen von Patienten_innen selbst über den Tod hinaus für sich zu behalten. (Schmola und Rapp 2014, S. 163 ff.).

Es ist von enormer Bedeutung, dass die Begriffe Datenschutz und Datensicherheit voneinander zu differenziert betrachtet werden. Auch wenn die genannten Begriffe oftmals gemeinsam genannt werden, haben diese große Unterschiede in der Bedeutung.

Unter dem Begriff Datensicherheit, ist die Gewährleistung der gespeicherten Daten zu verstehen, die vor menschlichen oder technischen Beeinträchtigungen geschützt werden sollen.

Der Begriff Datensicherheit unterschiedet sich zum Begriff Datenschutz, indem es hierbei nicht primär um die personenbezogenen Daten der Patienten_innen geht, sondern vielmehr um den Schutz und die Verfügbarkeit der Daten. In einem Krankenhaus müssen medizinische Geräte überwacht und überprüft werden, sodass sie einwandfrei funktioniere können. Hierzu ist es notwendig das, dass Krankenhauspersonal bei auftauchenden Fehlern oder Problemen dieses Dokumentieren und Weitergeben, damit die medizinischen Geräte schnellstmöglich repariert werden können, um die Patienten_innen bei der Anamnese, Diagnose oder Therapie bestmöglich versorgt werden können. Dies bedeutet, dass der Fokus der Datensicherheit darauf ausgelegt ist, dass die benötigten Geräte und die damit verbundenen Daten zur gewünschten Zeit vollständig verfügbar sein müssen (Wagner 2014, S. 22 ff.). Im nächsten Kapitel wird auf den Bedarf von Datenschutz näher dargestellt.

7.3 Bedarf von Datenschutz

Immer wieder kommt es zu Datenschutzskandalen im Gesundheitswesen, was fatale Folgen zum einen für das Image der Gesundheitseinrichtung und zum anderen für die Sicherheit der Patienten_innen hat.

Im Jahre 2016 wurden in Deutschland zwei Datenschutzskandale von Krankenhäusern bekannt. In Nordrhein- Westfalen Neuss, konnte das Lukaskrankenhaus nur sehr eingeschränkt arbeiten, da aufgrund eines Cyberangriffes sämtliche Patienten_innen Daten verschlüsselt und unbrauchbar wurden. Ein weiterer Skandal wurde in Thüringen Dermbach im Wartungkreis gemeldet. Hier wurden Patientenakten als Konfetti von einem Arzt verwendet. Die Patientenakten der Betroffenen wurden somit nicht ordnungsgemäß entsorgt was zu einer Missachtung des Datenschutzgesetzt führt (die Datenschützer Rhein Main 2016).

Die Skandale zeigen auf, wie wichtig es ist in Gesundheitseinrichtungen Datenschutz zu beachten, da hierbei personenbezogenen Daten der Patienten_innen erhoben, verarbeitet und genutzt werden. Personenbezogene Daten liefern Aussagen über den Gesundheitszustand der Patienten_innen und sind somit als äußerst sensible Daten einzuordnen, da sie einem Menschen direkt zugeordnet werden können. Sie greifen stark in die Privat- und Intimsphäre von Menschen ein weshalb sie eine hohe Aussagekraft haben (Schmola und Rapp 2014, S. 163 ff.). Daher ist es besonders wichtig, dass Krankenhäuser behutsam mit den Daten umgehen und Datenschutzrichtlinien befolgen.

Damit die Heilungsaussichten der Patienten_innen schnellstmöglich erfolgen kann, müssen die Betroffenen mit den Ärzten kooperieren und ihnen vertrauen können. Dies bedeutet, dass die Patienten_innen bedenkenlos die notwendigen Informationen den Ärzten mitteilen, ohne dabei sich Gedanken machen zu müssen, ob die genannten Informationen unsachgemäß genutzt oder weitergereicht werden (Wagner 2014, S. 5 ff.). Die angegebenen personenbezogenen Daten der Patienten_innen geben nicht nur Auskunft über das psychische und physische Wohlergehen, sondern können auch in Lebensbedrohlichen Situationen das Leben der Patienten_innen retten.

In Krankenhäuser werden viele Mengen an personenbezogenen Daten verarbeitet, verwaltet und weitergegeben (Wagner 2014, S. 1 ff.). Die fortschreitende Digitalisierung und der Fortschritt im IT- Bereich ermöglichen eine schnelle Verfügbarkeit und Integrität der personenbezogenen Daten der Patienten_innen. Betriebsinterne Krankenhausprozesse sind so gestaltet, dass sämtliche personenbezogenen Daten der Patienten_innen an die untersuchende Station weitergegeben werden, sodass jegliche Informationen bezüglich des Krankheitsverlaufs ständig abrufbar und jederzeit zur verfügbar steht (Schütze 2016, S. 29 ff.).

Der primäre Verwendungszweck der Dokumentation von Gesundheitsdaten besteht darin, dass unterschiedliche Berufsgruppen in Krankenhäusern wie Ärzte, Therapeuten und das medizinische Pflegepersonal, fortlaufend Zugriff zu den benötigten Daten haben. Dies bedeutet, dass die genannten Berufsgruppen dazu verpflichtet sind eine Patientenakte zu führen, wobei sämtliche Informationen bezüglich des aktuellen Gesundheitszustandes dokumentiert werden. In die Dokumentation gehören sämtliche Angaben die von der Anamnese, Diagnose, Behandlung, Therapie, Einwilligungen sowie der Aufklärungen reichen (Jäschke und Vogel 2016, S. 11 ff.).

Der sekundäre Verwendungszweck der Dokumentation von Gesundheitsdaten der Patienten_innen, ist die Abrechnung der Krankenhäuser für die erbrachte medizinische Leistung. Ein weiterer Punkt des sekundären Verwendungszweckes der Dokumentation von Gesundheitsdaten dient zu Forschungszwecken. Hierbei wird einmal zwischen der klinischen Forschung und der Versorgungsforschung unterschieden. Bei der klinischen Forschung geht es um mögliche Verbesserungsmaßnahmen einer Behandlung, wobei bestimmte Patienten_innen mit den vorliegenden Informationen der Gesundheitsdaten ausgewählt werden. Die Versorgungsforschung hingegen beschäftigt sich mit der Optimierung der Patientenversorgung. Hierfür werden die gespeicherten Daten von Patienten_innen, die sich in einer Behandlung befinden, in verschiedenen Regionen analysiert und mögliche Probleme werden mithilfe eines Verbesserungskonzeptes behoben (Jäschke und Vogel 2016, S. 11 ff.). Durch die Weitergabe der erhobenen, verarbeiteten und genutzten personenbezogenen Daten der Patienten_innen müssen Krankenhäuser verstärkt darauf achten, dass die Informationen vor dem Zugriff von Unbefugten geschützt werden (Schütze 2016, S. 29 ff.). Daher ist Datenschutz und Datensicherheit in Krankenhäusern als notwendig und besonders wichtig einzustufen.

Datenschutz in Krankenhäusern soll den Patienten_innen das Recht zur informationellen Selbstbestimmung geben. Patienten_innen sollen somit ein Mitspracherecht bei der Verarbeitung ihrer personenbezogenen Daten erhalten. Die Sicherstellung der Datensicherheit, gehört ebenfalls zur Aufgabe zum Datenschutz (Schütze 2016, S. 49 ff.).

Der Bedarf an Datenschutz und Datensicherheit in Krankenhäusern ist eine Notwendigkeit, da in Gesundheitseinrichtungen viel mit personenbezogenen Daten gearbeitet werden. Hierbei müssen den Patienten_innen Sicherheit sowie die ordnungsgemäße Informationsverarbeitung der Gesundheitsdaten gewährleiste werden, damit die Patienten_innen keinen Schaden davontragen können. Im weiteren Verlauf des Kapitels wird auf den Nutzen von Datenschutz in Krankenhäusern näher eingegangen.

7.4 Nutzen von Datenschutz

Aufgrund der Tatsache, dass Krankenhäuser mit äußerst sensiblen personenbezogenen Daten arbeitet und somit ein ständiger Datenaustausch zwischen den behandelnden Ärzten, Therapeuten und dem medizinischen Pflegepersonal erfolgt, müssen Krankenhäuser verstärkt auf die Einhaltung der Datenschutzrichtlinien achten (Wagner 2014, S. 5 ff.). Dies hat für das jeweilige Krankenhaus den Vorteil, dass die Vertraulichkeit und somit auch das Image eines Krankenhauses verbessert werden kann. Aus Patienten_innen Sicht hingegen hat die Einhaltung der Datenschutzrichtlinien den Vorteil, dass die Unsicherheit und somit auch die Angst der nicht ordnungsgemäßen Weitergabe der personenbezogenen Daten von Patienten_innen nachlässt (Schütze 2016, S. 59 ff.).

Die Einhaltung von Datenschutzrichtlinien und die Gewährleistung der Datensicherheit von Patienten_innen in Krankenhäusern ist ein unverzichtbarer Bestandteil im Gesundheitswesen. Durch Datenschutz wird den Patienten_innen das Gefühl von Sicherheit und Vertrauen im Umgang mit ihren personenbezogenen Daten vermittelt, welches zum Erfolg des Genesungsprozesses beitragen kann, da das Vertrauensverhältnis zwischen den Betroffenen und den Behandelnden gestärkt wird. Die Datenschutzrechte von Patienten_innen müssen in Krankenhäusern strengst beachtet und eingehalten werden. Somit haben Patienten das Recht auf die informationelle Selbstbestimmung (Schütze 2016, S. 49 ff.). Dies bedeutet, dass Datenschutz es den Patienten_innen ermöglicht zu jeder Zeit Auskünfte zu erhalten inwieweit und wofür die Datenverarbeitung notwendig ist. Des Weiteren ermöglicht Datenschutz in Krankenhäusern das rechtswidrig gespeicherte Daten auf Wunsch der/die Patienten_innen gelöscht werden können (Schütze 2016, S. 29 ff.). Somit ist das primäre Ziel von Datenschutz in Krankenhäusern, dass Persönlichkeitsrecht und gleichzeitig auch den Schutz der personenbezogenen Daten vor Missbrauch zu schützen, indem der Zugriff von Gesundheitsdaten Dritten nicht zugänglich ist (Beyn 2011, S. 13).

Die zunehmende Digitalisierung und Globalisierung ermöglichen eine gute Vernetzung weltweit. Hierbei ist allerdings einmal zu betonen, dass Krankenhäuser durch die zunehmende Digitalisierung verstärkt darauf achten müssen, dass keine Schwachstellen oder Bedrohung entstehen, da besonders in Krankenhäusern der Informationsaustausch von äußerst sensiblen Gesundheitsdaten von Patienten_innen erfolgt. Krankenhäuser oder andere Institute im Gesundheitswesen müssen ihren Patienten_innen Datenschutz und die damit verbundene Datensicherheit gewährleisten können. Sollte der Schutz der personenbezogenen Daten nicht gewährleistet werden können und mögliche Schutzmaßnahmen wie die Datensicherheit nicht beachtet werden, so ist von Schwachstellen im Gesundheitswesen die Rede, die zu einer Zahlung von hohen Bußgeldern führen kann (Wagner 2014, S. 32 ff.).

Die Missachtung von Datenschutzrichtlinien führt zu abschreckenden Bußgeldern. Hierfür hat die nationale Aufsichtsbehörde einen gesetzlich festgelegten Kriterienkatalog mit Hilfe die Höhe des Bußgeldes festlegt wird. Bei schwerer Fahrlässigkeit und großer

Missachtung von Datenschutzrichtlinien kann ein Bußgeld in Höhe von 20.000.000 EUR verlangt werden. Bei weniger gewichteten Verstößen gilt ein Bußgeld in Höhe von 10.000.000 EUR zu zahlen (intersoft consulting services AG 2018).

Das unterschiedliche Datenschutzniveau der einzelnen Länder hat dazu geführt, dass die Datenschutzgrundverordnung (DSGVO) entstanden ist. Somit dient die Datenschutzgrundverordnung zu einer Vereinheitlichung der informationellen Selbstbestimmung von Patienten_innen, indem die Patienten_innen mehr Mitbestimmung und Transparenz im Hinblick auf ihre personenbezogenen Daten erhalten. Die Datenschutzgrundverordnung hat das Ziel, die Verarbeitung der personenbezogenen Daten von Patienten_innen für alle EU- Mitgliedsstaaten einheitlich zu gestalten. Ein weiterer Aspekt, der zur Einführung der Datenschutzgrundverordnung führte, ist, dass die vorhandenen Datenschutzgesetze nicht mehr dem aktuellen Digitalen Zeitalter angepasst sind. Die bislang vorhandenen Datenschutzgesetze stammen aus dem Jahr 1995 und waren somit veraltet. Die Datenschutzgrundverordnung soll zum einen das Recht der Patienten_innen stärken und zum anderen den internationalen Datenaustausch von personenbezogenen Daten in allen EU-Staaten fördern.

Datenschutz ist somit ein wichtiges Element im Gesundheitswesen, welches nicht mehr wegzudenken ist. Daher ist es besonders wichtig, dass Einrichtungen im Gesundheitswesen mit der Einführung der neuen Datenschutzgrundverordnung die Gesundheitseinrichtungen den aktuellen gesetzlichen Vorschriften und Änderungen anpassen, um den Patienten_innen eine optimale Versorgung gewährleisten zu können (Bundesministerium des Innern, für Bau und Heimat 2018). Im nächsten Kapitel, wird auf möglichen Umsetzungsformate von Datenschutz in Krankenhäusern näher eingegangen.

7.5 Mögliche Umsetzungsformate von Datenschutz in Krankenhäusern

Um den bestmöglichen Datenschutz und die Datensicherheit in Krankenhäusern zu gewährleisten, müssen bestimmte Umsetzungsformate eingeführt und eingehalten werden. Hierfür müssen vorhandene betriebsinterne Prozesse und Strukturen reorganisiert werden um eine optimale Gewährleistung von Datenschutz den Patienten_innen zu ermöglichen (Schmola und Rapp 2014, S. 155 f.).

Die Einhaltung und Gewährleistung von Datenschutz und Datensicherheit in Krankenhäusern ist nicht nur für die Betroffenen von enormer Bedeutung, sondern ist auch als besonders wichtig für die behandelnden Ärzten und das medizinische Pflegepersonal einzustufen. Krankenhäuser arbeiten sehr viel mit personenbezogenen Daten von Patienten_innen, sodass es zu einem ständigen Informationsaustausch zwischen den Ärzten und dem medizinischen Pflegepersonal kommt. Hierbei müssen nicht nur die rechtlichen Aspekte des Datenschutzes und der Datensicherheit eingehalten werden, sondern auch die berufliche Verschwiegenheitsverpflichtung. Laut dem § 203 im Strafrecht, sind Ärzte und das medizinische Pflegepersonal dazu verpflichtet, sich an die berufliche Verschwiegenheitsverpflichtung zu halten. Sollte es zu einer Missachtung der Verschwiegenheitsverpflichtung kommen, drohen Ärzten und dem medizinischen Pflegepersonal eine Freiheitsstrafe von bis zu drei Jahren oder eine hohe Geldstrafe. Krankenhäuser müssen somit neben der Einhaltung der Datenschutzgesetze sich auch an die Verschwiegenheitsverpflichtung halten und dies in ihre Umsetzungsformate integrieren.

Mit dem Inkrafttreten der europäischen Datenschutzgrundverordnung wurde das Ziel verfolgt, das bestehende Datenschutzgesetzt dem Digitalen Zeitalter anzupassen. In Deutschland galt bis zur Einführung der europäischen Datenschutzgrundverordnung das Bundesdatenschutzgesetzt (BDSG). Durch die Implementierung der europäischen Datenschutzgrundverordnung müssen vor allem Krankenhäuser, die besonders viel mit personenbezogenen Daten arbeiten Veränderung und neue Anforderungen im Umgang mit Gesundheitsdaten von Patienten_innen einhalten und umsetzen. Laut der europäischen Datenschutzgrundverordnung müssen Einrichtungen, wobei es an einer Vielzahl von Datenverarbeitung, Datenerhebung, Datenspeicherung und Löschung der Daten kommt interne oder externe Datenschutzbeauftragte einstellt werden (Datenschutz.org o. J.).

Datenschutzbeauftragte in Krankenhäusern müssen Datenschutzprozesse und Leitfäden erarbeiten und entwickeln. Des Weiteren müssen sie Angestellten über aktuelle Datenschutzrichtlinien in Form von Schulungen informieren, sodass Datenschutz als Servicefaktor im Krankenhaus angesehen wird. Krankenhäuser können den internen oder externen Datenschutzbeauftragten unterstützen, indem ein fester Personenkreis für das Datenschutzmanagement definiert wird. Es ist vom Vorteil, wenn das Datenschutzmanagement aus Mitgliedern besteht, die aus verschiedenen Fachabteilungen stammen. Das primäre Ziel des Datenschutzbeauftragten in Krankenhäusern ist es somit Datenschutz in allen Krankenhausbereichen zu integrieren (Jäschke und Richard 2016, S. 127).

Ein weiterer wesentlicher Aspekt, der zu den Umsetzungsformaten von Datenschutz in Krankenhäuser gehört ist, die Einhaltung der verbesserten IT- Sicherheitsmaßnamen. Laut der DSGVO müssen Krankenhäuser Datenschutzmaßnahmen bereits bei der Entwicklung miteinbeziehen, sodass die personenbezogenen Daten der Patienten_innen bereits im Vorfeld gesichert sind. Dies hat zum Vorteil, dass zum einen die Privat- und Intimsphäre von Patienten_innen geschützt wird und zum anderen, dass die Patienten_ innen einen besseren Überblick bei der Verwendung und Nutzung der eigenen Informationen erhalten (Schütze 2016, S. 46). Krankenhäuser arbeiten ausschließlich mit IT- Netzwerken, daher ist das Zusammenspiel der Begriffsdefinition Datenschutz und IT-Netzwerke nicht voneinander differenziert zu betrachten.

IT- Netzwerke in Krankenhäusern werden in vier Faktoren erklärt, auf die im nachfolgenden Verlauf näher eingegangen wird (Spiegel 2011, S. 23). In Krankenhäusern können Ärzte bei nahezu jedem Gerät auf die Gesundheitsdaten der Patienten_innen zugreifen. Hierbei ist einmal zu betonen, dass die genutzten Geräte mit Sicherheitstechnologien ausgestattet sein müssen, um Dritten den Zugang zu verweigern.

Der zweite zu benennender Faktor in IT- Netzwerken ist die Effektivität in einem Krankenhaus. Um eine optimale Qualität der Prozessabläufe in Krankenhäusern gewährleisten zu können, ist die Effektivität eine große Bedeutung zuzuschreiben. Durch die Effizienz werden die Arbeitsschritte, Prozessabläufe und die Prozessoptimierung in Krankenhäusern mit Hilfe von IT- Systemen unterstützt. In Krankenhäusern gibt es heutzutage meistens nur ein Netz, sodass alle Computer miteinander vernetzt sind. Daher ist ein effektives Krankenhausbetrieb mit einem unterstützendem IT- System kaum wegzudenken (Spiegel 2011, S. 24).

Der dritte Faktor in IT- Netzwerken ist die Verfügbarkeit. Unter dem Begriff Verfügbarkeit sind sämtliche Medizingeräte und IT- Netzwerke zu verstehen, die sowohl für die Ärzte, das medizinische Pflegepersonal als auch für die Patienten_innen von enormer Bedeutung sind. Hierzu zählt die elektronische Patientenakte, MRT- Aufnahmen, Überwachungsmonitore auf einer Intensivstation und vieles mehr. Kommt es in Krankenhäusern zu einer Störung der IT- Netzwerke, hat das große Auswirkungen für den betriebsinternen Arbeitsprozess und des Genesungsprozesses des Patienten_innen. Daher ist es besonders wichtig, dass die IT- Netzwerke und Medizingeräte in regelmäßigen Abständen kontrolliert und bei auftreten Problemen diese möglichst schnell beseitigt werden, damit ein gleichbleibender hoher Standard in der Qualität gewährleistet werden kann (Spiegel 2011, S. 24 ff.).

Der letzte Faktor in IT- Netzwerken der bei den Umsetzungsformaten zu berücksichtigen ist, ist die Attraktivität eines Krankenhauses. Damit Krankenhäuser sich langfristig und erfolgreich am Markt etablieren können, ist die Beachtung der Attraktivität eines Krankenhauses von großer Bedeutung. Hierfür ist ein gutes IT- System notwendig. Mit der Attraktivität von IT- Systemen sind in Krankenhäusern die Fernsehgeräte in den Patienten_innen Zimmern, Telefonie und die Internetnutzung gemeint. Die genannten IT-Systeme können dazu beitragen, dass die Attraktivität eines Krankenhauses gesteigert werden kann (Spiegel 2011, S. 25).

Ein weiterer Aspekt, der zu den Umsetzungsformaten von Datenschutz in Krankenhäusern gehört ist die Meldepflicht. Wenn Krankenhäuser den Schutz der personenbezogenen Daten der Patienten_innen in Krankenhäusern nicht beachtet oder gewährleisten können, sind diese laut der DSGVO dazu verpflichtet, innerhalb von 72 h die Missachtung der Datenschutzgesetze der Aufsichtsbehörde zu melden. Die genannte Meldepflicht gilt nicht, sofern die Verletzung der Datenschutzgesetze kein Risiko für Patienten_innen in Bezug auf ihre Freiheit und Rechte darstellt. In Krankenhäusern müssen alle Datenschutzverletzungen dokumentiert werden. Daher ist es für Krankenhäuser besonders hilfreich eine Person für diese Aufgaben zu beschäftigen (Datenschutz.org o. J.).

Bei den Umsetzungsformaten von Datenschutz in Krankenhäusern ist ein anderer wesentlicher Aspekt, der eingehalten werden soll, die durchgeführte Risikoabschätzung für Patienten_innen. Die europäische Datenschutzgrundverordnung sieht es vor, dass Krankenhäuser bei der Datenverarbeitung von Patienten_innen eine Risikoabschätzung durchführen müssen, ob Betroffene Nachteile durch die Datenverarbeitung haben könnten. Nachdem die Risikoabschätzung erfolgt, müssen die Ergebnisse und die Einschätzungen sowie die ergriffenen Maßnahmen vom Risikomanagement dokumentiert werden. Erwähnenswert ist es, dass Krankenhäuser darauf achten sollten, dass die Risikoabschätzung in regelmäßigen Zeitabständen erfolgt, da Risiken zu verschiedenen Zeitpunkten auftreten können (Virtuelles Datenschutzbüro 2018).

Krankenhäuser müssen zukünftig eine Datenschutz- Folgeabschätzung in ihre Umsetzungsformate integrieren. Dies bedeutet, dass bei der Verarbeitung von personenbezogenen Daten der Patienten_innen einen höherer Detaillierungsgrad notwendig ist, die zu einer konkreten Risikobestimmung und der Überprüfung der Risikobekämpfung dient. Es ist besonders wichtig, dass Krankenhäuser bei den Umsetzungsformaten der Datenschutz- Folgeabschätzung mit dem Datenschutzmanagement zusammenarbeiten, da die genannte Abteilung somit die Durchführung und die Dokumentation genau überprüfen kann (Virtuelles Datenschutzbüro 2018).

Eines der wichtigsten Umsetzungsformate von Datenschutz in Krankenhäusern ist die Beachtung der Patienten_innen Rechte. Laut der DSGVO sind Krankenhäuser dazu verpflichtet, bei der Bearbeitung und Weiterverwendung der personenbezogenen Daten der Patienten_innen deren Rechte zu gewährleisten. Daher müssen Krankenhäuser verstärkt den Fokus darauf richten, dass die personenbezogenen Daten der Patienten_innen nicht für jedem im Krankenhaus abrufbar sind (Datenschutz.org o. J.).

Krankenhäuser müssen bei den Umsetzungsformaten von Datenschutz die Betroffenenrechte verstärkt berücksichtigen. Im weiteren Verlauf wird kurz auf die Betroffenenrechte näher eingegangen. Patienten_innen haben das Recht auf Auskunft dies bedeutet, dass die Betroffenen zu jeder Zeit das Recht haben auf die Einsichtnahme in die Patientenakte. Des Weiteren haben Patienten_innen das Recht auf Verbesserungen in der Patientenakte, sofern falsche Daten bei der Aufnahme oder Weiterverarbeitung unterlaufen sind (Schütze 2016, S. 42). Fortlaufend haben Patienten_innen das Recht auf Sperrung oder Löschung der Patientendaten. Wenn Krankenhäuser nicht rechtsgemäße Daten gespeichert haben oder die Speicherung der Daten nicht mehr von Nöten ist, müssen diese gelöscht oder gesperrt werden (Schütze 2016, S. 43 ff.). Zugleich haben Patienten_ innen auch das Recht auf Benachrichtigung. Dies bedeutet, dass die behandelnden Ärzte oder das medizinische Pflegepersonal bei der Weitergabe der personenbezogenen Daten gesetzlich dazu verpflichtet sind, die Betroffenen darüber zu informieren (Schütze 2016, S. 44 ff.). Zudem haben Betroffene das Recht auf Schadensersatz. Somit haben Patienten_innen das Recht, bei einer unzulässigen Datenverarbeitung, wovon die Betroffenen Schaden ziehen könnten ein Schadensersatz zu verlangen (Schütze 2016, S. 45).

Damit Krankenhäuser sich rechtmäßig auf der sicheren Seite befinden, ist es besonders wichtig das der Aspekt der Patienten_innen Aufklärung und Einwilligung ebenfalls berücksichtigt wird. Bei notwendigen Eingriffen, wie zum Beispiel bei Operationen, müssen Patienten_innen eine angemessene und verständliche Aufklärung von Ärzten erhalten. Hierbei ist einmal darauf zu achten, die Einwilligung des Patienten_innne einzuholen, da sonst der geplante Eingriff nicht durchgeführt werden kann (Schütze 2016, S. 45 ff.).

Wie bereits aufgezeigt werden konnte, sind die Umsetzungsformate für Datenschutz in Krankenhäusern sehr umfassend, die von der Einstellung von internen/externen

Datenschutzbeauftragten, IT- Sicherheitsmaßnahmen die beachtet werden, die ausführliche Risikoabschätzung die durchgeführt werden muss bis hin zu der Beachtung der Betroffenenrechte reichen.

7.5.1 Ein Praxisbeispiel

Im weiteren Verlauf des Kapitels, wird auf ein qualitatives Interview mit den Datenschutzbeauftragten und dem Qualitätsmanager eines Hamburger Krankenhauses näher eingegangen. Das Interview soll es ermöglichen, erste Einblicke in die Praxis eines Krankenhauses zu gewinnen, damit ein Vergleich von Theorie und Praxis stattfinden kann. Das Interview dient zur Verdeutlichung, wie die Regelungen und somit auch die Umsetzungsformate zur Gewährleistung von Datenschutz in einem Hamburger Krankenhaus ablaufen.

Zunächst ist zu erwähnen, dass das befragte Krankenhaus mehrere Funktionen hat. Das Krankenhaus hat sich spezialisiert auf die medizinische Geriatrie. In der Anlage befinden sich Altenwohnanlagen und zugleich auch ein Pflegeheim für besonders schwere Demezpatienten_innen. Das befragte Krankenhaus ist ein kirchliches, tarifgebundenes Krankenhaus. Es ist das vierte kirchliche Krankenhaus in Hamburg. Charakteristisch für ein kirchliches Krankenhaus ist die Tarifgebundenheit.

Zu tarifgebundene Krankenhäuser gehört ein Überleitungstarifvertrag und eine Schlichtungsvereinbarung. Dies bedeutet, dass das befragte Krankenhaus kein Streikrecht hat, da es sich um ein kirchliches Krankenhaus handelt. Um daher die Mitarbeiterzufriedenheit zu steigern, wird viel Wert auf die Schlichtungsvereinbarung gegeben. Die Schlichtungsvereinbarung des befragten Krankenhauses verfolgt das Ziel, dass es ohne einen Streik zur Einigung zwischen Mitarbeitern und dem Krankenhaus kommt.

In dem befragten Krankenhaus ist dem Datenschutzbeauftragten der gleichzeitig auch Qualitätsmanager ist, eine hohe Verantwortung gegeben wurden. Der Datenschutzbeauftragte gilt in dem befragten Krankenhaus als Stabstelle, die sowohl für den Datenschutz im Krankenhaus als auch für den Datenschutz in den Altenwohnanlagen und Pflegeheimen verantwortlich ist. Der befragte Datenschutzbeauftragte arbeitet Weisungsfrei. Dies bedeutet, dass gewisse Pflichten erfüllt werden müssen, jedoch die Gestaltung der Pflichten frei gestaltbar ist. Darüber hinaus ist der Datenschutzbeauftragte in dem befragten Krankenhaus nicht weisungsbefugt. Es können somit nur Empfehlungen, die zum Nutzen des Krankenhauses sind, weitergegeben werden.

In dem befragten Krankenhaus hat der Datenschutzbeauftragte viele Aufgaben zu verrichten. Eine davon ist, dass der Datenschutzbeauftragte jährlich eine Schulung, bezüglich der aktuellen Datenschutzgesetze den Mitarbeiter_innen näherbringen muss. Zu den Schulungen gehören auch die Behandlung der Themen wie Hygienerichtlinien oder Brandschutz. Darüber hinaus muss der Datenschutzbeauftragte in dem befragten Krankenhaus sich um die IT- Sicherheit kümmern. Dies bedeutet für den Datenschutzbeauftragten, dass IT- Risiken möglichst schnell erkannt und bearbeitet werden müssen.

Zudem muss der Datenschutzbeauftragte Rechtsunsicherheiten der Mitarbeiter_innen klarstellen und viele Fragen der Mitarbeiter_innen bezüglich Datenschutzes beantworten.

Der Datenschutzbeauftragte muss ebenfalls, Formulare gestalten, die für das Krankenhaus notwendig ist. Eine weitere Aufgabe des Datenschutzbeauftragten in dem befragten Krankenhaus, ist die Missachtung der Datenschutzgesetze an die Aufsichtsbehörde zu melden. Der befragte Datenschutzbeauftragte muss regelmäßig auf verschiedenen Stationen Audits machen, sodass die Prozesse, Anforderungen und Richtlinien des Datenschutzes in dem Krankenhaus eingehalten werden. Eine weitere wesentliche Aufgabe des befragten Datenschutzbeauftragten ist die Überprüfung, ob die Betroffenenrechte der Patienten_innen eingehalten werden (Datenschutzbeauftragte, persönliche Kommunikation 28.12.2018).

Somit ist zusehen, dass die Umsetzungsformate von Datenschutz in der Theorie gut übertragbar in der Praxis sind. Im weiteren Verlauf des Kapitels wird auf die Herausforderung von Datenschutz näher eingegangen.

7.6 Herausforderungen

Das geführte Interview, mit dem Datenschutzbeauftragten in einem Hamburger Krankenhaus konnte aufzeigen, dass viele Aspekte bei der Beachtung und Einhaltung von Datenschutz in Krankenhäusern herausfordernd sein können.

Menschen befinden sich aus zahlreichen Gründen, in einem Krankenhaus. Das Krankenhaus hat somit nicht nur die Aufgabe die Gesundheit der Patienten_innen wiederherzustellen, sondern muss ebenfalls auch eine möglichst hohe Qualität in der medizinischen Versorgung gewährleisten. Neben den genannten Aspekten muss das Krankenhaus den Datenschutz und die damit verbundene Datensicherheit der Gesundheitsdaten von Patienten_innen berücksichtigen und einhalten.

Seit 2018 ist die europäische Datenschutzgrundverordnung, die einige Änderungen in Bezug auf den Datenschutz mit sich bringt, in Kraft getreten. Gesundheitseinrichtungen, wie Krankenhäuser arbeiten sehr viel mit personenbezogenen Daten, daher ist die Einhaltung und die Gewährleistung von Datenschutz und Datensicherheit von enormer Bedeutung. Krankenhäuser müssen durch die Implementierung der DSGVO, verstärkt bestimmte Kriterien einhalten und berücksichtigen (Bundesministerium des Innern, für Bau und Heimat 2018).

Hierfür ist es besonders wichtig, dass alle Abteilungen in einem Krankenhaus und somit auch alle Mitarbeiter_innen in Bezug auf Datenschutz und Datensicherheit sensibilisiert werden. Daher müssen, wie auch aus dem Interview des Datenschutzbeauftragten in einem Hamburger Krankenhaus entnommen werden konnte, regelmäßige Schulungen angeboten werden. Denn nur durch informierte Mitarbeiter_innen kann die Einhaltung von Datenschutz und Datensicherheit in Krankenhäusern gewährleistet werden (Datenschutzbeauftragte, persönliche Kommunikation 28.12.2018).

Durch die zunehmende Digitalisierung kommt es ebenfalls zu Herausforderungen in Krankenhäusern. Laut dem befragten Datenschutzbeauftragten eines Hamburger Krankenhauses ist hierbei einmal das Beispiel der elektronischen Patientenakte zu nennen (Datenschutzbeauftragte, persönliche Kommunikation 28.12.2018). Die elektronische Patientenakte ist besonders wichtig in Krankenhäuser, da hierbei sämtliche Gesundheitsdaten der Patienten_innen wie beispielsweise Anamnese, Diagnose, Befunde, Behandlung und vieles mehr gespeichert wird. Die Speicherung der Daten ermöglicht den behandelnden Ärzten einen schnellen Zugriff in die Akte, sodass sie ständig und zu jeder Zeit Zugriff auf die Gesundheitsdaten der Betroffenen haben um den weiteren Behandlungsverlauf beurteilen zu können (Jäschke und Vogel 2016, S. 11 ff.).

Neben den genannten Vorteilen stellt die elektronische Patientenakte aber auch gleichzeitig eine Bedrohung dar. Aufgrund dessen, dass die elektronische Patientenakte äußerst sensible personenbezogene Daten der Patienten_innen enthält, ist es zwingend notwendig, dass die Gesundheitsdaten vor dem Zugriff von Dritten geschützt werden (Beyn 2011, S. 13). Somit ist die Nutzung von IT- Sicherheitsmaßnahmen besonders zu beachten (Schütze 2016, S. 46).

IT- Sicherheitsmaßnahmen sollen laut dem befragten Datenschutzbeauftragten dazu beitragen, den Schutz der personenbezogenen Daten von Patienten_innen zu gewährleisten. Somit haben nur bestimmte Personen wie beispielsweise Ärzte Zugang zu den personenbezogenen Daten von Patienten_innen. Laut Aussagen des Datenschutzbeauftragten, sind durch die Implementierung der DSGVO Krankenhäuser dazu verpflichtet neue Verfahrensabläufe zu definieren. Somit ist eine weitere Herausforderung, dass Datenverarbeitungsvorgänge einzeln definier werden müssen, um die dazu gehörenden Sicherheitsvorkehrungen individuell anpassen zu können. Hierbei ist zu betonen, dass je sensibler die personenbezogenen Daten der Patienten_innen sind, desto höher die Anforderungen an die Datensicherheit steigt (Datenschutzbeauftragte, persönliche Kommunikation 28.12.2018). Dies erfordert eine gute Planung und Organisation der betriebsinternen Arbeitsprozesse.

Eine weitere Herausforderung, stellt die Datenschutz- Folgeabschätzung dar. Laut der DSGVO sind Krankenhäuser dazu verpflichtet, vor der Datenverarbeitung der Gesundheitsdaten von Patienten_innen eine Abschätzung über die möglich auftretenden Folgen des Verarbeitungsprozesses durchzuführen. Somit kann mithilfe der neu Eingeführten Datenschutz- Folgeabschätzung geschaut werden, ob der Verarbeitungsprozess Risiken für die Patienten_innen hat (Virtuelles Datenschutzbüro 2018). Laut Aussagen des befragten Datenschutzbeauftragten ist dieser Vorgang mit einem hohen Detaillierungsgrad verbunden, sodass in dem befragten Krankenhaus das Datenschutzmanagement eng mit dem Risikomanagement zusammenarbeitet (Datenschutzbeauftragte, persönliche Kommunikation 28.12.2018).

Eine weitere Herausforderung stellt die Ausweitung der Betroffenenrechte dar. Krankenhäuser sind dazu verpflichtet, Patienten_innen über den Umfang und den Inhalt des Verarbeitungsprozesses ihrer personenbezogenen Daten zu informieren. Durch die Transparenzpflicht haben Patienten_innen das Recht zur informationellen Selbstbestimmung.

Somit haben Patienten_innen zu jeder Zeit das Recht Einsicht in die Patientenakte zu verlangen. Daher ist eine vollständige Dokumentation in verständlicher Form besonders wichtig (Schütze 2016, S. 42). Laut dem befragten Datenschutzbeauftragten werden hierfür regelmäßige Audits im Krankenhaus durchgeführt, um zu schauen, ob die Richtlinien eingehalten werden (Datenschutzbeauftragte, persönliche Kommunikation 28.12.2018).

Eine weitere nennenswerte Herausforderung, ist die Meldepflicht an die Aufsichtsbehörden bei Missachtung der Datenschutzrichtlinien. Krankenhäuser sind laut der DSGVO dazu verpflichtet, bei Missachtung der Datenschutz diese innerhalb von 72 h zu melden (Datenschutz.org o. J.). Laut Angaben des befragten Datenschutzbeauftragten, geht dies über die bisherige Dokumentationspflicht hinaus, und ist eine wesentliche Herausforderung, da bei Missachtung der Datenschutzrichtlinien hohe Bußgelder drohen (Datenschutzbeauftragte, persönliche Kommunikation 28.12.2018).

Es ist besonders wichtig, dass Krankenhäuser die neuen gesetzlichen Regelungen der DSGVO nicht nur als eine Herausforderung ansehen, sondern vielmehr als Chance, die dazu beitragen kann, dass die Qualität in einem Krankenhaus und somit auch die Patienten_innen Zufriedenheit gesteigert werden kann. Im weiteren Verlauf des Kapitels wird auf die Schlussfolgerung näher eingegangen.

7.7 Schlussfolgerungen

Krankenhäuser sind für den Genesungsprozess von Menschen von großer Bedeutung. In Krankenhäusern werden verschieden Menschen mit unterschiedlichen Erkrankungen behandelt. Daher ist es besonders wichtig, dass neben der medizinischen Behandlung der Ärzte, den Therapeuten und dem Pflegepersonal auch die rechtlichen Aspekte in Bezug auf Datenschutz und Datensicherheit gewährleistet wird (Wagner 2014, S. 5 ff.). Krankenhäuser arbeiten mit äußerst sensiblen personenbezogenen Daten von Patienten_innen die somit stark in die Privat- und Intimsphäre der Betroffenen eingreifen (Schmola und Rapp 2014, S. 163 ff.).

Die zunehmende Digitalisierung und der Fortschritt im IT- Bereich ermöglicht Krankenhäusern sämtliche Gesundheitsdaten der Patienten_innen zu erheben, verarbeiten und zu nutzten (Schütze 2016, S. 29 ff.). Somit sind die Gesundheitsdaten der Patienten_innen ständig und zu jederzeit abrufbar. Hierbei ist es zwingend notwendig, Datenschutzrichtlinien zu beachten und diese im Krankenhaus zu implementieren. Es müssen IT- Sicherheitsmaßnahmen im Krankenhaus getroffen werden, um die sensiblen Daten der Patienten_innen zu schützen und den Zugriff der Daten von Dritten zu schützen (Schütze 2016, S. 46).

Mit der Einführung der DSGVO sind die Rechenschafts- und Dokumentationspflichten sowie die Betroffenenrechte in den Krankenhäusern angestiegen. Daher ist die Einrichtung eines Datenschutzmanagements in Krankenhäusern als äußerst notwendig einzustufen, denn nur so kann der Überblick über die betriebsinternen Arbeitsprozesse und die Einhaltung der Datenschutzrichtlinien kontrolliert werden (Bundesministerium des Innern, für Bau und Heimat 2018). Somit müssen Krankenhäuser für die erfolgreiche Etablierung des Krankenhauses Datenschutz als Qualitätsindikator ansehen, um den Qualitätsansprüchen der Regierung und den Patienten_innen gerecht zu werden.

Literatur

Benes, G. M., & Groh, P. E. (2014). *Grundlagen des Qualitätsmanagements* (Bd. 3). München: Hanser.

Beyn, K. S. (2011). Datenschutz im Krankenhaus. In P. Gocke & J. F. Debatin (Hrsg.), *IT im Krankenhaus* (S. 13–19). Berlin: Medizinisch Wissenschaftliche Verlagsgesellschaft.

Bundesministerium des Innern, für Bau und Heimat. (2018). Artikel Heimat & Integration Datenschutz in der EU. https://www.bmi.bund.de/DE/themen/it-und-digitalpolitik/datenpolitik/datenschutz-eu/datenschutz-eu-node.html. Zugegriffen: 11. Febr. 2019.

Datenschutz.org. (o. J.). Datenschutz im Krankenhaus: Wie sicher sind Patientendaten im Hospital? https://www.datenschutz.org/krankenhaus/Datenschutzbeauftragte, persönliche Kommunikation am 28.12.2018, Zugegriffen: 12. Febr. 2019.

Die Datenschützer Rhein Main. (2016). Wieder einmal zwei Datenschutzskandale im Gesundheitswesen- aber: "Die elektronische Gesundheitsakte ist sicher!" Hermann Gröhne, Gesundheitsminister. https://ddrm.de/wieder-mal-zwei-datenschutzskandale-im-gesundheitswesen-aber-die-elektronische-gesundheitskarte-ist-sicher-hermann-groehe-gesundheitsminister/. Zugegriffen: 10. Febr. 2019.

Hahne, B. (2011). *Qualitätsmanagement im Krankenhaus, Konzepte, Methoden, Implementierungshilfen* (Bd. 1). Düsseldorf: Symposion Publishing.

Hellmann, W. (2017). *KooperativeKundenorientierung im Krankenhaus. Ein wegweisendes Konzept zur Sicherung von mehr Qualität.* Stuttgart: Kohlhammer.

Intersoft consulting services AG. (2018). DSGVO Bußgelder/ Strafen. https://dsgvo-gesetz.de/themen/bussgelder-strafen/. Zugegriffen: 11. Febr. 2019.

Jäschke, T., & Richard, N. (2016). Datenschutz- ein Alleinstellungsmerkmal. In T. Jäschke (Hrsg.), *Datenschutz im Gesundheitswesen: Grundlagen, Konzepte, Umsetzung* (S. 123–127). Berlin: Medizinisch Wissenschaftliche Verlagsgesellschaft.

Jäschke, T., & Vogel, A. (2016). Interessenten an Gesundheitsdaten. In T. Jäschke (Hrsg.), *Datenschutz im Gesundheitswesen: Grundlagen, Konzepte, Umsetzung* (S. 11–14). Berlin: Medizinisch Wissenschaftliche Verlagsgesellschaft.

Opitz, M. (2011). IT goes Sicherheit: BSI- Zertifizierung. In P. Gocke & J. F. Debatin (Hrsg.), *IT im Krankenhaus* (S. 85–91). Berlin: Medizinisch Wissenschaftliche Verlagsgesellschaft.

Rudolf, K., Claussen, A., Doelfs, P., & Härter, M. (2007). Implementierung von Qualitätsmanagement in einem Großkrankenhaus. In H. W. Hoefert (Hrsg.), *Führung und Management im Krankenhaus* (Bd. 2, S. 165–179). Göttingen: Hogrefe

Sänger, S. (2010). Patientenorientiertes Qualitätsmanagement. In H.-W. Hoefert & M. Härter (Hrsg.), *Patientenorientierung im Krankenhaus* (Bd. 15, S. 51–77). Göttingen: Hogrefe.

Schmola, G., & Rapp, B. (2014). *Grundlagen des Krankenhausmanagement Betriebswirtschaftliches und rechtliches Basiswissen* (Bd. 1). Stuttgart: Kohlhammer.

Schütze, B. (2016a). *Begrifflichkeiten.* In T. Jäschke (Hrsg.), *Datenschutz im Gesundheitswesen: Grundlagen, Konzepte, Umsetzung* (S. 21–33). Berlin: Medizinisch Wissenschaftliche Verlagsgesellschaft.

Schütze, B. (2016b). Betroffenenrechte. In T. Jäschke (Hrsg.), *Datenschutz im Gesundheitswesen: Grundlagen, Konzepte, Umsetzung* (S. 41–47). Berlin: Medizinisch Wissenschaftliche Verlagsgesellschaft.

Schütze, B. (2016c). Datenschutz vs. Datensicherheit. In T. Jäschke (Hrsg.), *Datenschutz im Gesundheitswesen: Grundlagen, Konzepte,Umsetzung* (S. 49–57). Berlin: Medizinisch Wissenschaftliche Verlagsgesellschaft.

Schütze, B. (2016d). Pflichten des Datenschutzes. In T. Jäschke (Hrsg.), *Datenschutz im Gesundheitswesen: Grundlagen, Konzepte, Umsetzung* (S. 59–61). Berlin: Medizinisch Wissenschaftliche Verlagsgesellschaft.

Spiegel, T. (2011). Das Netzwerk als Plattform für moderne Klinikum. In P. Gocke & J. F. Debatin (Hrsg.), *IT im Krankenhaus* (S. 23–33). Berlin: Medizinisch Wissenschaftliche Verlagsgesellschaft.

Virtuelles Datenschutzbüro. Ein Informationsangebot der öffentlichen Datenschutzinstanzen. (2018). BayLfD/ BayLDA: Krankenhäuser: Praxishilfe zur Umsetzung der Datenschutzgrundverordnung. https://www.datenschutz.de/baylfd-baylda-krankenhaeuser-praxishilfe-zur-umsetzung-der-datenschutz-grundverordnung/. Zugegriffen: 12. Febr. 2019.

Wagner, A. (2014). *Prozessorientierte Gestaltung der Informationssicherheit im Krankenhaus Konzeptionierung und Implementierung einer prozessorientierten Methode zur Unterstützung der Risikoanalyse* (Bd. 33). Hamburg: Kovač.

Qualitätsmanagement in der Gesundheitsversorgung – Mögliche Umsetzungsformate und Herausforderungen in der Krankenhaushygiene

8

Celine Staude

8.1 Definition

Unter der Definition Hygiene wird eine Art Wissenschaft und Lehre verstanden, bei der es um die Verhütung und Kontrolle von Krankheiten sowie der Gesunderhaltung und Festigung durch einen Gesundheitsschutz und eine Gesundheitsförderung geht. Die Hygiene befasst sich mit belebten und unbelebten Faktoren der Umwelt, den Risikofaktoren, die sich fördernd oder schädigend auf die Gesundheit eines Individuums auswirken. Die Hygiene ist ein wichtiger Bestandteil der Krankenbehandlung und Grundlage des ärztlichen Handelns (Lacour et al. 2001, S. 138). Die Krankenhaushygiene ist ein Teilgebiet der Hygiene. Sie befasst sich mit der Feststellung und Untersuchung der auftretenden Ursachen für eine Schädigung der Gesundheit von Patienten und Personal im Krankenhaus. In der Krankenhaushygiene bzw. dem Hygienemanagement hat die Überwachung (Surveillance) eine entscheidende Bedeutung. Sie registriert nosokomi Infektionen, analysiert die Häufigkeit, die Verteilung und ermittelt Risikofaktoren. Die Surveillance verfolgt das Ziel der Identifikation von Risikobereichen mit der Vermeidung von nosokomialen Infektionen (ebd.). Laut der KISS-Definition einer nosokomialen Infektion für die Surveillance im Krankenhaus-Infektions-Surveillance-System, wird eine Infektion erst als nosokomial bezeichnet, wenn der Infektionstag, der Tag mit dem ersten Symptom, frühestens der Tag 3 des Krankenhausaufenthaltes ist (NRZ 2016, S. 6).

C. Staude (✉)
Hochschule für Angewandte Wissenschaften Hamburg, Hamburg, Deutschland
E-Mail: Celine.Staude@haw-hamburg.de

© Springer-Verlag GmbH Deutschland, ein Teil von Springer Nature 2020

117

W. Leal (Hrsg.), *Qualitätsmanagement in der Gesundheitsversorgung,* Erfolgskonzepte Praxis- & Krankenhaus-Management, https://doi.org/10.1007/978-3-662-59675-3_8

## 8.2	Bedarf

Die Krankenhaushygiene in Deutschland ist ein wichtiges Thema. Immer mehr Krankenhausinfektionen sind in ganz Europa zu verzeichnen und stellen damit ein Problem dar. Deutschland verzeichnet jährlich ca. 400.000–600.000 Patienten, die sich im Krankenhaus infiziert haben. Krankenhausinfektionen führen laut aktuellen Studien jedes Jahr in Deutschland zu etwa 10.000–15.000 Todesfällen. Diese Krankenhausinfektionen auch nosokomiale Infektionen genannt, mit den sich die Patienten während einer medizinischen Behandlungen infizieren, sind eine der häufigsten Komplikationen die auftreten können (BMG 2018, S. 1). Laut dem Bericht des Europäischen Zentrums für die Prävention und die Kontrolle von Krankheiten (ECDC) von 2008 heißt es: *„Infektionen, die mit medizinischen Einrichtungen assoziiert sind, stellen wahrscheinlich die größte Herausforderung dar, der Europa bei den Infektionskrankheiten gegenübersteht. Dies gilt insbesondere für Infektionen, die durch resistente Mikroorganismen verursacht werden"* (ECDC 2008, S. 16 ff.). Nosokomiale Infektionen stellen nicht nur eines der weltweit größten infektiologischen Probleme dar, sondern verursachen Morbidität, Mortalität, eine längere Krankenhausverweildauer und somit zusätzliche Kosten. Das Qualitätsmanagement in der Krankhaushygiene zielt darauf ab, Risikobereiche zu lokalisieren, sich auf die wichtigsten Infektionen zu konzentrieren und sie durch die Zusammenarbeit verschiedener Berufsgruppen messbar zu machen (Lacour et al. 2001, S. 138).

Türklinken, Lichtschalter, Oberflächen von Tischen, Stühlen, Waschbecken bis hin zu Fenstergriffen, jede Berührung mit diesen Gegenständen birgt eine mögliche Gefahr mit Keimen. Wird in einem Krankenhaus nicht richtig desinfiziert und gereinigt, können sich Keime schnell über Haut- und Händekontaktflächen übertragen und es entsteht ein erhöhtes Risiko für Patienten, Ärzte, Personal und Besucher_innen. Eine aktuelle Studie berichtet über starke Defizite in der Krankenhaushygiene. Die bundesweite Langzeitstudie wurde in 78 Krankenhäusern durchgeführt und konnte über 3600 Messungen vornehmen. Die Studie zielt auf die Überprüfung der Sauberkeit von Haut- und Händekontaktflächen ab und wurde mittels einer strukturierten Beobachtung von 234 Reinigungskräften durchgeführt. Die Untersuchung der Desinfektions- und Reinigungsmaßnahmen in dem Patientenumfeld ergab, dass nur 28 % der desinfizierenden Oberflächenreinigung in einem Krankenhaus regelkonform und wirksam durchgeführt werden (Kröcker 2015, S. 1). Entscheidend im Gesundheitswesen aber auch unter Public Health-Aspekten bleibt die Prävention von Infektionen. Hygiene ist ein unverzichtbarer Baustein der Qualitätssicherung. Hygiene und Qualitätsmanagement gehören zusammen. Das Qualitätsmanagement gehört heutzutage zu fast allen Krankenhäusern dazu. Prozesse werden gesteuert und optimiert und auch die Hygiene, als wichtigste Grundlage der Patientenversorgung, nimmt im Qualitätsmanagement einen zentralen Stellenwert ein. Damit die Krankenhaushygiene funktioniert, müssen anerkannte Standards und Regeln gemäß gesetzlichem Auftrag eingehalten und umgesetzt werden. Voraussetzungen des Hygienemanagements müssen organisiert sein, kontrolliert und Prozesse etabliert werden (Schimmelpfennig 2014, S. 80).

8.3 Nutzen

Qualitätsmanagement zeichnet sich durch die Erbringung und Sicherung der medizinischen Versorgung aus und ist mittlerweile in nahezu allen Sektoren und Bereichen der Gesundheitsversorgung vorzufinden. Das Qualitätsmanagement soll dafür sorgen, dass Patienten eine sichere Behandlung bekommen, Mitarbeitenden eine Arbeitsumgebung geschaffen wird, in der Risiken minimiert und sichere Handlungen gefördert werden. Das Qualitätsmanagement fokussiert sich besonders auf die Qualitätsmessung, in dem eine systematische Betrachtung der Anforderungen des Krankenhauses des Istzustandes mit dem Sollzustand verglichen wird (Waßmuth 2017, S. 5 f.). Durch diverse gesetzliche und behördliche Rahmenbedingungen, wird die Qualität von Gesundheitsleistungen geregelt und nachgewiesen. Die Anforderungen an die Qualität innerhalb der Einrichtung wird durch Überwachungen und Inspektionen der staatlichen Behörden konfrontiert und überprüft. Um Imageschädigungen, Bußgeldern und eventuellen Schließungen von Einrichtungen durch festgestellte Hygienemängeln vorzubeugen, ist die Verknüpfung von Qualitätsmanagement und Hygiene von großer Bedeutung. Denn ein gelebtes und gut integriertes Qualitätsmanagement bezieht nicht nur die Hygiene mit ein, sondern verhilft der Qualität der Hygiene präventive Maßnahmen umzusetzen und damit einen nachhaltigen und ergebnisbezogenen Verbesserungsprozess zu erreichen. Durch das verbinden des Qualitäts- und Hygienemanagements, können sowohl die Leistungsfähigkeit und die Wettbewerbsfähigkeit, als auch die Sicherheit der Einrichtung gefördert werden (Kuntsche und Börchers 2017, S. 351 ff.). Ein systematisches Hygienemanagement hat viele Aufgaben. Doch vor allem ist die Sicherung der Strukturqualität wichtig, in dem die Aufbau- und Ablauforganisation gut strukturiert und zugeteilt werden. Jede Berufsgruppe muss über ihren verantwortlichen Bereich in der Hygiene aufgeklärt werden und eine Einweisung erhalten. So liegt die Gesamtverantwortung der Hygiene in dem Krankenhaus bei der Geschäftsführung, die wiederum dafür verantwortlich ist, fachkundiges Hygienepersonal einzustellen. Dazu gehören die Hygienefachkräfte, hygienebeauftragte Ärzte sowie Krankenhaushygieniker_innen, die berufsübergreifend arbeiten müssen um eine gute Betreuung sicherzustellen und hygienerelevante Informationen untereinander austauschen zu können. Die Zusammenarbeit der Berufsgruppen ist notwendig, damit Risikobereiche, darunter Infektionen und Hygienemängel, schnellst möglich erfasst und Ausbrüche eingedämmt werden können. Das Hygienemanagement ist außerdem für die Erfassung von Erregern, laut § 23 des Infektionsschutzgesetztes (IfSG) und für die Meldung von Erkrankungen an Behörden sowie für die Kommunikation mit der Presse, laut § 6 des IfSG, verantwortlich. Des Weiteren, sind schriftlich mindestens zwei Mal im Jahr Hygienekommissionssitzungen angesetzt, bei denen hygienerelevante Themen, wie bspw. nosokomiale Infektionen und infektionspräventive Maßnahmen angesprochen werden. Auch Pflichtfortbildungen, bei denen Mitarbeitende in hygienespezifische Programme eingearbeitet werden und hygienisches Basiswissen erneut vermittelt bekommen, gehören zu einem guten Hygienemanagement dazu. Die Empfehlungen der Kommission für Krankenhaushygiene und Infektionsprävention (KRINKO) dienen dem Hygienemanagement als Leitfaden, in dem ausführlich die Wichtigkeit der systematischen Planung, der Durchführung und der Dokumentation interner Hygienebegehungen dargelegt werden. Ein weiterer wichtiger Aspekt der Hygiene, ist die Etablierung wesentlicher Hygieneprozesse im Bereich der Verfahrens-, Arbeits- und Dienstanweisungen. Nur so kann die Prozessqualität des Hygienemanagements gesichert werden und Risikobereiche richtig eingeschätzt und eingedämmt werden. Eines der wichtigsten Kernelemente der Hygiene stellt das Hygieneverhalten dar. Dieses muss ausführlich und gewissenhaft von den Mitarbeitenden durchgeführt werden. Dazu zählt die Händehygiene, der Wechsel zwischen Alltags- und Arbeitskleidung, die Schutzausrüstung und das Ablegen von Schmuck. Auch das Desinfektionsverfahren, der Umgang mit sterilen Medizinprodukten und die Bettenaufbereitung, stellen weitere Risikobereiche dar. Der wohl größte Risikobereich ist der der nosokomialen Infektionen und der der MRSA (Multi-resistenter Staphylokokkus aureus). Der Umgang mit Infektionen, von dem Screening hin bis zu der Meldung, sollte für Mitarbeitende klar geregelt sein und als Hygieneregelung in das Qualitätsmanagement-Handbuch des Krankenhauses integriert sein. Die Einhaltung, Verbindlichkeit und Handlungssicherheit der Mitarbeitenden sollte durch ein gut strukturiertes Hygienemanagement mit beispielhaften Hygieneverhalten gesichert sein (Wrobel und Krahe 2017, S. 42 f.).

8.4　Mögliche Umsetzungsformate

Maßnahmen und Regelungen zur Verbesserung der Hygiene gibt es viele. Das Krankenhaus und andere medizinische Einrichtungen bekommen die Anweisungen nicht nur vom dem Infektionsschutzgesetz (IfSG), sondern auch von der Kommission für Krankenhaushygiene und Infektionsprävention beim Robert-Koch-Institut (KRINKO). Auch die Prävention von nosokomialen Infektionen sowie die betrieblich-organisatorischen und baulich-funktionellen Maßnahmen, werden von der KRINKO eingeleitet und Empfehlungen ausgesprochen. Diese Anforderungen bzw. Empfehlungen an die Krankenhäuser wurden durch das in 2013 eingeführte Hygieneförderprogramm von dem Staat unterstützt, indem geschultes Hygienefachpersonal eingestellt wurden ist und die Krankenhäuser so finanziell gefördert wurden sind. Eine wichtige Maßnahme zur Vermeidung von nosokomialen Infektionen, ist außerdem die Schulung des Krankenhauspersonals, in Form von Fort- und Weiterbildungsmaßnahmen. Eine weitere und gleichzeitig einfache Maßnahme zur Bekämpfung und Vermeidung von Krankenhausinfektionen, stellt das Desinfizieren der Hände und Hautkontaktflächen dar. So wurde im Jahr 2008 von dem Aktionsbündnis Patientensicherheit e. V., der Gesellschaft für Qualitätsmanagement in der Gesundheitsversorgung e. V. und dem Nationalen Referenzzentrum für die Surveillance von nosokomialen Infektionen, die erfolgreiche „Aktion Saubere Hände in Krankenhäusern und stationären Einrichtungen etabliert (BGM 2018, S. 1). Die nationale Kampagne zielt darauf ab, die Compliance der Händedesinfektion in deutschen Gesundheitseinrichtungen und die Patientensicherheit zu verbessern. Das systematische

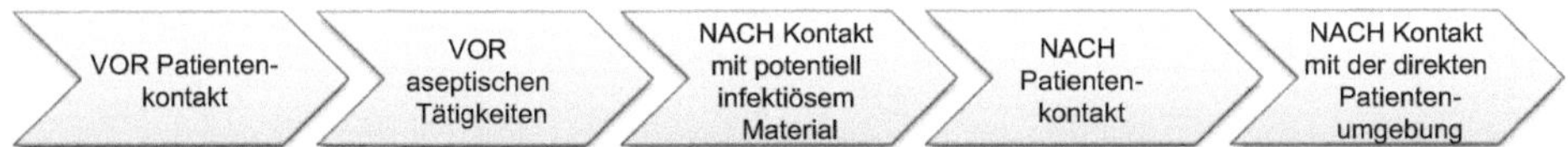

Abb. 8.1 "5 Indikatoren zur Händedesinfektion", eigene Darstellung. (In Anlehnung an „Your 5 moments for Hand Hygiene", WHO 2006, S. 1)

Monitoring der Compliance des Händedesinfizierens ist eine präventive Maßnahme zur Bekämpfung nosokomialer Infektionen und gibt Aufschlüsse darüber, in welchem Maße das Händedesinfektionsmittel benutzt wird. Durch die Beobachtung können häufige Fehler erkannt werden, das Hygieneverhalten analysiert werden und ein Abgleich des Ist- und Sollzustandes geschaffen werden. Mitarbeitende sind relevant für die Eindämmung nosokomialer Infektionen und durch die Compliance der Händedesinfektion nehmen sie einen direkten Einfluss auf die Übertragung pathogener Erreger (Aktion Sauber Hände 2018, S. 1). Die „Aktion Saubere Hände" erstellte fünf Indikationsgruppen zur Händedesinfektion in Anlehnung an das Modell der WHO *„Your 5 moments for Hand Hygiene"* (WHO 2006, S. 1; Abb. 8.1).

Diese fünf Indikationen, sind Situationen, in denen das Händedesinfizieren existenziell und notwendig ist. Dieses Modell kann in allen Bereichen des Gesundheitswesens angewendet werden und bietet den Mitarbeitenden eine Hilfestellung, sich an die Händedesinfektion zu erinnern (Aktion Saubere Hände 2018, S. 1). Des Weiteren kann die Compliance der Händedesinfektion mittels des Moduls HAND-KISS, vom Nationalen Referenzzentrum für Surveillance von nosokomialen Infektionen (NRZ), anhand des Händedesinfektionsmittelverbrauches erfasst werden (ebd.). Das NRZ entwickelte das KISS-System, das Krankenhaus-Infektions-Surveillance-System, welches den Stationen, Krankenhäusern und Abteilungen ermöglicht, eine Surveillance von nosokomialen Infektionen durchzuführen, die nicht nur die wichtigsten Einfluss- und Risikofaktoren berücksichtigen, sondern daraus anschließend orientierende Vergleiche ermöglicht. Das KISS spezialisiert sich dabei nicht auf eine gesamte krankenhausweite Erfassung, sondern fokussiert einzelne Risikobereiche innerhalb eines Krankenhauses. Diesen Risikobereichen sind individuelle Module zugeschrieben mit speziellen Surveillance Methoden. Im Folgenden werden anhand einer Tabelle die unterschiedlichen Module und deren Surveillance-Ziele und Prinzipien dargestellt (Tab. 8.1).

Die Module stellen ein mögliches Umsetzungsformat zur Bekämpfung und Eindämmung von nosokomialen Infektionen und MRSA-Erregern für Krankenhäuser dar. Während das ITS-KISS die nosokomialen Infektionen auf Intensivstationen erfasst, werden mittels des STATION-KISS, die nosokomialen Infektionen auf Normalstationen erfasst. Das NEO-KISS ist ein Surveillance System nosokomialer Infektionen für Frühgeborene auf der Intensivstation und das ONKO-KISS ein Surveillance System von nosokomialen Infektionen bei Patienten mit allogener und autologer Stammzelltransplantation. Im Rahmen des AMBU-KISS, lassen sich Wundinfektionen nach ausgewählten ambulanten Indikatoroperationen erfassen und Wundinfektionsraten

Tab. 8.1 Informationsgrafik zu den KISS-Modulen, eigene Darstellung (in Anlehnung an: NRZ 2013, S. 1)

Surveillance-Ziel	Infektions-Surveillance	Erreger-Surveillance	Verbrauchs-Surveillance
Patienten-Kollektiv	Stationäre & ambulante Patienten	Stationäre Patienten	Stationäre & ambulante Patienten
Surveillance-Prinzip & KISS-Modul	**Stationsbezogen:** ITS-KISS, STATION-KISS **Patientenbezogen:** NEO-KISS, OP-KISS, ONKO-KISS, AMBU-KISS	**Stationsbezogen:** ITS-KISS, STATIONS-KISS, SARI **Krankenhausbezogen:** CDAD-KISS, MRSA-KISS	**Stations-/ Funktions-bereich-bezogen:** HAND-KISS, SARI

ermitteln. Das Modul CDAF-KISS befasst sich ausschließlich mit der Clostridium difficile assoziierten Diarrhö (CDAD), einem anaeroben Erreger nosokomialer Infektionen. Mittels diesem Surveillance System, sollen Daten zur Häufigkeit gewonnen werden und CDAD-Ausbrüche früher entdeckt werden. Anhand des Moduls MRSA-KISS, lassen sich sämtliche MRSA-Fälle eines Krankenhauses erfassen und Referenzdaten generieren. SARI, Surveillance der Antibiotika-Anwendung und bakteriellen Resistenzen auf Intensivstationen, befasst sich mit der Ausbreitung von nosokomialen Infektionen und resistenten Infektionserregern. Diese Module können nach individuellen Bedürfnissen des Krankenhauses ausgewählt und nach Absolvierung eines Einführungskurses erworben werden (NRZ 2018, S. 1). Die Implementierung solcher Module kann durch nationale Vergleiche mit anderen Krankenhäusern zu einer verbesserten Hygiene führen und so der Zahl der nosokomialen Infektionen entgegenwirken. Krankenhäuser müssen mithilfe des Surveillance-Systems bzw. der Überwachung und dem Hygienemanagement eine Einschätzung über Risikobereiche bezüglich nosokomialer Infektionen abschätzen. Die Risikoanalyse stellt einen wichtigen Aspekt dar, denn nur ein gut strukturiertes und dokumentiertes Risikoprofil gibt Auskunft über potenzielle Gefahren im Bereich der Hygiene. Jede Abteilung wird einzeln bewertet und analysiert, umso die optimalen Hygienemaßnahmen, unter Berücksichtigung der Anforderungen des Krankenhauses, festzulegen. Um den Hygienemaßnahmen, Anforderungen und Regelungen innerhalb eines Krankenhauses gerecht zu werden, ist eine angemessene Personalausstattung, also ein fachkundiges, geschultes Personal von Nöten. Nur so können die wichtigen Hygienemaßnahmen sachgerecht umgesetzt und gefördert werden und die Patientensicherheit und –zufriedenheit genügend beachtet werden. Auch die strukturierte Erfassung von nosokomialen Infektionen, Erregern und Keimen gehört zu den umfassenden Aufgaben des Hygienepersonals und ist notwendig für ein organisiertes Surveillance-System. Die Surveillance-Daten sollen dem Krankenhaus verhelfen, Ist- und Sollzustände aufzuzeigen, Ausbrüche frühzeitig zu erkennen, erhöhte Infektionsraten richtig einzuschätzen und die Wirksamkeit von infektionspräventiven Maßnahmen zu beurteilen (RKI 2018, S. 479 ff.).

8.4.1 Qualitätsmanagement-Modelle

Laut § 135a des Sozialgesetzbuches (SGB) 5, ist das Krankenhaus verpflichtet, eine Qualitätssicherung im Gesundheitswesen durchzuführen und ein geeignetes und praktikables Qualitätsmanagementsystem anzuwenden. Durch ein gut strukturiertes Qualitätsmanagement, kann das Krankenhaus nicht nur Mehrkosten einsparen, sondern auch hinsichtlich des Hygienemanagements von präventiven Maßnahmen profitieren. Das Ziel von einem auf die Krankenhaushygiene gerichteten Qualitätsmanagement ist es primär, dem Anwender die vielfältigen Dokumentationsanforderungen zu erleichtern, in dem die gesetzlichen Anforderungen in dem System gebündelt zusammengefasst werden um so eine systematisierte Übersicht zu geben. In den deutschen Krankenhäusern haben sich drei unterschiedliche Qualitätsmanagement-Modelle etabliert (Schulz-Stübner 2002, S. 1337 ff.).

Das KTQ-Modell, Kooperation für Transparenz und Qualität im Gesundheitswesen (KTQ), ermittelt anhand eines umfangreichen Frage- und Antwortmanuals zu allen wichtigen Abläufen innerhalb des Krankenhauses, die Qualität einzelner Kriterien. So werden die Patienten bei der Aufnahme, während der Behandlung und bei der Entlassung, mittels eines Selbstbewertungsberichtes darum gebeten, die Kriterien des KTQ-Modells zu bewerten. Die Kriterien beziehen sich insbesondere auf die Patientenorientierung, die Mitarbeiterorientierung in die Planung und Entwicklung, die Sicherheit im Bereich des Arbeitsschutzes und der Hygiene, dem Informationswesen, die Krankenhausführung und die Festsetzung der Qualitätsziele und im Allgemeinen auf das Qualitätsmanagement als solches. Diese sechs Kategorien, darunter auch die Sicherheit mit besonderem Hygienebezug, unterliegen der ständigen Verbesserung und werden ergänzend zu der Selbstbewertung durch eine Fremdbewertung von beruflich aktiven Visitoren vervollständigt (Schulz-Stübner 2002, S. 1337 ff.).

Das EFQM-Modell der European Foundation of Quality Management, besteht ebenfalls aus einer Selbst- und Fremdbewertung und wird anhand von neun Kriterien definiert. Diese werden mittels eines „Radarprinzips" bewertet, wobei das R für Results, also den Ergebniszielen steht, das A für Approach, dem Vorgehen und der strategischen Planung steht, das D für Deployment, der Umsetzung und der Prozesse steht, das A für Assessment und das R für Review, also der systematischen Bewertung, dem Lernen und dem Verbessern innerhalb der zu betrachteten Einrichtung steht (ebd.) Das Modell kann durch die Vergleichsfähigkeit gute Hinweise auf den qualitativen Stand eines Krankenhauses geben und fasst die Aspekte der Hygiene überwiegend im Bereich des Kriteriums „Prozesse" zusammen (Wrobel und Krahe 2017, S. 40 ff.).

Die Norm DIN EN ISO 9001.2000 unterteilt das Qualitätsmanagement in vier Abschnitte. Die Norm DIN EN ISO 9001.2000, eine der am häufigsten verwendeten Normen, versucht durch Verantwortung der Leitung, einem geregelten Ressourcenmanagement, einer Produktrealisierung im Sinne der pflegerischen Leistung am Krankenhauspatienten sowie der Messung und der Analyse, einen kontinuierlichen

Verbesserungsprozess (KVP) zu implementieren und durch eine effiziente Anwendung der Norm, eine erhöhte Patientenzufriedenheit sicherzustellen (ISO 2000, S. 1). Alle Modelle sind darauf ausgerichtet, sichtbare Verbesserungsprozesse zu erreichen, eine systematische Analyse kontinuierlich durchzuführen und Fehler und Risiken zu bewerten und zu bearbeiten. Besonders im Bereich der Krankenhaushygiene ist ein Modell des Qualitätsmanagements evident, um Mehrkosten einzusparen und Vergleiche zwischen dem Ist- und Sollzustand anzustellen (Schulz-Stübner 2002, S. 1337 ff.).

8.4.2 Bausteine für einen hohen Hygienestandard

Tab. 8.2 stellt die wichtigsten Aufgaben eines gut strukturierten und organisierten Hygienemanagements übersichtlich dar. Die Tabelle konzentriert sich dabei auf eine Auswahl von Aufbau- und Ablauforganisation des Hygienemanagements, auf die Etablierung verbindlicher Verfahren und Abläufe in der Hygiene, auf Hygienebegehungen und –audits sowie auf eine Auswahl von Ergebnismessungen und ständiger Verbesserung.

Diese Auswahl an Maßnahmen, können die Hygiene in Krankenhäusern verbessern und für einen hohen Hygienestandard sorgen. Eine gut strukturierte und organisierte Krankenhaushygiene fängt mit der Geschäftsführung und deren hygienischen

Tab. 8.2 Maßnahmen für einen hohen Hygienestandard, eigene Darstellung (in Anlehnung an: Wrobel und Krahe 2017, S. 40 ff.)

1	Gesamtverantwortung für die Hygiene an die Geschäftsführung zuweisen
2	Betreuung durch Krankenhaushygieniker_innen sicherstellen, mit ausreichender Vor-Ort-Präsenzzeit
3	Abteilungs- und berufsgruppenübergreifende Weitergabe von hygienerelevanten Informationen (MRSA-Patienten, nosokomiale Infektionen), klare Regelungen
4	Interne Hygienebegehungen müssen systematisch geplant, durchgeführt und dokumentiert werden
5	Etablierung des Hygieneverhaltens der Mitarbeitenden (Händehygiene, Dienst- und Bereichskleidung, Bettenreinigung- und aufbereitung)
6	Qualitäts- und Hygienemanagement durch Hygieneaudits und systematische interne Begehungen, Förderung der Präsenz des Hygieneteams innerhalb des Krankenhauses
7	Analyse interner Erregerstatistiken, bspw. SARI-System ermöglicht Erfassung und Auswertung von Surveillance-Daten
8	Umgang mit Auditergebnissen festlegen anhand des KVP, der jährlichen Managementbewertung (ISO 9001) oder des Selbstbewertungsberichts (EFQM, KTQ)
9	Pflichtfortbildungen und Einarbeitung in Hygieneprogramme für die Mitarbeitenden, Erstellung von Hygieneplänen
10	Screening auf nosokomiale Infektionen, MRSA-Fälle, gut strukturiertes Ausbruchsmanagement

Gesamtverantwortung an und erstreckt sich bis zum Erfassen und Auswerten von Surveillance-Daten. Dabei spielen Aspekte zur Förderung einer effektiven Krankenhaushygiene wie bspw. eine gute Organisations- und Kommunikationsstruktur, ein lückenhaftes Verständnis der Beteiligten bezogen auf die abteilungsübergreifende Verantwortung und eine Einbeziehung der Patienten eine sehr wichtige Rolle (Wrobel und Krahe 2017, S. 41 f.). Die Implementierung von infektionspräventiven Maßnahmen kann somit nicht nur nosokomiale Infektionen eliminieren und Patienten und Mitarbeitende prospektiv vor der Ansteckungsgefahr schützen, sondern auch, den im nächsten Kapitel beschriebenen möglichen Herausforderungen vorbeugen.

8.5 Herausforderungen

Die DGKH, Deutsche Gesellschaft für Krankenhaushygiene e. V., sieht einen deutlichen Handlungsbedarf im Bereich der Krankenhaushygiene. Die Krankenhaushygiene sollte laut der DGKH, schon bereits in der Ausbildung und Fortbildung, im Medizinstudium und in der Berufsausbildung einen deutlich höheren Stellenwert bekommen. Die Ausbildungssituation an den Universitäten hat sich in den letzten Jahren verschlechtert und führt zu Konsequenzen in der adäquaten Ausbildung für einen qualifizierten Arzt/Ärztin, der/die im Bereich der Hygiene fachkundiges Wissen vorzeigen kann. Auch beim Einsatz von Antibiotika sind laut der DGKH, Wissenslücken vorhanden. Die Indikation von Antibiotika trägt maßgeblich dazu bei, nosokomiale Infektionen richtig und wirksam eindämmen zu können. Um die Kenntnisse im Bereich der Hygiene zu verbessern, sind mehr Lehrstühle an den Universitäten nötig und die Hygiene sollte in den Lehrplänen aller medizinischen Berufe mehr Aufmerksamkeit bekommen (Exner und Kramer 2012, S. 1471 f.). Des Weiteren belegen zahlreiche Studien, dass Deutschland keinen ausreichenden Pflegepersonal-Patientenschlüssel hat (DGKH 2015, S. 54). Je weniger Pflegepersonal pro Patienten, desto mehr breiten sich nosokomiale Infektionen und multiresistente Erreger in Krankenhäusern aus (Daud-Galotti et al. 2012, S. 54 f.). Ergebnisse einer systematischen Erhebung in 130 bayrischen Kliniken zeigt, dass 52 % der Kliniken eine/n externe/n Hygieniker_in oder ein externes Hygieneinstitut beauftragen und 9 % der Kliniken eine/n Krankenhaushygieniker_in intern oder in Teilzeit beschäftigen. Hygienefachkräfte werden bei 66 % der Kliniken intern beschäftigt und 30 % der Kliniken beauftragen externe Dienstleister (Herr et al. 2009, S. 758 ff.). Die Herausforderung besteht darin, die Personalsituation zu verbessern, umso die Hygienerichtlinien einhalten zu können (Korczak und Schöffmann 2010, S. 23).

Laut Kuntsche und Börchers, werden die Herausforderungen für schlechte Hygiene eher in den Krankenhäusern vermutet, als außerhalb in der Gesetzgebung. Risikobereiche stellen hier die Organisation und Managementfunktionen, die hohe Personalwechselrate und die hohe Arbeitsbelastung dar. Des Weiteren stellen die anfallenden Kosten in den stationären und ambulanten Bereichen sowie in der Personalsituation (fehlende Hygieneexperten und -fachkräfte, Qualifikation und Einsatz) eine große Herausforderung dar (Kuntsche und Börchers 2017, S. 361). Eine weitere besondere Herausforderung stellt der demografische Wandel dar, der die Zahl der Pflegebedürftigen steigen lässt und die Anzahl der Pflegekräfte sinken lässt. Der Report der Bertelsmann-Stiftung prognostiziert einen Zuwachs an 50 % Pflegebedürftigen bis zum Jahr 2030 (Rothgang et al. 2012, S. 13). Der Mangel an fachkundigen Pflegepersonal stellt nicht nur die Qualitätssicherung vor eine große Herausforderung, sondern auch die Krankenhaushygiene, die bei der Umsetzung notwendiger Hygienemaßnahmen einbüßen muss. Wird der Pflegepersonal-Patientenschlüssel in Europa miteinander verglichen, zeigt sich, dass Deutschland den letzten Platz belegt und das schlechteste Verhältnis von Pflegepersonal zu Patienten vorweist (DGKH 2015, S. 55). Eine weitere Herausforderung stellt die Reinigung in Krankenhäusern dar. Die Umfrage der DGKH im Jahr 2013, bezieht sich auf die Situation der Reinigung in deutschen Krankenhäusern. Immer mehr nosokomiale Infektionen und antibiotikaresistente Erreger breiten sich in den Krankenhäusern aus und verursachen in erster Linie Klagen über eine unzureichende Qualität der Reinigung. Mittels eines Fragebogens wurden die Antworten von Hygienefachkräften, hygienebeauftragten Ärzten und Pflegekräften generiert und anschließend ausgewertet. Die Ergebnisse ergaben, dass die Reinigung bei 21 % der Einrichtungen über ein hauseigenes Personal stattfindet, bei 29 % wird die Reinigung durch eine externe Firma durchgeführt und 50 % beauftragen eine Servicegesellschaft des Krankenhauses. Auch die Reinigung innerhalb der Woche wurde evaluiert und ergab, dass in über 50 % der Fälle keine Reinigung am Sonntag stattfindet und auch Samstag sowie Mittwoch immer seltener gereinigt wird. In 38 % der Fälle wurde sonntags lediglich eine Sichtreinigung durchgeführt. Darunter zu verstehen ist keine gründliche Reinigung, sondern ausschließlich die Beseitigung von Schmutz, der direkt sichtbar ist. Viele Krankenhäuser verzichten somit an mehreren Tagen in der Woche auf die Reinigung oder führen nur Sichtreinigungen durch. Auch die Ergebnisse der Befragung nach der Qualität der Reinigung bezogen auf dessen Entwicklung in den letzten Jahren ergab, dass 17 % der Krankenhäuser eine Verbesserung in der Hygiene sehen, bei 25 % die Hygiene gleichbleibend sei und 59 % empfanden die Qualität der Hygiene schlechter als zuvor (DGKH 2013, S. 232 f.). Eine der größten Herausforderungen stellt jedoch die Schulung und Information der Patienten in ihrer eigenen, persönlichen Hygiene dar. Die KRINKO-Empfehlungen sehen vor, die Patienten mit in die krankenhaushygienischen Maßnahmen mit einzubeziehen, umso nosokomialen Infektionen vorzubeugen. Allerdings wurden bislang die Maßnahmen zur Prävention von nosokomialen Infektionen zu wenig thematisiert und ungenügend aufbereitet. Eine aktive Einbeziehung der Patienten und deren Angehörigen ist evident für ein strukturiertes Hygienemanagement und stellt ein hohes Präventionspotenzial dar. Neben dem aktiven Einbeziehen in den Bereichen der Toilettenhygiene, der Wäschehygiene, der Umgang mit persönlichen Utensilien, der Umgang im Sanitärbereich, ist die Händehygiene eine der wichtigsten Kernelemente in der Hygiene und bietet einen optimalen Ansatzpunkt in der Infektionsprävention (DGKH 2015, S. 58). „Patient Empowerment" ist laut der WHO, ein Prozess bei dem Menschen eine größere Kontrolle über ihre Entscheidungen und ihre Handlungen bekommen, die ihre Gesundheit beeinflussen (WHO 2009, S. 190 f.). Die WHO greift auf eine multimodale Interventionsstrategie zurück, da diese eine zuverlässige, evidenzbasierte Methode zur nachhaltigen Verbesserung darstellt (ebd.). Patienten tragen dabei die Rolle des „Erinnerers" und werden ermutigt gesundheitsfördernd zu handeln, in dem sie die Mitarbeitenden auffordern, ihre Hände zu desinfizieren bzw. nachfragen, ob bereits eine Händedesinfektion durchgeführt wurden ist. Eine Vielzahl an Studien ergaben jedoch, dass sich Patienten bei der Erinnerung an die Händehygiene unwohl fühlen und nur dann erinnerten, wenn die Mitarbeitenden die Erinnerungshilfe wertschätzten (Ottum et al. 2012, S. 1282 ff.; Wu et al. 2013, S. 327 ff.). Aus Sicht der Ärzte und der Mitarbeitenden, gaben 74 % an, dass Patienten durch das „Patient Empowerment" einen guten Beitrag zur Infektionsprävention leisten können. Dennoch ergab die Untersuchung *„Caregivers' perceptions of patients as reminders to improve hand hygiene"*, dass sich fast 50 % der Mitarbeitenden schuldig fühlen und schämen würden und 18 % Angst hätten, dass die nicht erfolgte Händedesinfektion rechtliche Konsequenzen für sie haben würde (Longtin et al. 2012, S. 1516 f.). Die Idee der „Patient Empowerment" ist es, die Patienten aktiv mit einzubeziehen und durch die präventive Maßnahme, die nosokomialen Infektionen einzudämmen. Doch Ergebnisse vieler Studien (ebd.) lieferten Gründe dafür, warum Patienten die Mitarbeitenden nicht direkt auf das Händedesinfizieren ansprechen würden, wie bspw., dass das Ansprechen als unangenehm empfunden wird, dass die Patienten das Gefühl hätten respektlos und unhöflich zu sein oder, dass die Patienten davon ausgehen, dass das Personal die präventive Maßnahme kenne oder kennen müsse (Reichardt und Gastmeier 2013, S. 161). Es bedarf weiterhin neuen Konzepten, um die Patientenpartizipation zu steigern und Barrieren beiderseits abzubauen. Die Herausforderung besteht darin die Händedesinfektion für die Patienten, die Angehörigen sowie für alle Mitarbeitenden, als präventive Maßnahme gegen nosokomiale Infektionen, mehr in den Fokus zu stellen und gezielt auf das Händedesinfizieren aufmerksam zu machen.

8.6   Schlussfolgerungen

Zusammenfassend ist festzustellen, dass es eine Vielzahl an Herausforderungen und Schwierigkeiten in der Krankenhaushygiene gibt. Besonders die Organisation- und Managementfunktion, die hohe Personalwechselrate und die hohe Arbeitsbelastung, durch den schlechten Pflegepersonal-Patientenschlüssel, stellen eine große Herausforderung dar. Hinzukommend erschweren anfallende Kosten in den stationären und ambulanten Bereichen, durch nosokomiale Infektionen verursacht, die Situation maßgeblich. Der Mangel an Personal sowie fehlende Hygieneexperten und –fachkräfte stellen nicht nur die Qualitätssicherung vor eine große Herausforderung, sondern auch die Krankenhaushygiene, die bei der Umsetzung notwendiger Hygienemaßnahmen einbüßen muss. Um die nosokomialen Infektionen durch infektionspräventive Maßnahmen einzudämmen, sollten vermehrt die Patienten mit einbezogen werden, Mitarbeitende motiviert werden umso der Compliance des Händedesinfizierens mehr Aufmerksamkeit zu schenken. Um die Kenntnisse im Bereich der Hygiene zu verbessern, sollte die Hygiene in den Lehrplänen aller medizinischen Berufe einen zentralen Stellenwert bekommen, es sollten mehr Lehrstühle an den Universitäten vorhanden sein und genügend Fort- und Weiterbildungen für Mitarbeitende angeboten werden. Eine effektive Krankenhaushygiene beugt nicht nur Herausforderungen und Schwierigkeiten vor, sondern kann durch Aspekte, wie bspw. eine gute Organisations- und Kommunikationsstruktur, einem lückenhaften Verständnis der Beteiligten bezogen auf die abteilungsübergreifende Verantwortung und eine Einbeziehung der Patienten gefördert werden. Durch das verbinden des Qualitäts- und Hygienemanagements, können sowohl die Leistungsfähigkeit und die Wettbewerbsfähigkeit, als auch die Sicherheit der Einrichtung gefördert werden. Die Implementierung von infektionspräventiven Maßnahmen kann somit nosokomiale Infektionen eliminieren und Patienten und Mitarbeitende prospektiv vor der Ansteckungsgefahr schützen.

Literatur

Aktion Saubere Hände. (2018). Terminologie und Konzept der "5 Indikationen zur Händedesinfektion". https://www.aktion-sauberehaende.de/ash/module/krankenhaeuser/5-indikationen/. Zugegriffen: 9. Jan. 2019.

BMG, Bundesministerium für Gesundheit. (2018). Krankenhaushygiene. https://www.bundesgesundheitsministerium.de/krankenhaushygiene.html. Zugegriffen: 18. Dez. 2018.

Daud-Gallotti, R. M., Costa, S. F., Guimarães, T., Padilha, K. G., Inoue, E. N., Vasconcelos, T. N., et al. (2012). Nursing workload as a risk factor for healthcare associated infections in ICU: A prospective study. *PLoS ONE, 7*(12), e52342. https://doi.org/10.1371/journal.pone.0052342. Zugegriffen: 19. Dez. 2018.

DGKH, Deutsche Gesellschaft für Krankenhaushygiene. (2013). Reinigung in Krankenhäusern-eine Umfrage der DGKH im Jahr 2013 (S. 232 ff.). https://www.krankenhaushygiene.de/pdfdata/hm/2014_HM6_reinigung.pdf. Zugegriffen: 19. Dez. 2018.

DGKH, Deutsche Gesellschaft für Krankenhaushygiene. (2015). Aktuelle Forderungen der DGKH zur Krankenhaushygiene (S. 54–60). https://www.krankenhaushygiene.de/pdfdata/hm/2015_HM_01-02_Aktuelle_Forderungen_der_DGKH.pdf. Zugegriffen: 29. Dez. 2018.

EDCD, European Centre for Disease Prevention and Control. (2008). Annual epidemiological report on communicable diseases in Europe. https://ecdc.europa.eu/sites/portal/files/media/en/publications/Publications/0812_SUR_Annual_Epidemiological_Report_2008.pdf. Zugegriffen: 29. Dez. 2018.

Exner, M., & Kramer, A. (2012). Historische Entwicklung und aktuelle Anforderungen an die ärztliche Aus-, Fort- und Weiterbildung in der Hygiene und Infektionsprävention. *Bundesgesundheitsblatt Gesundheitsforschung Gesundheitsschutz, 55*(11–12), 1465–1473. https://doi.org/10.1007/s00103-012-1565-5.

Herr, C., Fembacher, L., Bischoff, H., Billing, J., Otto-Karg, I., Lehner-Reindl, V., et al. (2009). Management von Antibiotika-resistenten Erregern in bayerischen Kliniken: Ergebnisse einer systematischen Erhebung und Perspektiven zur Bildung eines landesweiten Netzwerks „multiresistente Erreger". *Gesundheitswesen, 71*(2009), 755–762.

ISO, International Organization for Standardization. (2000). Quality management systems- requirements. ISO 9001:2000. https://www.iso.org/standard/21823.html. Zugegriffen: 20. Dez. 2018.

Korczak, D., & Schöffmann, C. (2010). *Medizinische Wirksamkeit und Kosten-Effektivität von Präventionsmaßnahmen gegen Methicillinresistente Staphyococcus aureus (MRSA)-Infektionen im Krankenhaus* (S. 22). Köln: Deutsches Institut für Medizinische Dokumentation und Information (DIMDI).

Kröcker, U. (2015). *Studie zeigt Defizite in der Krankenhaushygiene.* In Hysyst (Hrsg.), Düsseldorf. https://www.hysyst.com/studie-zeigt-defizite-in-der-krankenhaushygiene/. Zugegriffen: 20. Dez. 2018.

Kuntsche, P., & Börchers, K. (2017). *Qualitäts- und Risikomanagement im Gesundheitswesen.* Berlin: Springer Gabler. https://doi.org/10.1007/978-3-642-55185-7.

Lacour, M., Dettenkofer, M., Rüden, H., & Daschner, F. (2001). Qualitätsmanagement in der Krankenhaushygiene. *Gesundheitsökonomie und Qualitätsmanagement, 6*(5), 138–144. https://doi.org/10.1055/s-2001-17746.

Longtin, Y., Farquet, N., Gayet-Ageron, H., Sax, D., & Pittet, D. (2012). Caregivers' perceptions of patients as reminders to improve hand hygiene. *Archives of Internal Medicine, 172*(19), 1516–1517.

NRZ (Nationales Referenzzentrum für Surveillance von nosokomialen Infektionen), & Robert Koch-Institut. (2016). *Definitionen nosokomialer Infektionen für die Surveillance im Krankenhaus-Infektions- Surveillance-System (KISS-Definitionen).* Berlin: RKI.

NRZ & Robert Koch-Instiut. (2013). *KISS (Krankenhaus-Infektions-Surveillance-System) Projektbeschreibung..* https://www.nrz-hygiene.de/surveillance/kiss/. Zugegriffen: 28. Dez. 2018.

Ottum, A., Sethi, A. K., Jacobs, E. A., et al. (2012). Do patients feel comfortable asking healthcare workers to wash their hands? *Infection Control and Hospital Epidemiology, 33*(2012), 1282–1284. https://doi.org/10.1086/668419. https://www.ncbi.nlm.nih.gov/pubmed/23143376. Zugegriffen: 28. Dez. 2018.

Reichardt, C., & Gastmeier, P. (2013). „Patient Empowerment" Wie viel können Patienten zu einer verbesserten Compliance des Personals beitragen? (*Krankenhaushygiene up2date8 08* (03), 157–164). http://dx.doi.org/10.1055/s-0033-1344688.

RKI. (2018). Hygienefachpersonal- wann ist der Bedarf gedeckt? In RKI (Hrsg.) Epidemiologisches *Bulletin* (S. 479 ff.).

Rothgang, H., Müller, R., & Unger, R. (2012). *Themenreport „Pflege 2030". Was ist zu erwarten- was ist zu tun?* (S. 13). Gütersloh: Bertelsmann Stiftung.

Schimmelpfenning, M. (2014). Hygienemanagement. In R. Höfert. & M. Schimmelpfenning. (Hrsg.), *Hygiene- Pflege- Recht.* (S. 80 ff.). Heidelberg: Springer. https://doi.org/10.1007/978-3-642-30007-3.

Schulz-Stübner, S. (2002). Qualitätsmanagement in der Krankenhaushygiene. *Deutsch Medizische Wochenschrift 127*(24), 1337–1340. https://doi.org/10.1055/s-2002-32194

Waßmuth, J. (2017). Qualitätsbegriff in der Gesundheitsversorgung. In P. Kuntsche & K. Börchers (Hrsg.), *Qualitäts- und Risikomanagement im Gesundheitswesen.* Berlin: Springer Gabler. https://doi.org/10.1007/978-3-642-55185-7.

WHO. (2006). Your 5 moments for hand hygiene. https://www.who.int/gpsc/tools/5momentsHand-Hygiene_A3.pdf?ua=1 Zugegriffen: 28. Dez. 2018.

WHO, World Health Organization. (2009). WHO guidelines on hand hygiene in health care. (S. 190 ff.). http://apps.who.int/iris/bitstream/handle/10665/44102/9789241597906_eng.pdf;jsessionid=3645C69AE3E36196D23CBE1582C70B99?sequence=1. Zugegriffen: 28. Dez. 2018.

Wrobel, B., & Krahe, S. (2017). Hygiene und Qualität gehören zusammen – Hygienemanagement als gelebte Form des Qualitätsmanagements. In P. Kuntsche & K. Börchers (Hrsg.), *Qualitäts- und Risikomanagement im Gesundheitswesen* (S. 354–360). Berlin: Springer.

Wu, K. S., Lee, S. S., Chen, J. K., et al. (2013). Hand hygiene among patients: attitudes, perceptions, and willingness to participate. *American Journal of Infection Control, 41*(2013), 327–331. https://www.ncbi.nlm.nih.gov/pubmed/23062662. Zugegriffen: 28. Dez. 2018.

Lob- und Beschwerdemanagement im Krankenhaus

9

Gulan Amin-Hoteki

9.1 Einleitung

Patient_innen, die in Krankenhäusern behandelt werden, haben Bedürfnisse, Wünsche und Erwartungen darüber, wie ihre Behandlung ablaufen soll. Sollten diese Erwartungen nicht erfüllt oder aber sehr gut umgesetzt werden, wird ihnen die Gelegenheit geboten sich diesbezüglich zu äußern. Patient_innen, die sich bezüglich ihrer Erfahrungen während eines Krankenhausaufenthaltes äußern möchten, können dies anhand von Rückmeldungen tun. Für die Aufnahme und Bearbeitung der Rückmeldungen sind spezielle Beschwerdestellen in jedem Krankenhaus verantwortlich, bei denen die Beschwerdebeauftragten für ein patientenorientiertes Beschwerdemanagement sorgen. Das Beschwerdemanagement eines Krankenhauses ist für die Bearbeitung von Beschwerden, Lob und Anregungen zu Verbesserungsvorschlägen verantwortlich (Sänger 2010, S. 62 f.).

Das Lob- und Beschwerdemanagement, das seit 2013 durch die Verabschiedung des Patientenrechtegesetzes gesetzlich festgeschrieben ist und in jedem deutschen Krankenhaus eingeführt werden musste, ist ein wichtiger Faktor, der zur Qualität eines Krankenhauses beiträgt (Aerzteblatt.de 2017).

1942 Krankenhäuser wurden 2017 nach Angabe des Statistischen Bundesamts in Deutschland gezählt, d. h., dass es dementsprechend viele Beschwerdestellen in den Krankenhäusern Deutschlands gab (Statistisches Bundesamt n. d.).

Ob und, wenn ja, wie wichtig Patient_innen und ihre Rückmeldungen für die Qualität eines Krankenhauses sind, lässt sich durch Beantwortung der folgenden Fragestellung

G. Amin-Hoteki (✉)
Hochschule für Angewandte Wissenschaften Hamburg, Hamburg, Deutschland
E-Mail: Gulan.Amin-Hoteki@haw-hamburg.de

© Springer-Verlag GmbH Deutschland, ein Teil von Springer Nature 2020
W. Leal (Hrsg.), *Qualitätsmanagement in der Gesundheitsversorgung*, Erfolgskonzepte
Praxis- & Krankenhaus-Management, https://doi.org/10.1007/978-3-662-59675-3_9

aufweisen: „Inwiefern beeinflussen Patient_innen durch Lob und Beschwerde das Qualitätsmanagement in Krankenhäusern?"

Das folgende Kapitel wurde im Rahmen des Moduls „Projekt- und Qualitätsmanagement, Wintersemester 2018/2019 verfasst.

Zunächst folgt eine Definition des Lob- und Beschwerdemanagements in Krankenhäusern, woraufhin der Bedarf und Nutzen erläutert werden. Anschließend werden zwei mögliche Umsetzungsformate vorgestellt und Herausforderungen des Lob- und Beschwerdemanagements werden aufgegriffen. Abschließend folgt eine Schlussfolgerung und Beantwortung der Leitfrage.

9.2 Definition von Lob- und Beschwerdemanagement

Qualität meint die Eigenschaften von Dienstleistungen oder Produkten.

Sie gibt das Maß der Erwartungen an, die typisch für die jeweiligen Produkte oder Dienstleistungen sind. Somit ist festzuhalten, dass Qualität auch Qualitätsmerkmale besitzt. Diese Merkmale sind in den einzelnen Produkten oder Tätigkeiten verankert. Jede Qualitätseigenschaft eines Produktes oder einer Dienstleistung kann sich auf die Gesamtheit der Qualität auswirken. Um eine fortwährende Qualität sichern und verbessern zu können, wird das Qualitätsmanagement benötigt (Benes und Groh 2014, S. 41; Sänger 2010, S. 51).

„Unter Management versteht man alle unternehmerischen und betrieblichen Steuerungs- und Koordinierungsaufgaben" (Benes und Groh 2014, S. 79).

Im Falle des Qualitätsmanagements dient dieses zur Lenkung eines Unternehmens und für die Sicherung der Qualität. Aufgrund eines beständigen Wandels in der Gesellschaft, eines andauernden technischen Fortschritts und weiterer Einflussfaktoren, die Auswirkungen auf die Qualität der Produkte und Dienstleistungen haben, ist die Qualitätsverbesserung ein weiterer wichtiger Punkt, der im Qualitätsmanagement wiederzufinden ist (Benes und Groh 2014, S. 37; Sänger 2010, S. 51).

In Krankenhäusern müssen verschiedene Tätigkeitsbereiche aufeinander abgestimmt sein, um Qualität sichern zu können. Es gibt viele verschiedene Dienstleistungen und Maßnahmen in der Patientenorientierung, die angeboten und ausgeführt werden. Die Aufnahme in der Station setzt z. B. eine Stationsführung voraus, bei der den Patient_innen verschiedene Funktionsräume gezeigt werden. Das Krankenzimmer sollte angemessen ausgestattet sein, wie z. B. die Ausstattung von TV, Radio, Telefon und Internetanschluss. Bei der Versorgung sollte ein vielfältiges Nahrungsangebot aufgewiesen werden und beispielsweise auch eine Mikrowelle zur Essensaufwärmung in einer Küche bereitstehen, die für Patient_innen und deren Angehörigen gedacht ist. Technische Erleichterungen sind ebenfalls vorteilhaft für Patienten, wie z. B. Erleichterungen für Rollstuhlfahrer_innen durch Rampen oder Hilfe für Gehbehinderte durch die Bereitstellung von Rollstühlen. Unter dem Aspekt des allgemeinen Serviceangebots stehen Dienste wie Patienten-Cafeterias, Gesprächsecken auf den jeweiligen

Stationen und weitere Dienstleistungen zur Verfügung. Diese Dienstleistungen dienen dazu, die Patient_innen willkommen zu heißen und wohlfühlen zu lassen. Doch zu beachten ist, dass die menschlichen Qualitäten wie z. B. Respekt und Mitgefühl nicht zu ersetzen sind, denn diese Qualitäten sind die Grundbedingungen für einen angenehmen Aufenthalt im Krankenhaus (Hoefert und Härter 2010, S. 16 ff.).

Die Patient_innen in Krankenhäusern werden nicht nur als Kranke angesehen, sondern auch als externe Kund_innen. Ein Qualitätsmanagement ohne die Wahrnehmung der Patientensicht gilt als ungültig und nicht aussagekräftig. Patient_innen bewerten neben der medizinischen Versorgung auch die Kommunikation und den Eindruck vom Personal im Hinblick auf Kompetenz, Freundlichkeit, Zuverlässigkeit etc. (Sänger 2010, S. 53).

Um ein gutes vollständiges Qualitätsmanagement im Krankenhaus durchzuführen, müssen in erster Linie Maßnahmen in der Patientenorientierung ergriffen werden. Patientenorientierung handelt vom Erkennen der Erwartungen und der Bedürfnisse aller Patient_innen. Denn nur, wenn die Ärzt_innen die Bedürfnisse und Erwartungen der Patient_innen erkennen, können sie von den Behandelnden berücksichtigt werden. Deshalb ist die Kommunikation eine der wichtigsten Schlüsselqualifikationen der Ärzt_innen und des weiteren Personals, um mögliche Defizite im Qualitätsmanagement ermitteln zu können (Hoefert und Härter 2010, S. 21).

Da Patient_innen als Teil des Qualitätsmanagements im Krankenhaus angesehen werden, ist es wichtig die jeweilige Patientenerfahrung zu erkennen und zu ermitteln. Sowohl positive als auch negative Erfahrungen können mitgeteilt werden. Möglichkeiten der Rückmeldung sind u. a. der sogenannte Kummerkasten oder eine Vorschlagsbox, die auf jeder Station angebracht ist. Mithilfe dieser Rückmeldungsmöglichkeiten können Patient_innen und Angehörige angeben, was ihnen gefallen hat, was sie gestört hat und was verbessert werden kann. Doch nicht nur der Kummerkasten und die Vorschlagsbox sind mögliche Rückmeldungsmöglichkeiten. Bei Beschwerden und Lob dienen ebenfalls das Ansprechen von Ärzt_innen, Pflegenden und anderen Krankenhausmitarbeiter_innen als Rückmeldungsfunktion. Eine der effektivsten Methoden Rückmeldungen zu erhalten, sind systematische Patientenbefragungen, an denen Patient_innen oft nach der Entlassung teilnehmen (Sänger 2010, S. 63).

2017 führte das Institut für Qualität im Gesundheitswesen im Auftrag des Patientenbeauftragten der Bundesregierung eine Studie zur Umsetzung und Wirkungen des Patientenorientierten Beschwerdemanagements im Krankenhaus durch. Die Ergebnisse der Untersuchung basieren auf einer durchgeführten Online Befragung, an der sich 879 Krankenhäuser beteiligten, sodass die Rücklaufquote 50,3 % betrug. Die gängigste Form der Patientenrückmeldungen sind die Meinungskarten, die dann in die jeweiligen Kummerkästen oder Vorschlagsboxen eingeworfen werden. Zusätzlich wurden die Krankenhäuser befragt, zu welchen Themen sich ihre Patient_innen und deren Angehörigen beschweren würden. Zu den sechs häufigsten Beschwerdegründen zählen die Organisation, womit u. a. lange Wartezeiten gemeint sind, der Zeitmangel des ärztlichen Personals oder Pflegepersonals, die Kommunikation mit Ärzt_innen, das Essen, die Kommunikation mit dem Pflegepersonal und das Gebäude und dessen Zimmerausstattung (AQUA 2017, S. 30 ff.).

Das Lob- und Beschwerdemanagement dient als ein wichtiges Instrument im Qualitätsmanagement von Krankenhäusern. Unterteilt werden Rückmeldungen im Rahmen des Lob- und Beschwerdemanagements in individuelle und standardisierte Rückmeldungen. Von individuellen Rückmeldungen wird gesprochen, wenn Patient_innen anonyme Meinungsbilder in einen Kummerkasten oder in eine Vorschlagsbox einwerfen. Außerdem zählt zu den individuellen Rückmeldung das persönliche Ansprechen des Krankenhauspersonals, also der Behandelnden. Den Patient_innen wird auch die Gelegenheit geboten, sich nach ihrem Krankenaufenthalt auf der Homepage des jeweiligen Krankenhauses zu äußern. Ebenfalls wird den Patient_innen die Möglichkeit der Kontaktierung von krankenhausinternen Beschwerdestellen angeboten, an denen sich Beschwerdebeauftrage die Zeit für Rückmeldungen der Patient_innen nehmen. Standardisierte Rückmeldungen sind z. B. systematische Patientenbefragungen. Der Qualitätsstatus aus Patientensicht wird hierbei nicht individuell, sondern auf einer zusammengefassten Grundlage ermittelt, da validierte Fragebögen verschiedene Dimensionen aufgreifen. Und zwar die Erwartungen und Bedürfnisse der Patient_innen, die persönlichen Einstellungen und die Erfahrungen in einer Situation. Auf den standardisierten Fragebögen befinden sich geschlossene Fragen, die die Auswertung dieser systematischen Befragungen auf kollektiver Basis erleichtern. Neben den aufgezeigten Möglichkeiten der individuellen und standardisierten Rückmeldungen können Patientenbeschwerden auch an unterschiedliche Professionen vermittelt werden, wie z. B. Patientenanwälte, Selbsthilfeorganisationen, Patientenberatungsstellen und Gutachtern. Das Ansprechen des Krankenhauspersonals, Beschwerde- oder Meinungsbriefkästen und systematische Patientenbefragungen sind die gängigsten Methoden der Rückmeldung (ÄZQ n. d.; Sänger 2010, S. 63).

Da Patient_innen als externe Kund_innen gesehen werden, ist es von großer Bedeutung die Kundenzufriedenheit nachhaltig und langfristig zu verbessern. Um die Kundenzufriedenheit steigern zu können, ist eine Überwachung der Patientenzufriedenheit von großer Bedeutung. Zur Steuerung und Lenkung des Beschwerdemanagements in einem Krankenhaus dient das Beschwerdemanagement-Controlling als passendes Instrument. Um ein erfolgreiches Beschwerdemanagement in Krankenhäusern auszuführen, ist ein systematisches Beschwerdemanagement von Vorteil. Ein systematisches Beschwerdemanagement besteht aus Zusammensetzung verschiedener Elemente, die eingesetzt und ausgeführt werden müssen (Jakolow-Standke 2010, S. 435 f.).

Bei der Beschwerde-Stimulierung werden den Kund_innen verschiedene Möglichkeiten gewährleistet, eine Beschwerde einzulegen, oder sich positiv zu Erfahrungen während des Krankenhausaufenthalts zu äußern. Hierbei ist es wichtig die Möglichkeiten der Beschwerdewege verfügbar zu machen, indem u. a. Patientenbefragungen durchgeführt werden. Die Beschwerde-Stimulierung dient zum Anreiz für das Mitteilen von Beschwerden. Bei der Beschwerdeannahme ist der Umgang mit der Aufnahme von Beschwerden sehr wichtig. Bei mündlichen, sowie schriftlichen Beschwerden von

Patient_innen ist die Wertschätzung von hoher Bedeutung. Den Patient_innen muss durch eine patientenorienterte Aufnahme der Beschwerden deutlich gemacht werden, dass jede Beschwerde als Chance gesehen wird, die genannten Fehler nicht zu wiederholen. Bei der Beschwerdebearbeitung ist die Wiederherstellung der Kundenzufriedenheit der Hauptaspekt. Nach Erhalt der Beschwerde sollen die Beschwerdeführer_innen über den Eingang der Beschwerde informiert werden, sowie über die Bearbeitung und der Ergebnisse als abschließende Antwort. Wichtig während des gesamten Prozesses bei der Beschwerdebearbeitung ist die Zeit, denn innerhalb eines bestimmten Zeitraums muss die Beschwerde angenommen, erarbeitet und ausgewertet werden (Stauss und Seidel 2014, S. 326 f.).

Bei der Beschwerdeauswertung werden die Ergebnisse des Beschwerdemanagements regelmäßig veröffentlicht, sodass auch Patient_innen Zugriff auf die Information der Unternehmensleistungen haben. Das hauptsächliche Ziel bei der Auswertung ist die tatsächliche Anzahl der aus der Beschwerden folgenden Verbesserungen (Jakolow-Standke 2010, S. 436 f.).

9.3 Bedarf des Lob- und Beschwerdemanagements in Krankenhäusern

Die Patientenorientierung nimmt eine sehr wichtige Rolle im Qualitätsmanagement von Krankenhäusern ein, deshalb müssen Patient_innen gründlich aufgeklärt werden, da die Information des der Patient_innen eine wichtige zentrale Bedeutung im Qualitätsmanagement hat. Die Anzahl der Patient_innen, die die Vorgehensweise der Behandelnden hinterfragen, steigt kontinuierlich. Somit steigt auch die Anzahl der Patient_innen, die gemeinsam mit ihrem behandelnden Arzt eine Entscheidung finden möchten, auch partizipative Entscheidungsfindung genannt. Dass die Patient_innen gründlich aufgeklärt und über den gesamten Behandlungsverlauf informiert werden müssen, ist eines der Rechte, die unter dem Patientenrechtegesetz im Bürgerlichen Gesetzbuch verankert sind. Durch ein ausführliches Gespräch in Form der Wissensvermittlung und der partizipativen Entscheidungsfindung, können individuelle Bedürfnisse und Erwartungen ermittelt und berücksichtigt werden. Dies beschreibt eine von vielen Maßnahmen der Patientenorientierung. Auch die partizipative Entscheidungsfindung ist im Bürgerlichen Gesetzbuch unter dem Patientenrechtegesetz festgehalten (Ärztekammer Berlin n. d.; ÄZQ n. d.).

Um Defizite im Qualitätsmanagement aufzuklären, ist es besonders wichtig, die Erwartungen und Bedürfnisse aller Patient_innen kontinuierlich zu erfassen und auf diese angemessen zu reagieren. In diesem Fall ist das Lob- und Beschwerdemanagement von hoher Bedeutung, denn es kann Verbesserungen in der Gesamtheit der Qualität einleiten. Die von den Patient_innen geäußerten Ängste, Ärgernisse, Sorgen etc. können auf einer souveränen Art und Weise vom Krankenhaus aufgenommen werden, wodurch die Patient_innen wahrgenommen werden (ÄZQ n. d.).

Nach patientenorientierter Sichtweise ist das Lob- und Beschwerdemanagement ein Indikator dafür, dass jede_r Patient_in ernst genommen wird. Lob oder Beschwerden auszuführen, sind der erste Schritt für Patient_innen, wahrgenommen zu werden (Beschwerdemanagement: Ein Indikator für Patientenfreundlichkeit? 2016, S. 101).

Dass der Bedarf am Beschwerdemanagement für Krankenhäuser notwendig ist, lässt sich anhand der gesetzlichen Verpflichtung zur Durchführung eines patientenorientierten Beschwerdemanagements erkennen. Jedes Krankenhaus ist zu einer Durchführung eines patientenorientierten Lob- und Beschwerdemanagements verpflichtet (Ärztekammer Berlin n. d.).

Neben den patientenorientierten Vorgehensweisen aller behandelnden Personen in einem Krankenhaus, ist es wichtig für Transparenz zu sorgen. Zunächst setzt jede medizinische Behandlung Information des Patienten heraus. Durch eine allumfassende Inkenntnissetzung der Krankheit der Patient_innen, der Behandlungsmöglichkeiten und des weiteren Verlaufs der gesamten Behandlung, also durch eine angemessene Umsetzung des Patientenrechtegesetzes, kann für Transparenz gesorgt werden (Vitt 2016, S. 92).

Da das Qualitätsmanagement eine kontinuierliche Verbesserung und Optimierung der Patientenorientierung voraussetzt, ist das Lob- und Beschwerdemanagement ein wichtiger Faktor für das gesamte Krankenhaus. „Je besser der Patient über die Leistungen des einzelnen Anbieters informiert ist, desto stärker kann er auf dessen abgegebene Qualität Einfluss nehmen" (ebd. 2016, S. 95).

Patient_innen sind wichtige Entscheidungsträger_innen, wenn es um die Bewertung der Qualität in einem Krankenhaus geht, deshalb ist es wichtig die Patientenzufriedenheit zu messen. Patient_innen, die sich im Lob- und Beschwerdemanagement ernst genommen fühlen, nehmen ebenfalls an, dass, das zuständige Krankenhauspersonal für die gute Qualität und Patientenorientierung einsetzt. Patient_innen, bei denen sich Differenzen in den Erwartungen und der Wahrnehmung bemerkbar machen, unterscheiden sich jeweils in ihrer Zufriedenheit. Deshalb ist es wichtig Patient_innen wahrzunehmen, wenn diese sich beschweren und ihnen ebenfalls Rückmeldung zu geben, um bewusst zu machen, dass jede individuelle Rückmeldung wahrgenommen und im Fall einer Beschwerde verarbeitet und die entsprechende Situation verbessert wird bzw. eine Verbesserung im Gange ist (Carbonell 2016, S. 111 ff.).

Es bedarf eines aktiven und patientenorientierten Lob- und Beschwerdemanagements, d. h. Patient_innen und ihre Beschwerden wahrnehmen, an deren Verbesserung arbeiten und diese den jeweiligen Patient_innen rückmelden, um mitzuteilen ob sich der Vorwurf bestätigt hat o. Ä. Außerdem ist es vorteilhaft als Patient_in zu wissen, welche langfristigen Folgen die Beschwerde für das Krankenhaus hat. Patient_innen die Möglichkeit zu geben, sich zu positiven und negativen Erlebnissen während eines Krankenhausaufenthalts zu äußern, stärkt das Vertrauen in das jeweilige Personal und des Krankenhauses. Ein_e Patient_in, welche_r sich ernst genommen in seinen, Bedürfnissen, Erwartungen und partizipativen Entscheidungsfindungen fühlt, erhöht die Wahrscheinlichkeit einer verbesserten und erhöhten Patientenzufriedenheit. Transparenz ist somit ein wichtiger Schlüsselpunkt aus Sicht der Patient_innen. Um somit patientenorientiert zu handeln, dient das Lob- und Beschwerdemanagement als wichtige Bedingung für die Transparenz im Krankenhaus (Kranich 2016, S. 124 ff.).

9.4 Nutzen des Lob- und Beschwerdemanagements

Ein Lob- und Beschwerdemanagement in jedem Krankenhaus einzuführen, ist nützlich, um für ein patientenorientiertes Qualitätsmanagement zu sorgen. Da Patient_innen auch zunehmend am eigenen Behandlungsprozess aktiv teilnehmen möchten, ist es wichtig diese aufzuklären und ihre Bedürfnisse, Wünsche und Erwartungen wahrzunehmen, zu berücksichtigen und im besten Fall umzusetzen. Da letzten Endes die externen Kund_innen, also die Patient_innen die Qualität eines Krankenhauses bewerten, ist das patientenorientierte Qualitätsmanagement von hoher Bedeutung. Dass die Patient_innen durch das Lob- und Beschwerdemanage aktiv an Optimierungsprozesse im Krankenhaus teilhaben, ist ein wichtiger Faktor der Patientenorientierung, da die Patient_innen sich dadurch ernst genommen und wie ein vollwertig betrachteter Einflussfaktor auf die Qualität im Krankenhaus wahr- und ernstgenommen werden (Sänger 2010, S. 51 f.).

Die Erwartungen, Präferenzen und Erfahrungen der Patient_innen eines Krankenhauses sind besonders wichtige Faktoren für ein erfolgreiches Qualitätsmanagement, da erst durch diese Rückmeldungen, in Form von Lob und Beschwerde, die Qualität des jeweiligen Krankenhauses beeinflusst und somit verbessert werden kann (ebd. 2010, S. 69).

Durch ein Lob- und Beschwerdemanagement können positive Rückmeldungen aufgenommen werden und negative Rückmeldungen verarbeitet werden. Patient_innen, die zufrieden mit ihrem Krankenhausaufenthalt sind, oder nach ihrer Beschwerde entsprechend wahrgenommen und zufriedengestellt worden sind, wählen mit hoher Wahrscheinlichkeit dasselbe Krankenhaus noch einmal und empfehlen es im besten Fall weiter, denn diese Methode der Mundpropaganda ist deutlich empfehlenswerter als Werbung, die vom Krankenhaus genutzt wird (Kranich 2016, S. 120).

Ebenso können Patientenrückmeldungen in Daten erfasst und ausgewertet werden, die auf den jeweiligen Internetportalen der Krankenhäuser veröffentlicht werden, sodass den Patient_innen ein Überblick über die Patientenzufriedenheit gewährt werden kann. Die Patient_innen werden im Qualitätsmanagement eines Krankenhauses als wichtige und nicht wegdenkbare Partner_innen wahrgenommen, da ihre Erfahrungen, Präferenzen und Erwartungen als Grundlage für ein erfolgreiches Qualitätsmanagement dienen. Durch das Lob- und Beschwerdemanagement, welches ein wichtiges Instrument für das Qualitätsmanagement ist, kann ebenfalls für mehr Transparenz gesorgt werden, da die Patient_innen durch regelmäßige Auswertungen und Veröffentlichungen von Lob und Beschwerden einen Überblick über mögliche Verbesserungsansätze von Patientenbeschwerden wahrnehmen können, wodurch das Vertrauen in das jeweilige Krankenhaus und dessen kontinuierlichen Qualitätssicherung und – verbesserung gesteigert werden (Sänger 2010, S. 72).

9.5 Mögliche Umsetzungsformate

Um ein erfolgreiches Lob- und Beschwerdemanage ausführen zu können und ein patientenorientiertes Qualitätsmanagement im Krankenhaus sichern zu können, stehen verschiedene Umsetzungsformate zur Verfügung. Zwei Umsetzungsformate des Lob- und Beschwerdemanagements werden im Folgenden näher erläutert.

9.5.1 Umsetzung Der Hamburger Erklärung

Im Jahre 2004 verpflichteten sich die Hamburger Krankenhäuser freiwillig für einen jährlichen Bericht des Beschwerdemanagements. Die 35 Hamburger Krankenhäuser werden durch die Hamburgische Krankenhausgesellschaft unterstützt. Ab 2004 veröffentlichte jedes Krankenhaus über vier Jahre jährlich einen Bericht. Seit 2008 veröffentlicht die Hamburgische Krankenhausgesellschaft jährlich einen gesammelten Auszug aller Berichte der Mitgliedskrankenhäuser, der auf der Homepage der Hamburgischen Krankenhausgesellschaft zu finden ist. Da in dem jährlichen Bericht das Lob- und Beschwerdemanagement der Fokuspunkt ist, handelt die gebündelte Ausgabe von den Patientenrückmeldungen eines jeden Hamburger Krankenhauses, der Umsetzungsform der Hamburger Erklärung und der Ziele für die Weiterentwicklung jedes Krankenhauses (HKG 2009, S. 3).

Neben der Veröffentlichung der jährlichen Berichte unterstützt die Hamburgische Krankenhausgesellschaft ebenfalls die Beschwerdebeauftragten durch fachspezifische Fortbildungen, für einen seriösen Umgang mit und eine angemessene Reaktion auf Beschwerden von Beschwerdeführer_innen. Die Fortbildungen finden zweimal jährlich statt (HKG 2010, S. 3).

„Das patientenorientierte Beschwerdemanagement ist ein zielführendes und zukunftsgerichtetes Werkzeug für einen kontinuierlichen Verbesserungsprozess" (HKG 2018, S. 3).

Das patientenorientierte Beschwerdemanagement nimmt eine zentrale Rolle im Qualitätsmanagement der Krankenhäuser ein. Durch die Hamburger Erklärung, zu deren Umsetzung sich die Mitgliedskrankenhäuser jährlich bereiterklären, wird sich um eine erfolgreiche Durchführung und Umsetzung des Beschwerdemanagements in Krankenhäusern bemüht (ebd. 2018, S. 3).

Zur Umsetzung der Hamburger Erklärung sind im Handbuch der Erklärung sechs Richtlinien angegeben, die einen patientenorientierten Umgang mit Beschwerden in den Hamburger Krankenhäusern erzielen. 35 private, öffentliche und freigemeinnützige Krankenhäuser in Hamburg und in Hamburger Umgebung werden als Mitglied von der Hamburgischen Krankenhausgesellschaft unterstützt (HKG 2019).

Zugänglichkeit

Mit der Zugänglichkeit ist die Möglichkeit verschiedener Wege für Beschwerdeführer_innen gemeint, eine Rückmeldung zu geben. Auf diese verschiedenen Möglichkeiten soll von den Krankenhäusern hingewiesen werden. Mögliche Wege der Rückmeldungen sind Flyer, Internetverweise etc. Über die Kontaktmöglichkeit des Beschwerdemanagements wird ebenfalls informiert. Außerdem wird auf die Zuwendung der Beschwerdestelle hingewiesen, wenn persönliche Beschwerden von Patient_innen eingelegt werden möchten (HKG 2017, S. 4).

Zügige Bearbeitung

Sobald eine Beschwerde eingegangen ist, werden die Beschwerdeführer_innen über den Eingang der Beschwerde informiert. Auch wenn die Bearbeitung der Beschwerde länger andauert als geplant, werden die Patient_innen rechtzeitig informiert, sollten diese ihre Kontaktdaten hinterlassen haben. Jede Reaktion auf Patientenbeschwerden zeugt von Bemühen des Wohls der Patient_innen, weshalb jedes Hamburger Krankenhaus im Beschwerdemanagement dazu verpflichtet ist, die Patient_innen über die jeweiligen Schritte ihrer Beschwerde zu informieren (ebd. 2017, S. 4).

Unabhängigkeit

Um Patient_innen zu Rückmeldungen ihrer Erfahrungen zu motivieren, ist es nötig für Unabhängigkeit im Beschwerdemanagement zu sorgen. Erst eine unbeeinflusste Bearbeitung der Beschwerden motiviert die Patient_innen zu mehr Rückmeldungen. Die Mitarbeiter_innen, die im Beschwerdemanagement eines Hamburger Krankenhauses tätig sind, sind dazu verpflichtet Richtlinien, die für eine unabhängige Beschwerdebearbeitung gestellt werden, zu erfüllen. Ebenso wichtig ist es, die Patient_innen darüber zu informieren, dass ihre Beschwerden ohne eine voreingenommene Haltung wahrgenommen werden. Oft setzt sich das Team eines Beschwerdemanagements in Krankenhäusern mit unabhängigen, externen Personen in Verbindung, die als Vermittler_in zwischen Patient_in und Krankenhaus fungieren. Unabhängig vom jeweiligen Krankenhaus setzen sie sich mit den Beschwerden der Patient_innen auseinander, vermitteln dies an das jeweilige Beschwerdemanagement, was die gemeinsame Bearbeitung einer Beschwerde impliziert. Personen, die unabhängig vom jeweiligen Krankenhaus Patientenbeschwerden entgegennehmen, sind u. a. Patientenfürsprecher_innen, Patientenvertrauenspersonen, oder Ombudsleute, die alle als unparteiische Personen gelten, aber für die Belange der Patient_innen arbeiten (ebd. 2017, S. 4).

Transparenz

Transparenz ist ein wichtiger Faktor für die Patientenorientierung in einem Krankenhaus, denn erst die Veranschaulichung vom Umgang mit Patientenbeschwerden, kann den Patient_innen zeigen, ob die Qualität der Leistungen und Maßnahmen des jeweiligen Krankenhauses verbessert wurden oder nicht. Eine Transparenz wird über die Funktion der beauftragten Person geschaffen, die eine Beschwerde entgegennimmt und bearbeitet. Somit haben Patient_innen direkte Ansprechpartner_innen, die sich um die Belange der Patient_inenn kümmern. Es wird deutlich gemacht, welche Beschwerdewege zur Verfügung stehen und in welchem Prozesspunkt der Bearbeitung sich die jeweilige

Beschwerde der Patient_innen aufhält. Außerdem wird das Ergebnisse der Bearbeitung einer jeweiligen Beschwerde aufgeführt und Erkenntnisse, die aus der Beschwerde gewonnen wurden, werden geteilt. Patient_innen, die sich individuell beschweren, werden in jedem Fall benachrichtigt, sofern sie eine Beschwerde eingelegt haben. Um nicht nur die jeweiligen Beschwerdeführer_innen zu erreichen und sie von den Bemühungen der Beschwerdebearbeitung in Kenntnis zu setzen, werden die jährlichen Berichte über die Aufgaben und Umsetzungen der Beschwerdestelle veröffentlicht (ebd. 2017, S. 4).

Verantwortung

Den Mitarbeiter_innen im Beschwerdemanagement eines Krankenhauses werden Aufgaben zugeteilt, die sie im Rahmen der Beschwerdeannahme und der Beschwerdebearbeitung angemessen ausführen müssen. Diese Aufgaben und Leitlinie sind klar definiert und in einer schriftlichen Vereinbarung festgehalten. Es ist also deutlich vorgegeben, wie die Beschwerdebeauftragten auf Beschwerden reagieren sollen und wie der Vorgang der Bearbeitung von Rückmeldungen durchgeführt werden soll (ebd. 2017, S. 4).

Unternehmenskultur

In der Unternehmenskultur der Hamburger Krankenhäuser, die durch die Hamburgische Krankenhausgesellschaft unterstützt wird, wird jede Beschwerde und jedes Lob der Patient_innen und deren Angehörigen wertgeschätzt. Um auch die Patient_innen spüren zu lassen, dass jede Rückmeldung wahrgenommen und ernst genommen wird, können Mitarbeiter_innen eines Hamburger Krankenhauses u. a. geschult werden. Schulungen für einen besseren Umgang mit Beschwerden seitens des Krankenhauspersonals oder weitere Maßnahmen können die Unternehmenskultur der Mitgliedskrankenhäuser aufrechterhalten und weiterhin fördern (ebd. 2017, S. 4).

Zertifizierung

Zu den bisherigen sechs aufgelisteten Kriterien wird versucht ein siebtes einzuhalten. Das siebte Kriterium meint die Zertifizierung. Gegenwärtige bekannte Zertifikate für Krankenhäuser beinhalten einzelne Aspekte zum Beschwerdemanagement, doch die Anforderungen für eine kontinuierliche Zertifizierung des Beschwerdemanagements der Hamburgischen Krankenhausgesellschaft kann durch die Zertifikate nicht erfüllt werden. Deshalb wurde zunächst für die Hamburger Krankenhäuser ein eigenes Zertifikat für patientenorientierte Beschwerdesysteme entwickelt. Für die Zertifizierung eines Hamburger Krankenhauses müssen zunächst die ersten sechs Kriterien eingehalten werden, da das siebte Kriterium als eine Konsequenz von Einhaltung der sechs Kriterien gesehen wird. Mit sieben ausgewählten Krankenhäusern in Hamburg wird die Durchführbarkeit der Zertifizierung überprüft. Ziel ist es zunächst alle Mitgliedskrankenhäuser in der Hamburgischen Krankenhausgesellschaft zertifizieren zu können, um dieses Zertifikat folglich allen Krankenhäusern in Deutschland zur Verfügung zu stellen (Hamburger Institut für Beschwerdemanagement GmbH 2018). Um Berichte des Beschwerdemanagements der jeweiligen Krankenhäuser in Hamburg jährlich veröffentlichen zu können, ist das Erhalten von Beschwerden die einzige und wichtigste Bedingung für das Beschwerdemanagement. Deshalb wird den Patient_innen durch die jährliche Veröffentlichung der Berichte vorgeführt, dass die beteiligten Krankenhäuser jede Beschwerde der Patient_innen wertschätzen, denn erst mit Hilfe von Beschwerden werden den Krankenhäusern Verbesserungschancen ermöglicht. Durch Verbesserungen können Probleme im Klinikalltag behoben und die Zufriedenheit der Patient_innen gefördert werden (HKG 2009, S. 3).

9.5.2 Beschwerdemanagement-Controlling

Bei der Beschwerdestimulation, Beschwerdeannahme, Beschwerdebearbeitung und der Beschwerdeauswertung steht die Wiederherstellung der Kundenzufriedenheit an erster Stelle. Um jedoch für eine langfristige und nachhaltige Kundenzufriedenheit zu sorgen, ist das Beschwerde-Controlling eine gute Möglichkeit. Beim Beschwerdemanagement-Controlling wird die Wirksamkeit des Beschwerdemanagements geprüft. Die jeweiligen Elemente zur erfolgreichen Durchführung des Beschwerdemanagements und Definition der Qualitätsziele müssen regelmäßig im Rahmen des Beschwerdemanagement-Controllings überprüft werden. Das Beschwerdemanagement-Controlling beinhaltet die Planung, Steuerung und Kontrolle aller Elemente, die für die Durchführung eines Beschwerdemanagements bedeutend sind (Jakolow-Standke 2010, S. 435 f.) Beim Beschwerdemanagement-Controlling wird die Planung von sogenannten Soll-Vorgaben den tatsächlichen Ist-Werten gegenübergestellt. Soll-Vorgaben sind z. B. eine direkte zeitnahe Bearbeitung der Beschwerden und Kontaktierung der Beschwerdeführer_innen. Der Ist-Wert als Gegenüberstellung ist die tatsächlich erfasste Zeit der jeweiligen Beschwerdebearbeitung und die tatsächliche Anzahl der kontaktierten Beschwerdeführer_innen nach Beschwerdeannahme. Maßnahmen bei Abweichungen werden koordiniert. Beim Beschwerdemanagement-Controlling wird ebenfalls die Anzahl der Patientenzustimmung von vorliegenden Beschwerden auf kollektiver Basis ermittelt. Dies geschieht durch regelmäßige systematische Patientenbefragungen z. B. nach der Entlassung. Da der Einsatz der jeweiligen Elemente objektiv und subjektiv zu betrachten ist, wird das Beschwerdemanagement-Controlling in ein subjektives und objektives Controlling unterteilt. Da die Kund_innen die Qualität eines Unternehmens, also des Krankenhauses bewerten, sind die Beschwerden an gewisse Erwartungen seitens der Beschwerdeführer_innen geknüpft. Diese subjektiven Erwartungen sind ein Maßstab für die endgültige Bewertung der Qualität. Beim objektiven Beschwerdemanagement-Controlling nehmen die Aspekte, die unabhängig von der subjektiven Wahrnehmung der Beschwerdeführer_innen sind, die zentrale Rolle ein. U.a. werden die Soll-Vorgaben beim objektiven Controlling festgelegt (Stauss und Seidel 2014, S. 306 ff.).

9.6 Herausforderungen im Lob- und Beschwerdemanagement

Das verpflichtende patientenorientierte Beschwerdemanagement ist ein wichtiger Bestandteil für die Qualitätsbewertung eines Krankenhauses. Die Beschwerdekultur der Krankenhäuser in Deutschland versucht den Patient_innen zu vermitteln, dass jede Beschwerde ein Schatz sei. Jede Beschwerde ist zugleich ein Hinweis auf einen Qualitätsmangel in Krankenhäusern (Kranich 2016, S. 122).

Verschiedenste Formen von Patientenrückmeldungen sollen die Hemmschwelle verringern, sodass alle Patient_innen, die eine Rückmeldungen geben wollen, dies ohne Bedenken tun können. Doch das Ansprechen von Ärzt_innen, Pflegenden oder anderen Krankenhausmitarbeiter_innen fällt sehr vielen Patient_innen schwer, da für sie eine Barriere besteht das Krankenhauspersonal anzusprechen, weil sie eine Abhängigkeit gegenüber den Ärzt_innen und Pflegenden verspüren. Außerdem steht das Krankenhauspersonal unter einem gewissen Zeitdruck, da sie die Rückmeldungen weiterleiten müssen (Sänger 2010, S. 62 f.).

Deshalb stehen oftmals externe Ansprechpersonen zur Verfügung, die Akzeptanz für Patient_innen zu gewährleisten. Hierfür stellen sich u. a. Patientenfürsprecher_innen zur Verfügung. In vielen Bundesländern sind bereits Patientenfürsprecher_innen in Krankenhäusern tätig, die unabhängig vom Krankenhaus, als Vermittler_in zwischen Patient_innen und dem Krankenhaus dienen (Kranich 2016, S. 129).

Patientenfürsprecher_innen könnten somit das Problem des Abhängigkeitsverhältnisses umgehen, indem sie sich unabhängig vom Krankenhaus um die Belange der Patient_innen kümmern. Bei der Online-Befragung, durchgeführt vom AQUA, von 879 Krankenhäusern gaben jedoch nur 28,1 % der in Krankenhäuser beschäftigten Beschwerdemanagementbeauftragten an, dass regelmäßige Besprechungen, telefonisch oder persönlich, zwischen Beauftragten und Patientenfürsprecher_innen stattfinden. 60,2 % bestätigten einen persönlichen oder telefonischen Austausch bei Bedarf. 11,7 % gaben an, dass kein Austausch zwischen Beauftragten und Patientenfürsprecher_innen stattfinde, da die datenschutzrechtlichen Grundlagen einen Austausch erschweren würden (AQUA 2017, S. 31).

Auch im Fall der Patientenfürsprecher_innen sind Komplikationen aufzuweisen. Eine weitere Herausforderung, die als Folge der Hemmschwelle gilt, ist eine geringe Beschwerdeanzahl. Diese bedeutet nicht immer, dass die Patientenzufriedenheit positiv ausfällt. Vielmehr ist eine geringe Anzahl an Beschwerden ein Indikator für ein resigniertes Verhalten der Patient_innen (Jakolow-Standke 2010, S. 437).

Hierfür könnte u. a. auch die Anzahl der Patient_innen, die der deutschen Sprache nicht oder wenig mächtig sind, ein Grund sein. Sprachprobleme und -barrieren sind nicht oder wenig mächtig sind, ein Grund sein. Sprachprobleme und -barrieren sind einer von vielen Hauptgründen, weshalb Patient_innen keine Rückmeldung zu ihrem Aufenthalt geben. Eine Vertrauensgrundlage zwischen Ärzt_innen und Patient_innen zu schaffen, erweist sich somit als schwierig, weshalb Dolmetscher_innen zu jeder möglichen Zeit bereitstehen müssen (Bachinger 2016, S. 150).

Um solche Herausforderungen zu bewältigen, sind u. a. jährliche Berichte der Beschwerdestellen in Krankenhäusern zu veröffentlichen, um Patient_innen vermitteln zu können, dass Beschwerden zuverlässig bearbeitet und Konsequenzen gezogen werden.

9.7 Schlussfolgerung

Zusammenfassend lässt sich sagen, dass das patientenorientierte Beschwerdemanagement zu einer erfolgreichen Durchführung des Qualitätsmanagements in Krankenhäusern dient. Zur Beantwortung der Leitfrage ob und inwiefern Patient_innen durch Lob- und Beschwerde das Qualitätsmanagement in Krankenhäusern beeinflussen, lässt sich sagen, dass Patient_innen von hoher Bedeutung sind. Denn sie bewerten letztlich die Qualität eines Krankenhauses. Durch das Lob- und Beschwerdemanagement nehmen die Patient_innen aktiv an den Optimierungsprozessen teil, welches zeitgleich ein wichtiger Faktor für die Patientenorientierung im Krankenhaus ist. Erst durch Rückmeldungen gelingt es den Krankenhäusern die Qualität eines jeden Krankenhauses zu beeinflussen und dadurch zu verbessern. Da sich auch gegenwärtig viele Patient_innen aufgrund des Abhängigkeitsverhältnisses gegenüber Ärzt_innen, Pflegenden oder anderen Ansprechpersonen nicht negativ äußern möchten, wird die Beschwerdeannahme in Krankenhäusern erschwert. Schulungen der Beschwerdebeauftragten sowie des behandelnden Personals können die Kommunikation zu Patient_innen fördern, wodurch das Engagement und der richtige Umgang mit Beschwerden von Pateint_innen gefördert werden kann. Da das Qualitätsmanagement erst durch die Wahrnehmung von Patient_innen als aussagekräftig gilt, ist ein kontinuierlicher Verbesserungsprozess von großer Bedeutung. Um ein erfolgreiches patientenorientiertes Beschwerdemanagement durchzuführen, bedingt es einer systematischen Durchführung. Durch die Umsetzung der Hamburger Erklärung werden sechs wichtige Kriterien und ein siebtes zur Zertifizierung umgesetzt, um für ein patientenorientiertes Beschwerdemanagement zu sorgen. Für eine langfristige und nachhaltige Verbesserung der von den Patient_innen angemessen erwarteten Qualität, dient das Beschwerdemanagement-Controlling zur Lenkung, Planung und Koordination der Verbesserung. Nur eine Zusammenarbeit aller Professionen eines Krankenhauses können eine Optimierung der Qualität optimieren. Das Lob- und Beschwerdemanagement dient in diesem Fall als wichtiger Bestandteil des Qualitätsmanagements.

Literatur

Aerzteblatt.de. (2017). Beschwerdemanagement in Kliniken oft unzureichend. https://www. aerzteblatt.de/nachrichten/76468/Beschwerdemanagement-in-Kliniken-oft-unzureichend. Zugegriffen: 15. Jan. 2019.
Ärztekammer Berlin. (o. J.). Patientenrechte im Gesetz - Das Wichtigste zum Patientenrechtegesetz. https://www.aerztekammer-berlin.de/10arzt/30_Berufsrecht/10_Gesetzesaenderungen/55_

Patientenrechtegesetz.htm#Aufkl%C3%A4rung_des_sprachunkundigen_Patienten. Zugegriffen: 15. Jan. 2019.

Ärztliches Zentrum für Qualität in der Medizin (ÄZQ). (o. J.). Qualitätsmanagement und die Sicht der Patienten. https://www.aezq.de/aezq/kompendium_q-m-a/3-qualitaetsmanagement-und-die-sicht-der-patienten. Zugegriffen: 14. Jan. 2019.

Bachinger, G. (2016). Patientenvertretungen in Österreich. In C. Kranich & K. Vitt (Hrsg.), *Das Gesundheitswesen am Patienten orientieren* (2. Aufl.). Frankfurt a. M.: Mabuse.

Benes, G., & Groh, P. (2014). *Grundlagen des Qualitätsmanagements* (3. Aufl.). Leipzig: Hanser.

Beschwerdemanagement. (2016). Ein Indikator für Patientenfreundlichkeit? In C. Kranich & K. Vitt (Hrsg.), *Das Gesundheitswesen am Patienten orientieren*. Frankfurt a. M.: Mabuse.

Carbonell, R. (2016). Anforderungen an ein modernes Beschwerdemanagement im Gesundheitswesen. In C. Kranich & K. Vitt (Hrsg.), *Patientenorientierung im Gesundheitswesen* (2. Aufl.). Frankfurt a. M.: Mabuse.

Hamburger Institut für Beschwerdemanagement GmbH. (2018). Das Zertifikat „Kundenorientiertes Beschwerdemanagement". http://www.institut-beschwerdemanagement.de/das-zertifikat.html. Zugegriffen: 14. Jan. 2019.

Hamburgische Krankenhausgesellschaft e. V. (HKG). (2009). Berichte der Hamburger Krankenhäuser gemäß Hamburger Erklärung 2008. Hamburg.

Hamburgische Krankenhausgesellschaft e. V. (HKG). (2010). Berichte der Hamburger Krankenhäuser gemäß Hamburger Erklärung 2009. Hamburg.

Hamburgische Krankenhausgesellschaft e. V. (HKG). (2018). Berichte der Hamburger Krankenhäuser gemäß Hamburger Erklärung 2017. Hamburg.

Hamburgische Krankenhausgesellschaft e. V. (HKG). (2019). Verzeichnis der Hamburger Krankenhäuser. https://www.hkgev.de/liste-der-krankenhaeuser.html. Zugegriffen: 15. Jan. 2019.

Hoefert, H., & Härter, M. (2010). Einleitung. In H. Hoefert & M. Härter (Hrsg.), *Patientenorientierung im Krankenhaus*. Göttingen: Hogrefe.

Institut für angewandte Qualitätsförderung und Forschung im Gesundheitswesen GmbH (AQUA). (2017). Umsetzung und Wirkungen des Patientenorientierten Beschwerdemanagements im Krankenhaus. Göttingen.

Jakolow-Standke, A. (2010). Beschwerde- und Risikomanagement. In J. Debatin, A. Ekkernkamp, & B. Schulte (Hrsg.), *Krankenhausmanagement: Strategien, Konzepte, Methoden* (3. Aufl.). Berlin: Medizinisch Wissenschaftliche Verlagsgesellschaft.

Kranich, C. (2016). Kriterien für Beschwerdesysteme aus Patientensicht. In C. Kranich & K. Vitt (Hrsg.), *Das Gesunhdeitswesen am Patienten orientieren* (2. Aufl.). Frankfurt a. M.: Mabuse.

Sänger, S. (2010). Patientenorientiertes Qualitätsmanagement. In H. Hoefert & M. Härter (Hrsg.), *Patientenorientierung im Krankenhaus*. Göttingen: Hogrefe.

Statistisches Bundesamt. (o. J.). Anzahl der Krankenhäuser in Deutschland in den Jahren 2000 bis 2017. Statista – Das Statistik-Portal. https://de.statista.com/statistik/daten/studie/2617/umfrage/anzahl-der-krankenhaeuser-in-deutschland-seit-2000/. Zugegriffen: 14. Jan. 2018.

Stauss, B., & Seidel, W. (2014). *Beschwerdemanagement: Unzufriedene Kunden als profitable Zielgruppe* (5. Aufl.). München: Hanser.

Vitt, K. (2016). Qualitätstransparenz in Gesundheitssystemen. In C. Kranich & K. Vitt (Hrsg.), *Das Gesundheitswesen am Patienten orientieren* (2. Aufl.). Frankfurt a. M.: Mabuse.

Franka Franz

10.1 Einleitung

Durch die Medien erfährt man immer wieder von Fällen bei denen Patienten unter den schweren Folgen eines Behandlungsfehlers leiden. Solche Fälle können das Vergessen von OP-Instrumenten im Körper des/der Patienten_in sein oder der Eingriff an einem falschen Körperteil (Merkle 2014, S. 96).

Als Patient vor vermeidbaren Fehlern und darauffolgenden Schmerzen bewahrt zu werden, sollte eine Selbstverständlichkeit und ein Hauptanliegen im deutschen Gesundheitswesen sein (Bart 2009, S. 1). So gab es jedoch im Jahre 2017 ca. 13.500 Vorwürfe von Behandlungsfehlern, sowohl im stationären als auch im ambulanten Bereich, in Deutschland, welche der Medizinische Dienst der Krankenversicherung registrierte (MDS 2018a). Ebenfalls im Jahre 2017 in Deutschland, wurde „die Anzahl der Gesundheitsschäden in Folge festgestellter ärztlicher Behandlungsfehler oder mangelnder Risikoaufklärung" (Bundesärztekammer 2018) erfasst. Insgesamt wurden ca. 1800 Fälle den jeweiligen Landesärztekammern gemeldet, bei welchen Patienten_innen vermuteten, dass ein Behandlungsfehler vorlege. Von der Gesamtzahl aller gemeldeten Fälle, führten 62 Behandlungsfehler von Ärzte_innen zum Tod des Patienten (ebd. 2018). Die hohe Anzahl von Behandlungsfehlern wird oft auf die Komplexität der Untersuchungs- und Behandlungsabläufe in Gesundheitseinrichtungen zurückgeführt. Ebenfalls sollen Defizite in der Kommunikation und Organisation innerhalb einer Einrichtung schwerwiegend dazu beitragen (Merkle 2014, S. 92). Aufgrund der noch zu hohen Anzahl von Behandlungsfehlern, ist es notwendig, Patientensicherheit zu gewährleisten und

F. Franz (✉)
Hochschule für Angewandte Wissenschaften Hamburg,
Hamburg, Deutschland
E-Mail: Franka.Franz@haw-hamburg.de

© Springer-Verlag GmbH Deutschland, ein Teil von Springer Nature 2020   145
W. Leal (Hrsg.), *Qualitätsmanagement in der Gesundheitsversorgung*, Erfolgskonzepte
Praxis- & Krankenhaus-Management, https://doi.org/10.1007/978-3-662-59675-3_10

Organisationsstrukturen in Krankenhäusern, Praxen und weiteren gesundheitlichen Einrichtungen zu überarbeiten und zu verbessern. In der folgenden Ausarbeitung, wird die Bedeutung von Patientensicherheit für das Gesundheitswesen erklärt und die zum vollständigen Verständnis notwendigen Begriffe definiert. Des Weiteren wird der Bedarf und der Nutzen von Patientensicherheit aus Patientensicht und mögliche Umsetzungsformate und Herausforderungen erläutert und dargestellt. Abschließend folgt eine Schlussfolgerung zum Thema Patientensicherheit. In dieser Ausarbeitung werden genderneutrale Formulierungen genutzt, wie z. B. Patienten_innen oder der/die.

10.2 Definition

Qualität ist ein wichtiger Bestandteil in gesundheitlichen Einrichtungen und im Gesundheitswesen allgemein. Definiert wird Qualität durch die Gesamtheit der Leistungsmerkmale einer z. B. Dienstleistung, welche sich auf diese dementsprechend positiv auswirkt (Hochheimer 2011, S. 227). Qualität ist somit die „Übereinstimmung von Leistungen mit Ansprüchen" (Markgraf 2018). Daraus resultierend ist Qualitätsmanagement die Gesamtheit aller Maßnahmen, welche dazu führen, dass die Mindestqualität der Ergebnisse eines Unternehmens abgesichert und im weiteren Verlauf auf Leistungsprozesse anwendbar sind (ebd. 2011, S. 232). Eine Definition von Qualitätsmanagement, welche für das Gesundheitswesen angepasst wurde, ist „Qualität im Gesundheitswesen bedeutet eine [...] patienten- und bedarfsgerechte [...] Versorgung mit dem Ziel, die Wahrscheinlichkeit erwünschter Behandlungsergebnisse [...] zu erhöhen" (Hoefert und Härter 2010, S. 52). Methoden, welche im Qualitätsmanagement eingesetzt werden, sollen somit dabei helfen, Prozesse im z. B. Gesundheitswesen zu verbessern (Kamiske 2015, S. XIII).

Ein Prozess, welcher stetig verbessert werden soll, ist die Patientensicherheit. Die Patientensicherheit ist eines der wichtigsten Ziele in der deutschen gesundheitlichen Versorgung und für alle, welche an dieser beteiligt sind, wie die Politik, die Ärzteschaft oder auch die Krankenhäuser. In Deutschland wird die Patientensicherheit als „Abwesenheit unerwünschter Ereignisse" (ÄZQ 2018), während oder im Rahmen einer Gesundheitsversorgung, definiert. Auf internationaler Ebene fällt unter diesen Begriff ebenfalls das Einhalten der Qualitätsstandards der jeweiligen gesundheitlichen Einrichtung (Hoffmann und Rohe 2010). Ein weiterer Definitionsansatz ist „das Nicht-Vorhanden- sein von Risiken" (Schrappe 2018, S. 87). Da das Gesundheitswesen ein Bereich ist, welcher ein stets hohes Risiko beinhaltet, passieren dementsprechend Fehler. Aufgrund dessen wird sich bemüht, besagte Risiken zu vermeiden oder zu minimieren. Hierzu sollen im Rahmen der Patientensicherheit Maßnahmen entwickelt werden, welche zur Verbesserung dieser beitragen sollen. So tragen jedoch auch Behandlungsfehler in der Gesundheitsversorgung dazu bei, dass die Patientensicherheit zunehmend verbessert werden kann. Dies geschieht mithilfe von Fehlerprophylaxen (Hoffmann et al. 2010) (Bundesministerium für Gesundheit 2018). Somit sind Krankenhäuser in Deutschland dazu verpflichtet, jegliche Art von Beschwerden oder Fehlern einer Behandlung, seitens der Patienten_innen aufzuarbeiten und dementsprechend auszuwerten. Dies soll eine gute Fehlerkultur gewährleisten und letztendlich dazu führen, dass mögliche Fehlerquellen beseitigt werden können (ebd. 2018).

Die Patientensicherheit soll dazu dienen, dass Patienten die Sicherheit haben, dass die sie zu behandelnden Ärzte_innen, alles in ihrer Möglichkeit Stehende tun, um Fehler und Schäden zu vermeiden oder diesen durch entsprechende Maßnahmen vorzubeugen. Das Ziel ist es, durch ein verbessertes Qualitätsmanagement eine Fehlervermeidung zu erreichen (ebd. 2018). Die verschiedenen Arten der Fehler und Schäden sind genauestens definiert. „Unerwünschte Ereignisse", welche laut Definition von „Patientensicherheit" abwesend sein sollen, sind Ereignisse oder Schäden, welche bei der Patientenversorgung, z. B. bei einer Behandlung, auftreten und nicht auf eine bereits vorliegende Krankheit zurückzuführen sind (Hoffmann et al. 2010). Unerwünschte Ereignisse können sowohl von Ärzten_innen vermieden werden oder aber in einigen Fällen unvermeidbar sein. Weitere Schlüsselbegriffe, welche im Rahmen der Patientensicherheit gebräuchlich sind, sind das kritische Ereignis und der Fehler. Ein kritisches Ereignis tritt ein, wenn eine Situation entsteht, welche im Nachhinein zu einem unerwünschten Ergebnis führen kann, aber nicht muss, jedoch dessen Wahrscheinlichkeit erhöht. Wird vom Plan einer Behandlung abgewichen, oder ist der Plan von zu Beginn an falsch, ist die daraus resultierende Handlung oder das Unterlassen einer Handlung ein Fehler. Hierbei ist es irrelevant, ob besagter Fehler zu einem Schaden oder einem unerwünschten Ereignis führt (ÄZQ 2018). Nicht nur leiden die Patienten_innen unter solchen unerwünschten Ereignissen, sondern auch das Gesundheitssystem, denn „Fehler beeinträchtigen die Qualität eines Produktes" (Herrmann und Fritz 2016, S. 3), und das Produkt ist in dem Fall die Patientensicherheit. Besagte Begriffsdefinitionen wurden vom „Aktionsbündnis Patientensicherheit" veröffentlicht und werden deutschlandweit verwendet. Das Aktionsbündnis Patientensicherheit wurde im Jahre 2005 mit der Intention die Gesundheitsversorgung, insbesondere für Patienten_innen, sicherer zu gestalten, gegründet (Aktionsbündnis Patientensicherheit e. V. 2018). Genauer wird auf das Aktionsbündnis Patientensicherheit im Kapitel „Mögliche Umsetzungsformate" eingegangen.

Um Patientensicherheit im Gesundheitswesen sicherzustellen, sind gesetzliche Vorgaben notwendig, welche z. B. Im Sozialgesetzbuch V aufgeführt sind. Sie bilden eine notwendige Grundlage für die Patientensicherheit und bestehen aus Qualitäts- und Sicherheitsvorgaben, wie auch einer Qualitätssicherung zu der die Einrichtungen verpflichtet sind. Ausgeführt werden genannte Vorgaben von der externen Qualitätssicherung und dem internen Qualitätsmanagement einer jeden Einrichtung. Ebenfalls soll das Patientenrechtegesetz die Patientensicherheit stärken. Maßnahmen, welche durch das Patientenrechtegesetz gezogen werden, sind unter anderem, dass wie bereits erwähnt, Krankenhäuser ein Beschwerdemanagement durchführen müssen, welches an den Patienten_innen orientiert ist. Dies soll die Qualität und die Patienten_innenerfahrung verbessern. Des Weiteren wurden Mindeststandards für ein Risiko- und Fehlermanagement festgelegt, welche das Ziel verfolgen, Behandlungsfehler präventiv zu vermeiden und im Endeffekt ebenfalls zu einer verbesserten Patientensicherheit beitragen sollen (Bundesministerium für Gesundheit 2018). Ein Risikomanagement umfasst die Gesamtheit aller Prozesse und Maßnahmen, welche zur Organisation dienlich sind und unter anderem auf die Beurteilung von Risiken abzielt (Diederichs 2017, S. 13). Dieses ist ein wesentlicher Bestandteil des ärztlichen Qualitätsmanagements und somit vor allem für Einrichtungen im Gesundheitswesen wichtig (Merkle 2014, S. 95). Schließlich sollen Fehlermeldesysteme finanziell gefördert werden, um, wie bereits erwähnt, eine verbesserte Fehlerkultur zu ermöglichen (Bundesministerium für Gesundheit 2018). Auf einige dieser Maßnahmen wird nochmals genauer in Kapitel „Mögliche Umsetzungsformate" eingegangen.

Patientensicherheit setzt sich somit aus vielen verschiedenen Aspekten zusammen, welche im Folgenden noch ersichtlicher werden.

10.3 Bedarf aus Patientensicht

Es besteht ein Bedarf an etwas, wenn in einer bestimmten Lage etwas benötigt oder gewünscht wird (Duden 2017). Offensichtlich besteht ein immer noch großer Bedarf an Patientensicherheit, welches sich unter anderem aus den Zahlen zu Vorwürfen von Behandlungsfehlern schließen lässt. So wurden jedoch nicht nur Vorwürfe von Behandlungsfehlern ermittelt, sondern auch tatsächlich festgellte Fehler erfasst. Der medizinische Dienst der Krankenversorgung hat im Jahre 2017 ambulante ärztliche Fehler in sämtlichen Behandlungsgebieten des Gesundheitswesens geprüft und konnte fast 1500 tatsächliche Fehler bestätigen (MDS 2018a). Kommt es so z. B. zu einer Infektion bei einer Patientin oder einem Patienten infolge oder im Zusammenhang mit einer medizinischen Maßnahme, welche in einer gesundheitlichen Einrichtung durchgeführt wurde, wird von einer „nosokomialen Infektion" gesprochen. Wie hoch die Wahrscheinlichkeit einer solchen Infektion ist, ist abhängig von der Einrichtung, der Schwere der Erkrankung der/ des Patienten_innen und der Art der Maßnahme, jedoch lässt sich die höchste Infektionsrate auf Intensivstationen der Krankenhäuser feststellen. Grund hierfür ist die Schwere der Erkrankung als auch die entsprechenden Behandlungen, welche unter einem hohen Infektionsrisiko stehen. Wichtig ist es, dass im Falle eines nosokomialen Ausbruches eine zeitnahe Untersuchung stattfindet, um eine weitere Verbreitung zu verhindern und Patienten_innen vor einer Kolonisation zu schützen. Es wird von einem nosokomialen Ausbruch gesprochen, wenn bei zwei oder mehreren Patienten_innen eine nosokomiale Infektion und ein epidemiologischer Zusammenhang festzustellen ist. Im Jahre 2014 registrierte das Robert Koch Institut über das Routine-Surveillancesystem ca. 1200 Fälle eines nosokomialen Ausbruches. Um möglichst effizient nosokomiale Ausbrüche zu vermeiden, ist das Personal von gesundheitlichen Einrichtungen dazu verpflichtet, eine nosokomiale Infektion dem zuständigen Gesundheitsamt zu melden, welches als Berater und Ermittler in solch einem Fall fungieren soll (Robert Koch Institut 2016). Da für das Gesundheitswesen und die dazugehörige Ärzteschaft die Patientensicherheit höchste Priorität hat, ist eindeutig ein Bedarf an Patientensicherheit festzustellen.

Des Weiteren ist zu beachten, dass das Gesundheitswesen ein Bereich ist, welcher stets mit hohen Risikoraten handelt in dessen Rahmen auch Fehler teilweise unvermeidbar sind und dementsprechend zu einer geminderten Patientensicherheit führen. Diagnostik und Therapie sind vor allem dann mit einem hohen Risiko verbunden, wenn es sich um vulnerable Patienten Gruppen handelt. Zu diesen zählen unter anderem Säuglinge, Frühgeborene, Ältere oder bereits stark erkrankte Patienten_innen. Bei diesen ist die Wahrscheinlichkeit, dass ein unerwünschtes Ereignis eintritt, besonders hoch (Hoffmann et al. 2016). Ebenfalls ist die Arbeitsorganisation z. B. im Krankenhaus oft kompliziert und nicht optimal umgesetzt. Patienten_innen werden häufig von verschieden Ärzten_innen, oft sogar aus unterschiedlichen Fachdisziplinen, behandelt und das gleichzeitig, wodurch es zu vermeidbaren Fehlern kommt. Es bedarf einer optimalen Planung und Kommunikation, um Patientensicherheit im z. B. Krankenhaus zu gewährleisten und eine sichere und schnelle Versorgung sicherzustellen. Eine weitere Problematik kann die Schichtarbeit darstellen. Durch Schichtwechsel, und damit Personalwechsel, können Informationen falsch weitergegeben werden oder sogar verloren gehen. Eine Fehlinformation kann zu gravierenden Behandlungsfehlern führen und vermindert die Qualität der Patientensicherheit (ebd. 2016).

Das Verhältnis zwischen Patienten_innen und Ärzten_innen entwickelt sich stetig weiter. Die Behandlungs- und Therapieformen sind, wie auch die Arbeitsorganisation und Versorgung, hochtechnisiert und zunehmend komplexer. Es ist nicht auszuschließen, dass neue Behandlungs- und Therapiemöglichkeiten keine Risiken und Gefahren bergen. Diese können in Form von technischen Mängeln von z. B. Maschinen, unerwünschten Nebenwirkungen bei Arzneimitteln, oder aber auch Kommunikationsprobleme innerhalb einer Einrichtung auftreten (Merkle 2014, S. 92).

Ein weiterer Faktor, welcher den dringenden Bedarf an Patientensicherheit zeigt, da er diese gefährdet, ist die Digitalisierung im Gesundheitswesen. So können sensible Daten von Patienten_innen durch Hacker Angriffe entwendet und dann weiterverwendet bzw. an externe Personen weitergegeben werden. Auch zu Systemzusammenbrüchen kann ein Angriff führen, welcher die Daten oder auch gesamte Einrichtungen durch nicht durchdringende Versorgungsaufträge gefährdet. Eines der größten Risiken eines solchen Angriffes, ist die Manipulierung von Daten, welches zu einer falschen Medikamentenvergabe, Behandlung- oder Therapieform und allgemeine Fehlinformationen über eine_n Patienten_in führen kann und diese_n somit direkt gefährdet. Durch eine mögliche Attacke auf ein IT-System werden Patienten_innen- und Persönlichkeitsrechte verletzt und sogar Erpressungen gesamter Einrichtungen oder das zum Erliegen bringen dieser ist möglich (Conen et al. 2018, S. 13 f.). Qualitätssicherung im Gesundheitssystem ist somit eine wichtige Voraussetzung für ein funktionierendes Gesundheitswesen, welches Leistung erbringen muss. Denn nur, wenn eine Qualitätssicherung gewährleistet ist, kann eine bedarfsgerechte Versorgung für Patienten_innen stattfinden.

Zu einer Qualitätssicherung werden Leistungserbringer durch ein Gesetz Im fünften Buch des Sozialgesetzbuches verpflichtet, in welchem die Grundanforderungen für diese festgehalten sind. Inwiefern die Qualitätssicherung detailliert ausgeführt werden soll, ist jedoch nicht im Sozialgesetzbuch vorgegeben. Hierüber entscheidet der Gemeinsame Bundesausschuss. Er bestimmt in welchen Bereichen eine Qualitätssicherung notwendig ist und welche Regelungen für diese festgelegt werden müssen, um die Patientensicherheit zu gewährleisten. Die Qualitätssicherung für Krankenhäuser befindet sich immer noch in einem Prozess der Weiterentwicklung, denn Qualität und vor allem Patientensicherheit, werden in Zukunft von immer größerer Wichtigkeit sein (Bundesministerium für Gesundheit 2018).

Es entwickelt sich jedoch nicht nur das Patienten_innen-Ärzte_innen Verhältnis, sondern auch die Rolle von Patienten_innen an sich. Patienten_innen zahlen Beiträge, um sicher und richtig behandelt zu werden und sind aufgrund des breiten Angebotes an Behandlungs- und Therapieformen kritisch und anspruchsvoll. Auch hier zeigt sich wieder, dass Patientensicherheit von großer Bedeutung ist. Um die Position der Patienten_innen zu stärken, hat der Bundestag das „Gesetz zur Verbesserung der Rechte von Patientinnen und Patienten" (Bundesministerium für Gesundheit 2014) beschlossen. Mithilfe dieses Gesetzes sollen Regelungen transparent für alle zugänglich und verständlich sein und sowohl den Behandelnden, in dem Fall Ärzten_innen, und den Patienten_innen die nötige Rechtssicherheit gewährleisten (Bundesärztekammer 2013). Informiert sich ein_e Patient_in ausreichend über seine oder ihre Rechte und setzt sich mit diesen auseinander, können Angebote hinterfragt werden und Leistungen, welche dem/der Patienten_in zustehen, eingefordert werden. Inhalte des Patientenrechtegesetztes sind unter anderem die Stärkung von Verfahrensrechten von Behandlungsfehlern und der Ausbau von Patienteninformationen. Ebenfalls soll die Fehlervermeidungskultur gefördert werden (ebd. 2013). Allgemein fallen unter Patientenrechte, alle Rechte von Bürgern_innen, welche im Rahmen eines Behandlungsverhältnisses notwendig sein könnten. Einige Rechte sind z. B. das Recht auf Einsicht in die Behandlungsunterlagen oder das Recht aufgeklärt und informiert zu werden (Bundesministerium für Gesundheit 2017).

Patientensicherheit befindet sich nach wie vor in der Weiterentwicklung und muss viele Faktoren beachten, welche diese gefährden oder qualitativ mindern könnten. Es besteht also ein hoher Bedarf an einer geregelten Patientensicherheit, welche eingehalten werden muss und nach welcher sich im Gesundheitswesen gerichtet wird.

10.4 Nutzen aus Patientensicht

Patientensicherheit hat zunächst den offensichtlichen Nutzen, dass diese, Patienten_innen Sicherheit im Rahmen eines Behandlungsverfahrens in einer gesundheitlichen Einrichtung geben soll. Im Allgemeinen soll Patientensicherheit realisierbare Verbesserungen und Innovationen im Gesundheitswesen, sowohl für die Behandelnden als auch für die Patienten_innen, erzielen und mithilfe von angemessenen Konzepten so z. B. die Mortalität im Krankenhaus verringern (Schrappe 2018, S. 88).

Ein weiterer Nutzen, welcher infolge von Patientensicherheit eintreten könnte, wäre eine Kostensenkung der allgemeinen Gesundheitsausgaben. Denn „Gesundheitsausgaben werden in Deutschland primär von Staat, Privathaushalten und Unternehmen finanziert"

(Statistisches Bundesamt 2018). Zu den Privathaushalten gehören dementsprechend auch Patienten_innen. Steigen die Kosten für die Gesundheitsversorgung an, beeinflusst das dementsprechend auch die Krankenkassenbeiträge. Verschiedene Studien, welche im „APS-Weißbuch Patientensicherheit" analysiert wurden, ergaben, dass in Deutschland zwischen 2 Mrd. € und 4 Mrd. € vermeidbare Kosten aufgrund von Behandlungsfehlern entstehen. Ebenfalls ergab sich, dass „Maßnahmen zur Verbesserung der Patientensicherheit kosteneffektiv sind." (Schrappe 2018, S. 344 ff).

Aus Patientensicht ermöglicht Patientensicherheit das aktive Mitwirken und Teilnehmen an Behandlungsprozessen, welches zu einem verbesserten Behandlungsergebnis führt. Es ist Patienten_innen möglich, sofern keine Notsituation vorliegt, Angebote zu vergleichen und dementsprechend zu wählen (Hoefert et al. 2010, S. 51).

Im Endeffekt entscheidet der Kunde, in dem Fall die Patientin oder der Patient, über die Qualität einer gesundheitlichen Einrichtung, wie z. B. eines Krankenhauses. Die Kundenorientierung, welche für Patientensicherheit eine ausschlaggebende Rolle spielt, ist eine wichtige Grundlage des Qualitätsmanagements. Patientenorientierung ist gekennzeichnet durch die Bemühung, aller an einer Behandlung oder Betreuung beteiligten Akteure, die Erwartungen der Patienten_innen zu erfüllen. Im Rahmen des patientenorientierten Qualitätsmanagements stehen die Patienten_innen im Mittelpunkt und es wird sich dementsprechend nach ihnen gerichtet. Das Leitbild einer gesundheitlichen Einrichtung muss demnach klar formuliert sein, sodass dieses von Mitarbeitern_innen verstanden und vor allem umgesetzt wird. Werden Leitbilder umgesetzt und wird die Ergebnisqualität bezüglich Heilung oder Linderung von Beschwerden von Patienten_innen als gut eingeschätzt, führt dies zu einer verbesserten Qualität des z. B. Krankenhauses. Patienten_innen schätzen die Qualität einer gesundheitlichen Einrichtung nach subjektiven Erfahrungen und Einflüssen ein, welche die Art der Erkrankung sein können und inwiefern diese behandelt wird oder auch Wertevorstellungen eines jeden Individuums. Somit ist es wichtig, dass jegliche Maßnahmen, welche zu einer verbesserten Qualität führen sollen, sich nach den Bedürfnissen der Patienten_innen richten. Zu diesen Bedürfnissen zählen mögliche Sorgen und Ängste, die medizinische Versorgung im Rahmen von Behandlungen und Therapien, oder auch organisatorische und unterstützende Aspekte ausgeführt durch das Erkrankungsmanagement. Durch Internationale Vergleichsstudien zeigte sich im Jahre 2005, dass das deutsche Gesundheitssystem eine gute Qualität hat, jedoch sind Patienten_innen und Bürger_innen nicht mit allen Bereichen des Gesundheitssystems ausreichend zufrieden gestellt. Das Verhältnis zwischen Ärzten_innen und Patienten_innen wird besonders bezüglich der Kommunikation bemängelt, wie z. B. fehlende Aufklärung, aber auch die Koordination der Versorgung und die Patientensicherheit an sich wird als nicht zufriedenstellend eingestuft. So berichten erkrankte Bürger_innen in Deutschland, dass Aufklärung fehle z. B. bei Wirkung und Nebenwirkungen von verabreichten Medikamenten (ebd. 2010, S. 52 ff.). Dass viele dieser Punkte auch heute noch als nicht zufrieden stellend wahrgenommen werden, lässt sich anhand der hohen Beschwerdezahlen und dem immer noch großen Bemühen, Patientensicherheit zu verbessern, sehen (MDS 2018a). Wird sich also gestärkt auf Patientensicherheit konzentriert und gezielt patientenorientiertes Qualitätsmanagement durchgeführt, führt dies zu einer verbesserten Qualität der Gesundheitseinrichtungen, z. B. von Krankehäusern, eine größere Sicherheit bei Behandlungen und Therapien kann erreicht werden und das Wohlbefinden und die Zufriedenheit von Patienten_innen wird gesteigert.

10.5 Mögliche Umsetzungsformate

Um Patientensicherheit möglichst erfolgreich umzusetzen, gibt es bereits viele verschiedene Umsetzungsformate in Deutschland. Eines dieser Umsetzungsformate ist das bereits erwähnte „Aktionsbündnis für Patientensicherheit e. V. (APS)". Das Aktionsbündnis für Patientensicherheit wurde im Jahre 2005 gegründet und setzt „sich für eine sichere Gesundheitsversorgung in Deutschland" (Aktionsbündnis Patientensicherheit e. V. 2018) ein. Das APS setzt sich aus verschiedenen Akteuren, wie Personal aus Gesundheitsberufen, Patientenorganisationen und Interessierten zusammen. Deren Ziel ist es, durch konkrete Lösungsvorschläge, die Patientensicherheit zu steigern und zu entwickeln. Das APS hat, um diese Ziele umzusetzen, Leitsätze festgelegt, welche der Stärkung der Patientensicherheit dienen sollen. Ausgerichtet sind diese Leitlinien an alle Akteure, welche Einfluss auf Patientensicherheit haben. Sie sollen zur Unterstützung und Orientierung dienen. Das APS vertraut darauf, dass diese Leitsätze als Maßstab genutzt werden, um die Ziele der Patientensicherheit zu erreichen. Einer der Leitsätze ist „Wir richten unser Handeln primär am Patientenwohl aus" (Aktionsbündnis Patientensicherheit e. V. 2018). Dieser Leitsatz verfolgt die Grundlage von Patientensicherheit, welches die Vermeidung von Fehlern im Rahmen einer Behandlung ist. Des Weiteren beinhalten die Leitsätze, dass Wissen für Patienten_innen verständlich vermittelt werden soll, also Kommunikation gestärkt werden soll, und Patienten_innen somit die Unsicherheit genommen wird, dass ein individueller Beitrag durch das APS zur Patientensicherheit erbracht wird, das Weitergeben von aktuellen Informationen, welche zum Verständnis von Patientensicherheit dienen können, das Erkennen und Lösen von Problemen und letztlich das Erarbeiten von Prozessvorgaben, welche notwendig für eine sichere Patientenversorgung sind. Patientensicherheit stellt somit offensichtlich die grundlegende Basis für APS dar (ebd. 2018). Das APS wird durch das Bundesministerium für Gesundheit finanziell und ideell unterstützt (Bundesministerium für Gesundheit 2016).

Eine Maßnahme, welche Patienten_innen bei z. B. der Auswahl eines Krankenhauses helfen soll, wird vom Institut zur Qualitätssicherung und Transparenz im Gesundheitswesen (IQTIG) durchgeführt. Dieses unterstützt den Gemeinsamen Bundesausschuss im Bereich der Qualitätssicherung. Das Ziel des IQTIG ist es, eine verbesserte Transparenz bezüglich der Qualität einer gesundheitlichen Einrichtung, mithilfe von Qualitätsvergleichen zu den Leistungen eines Krankenhauses, zu erreichen. Patienten_innen soll es ermöglicht werden, Informationen über die Qualität eines Krankenhauses z. B. einfacher zu erlangen. Des Weiteren prüft das IQTIG die Zertifikate und Qualitätssiegel in gesundheitlichen Einrichtungen auf Authentizität und Qualität (Bundesministerium für Gesundheit 2018).

Eine weitere erfolgreiche Umsetzung von Patientensicherheit findet im Rahmen von Berichts- und Lernsystemen statt. Im Januar 2014 beschloss der Gemeinsame Bundesausschuss, dass ein klinisches Risikomanagement in Verbindung eines internen Fehlersystems eingeführt werden muss. Dadurch soll erreicht werden, dass Krankenhäuser die Patientensicherheit, durch das Durchführen entsprechender Maßnahmen, weiterentwickeln. Ebenfalls verabschiedete der Gemeinsame Bundesausschuss im Juli 2015 „Regelungen zum strukturierten Qualitätsbericht der zugelassenen Krankenhäuser" (Aktionsbündnis Patientensicherheit et al. 2016, S. 6), welche beinhalten, dass gesetzlich gefordert wird, dass sich an Fehlermeldesystemen beteiligt wird. Dadurch, dass Krankenhäuser durch diese Maßnahme die Patientensicherheit erhöhen, soll ein Vergütungszuschlag weitere gesundheitliche Einrichtungen dazu motivieren, ebenfalls dieses Umsetzungsformat zu nutzen. Allgemein richtet sich die Nutzung von Fehlermeldesystemen an Qualitäts- und Risikomanagement Mitarbeiter und Einrichtungen im Gesundheitswesen. Definiert wird ein Berichts- und Lernsystem als eine Möglichkeit in Form eines Instruments des klinischen Risikomanagements, welches Mitarbeiter anonym nutzen können, um von systembezogenen Fehlern und kritischen Ereignissen berichten zu können. Dadurch sollen Analyseergebnisse entstehen, welche infolge Risiken identifizieren sollen und somit Verbesserungs- und Präventionsmaßnahmen entwickeln können. Kommt es zu einem Schaden an Patienten_innen wird eine getrennte Bearbeitung gefordert, welche durch den Träger der Einrichtung ausgeführt werden muss bzw. durch dessen Haftpflichtversicherung. Der Nutzen von Berichts- und Lernsystemen ist zunächst die Verbesserung der Patientensicherheit. Durch das identifizieren von möglichen Risiken können unsichere Abläufe und Prozesse durch Verbesserungen und Maßnahmen optimiert werden. Sie dienen ebenfalls als Lernmöglichkeit, da durch das Bereitstellen vieler verschiedener Fälle eine breite Themenvielfalt abgedeckt wird. Durch Berichts- und Lernsysteme soll ebenfalls die Sensibilität für Risiken erhöht und das Lernen aus Fehlern unterstützt werden. Ein Berichts- und Lernsystem kann jedoch nur dann funktionieren, wenn es klaren Richtlinien unterliegt. Regelungen sind unter anderem die „Regelung der Vertraulichkeit, Gewährleistung der Sanktionsfreiheit, Sicherstellung nötiger Ressourcen [...]" (ebd. 2016, S. 9). Ein weiterer wichtiger Faktor, welcher zum Erfolg eines solchen Systems beiträgt, ist das bereitwillige Lernen aus gemachten Fehlern. Die Erfahrungen, welche durch solche Systeme gesammelt werden, sind, ebenso wie gegenseitiges Vertrauen und Transparenz, ausschlaggebend damit das Lernen aus Fehlern funktioniert und Patientensicherheit gefördert werden kann. Ein sichtbares Engagement der Führung von Gesundheitseinrichtungen und das Einbinden und Informieren aller Mitarbeiter, sowie die Förderung der kollegialen Haltung, sind Aspekte, welche von wesentlicher Bedeutung für das Funktionieren von Berichts- und Lernsystemen sind (ebd. 2016, S. 9). Durch solche Systeme wird die Patientensicherheit direkt verbessert und gefördert. Somit profitieren im Endeffekt die Patienten_innen, wenn z. B. Krankenhäuser Berichts- und Lernsysteme nutzen und somit eine Verbesserung der Qualität erreichen.

Um insbesondere unerwünschte Ereignisse während einer Behandlung zu vermeiden, wurde die Nutzung von OP-Checklisten eingeführt. Im zweiten Sozialgesetzbuch § 135 Abs. 2 werden die Leistungserbringer verpflichtet, ein internes Qualitätsmanagement einzuführen und auch weiter zu entwickeln. Durch das verpflichtende Qualitätsmanagement soll die Patientensicherheit gesichert werden und ein Instrument, welches dazu beitragen soll, sind OP-Checklisten bei Operationen. Diese OP-Checklisten basieren auf dem Projekt „Action on Patient Safety: High 5 s" von der World Health Organisation (WHO). Die Teilnahme an diesem Projekt des Ärztlichen Zentrums für Qualität in der Medizin (ÄZQ), wird vom Bundesministerium für Gesundheit, mit dem Ziel nachhaltig eine bedeutsame und messbare Reduzierung von Fehlern und erwünschten Ereignissen in der Patientensicherheit zu erreichen, gefördert. Dies wird unter anderem durch die Ausführung von Handlungsempfehlungen erreicht. In Deutschland nehmen insgesamt 16 Krankenhäuser an der Verbesserung für Patientensicherheit im OP-Bereich, mithilfe von OP-Checklisten, teil. Diese sollen bei jenen Eingriffen genutzt werden, bei denen zwei oder mehr Ärzte_innen beteiligt sind, und im Rahmen der Behandlung eine Sedierung stattfindet. Ausnahme bilden „Bagatelleingriffe", welche ohne Narkose durchgeführt werden. Die Entwicklung der Checklisten erfolgt einrichtungsbezogen und soll mithilfe aller beteiligten Personen entwickelt werden, jedoch kann sich an einer Muster-Checkliste orientiert werden. Im Juni 2015, infolge der Abschlussveranstaltung des Projekts „High-5 s", wurden „sowohl zur Handlungsempfehlung „Vermeidung von Eingriffsverwechslungen" als auch zu den OP-Checklisten" (Bundesministerium für Gesundheit 2016) ein Implementierungshandbuch erstellt, welches das ÄZQ auf der eigenen Website veröffentlichte. Durch das Nutzen von OP-Checklisten und das Einhalten der Sicherheitsstandards, können die Aufgabenverteilung und die allgemeine Verantwortlichkeit im Rahmen einer Operation, geregelt und gesichert werden und tragen somit zur Patientensicherheit bei.

10.6 Herausforderungen

Patientensicherheit in Deutschland wird immer stärker versucht durchzusetzen und zu verbessern und in vielen Bereichen gelingt dies auch, wie man an den möglichen Umsetzungsformaten in Kapitel „Mögliche Umsetzungsformate" sehen kann. Jedoch steht auch Patientensicherheit vor einigen Herausforderungen, welche schwer oder gar nicht gelöst werden können.

Eine Herausforderung, welche z. B. das Aktionsbündnis Patientensicherheit überwinden muss, ist die Finanzierung ihrer Aktivitäten, welche zur Verbesserung der Patientensicherheit beitragen sollen, und das obwohl Deutschland eines der reichsten Gesundheitssysteme ist. Das APS wird durch ehrenamtliche Ressourcen unterstützt, welche jedoch von Sponsoren und Förderern beansprucht werden, wodurch Maßnahmen und politische Aktionen nicht finanziert werden können, welche sich ausschlaggebend positiv auf die Patientensicherheit auswirken würden. Ebenfalls sieht das APS eine mögliche Herausforderung in der Entwicklung und Evaluation von Maßnahmen zur Patientensicherheit, wie Arbeitsstrukturen, die Festigung im Gesundheitssystem und der Gesundheitspolitik, sowie die, wie bereits erwähnte, nachhaltige Finanzierung. All diese sind Faktoren, welche den Erfolg der APS in Zukunft bestimmen (Hoffmann 2013, S. 8).

Um die weiteren möglichen Umsetzungsformate durchführen zu können, müssen sämtliche Mitarbeiter geschult werden, z. B. für die Nutzung von Bericht- und Fehlermeldesystemen. Es müssen jedoch nicht nur die individuellen Mitarbeiter_innen geschult werden, sondern auch Teamtrainings, welche zu verbesserter Kommunikation führen sollen und somit eine verbesserte Patientensicherheit zufolge haben, müssen zunächst organisiert und finanziert werden. Schwer lässt sich jedoch die Persönlichkeitsstruktur einer/eines jeden Mitarbeiters_in beeinflussen, welche das Verhalten in einer z. B. Notfallsituation bestimmt, und eine mögliche Fehlerquelle darstellt (Merkle 2014, S. 37).

Ein weiteres Problem stellt die derzeitige landesrechtliche Regelung zur Haftpflichtversicherung und der ärztlichen Pflicht dar. Diese ist landesweit nicht einheitlich und für die Patientensicherheit unzufriedenstellend. In Hessen z. B. ist ein Arzt, laut der Landesärztekammer, dazu verpflichtet sich ausreichend seinen Tätigkeiten entsprechend zu versichern, um Patientensicherheit zu gewähren. Aufgrund dessen, dass in Hessen die Landesärztekammer nicht darüber verfügt einer/einem Arzt/Ärztin die Approbation zu entziehen, ist diese Verpflichtung nicht ausreichend aus der Sicht von Patientensicherheit. Die ärztliche Pflicht müsse effizient und effektiv überwacht und eine ausreichende Haftpflichtversicherung der Ärzte_innen durchgesetzt werden (ebd. 2014, S. 101).

Ein allgemeines Problem, welches die optimale Umsetzung von Patientensicherheit erschwert, ist das nicht zu vermeidende allgemeine Risiko einer Behandlung, vor allem in Krankenhäusern. Durch die hohe Komplexität der Arbeitsabläufe in einer gesundheitlichen Einrichtung, wie dem Krankenhaus, besteht auch immer ein dementsprechend hohes Risiko. Eine durchgängige Versorgung von Patienten_innen kann nur durch Schichtdienst gewährleistet werden, wodurch es zu Kommunikationsproblemen kommen kann, welches letztlich eine Abweichung vom Plan darstellt und somit die Patientensicherheit nicht länger gewährleistet. Allgemein sind Diagnostik und Therapie durch ein hohes Risiko in Form von Komplikationen geprägt, wodurch eine planmäßige Behandlung nicht immer durchgeführt werden kann und spontan entschieden werden muss (Hoffmann et al. 2016). Das Gesundheitswesen ist durch hochtechnisierte und moderne und vor allem spezialisierte medizinische Versorgung, gekennzeichnet. Jedoch muss beachtet werden, dass neue Möglichkeiten auch Risiken und mögliche Gefahren bergen, welche erst durch das Durchführen dieser Möglichkeiten erkennbar sind (ebd. 2014, S. 92). Hinzukommend erschweren die vielen verschiedenen Patienten_innengruppen eine geregelte Umgangsform, da jede/ jeder Patient_in ein Individuum ist, auf dessen Bedürfnisse theoretisch individuell eingegangen werden müsste, um eine optimale Patientensicherheit zu gewährleisten (Hoffmann und Rohe 2016).

10.7 Schlussfolgerung

Im deutschen Gesundheitssystem bildet die Patientensicherheit die grundlegende Basis, welche jegliche Art von unerwünschten Ereignissen im Rahmen einer Behandlung präventiv vermeiden soll, denn die Patienten_innen sind die wichtigsten Kunden einer Gesundheitseinrichtung. Patienten_innen schätzen die Qualität eines z. B. Krankenhauses aufgrund von Erfahrungen, welche in diesem gemacht wurden, ein. Zu diesen Erfahrungen zählen unter anderem der Aufenthalt, die Kommunikation und die Behandlung. Durch Patientensicherheit sollen all diese Bereiche verbessert und für Patienten_innen bestmöglich ausgearbeitet werden.

Patientensicherheit wird als immer wichtiger eingeschätzt und dementsprechend in vielen Bereichen, wie der Politik, den Gesundheitseinrichtungen oder auch in eigens für die Patientensicherheit gegründeten Organisationen, diskutiert. Patientensicherheit in Deutschland ist aufgrund dessen, dass ihr eine immer größere Wichtigkeit zugeschrieben wird, ein Bereich in dem es viele verschiedene Ansätze gibt, um diese bestmöglich zu gestalten und zu sichern. Aufgrund der vielen Risiken, welche der Gesundheitsbereich birgt, und den individuellen Bedürfnissen und Anforderungen von Patienten_innen, ist es jedoch noch nicht möglich, Patientensicherheit in jedem Bereich vollkommen gewährleisten zu können. Es wird sich zunehmend bemüht, verschiedene Ansätze und Umsetzungsformate, wie OP-Checklisten oder das Einführen neuer Gesetze und Regelungen, durchzuführen, welche die bestmögliche Sicherheit für Patienten_innen als Ziel haben.

Literatur

Aktionsbündnis Patientensicherheit, Plattform Patientensicherheit, & Stiftung Patientensicherheit (Hrsg.). (2016). *Einrichtung und erfolgreicher Betrieb eines Berichts- und Lernsystems (CIRS). Handlungsempfehlung für stationäre Einrichtungen im Gesundheitswesen.* Berlin: Aktionsbündnis Patientensicherheit.

Aktionsbündnis Patientensicherheit e.V. (2018). *Ethische Leitsätze zur Stärkung der Patientensicherheit.* Berlin: Aktionsbündnis Patientensicherheit.

ÄZQ. (2018). Definition und Klassifikation zur Patientensicherheit.

Barth, S. (2009). *Patientensicherheit – Aus Fehlern lernen.* (B. Ärzte, Hrsg.) Berlin: Quintessenz Verlags-GmbH.

Bundesärztekammer. (2018). Anzahl der Gesundheitsschäden in Folge festgestellter ärztlicher Behandlungsfehler oder mangelnder Risikoaufklärung in Deutschland im Jahr 2017. Statista – Das Statistik-Portal. https://de.statista.com/statistik/daten/studie/692068/umfrage/gesundheitsschaden-in-folge-festgestellter-aerztlicher-behandlungsfehler/. Zugegriffen: 2. Jan. 2019.

Bundesgesetzeblatt. (2013). *Gesetz zur Verbesserung der Rechte von Patientinnen und Patienten.* Köln: Bundesanzeiger Verlag GmbH.

Bundesministerium für Gesundheit. (2014). Glossar: Patientenrechtegesetz. https://www.bundes-gesundheitsministerium.de/service/begriffe-von-az/p/patientenrechtegesetz.html. Zugegriffen: 2. Jan 2019.

Bundesministerium für Gesundheit. (2016). Glossar – OP-Checklisten. https://www.bundesgesund-heitsministerium.de/service/begriffevon-a-z/o/op-checklisten.html. Zugegriffen: 2. Jan. 2019.

Bundesministerium für Gesundheit. (2017). Patientenrechte. https://www.bundesgesundheits-ministerium.de/themen/praevention/patientenrchte/patientenrechte.html. Zugegriffen: 2. Jan. 2019.

Bundesministerium für Gesundheit. (2018). Patientensicherheit in Deutschland stärken. https://www.bundesgesundheitsministerium.de/themen/praevention/patientenrchte/verbesserung-der-patienten-sicherheit.html. Zugegriffen: 2. Jan. 2019.

Bundesministerium für Gesundheit. (2018). Qualitätssicherung. Qualitätssicherung im Krankenhaus. https://www.bundesgesundheitsministerium.de/qualitaetkrankenhausversorgung.html. Zugegriffen: 2. Jan. 2019.

Conen, D., Ettl, B., & Kettner, H. F. (2018). Digitalisierung und Patientensicherheit. Handlungs-empfehlung für das Risikomanagement in der Patientenversorgung. (A. P. e.V., Hrsg.) Berlin.

Diederichs, M. (2017). *Risikomanagement und Risikocontrolling*. München: Vahlen.

Duden online. (2017). Bedarf. https://www.duden.de/node/720656/revisions/1904028/view. Zugegriffen: 2. Jan. 2019.

Herrmann, J., & Fritz, H. (2016). *Qualitätsmanagement. Lehrbuch für Studium und Praxis.* München: Carl Hanser Verlag GmbH & Co. KG.

Hochheimer, N. (2011). *Das kleine QM-Lexikon. Begriffe des Qualitätsmanagements aus GLP, GCP, GMP und EN ISO 9000* (2. Aufl.). Weinheim: Wiley VCH Verlag & Co. KGaA.

Hoefert, P. D.-W., & Härter, P. D. (2010). *Patientenorientierung im Krankenhaus*. Göttingen: Hog-refe Verlag GmbH & Co. KG.

Hoffmann, B. & Rohe, J. (2010). *Patientensicherheit und Fehlermanagement*. (Dtsch Ärztebl, Hrsg.).

Hoffmann, B. (2013). *Erreichtes, aktuelle und zukünftige Herausforderungen*. (A. P. e. V., Hrsg.) Berlin: Springer.

Kamiske, G. F. (2015). *Handbuch QM-Methoden. Die richtige Methode auswählen und erfolgreich umsetzen* (3. Aufl.). München: Hanser.

Markgraf, P. D. (2018). *Definition Qualität*. (G. Wirtschaftslexikon, Hrsg.) https://wirtschafts-lexikon.gabler.de/definition/qualitaet-45908/version-269195. Zugegriffen: 2. Jan. 2019.

MDS. (2018a). Anzahl der Vorwürfe von Behandlungsfehlern nach Versorgungssektor in Deutsch-land in den Jahren 2011 bis 2017. Statista – Das Statistik-Portal. https://de.statista.com/statistik/daten/studie/241662/umfrage/vorwuerfe-vonbehandlungsfehlern-nach-versorgungssek-tor-in-deutschland/. Zugegriffen: 2. Jan. 2019.

MDS. (2018b) Anzahl der Vorwürfe ambulanter ärztlicher Behandlungsfehler und bestätigte Fälle nach Behandlungsort in Deutschland 2017. Statista – Das Statistik-Portal. https://de.statista.com/statistik/daten/studie/549772/umfrage/vorwuerfeambulanter-behandlungsfehler-und-be-staetigte-faelle-nach-behandlungsort/. Zugegriffen: 2. Jan. 2019.

Merkle, D. W. (2014). *Risikomanagement und Fehlervermeidung im Krankenhaus*. Berlin: Springer.

Robert Koch Institut. (2016). *Nosokomiale Ausbrüche.*. Berlin: Robert-Koch-Institut.

Schrappe, P. D. (2018). APS-Weißbuch Patientensicherheit. (A. Patientensicherheit Hrsg.) Berlin: MWV Medizinisch Wissenschaftliche Verlagsgesellschaft mbH & Co. KG.

Statistisches Bundesamt. (2018). *Gesundheitsausgaben pro Tag überschreiten Milliardengrenze.* Wiesbaden: Statistisches Bundesamt.

Maria Punko

11.1 Einleitung

Aus unterschiedlichen Gründen kann jeder Mensch irgendwann in seinem Leben mit Krankenhäusern in Berührung kommen. So befanden sich in Deutschland im Jahr 2017 19,4 Mio. Patientinnen und Patienten in einer vollstationären Behandlung in einem Krankenhaus (Statistisches Bundesamt 2018). Die medizinischen Leistungen stehen in Krankenhäusern an erster Stelle. Für den Behandlungserfolg und die Patientenzufriedenheit sind neben den medizinischen Leistungen, weitere Aspekte, wie zum Beispiel die Qualität der Verpflegung von Bedeutung (Eiff 2013, S. 118). Während eines Krankenhausaufenthaltes sind die Patientinnen und Patienten, von dem ihnen zur Verfügung stehenden Angebot, abhängig (ebd., S. 9). Die Ansprüche an die Speisenversorgung sind hoch, denn eine vollwertige Ernährung trägt entscheidend zu unserem psychischen und physischen Wohlbefinden bei. Eine Verpflegung, die an die Bedürfnisse der Patientinnen und Patienten orientiert ist, kann den Genesungsprozess fördern und zusätzlich zu einer Erhöhung der Lebensqualität beitragen (Deutsche Gesellschaft für Ernährung 2011, S. 8). Neben der Kommunikation, welche den Umgang der Patientinnen und Patienten mit dem Personal meint, ist die Qualität der Zimmerausstattung und der Speisenversorgung, vor allem der Leistungsbereich, nach dem die Patientinnen und Patienten ihre Zufriedenheit während des gesamten Krankenhausaufenthaltes und der Weiterempfehlung des Krankenhauses, beurteilen (Eiff 2013, S. 39). Trotz der Tatsache, dass die Verpflegung nicht die Hauptaufgabe eines Krankenhauses ist, ist ihr ein hoher Stellenwert zuzuschreiben (ebd., S. 18).

M. Punko (✉)
Hochschule für Angewandte Wissenschaften Hamburg, Hamburg, Deutschland
E-Mail: Maria.Punko@haw-hamburg.de

© Springer-Verlag GmbH Deutschland, ein Teil von Springer Nature 2020
W. Leal (Hrsg.), *Qualitätsmanagement in der Gesundheitsversorgung,* Erfolgskonzepte
Praxis- & Krankenhaus-Management, https://doi.org/10.1007/978-3-662-59675-3_11

Aus diesem Grund stellt das folgende Kapitel, welches im Rahmen des Moduls „Projekt- und Qualitätsmanagement, Wintersemester 2018/2019" verfasst wird, die Bedeutung der Qualität in der Speisenversorgung in einem Krankenhaus dar. Zunächst folgt eine theoriebasierte Orientierung des Themas Qualitätsmanagement und Verpflegung, welches in Form einer Definition dieser Begriffe näher erklärt wird. Daraufhin folgt als spezifische Ausarbeitung des Themas eine Bedarfs- und Nutzenanalyse der Verpflegung in einem Krankenhaus. Im nächsten Schritt werden mögliche Umsetzungsformate zur Sicherung der Qualität und Herausforderungen, die dabei auftreten können näher erläutert. Abschließend folgen die Schlussfolgerungen des Kapitels bezüglich dieses Themas.

11.2 Definition von Qualität und Verpflegung

Qualität ist ein alltäglicher Begriff im Leben. Aufgrund persönlicher Erfahrungen hat jeder Mensch eigene Vorstellungen, was unter Qualität verstanden wird. Trotz dessen, dass sie für jeden Menschen verschieden stark ausgeprägt ist, ist sie ein wichtiges Kriterium bei dem Kauf von Produkten oder der Nutzung von Dienstleistungen (Benes und Groh 2014, S. 12). Qualität kann als eine Eigenschaft von Dienstleistungen oder Produkten definiert werden. Diese Begriffsbestimmung ist für alle Lebens- und Arbeitsbereiche gültig. In welchem Umfang vorgegebene Bedingungen erfüllt werden, wird mit der Qualität beschrieben. Qualität im Gesundheitswesen kann als eine medizinische Versorgung beschrieben werden, die fachlich qualifiziert ist, dem Bedarf der Patientinnen und Patienten entspricht und zugleich wirtschaftlich effizient ist. Das Ziel der Qualität im Gesundheitswesen besteht darin, die Wahrscheinlichkeit zu erhöhen, mit der die erwünschten Behandlungsergebnisse bei den Betroffenen erfüllt werden (Sänger 2010, S. 51 f.).

Es gibt verschiedene Vorgehensweisen, mit der die Qualität ermittelt und dargelegt werden kann. Eine Möglichkeit sind Selbstbewertungs- und Zertifizierungssysteme. Ein Beispiel hierfür ist die international geltende Norm DIN EN ISO 9001. Dieses Zertifizierungssystem ist von hohem Bekanntheitsgrad. Weitere Vorteile dieses Zertifizierungssystems sind die Möglichkeit der Bewertung und Zertifizierung durch Dritte und die Option, dass auch nur einzelne Teilbereiche und -prozesse zertifiziert werden können. Die DIN EN ISO 9001 Norm ist nicht speziell für das Gesundheitswesen entwickelt wurden, was dazu beitragen kann, dass die verschiedenen Terminologien, also die üblichen Fachwörter in einem Fachgebiet, in den einzelnen Bereichen zu Akzeptanzproblemen führen können. Zu beachten ist, dass eine Zertifizierung, nicht direkt medizinische Qualität garantiert. Der Umfang, mit dem Strukturen und Prozesse in einer Einrichtung analysiert und optimiert werden, wird eher mit einer Zertifizierung beschrieben (ebd., S. 56 f.).

Der Ausgangspunkt für alle Qualitätsstrategien ist die Konkretisierung des Begriffs Qualität und die Ansprüche über die Qualität einer Gesundheitsleistung. Auf dieser Grundlage können Qualitätsprobleme der Versorgung erkannt werden. Es ist nur schwer möglich, gleichzeitig alle Ansprüche erfüllen zu können. Deswegen sollen einzelne

Aspekte der Versorgung bestimmt werden, auf die vorrangig der Fokus gelegt werden soll. Für die einzelnen Aspekte wird ein Soll-Zustand der Qualität festgelegt, an dem der Ist-Zustand verglichen werden kann. Mithilfe dieser Analysen können Maßnahmen abgeleitet werden, welche die Qualität verbessern sollen. Nach der Auswahl der Maßnahmen werden diese umgesetzt. Wird durch die angewandte Qualitätsstrategie, der Ist-Zustand verbessert, sodass er dem Soll-Zustand entspricht, kann der Fokus der qualitätssichernden Maßnahmen auf den nächsten Aspekt der Versorgung gelegt werden. Dadurch kommt es zu einem kontinuierlichen Verbesserungszyklus beziehungsweise zu einem PDCA-Zyklus der Qualitätssicherung. Der PDCA-Zyklus ist ein vierstufiges Modell, welches aus den Phasen Plan, Do, Check und Act besteht und zur Optimierung des Qualitätsmanagements beitragen soll (Gärtig-Daugs 2014, S. 65 f.).

Das Qualitätsmanagement ist eine Unternehmensstrategie, welche das Ziel verfolgt, Qualität im Krankenhaus langfristig zu sichern und, durch die Ausführung eines einrichtungsinternen Qualitätsmanagementsystems, mithilfe qualitätssichernder Maßnahmen auf der Basis des kontinuierlichem Verbesserungszyklus, zu garantieren. Zudem ist es für Krankenhäuser verpflichtend ein einrichtungsinternes Qualitätsmanagement einzurichten (Hellmann 2017, S. 30).

Die Qualität eines Krankenhauses wird von den Kunden entschieden. Aus diesem Grund ist eine der wichtigsten Grundlagen des Qualitätsmanagements die stetige Kundenorientierung. Bereits seit Mitte der 1990er Jahre hat sich die Patientenrolle vom ausschließlich „Leidenden" zum gleichzeitigen Kunden, Konsumenten, Klienten und Verbraucher gewandelt. Die Patientinnen und Patienten werden als wichtigste Kunden im patientenorientierten Qualitätsmanagement angesehen. Aus diesem Grund müssen sich alle prozessoptimierenden Maßnahmen an die Erwartungen und Bedürfnisse der Patientinnen und Patienten orientieren. Hierbei sollen jede Patientin und jeder Patient als Individuum in Anbetracht gezogen werden und je nach den Erwartungen und Bedürfnissen behandelt werden. Um die Bedürfnisse und Erwartungen zu kennen und berücksichtigen zu können, sollen diese, im Rahmen des patientenorientierten Qualitätsmanagements, kontinuierlich ermittelt werden, um anschließend bei Bedarf, handeln zu können. Die Erwartungen und Bedürfnisse der Betroffenen können verschiedene Bereiche betreffen, wie beispielsweise den Servicecharakter einer Einrichtung (Sänger 2010, S. 51 ff.). Neben der Behandlungsqualität fordern Patientinnen und Patienten eine hohe Servicequalität. Von Vorteil ist es, diese Forderung zu berücksichtigen, da aufgrund dessen, dass die Betroffenen die Qualität der Ergebnisse von Behandlungen normalerweise nicht beurteilen können, sie ein Krankenhaus ausschlaggebend nach seiner Servicequalität beurteilen (Hellmann 2017, S. 26).

Beispielsweise eine gute Verpflegung und das pünktliche Darreichen der Speisen stellen eine hohe Versorgungs- und Servicequalität sicher (ebd., S. 61). Aus dem Grund, dass die Qualität der Speisen den Erfolg der Behandlung begünstigen und beeinflussen kann und zudem die Meinung der Patientinnen und Patienten über die Zufriedenheit mit dem generellen Aufenthalt im Krankenhaus beeinflussen, sind die Anforderungen an die Verpflegung in Krankenhäusern hoch (Eiff 2013, S. 8, 41, 104). Unter dem

Begriff Verpflegung versteht man die natürliche, aktive Aufnahme und den Verzehr von Nahrung. Die Verpflegung der Patientinnen und Patienten ist der typische, jedoch nicht einzige Weg, mit Nahrung versorgt zu werden. Daneben gibt es für die Betroffenen auch noch den Weg, ohne aktive Beteiligung, also passiv, durch eine künstliche Zufuhr an Nahrung zu gelangen (Berndt 2008, S. 13). Im weiteren Verlauf der Arbeit wird der Fokus lediglich auf die natürliche, aktive Aufnahme gelegt.

Die, im Jahr 2011, von der Deutschen Gesellschaft für Ernährung (DGE) eingeführten Qualitätsstandards für die Verpflegung in Krankenhäusern bieten messbare und klare Vorgaben zur Bewertung der ernährungsphysiologischen Qualität des Essens (Eiff 2013, S. 108). Die DGE sorgt für Ernährungsaufklärung und Qualitätssicherung. Durch die Referenzwerte wird die Qualität zum einen für die Betroffenen Personen bestimmt und zum anderen auch für die einzelnen Lebensmittel. Die Einhaltung wirkt präventiv gegen Defizite an essentiellen Nährstoffen und Energien vor. Zudem sorgt sie für eine optimale Leistungsfähigkeit, sowohl psychisch als auch physisch und beugt Erkrankungen vor (Berndt 2008, S. 41). Neben den Anforderungen an die Speisen, setzen sich die Qualitätsstandards auch mit der Qualität des Umfelds auseinander. Somit setzt sich die Verpflegungsqualität aus vielen Teilaspekten zusammen, welche alle berücksichtigt werden sollten, um eine hohe Qualität anzustreben (Eiff 2013, S. 107 ff.).

11.3 Bedarf der Verpflegung

Eine der wichtigsten Maßnahmen um präventiv gegen Krankheiten zu handeln ist die richtige Ernährung (Hofmann et al. 2016, S. 11). Neben der Verpflegungsleistung, die die Patientinnen und Patienten durch die Speisen erhalten, soll die Ernährung auch zum Behandlungserfolg beitragen (Berndt 2008, S. 12). Eine bedarfsgerechte Verpflegung kann vorbeugend gegen ernährungsmitbedingte Krankheiten wirken und zur Wiederherstellung von Gesundheit und Leistungsfähigkeit beitragen. Umgekehrt kann eine Verpflegung, die nicht an den Bedarf und die Bedürfnisse der Patientinnen und Patienten orientiert ist, den Genesungsprozess verzögern (Eiff 2013, S. 118 ff.). Der ursprüngliche Zweck der Ernährung ist die Versorgung des Organismus mit Nährstoffen. Durch die Nahrung bekommt der Mensch Energie, die er benötigt, um jede körperliche Tätigkeit durchführen zu können und seine Lebensfunktionen aufrechtzuerhalten (Hofmann et al. 2016, S. 14). Vielzählige Erkrankungen hängen unter anderem mit einer falschen Ernährung zusammen. Schwere Erkrankungen können den Stoffwechsel und Appetit beeinträchtigen. Dies führt zu einer Verschlechterung des Ernährungszustandes der Patientinnen und Patienten (Berndt 2008, S. 56). Die Nährstoffversorge ist somit ein Einflussfaktor für die Leistungsfähigkeit. Bei den Patientinnen und Patienten im Krankenhaus liegt in der Regel eine verminderte Leistungsfähigkeit vor. Diese soll neben der medizinischen Behandlung, mit einer bedarfsgerechten Ernährung wiederhergestellt werden. Neben allen Aufgaben, die zur Bereitstellung der Nahrung notwendig sind, umfasst der Begriff auch alle physiologischen Prozesse im Organismus, welche zum Abbau und zur

Verwertung der Nährstoffe dienen. Gesunden Menschen steht in der Regel eine optimale Leistungsfähigkeit zur Verfügung. Ein guter Ernährungszustand ist hierfür ein charakteristisches Merkmal. Um diese optimale Leistungsfähigkeit zu erhalten, zu sichern und zu fördern ist eine auf die notwendigen Bedarfe und Bedürfnisse gerichtete Ernährung notwendig (Berndt 2008, S. 12 f.). Eine angepasste Ernährung kann bei kranken Patientinnen und Patienten zum Aufbau der Leistungsfähigkeit beitragen (Berndt 2008, S. 14).

Unterschieden werden kann zudem zwischen zwei Ernährunsgteilbedarfen. Zum einen dem physiologischen Ernährungsteilbedarf und zum anderen, dem soziokulturellen Ernährungsteilbedarf. Bei dem physiologischen Ernährungsteilbedarf gilt es, aufgrund der Tatsache, dass der Organismus des Menschen auf die dauerhafte Zufuhr von Nährstoffen angewiesen ist, den Nährstoffbedarf zu decken. Wegen ihrer Krankheit haben Patientinnen und Patienten im Krankenhaus, im Gegensatz zu gesunden Menschen, oftmals einen besonderen Nährstoffbedarf (Berndt 2008, S. 20 f.). Daneben gilt es noch den soziokulturellen Ernährungsteilbedarf durch die Verpflegung zu decken. Jeder Mensch hat verschiedene Erwartungen, die sich aus den unterschiedlichen Kulturen, Gewohnheiten oder persönlichen Erlebnissen entwickelt haben. Die Stärke dieser persönlichen Vorlieben und Abneigungen bestimmt ebenfalls den Grad der Zufriedenheit mit dem Nahrungsangebot und beeinflusst die Nahrungsaufnahme und Leistungsfähigkeit. Bei dem soziokulturellen Ernährungsteilbedarf gerät das Krankenhaus, welches über generalisierte Abläufe und Maßnahmen funktioniert, mit der Individualität des Menschen aneinander. (Eiff 2013, S. 9). Aufgrund der unterschiedlichen Vorlieben der Patientinnen und Patienten sollte die Verpflegung möglichst flexibel und anpassungsfähig sein, um die Speisen auf die speziellen Bedarfe der Betroffenen auszurichten (ebd., S. 16).

Qualitätsmanagement ermöglicht die Verpflegung systematisch zu überprüfen, damit sie weiterhin an die Bedürfnisse und Bedarfe der Patientinnen und Patienten orientiert bleibt. Schließlich haben die Betroffenen das Recht auf eine qualitative, auf ihre Bedürfnisse abgestimmte Verpflegung (ebd., S. 117).

11.4 Nutzen der Verpflegung

Lebensmittelbedingte Krankheiten können gesundheitliche Schäden verursachen. Neben Folgen wie Übelkeit, Erbrechen und krampfartige Bauchschmerzen, können sie im schlimmsten Fall sogar zum Tod führen (Robert Koch Institut 2018). In Deutschland werden im Jahr über 200.000 Erkrankungen gemeldet, von denen ausgegangen wird, dass sie lebensmittelbedingt sind (Bundesinstitut für Risikobewertung (BfR) 2018). Aus diesem Grund ist es von Bedeutung, auf eine hohe Qualität in der Speisenherstellung zu achten. Insbesondere bei der Verpflegung in Krankenhäusern, wo die Patientinnen und Patienten eine vulnerable Gruppe darstellen soll die Qualität berücksichtigt werden (Huster 2012). Die Qualität der Verpflegung im Krankenhaus beeinflusst die Zufriedenheit der Patientinnen und Patienten mit ihrem generellen Krankenhausaufenthalt. Darüber hinaus hat sie ebenfalls einen Einfluss auf die Weiterempfehlung eines

Krankenhauses. Ein weiterer wesentlicher Punkt ist, dass die Qualität, auch das Bild der Patientinnen und Patienten über die Fähigkeit der medizinischen Leistungen prägt (Eiff 2013, S. 39 ff.). Daraus lässt sich schließen, dass eine hohe Qualität in der Verpflegung auch eine hohe Qualität in der Behandlung bedeutet. Die Zufriedenheit mit dem Essen hängt für viele Menschen mit Lebensqualität zusammen und fördert das Wohlbefinden (ebd., S. 7). Ist die Speisenqualität gering und mangelhaft, sehen sich die Patientinnen und Patienten dazu veranlasst, alternative Verpflegungsangebote zu nutzen. Zu bedenken ist, dass sie diese selbst finanzieren müssen. Alternative Verpflegungsangebote sind beispielsweise die Nahrung aus der Cafeteria, die Kaffeebars oder Shop-Konzepte in den Krankenhäusern (ebd., S. 19, 44).

Generell kann zwischen drei Nutzenkategorien unterschieden werden. Zum einen gibt es den Grundnutzen. Hierbei geht es um die funktionalen Eigenschaften. Überträgt man den Grundnutzen auf die Verpflegung, wäre es das satt werden, durch die Nahrung. Zum anderen gibt es noch den Wohlfühlnutzen. Dieser stellt die Wirkungen auf die Befindlichkeiten der Betroffenen dar. In diesem Fall wäre es beispielsweise das Wohlfühlen der Patientinnen und Patienten, durch ein, für sie als appetitlich eingestuftes, Essen. Schließlich gibt es noch den Identifikationsnutzen. Die Option eine Leistung in Anspruch zu nehmen, um für sich persönlich einen Wertenutzen abzuleiten, wird hierbei verstanden. Für die Verpflegung kann das zum Beispiel das Bestellen von Feinschmeckermenüs sein, welche die Patientinnen und Patienten gegen einen Aufpreis erhalten können (ebd., S. 59).

11.5　Mögliche Umsetzungsformate zur Sicherung der Verpflegungsqualität

Um die Qualität in der Verpflegung in Krankenhäusern zu sichern, können verschiedene Umsetzungsformate ausgesucht werden. Eine Möglichkeit ist die Einhaltung der Empfehlungen der DGE für die Qualitätsstandards für die Verpflegung in Krankenhäusern. Nachfolgend wird auf die einzelnen Empfehlungen der DGE-Qualitätsstandards näher eingegangen.

Demnach soll, laut den DGE-Qualitätsstandards, für die Getränkeversorgung ein Richtwert von 1,4 bis 1,5 Litern für den täglichen Flüssigkeitsbedarf gelten. Zu berücksichtigen ist hierbei, dass Faktoren wie Fieber oder Erbrechen den Flüssigkeitsbedarf steigern. Bestimmte vom Arzt angesetzte Indikationen können den Flüssigkeitsbedarf ebenfalls verändern. Zudem soll ein Krankenhaus eine Vollverpflegung anbieten. Hierunter werden drei Hauptmahlzeiten und mindestens zwei Zwischenmahlzeiten verstanden. Die Hauptmahlzeiten setzen sich aus dem Frühstück, Mittag- und Abendessen zusammen. Bei den Zwischenmahlzeiten darf, laut den DGE-Qualitätsstandards, variiert werden, zu welchen Zeiten, ob am Vormittag oder Nachmittag, diese angeboten werden. Die Grundlage für die Vollverpflegung ist die richtige Lebensmittelauswahl, welche auf Basis des Ernährungskreises und der DGE-Lebensmittelpyramide getroffen wird (Deutsche Gesellschaft für Ernährung 2011, S. 11). Darüber hinaus werden in der Speisenherstellung unter anderem Convenience-Produkte verwendet, welche zu unterschiedlicher Qualität der Speisen führen können. Unter Convenience-Produkten werden vorverarbeitete Lebensmittel verstanden, die entweder nach der Art der Haltbarmachung oder nach der Fertigungsstufe unterschieden werden (Menn 2018). Die DGE-Qualitätsstandards unterscheiden diese Produkte nach fünf Stufen: küchenfertige Lebensmittel (Stufe 1), garfertige Lebensmittel (Stufe 2), aufbereitfertige Lebensmittel (Stufe 3), regenerierfertige Lebensmittel (Stufe 4) und verzehr-/tischfertige Lebensmittel (Stufe 5). Generell gilt, je mehr Arbeitsschritte im Vorhinein getätigt wurden, desto höher ist die Stufe (Menn 2018). Um eine möglichst hohe Qualität der Speisen sicherstellen zu können, wird empfohlen, Produkte aus den Stufen 1 und 2 vorzuziehen. Bei Verwendung von Produkten der Stufen 4 und 5 wird empfohlen, diese mit Produkten der Stufen 1 und 2 zu ergänzen (Deutsche Gesellschaft für Ernährung 2011, S. 13). Im nächsten Schritt geht es in den DGE-Qualitätsstandards um die Speisenplanung. Hier sind unterschiedliche Anforderungen formuliert worden. Demnach soll die Aufeinanderfolge des Mittagessens mindestens vier Wochen betragen, ein tägliches ovo-lacto-vegetarisches Gericht zur Verfügung stehen, Produkte der gegenwärtigen Saison und religiöse sowie kulturspezifische Aspekte beachtet werden. Daneben soll auf besonders empfindliche Personengruppen, auf Allergien und Lebensmittelunverträglichkeiten der Patientinnen und Patienten Rücksicht genommen werden und aus diesem Grund, entsprechende Speisenauswahlen zur Verfügung stellen. Kommt es aufgrund von Behandlungen zum Auslassen von Mahlzeiten, muss den Betroffenen eine Ersatzmahlzeit angeboten werden (ebd., S. 14). Mithilfe des Speisenplans werden die Patientinnen und Patienten über das Verpflegungsangebot informiert. Der Speisenplan muss für alle Betroffenen zugänglich und verständlich sein. Bei der Speisenherstellung gilt es ebenfalls, Kriterien zu beachten, um eine möglichst hohe Qualität der Speisen zu gewährleisten. Zum einen soll bei der Zubereitung auf möglichst fettarme Produkte und auf fettarme Garmethoden gegriffen werden. Zucker soll lediglich in Maßen verwendet werden, gleiches gilt für den Einsatz von Salz. Darüber hinaus ist der Einsatz von Alkohol in der Zubereitung der Speisen nicht gestattet. Zum anderen sollen die Warmhaltezeiten der Speisen so kurz wie möglich gehalten werden, da mit steigender Warmhaltezeit Vitamine verloren gehen und die Speisen in der Qualität des Geschmacks, der Konsistenz oder des Aussehens abnehmen können. Diese sensorische Qualität entscheidet nämlich, inwieweit das Essen akzeptiert wird. So muss garantiert werden, dass angrenzend an die ernährungsphysiologische und hygienische, auch eine sensorische Qualität erreicht wird. Dafür sollen die Lebensmittel der einzelnen Speisen ihre originalen Farben beibehalten und ein appetitanregendes Anrichten der Speisen sichergestellt werden. Neben den originalen Farben der Speisen soll auch der originale Geschmack der einzelnen Lebensmittel erhalten bleiben. Darüber hinaus sollen Gewürze zum Nachwürzen angeboten werden, das Fleisch eine zarte Textur haben und Gemüse, Reis und Teigwaren beim Verzehr, wenn möglich, bissfest sein (ebd., S. 16 f.). Die Verpflegung orientiert sich im Allgemeinen an eine vollwertige Verpflegung. Daneben muss berücksichtig werden, dass Patientinnen und Patienten bei besonderen Anforderungen, je nach unterschiedlicher Krankheit, ebenfalls ein spezielles Speisenangebot erhalten müssen. Aus diesem Grund empfehlen die DGE-Qualitätsstandards entsprechende Kostformen im Speisenangebot zu berücksichtigen (ebd., S. 18 f.). Hierbei wird unterschieden zwischen einer leichten Vollkost, welche im Grunde dem Prinzip einer vollwertigen Ernährung entspricht, bis auf einzelne Lebensmittel, die aufgrund von öfteren Unverträglichkeiten nicht angeboten werden und einer energiereduzierten Kost. Diese richtet sich vor allem an übergewichtige und adipöse Patientinnen und Patienten. Darüber hinaus gibt es noch die Verpflegung bei Mangelernährung. Diese zeichnet sich dadurch aus, dass das Gewicht unabsichtlich abnimmt, ebenso die zugeführte Nahrungsmenge. Für Patientinnen und Patienten, bei denen eine Mangelernährung vorliegt, werden fünf bis acht über den Tag verteilte Mahlzeiten empfohlen. Die Mahlzeiten sollten bestenfalls mit energiedichten Lebensmitteln zubereitet werden. Nebenbei gibt es noch die Wunschkost und die Kostform bei Kau- und Schluckstörungen. Mit der Wunschkost wird versucht die Wünsche schwerstkranker Patientinnen und Patienten, wenn möglich, zu erfüllen. Die Kostform bei Kau- und Schluckstörungen basiert auf weichen Speisen, die an die individuellen Störungen der Betroffenen angepasst werden (ebd., S. 20 ff.). Neben einem vielfältigen Speisenangebot nehmen auch die Rahmenbedingungen, wie die Essatmosphäre oder die Raum- und Essplatzgestaltung eine wesentliche Rolle in der Verpflegungsqualität ein. Diese Rahmenbedingungen beeinflussen die Freude und den Genuss am Essen. So muss bei den Essenszeiten beachtet werden, dass sie ohne Unterbrechungen, wie zum Beispiel durch eine Untersuchung, stattfinden. Die Patientinnen und Patienten müssen genügend Zeit haben, ihre Speisen zu verzehren. Die Räumlichkeiten, in denen die Speisen gegessen werden, sollen hell und die Einrichtung freundlich und angemessen ausgestattet sein. Die Stühle sollen bequem sein und zum Gebrauch benötigtes Besteck, soll zur Verfügung stehen. Zudem ist der Service und die damit gemeinte Kommunikation mit den Patientinnen und Patienten bei der Speisenbestellung und Speisenverteilung von Bedeutung. Dieser kann desgleichen zur Akzeptanz des Essens beitragen und ebenso ermöglichen, auf die jeweiligen Bedürfnisse der Betroffenen einzugehen (ebd., S. 9). Schließlich zielen die DGE-Qualitätsstandards darauf hin, die Ernährungssituation und das Verpflegungsangebot in Krankenhäusern zu verbessern (ebd., S. 6).

Eine weitere Möglichkeit, um zu einer Verbesserung der Qualität zu gelangen, ist die Erhebung von Patientenerwartungen, -erfahrungen und Präferenzen (Sänger 2010, S. 61). Aufgrund dessen, dass der Kunde über die Qualität des Krankenhauses entscheidet, ist es von Vorteil die Maßnahmen an die Erwartungen und die Bedürfnisse der Patientinnen und Patienten zu richten (ebd., S. 52 f.). Eine Möglichkeit, die Erfahrungen der Betroffenen herausfinden zu können, sind Patientenrückmeldungen. Umgesetzt werden kann dies, durch eine Box, die sich auf den verschiedenen Stationen in den Krankenhäusern befindet. Die Patientinnen und Patienten haben dann die Gelegenheit, sowohl ihre positiven als auch negativen Erfahrungen des Krankenhausaufenthaltes, generell und beispielsweise auch speziell im Bereich der Verpflegung kundzugeben. In diesem Fall können neben den Patientinnen und Patienten auch deren Angehörige ihre Erfahrungen mitteilen. Neben dem Vorteil, dass die Methode niederschwellig durchgeführt werden kann, da sie anonym ist, ist zu beachten, dass mögliche Verfälschungen auftreten können, da davon ausgegangen wird, dass vor allem, besonders zufriedene oder besonders ärgerliche Patientinnen und Patienten, diese Methode nutzen würden (ebd., S. 61 f.).

Die Patientenerfahrungen können zudem auch noch durch systematische Patientenbefragungen ermittelt werden. Aus der Patientensicht wird dadurch der Status der Qualität herausgefunden. Neben den inhaltlichen Aspekten, die durch eine Patientenbefragung abgefragt werden, spielt auch der Zeitpunkt eine entscheidende Rolle. Demnach reicht eine Befragung, die zum Zeitpunkt des Krankenhausaufenthaltes, einmalig durchgeführt wird, nicht aus. Wie sich eine Patientin oder ein Patient nach der Entlassung verhalten soll beziehungsweise in dem Fall ernähren soll, stell die Patientenaufklärung hinsichtlich des Selbstmanagements dar. Diese ist auch ein Qualitätsaspekt und kann durch eine einmalige Befragung nicht ermittelt werden. Aus diesem Grund sollte eine Wiederholung der Patientenbefragung nach einer gewissen Zeit nach der Entlassung stattfinden. Durch die Patientenbefragungen können Beschwerden identifiziert werden. Mithilfe dieser Beschwerden können im Rahmen des Qualitätsmanagements Maßnahmen entwickelt werden, die zu einer Verbesserung der Qualität führen sollen. Die systematischen Patientenbefragungen sind strukturiert und bieten die Möglichkeit, Ergebnisse zu vergleichen. Der Aufwand und die Kosten, die diese Methode mit sich trägt, könnten eine Herausforderung darstellen (ebd., S. 61 ff.).

Im Rahmen dieses Kapitels wurde ein qualitatives Interview mit dem Qualitätsmanager eines Hamburger Krankenhauses geführt. Das Interview dient dazu, einen Einblick in die Praxis eines Krankenhauses zu gewinnen und zu schauen, ob sich die Theorie mit der Realität auch abdeckt. Durch das Interview soll näher verdeutlicht werden, wie die Regelung der Speisenversorgung in einem Hamburger Krankenhaus ablaufen kann. Zunächst ist das Verpflegungssystem des befragten Krankenhauses das *cook&chill* System. Charakteristisch für das System ist, dass anschließende Kühlen nach dem Kochen der Speisen. Das Verfahren ermöglicht eine vom Ausgabezeitpunkt unabhängige Speisenherstellung. Durch das schockartige Kühlen der Speisen soll die Speisenqualität erhalten bleiben. Daneben soll auch der Vitamingehalt und die hygienische Sicherheit sichergestellt werden (Eiff 2013, S. 320 ff.). In dem befragten Krankenhaus werden die Speisen drei bis vier Tage vorher produziert. Ausgewählt werden kann zwischen drei Gerichten. Von jedem Gericht wird die Menge geschätzt, von der angenommen wird, diese zu gebrauchen und anschließend zubereitet. Übriggebliebene Speisen gelangen zum Personal. Aus diesem Grund sei es nicht möglich, Fragen vom Personal bezüglich der Mahlzeiten der nächsten Tage zu beantworten, da nicht vorausgesehen werden kann, welche Speisen übrigbleiben und welche nicht. Der Menüzyklus des Krankenhauses beträgt drei Wochen. Die DGE-Qualitätsstandards empfehlen einen Zyklus von vier Wochen. Zudem bietet das Krankenhaus immer ein vegetarisches Gericht an. Patientinnen und Patienten, die aus religiösen Gründen das angebotene Fleisch nicht verzehren können, können auf das vegetarische Gericht zurückgreifen. Zudem können die Patientinnen und Patienten durch Diätassistentinnen, die eine Beratung anbieten, ihre Unverträglichkeiten und Bedürfnisse für Sonderkostformen angeben. Darüber hinaus besucht zwei Mal wöchentlich eine Ökotrophologin das Krankenhaus und sucht spezielle Betroffene aus, um Ernährungsempfehlungen zu geben. Diese Option wird insbesondere krebskranken Patientinnen und Patienten angeboten. Gegessen wird in der Regel im Bett oder am Tisch im Zimmer der Betroffenen. Da, wie bereits oben erwähnt, die Essatmosphäre ebenfalls eine Rolle in der Qualität der Verpflegung einnimmt, wurde auch diese erfragt. Aus dem Interview konnte zudem herausgenommen werden, dass sich das Krankenhaus bemüht, sich an die Empfehlungen der DGE-Qualitätsstandards zu halten, es aber schwierig ist, dies zu überprüfen. Darüber hinaus führt das Krankenhaus durch Fragebögen Patientenbefragungen durch und misst somit die Patientenzufriedenheit (Qualitätsmanager, persönliche Kommunikation, 06.12.2018).

11.6 Herausforderungen

Durch das Interview in dem Hamburger Krankenhaus wurde deutlich, dass viele kleine Aspekte, die Einhaltung einer möglichst hohen Qualität herausfordern können. Die Patientinnen und Patienten befinden sich aus verschiedenen Gründen in einer vollstationären Behandlung in Krankenhäusern. Aufgrund dessen, dass die unterschiedlichen Patientengruppen auch unterschiedliche Bedürfnisse in der Verpflegung benötigen, gilt es diese zu differenzieren. Bestimmte Patientengruppen sind somit eine empfindlichere Gruppe in Bezug auf die Verpflegung als andere. So gibt es zum einen die Gruppe der Patientinnen und Patienten, die in der Regel keine speziellen Anforderungen in der Verpflegung benötigen und alles essen können und dürfen. Diese Patientinnen und Patienten befinden sich beispielsweise aufgrund von Verletzungen an den Gliedmaßen in den Krankenhäusern. Oftmals sind diese in den orthopädischen und chirurgischen Stationen wiederzufinden. Neben diesen gibt es noch Patientinnen und Patienten, die unter Allergien leiden und aus diesem Grund nicht alles essen dürfen, weil sie gewisse Inhaltsstoffe nicht vertragen können. Ihre Verpflegung bedarf, unabhängig von ihren Erkrankungen, besonderen Anforderungen. Die Allergikerinnen und Allergiker können auf allen Stationen in den Krankenhäusern vertreten sein. Daneben gibt es noch Patientinnen und Patienten, welche eine geschwächte körperliche Abwehrkraft aufweisen und deswegen eventuell nicht mehr alle Lebensmittel vertragen können und somit auch bestimmte Anforderungen an die Verpflegung besitzen. Diese Gruppe leidet unter inneren Erkrankungen und ist in der Regel in der Inneren Station, der Intensivstation und der Urologie stationär aufgenommen. Auch Patientinnen, die vor kurzem ein Kind gebärt haben und sich noch im Krankenhaus befinden oder solche, die kurz davorstehen und bereits im Krankenhaus aufgenommen wurden sind, dürfen beziehungsweise sollen aufgrund ihrer besonderen Situation nicht mehr alles essen. Zudem gibt es noch die Gruppe der Patientinnen und Patienten, die eine starke Immunsuppression aufweisen. Hierzu zählen vor allem schwerstkranke, mit Erkrankungen wie HIV, Krebs oder ähnliches, Patientinnen und Patienten, die ein Organ implantiert haben als auch diejenigen, welche bereits ein hohes

Lebensalter erreicht haben und sich auf der Intensivpflegestation befinden. Neben dieser Gruppe gibt es schließlich auch noch die Gruppe der Kinder, bei denen in der Verpflegung ebenfalls Rücksicht genommen werden muss, da deren Verdauungs- und Immunsystem noch nicht vollkommen trainiert ist (Eiff 2013, S. 145 f.) Besonders zu erwähnen ist, dass die DGE-Qualitätsstandards für die Verpflegung in Krankenhäusern die Altersgruppe der Jugendlichen und Kinder nicht berücksichtigen (Deutsche Gesellschaft für Ernährung 2011, S. 10). Die DGE-Qualitätsstandards gehen zwar auf viele besondere Anforderungen in dem Speisenangebot ein, dennoch können nicht alle Gruppen berücksichtigt werden. Demnach hat jede Patientin und Patient verschiedene Bedürfnisse. Trotz der unterschiedlichen Angaben der verschiedenen Anforderungen der Patientinnen und Patienten kann die Bereitstellung einer bedarfsgerechten Verpflegung zu einer Herausforderung werden. Durch ein Speiseangebot, indem zwischen drei Gerichten gewählt werden kann und eins davon vegetarisch ist, wie es in dem befragten Krankenhaus der Fall ist, können voraussichtlich nicht alle Bedürfnisse gestillt werden (Qualitätsmanager, persönliche Kommunikation, 06.12.2018). Neben dem bedarfsgerechten Angebot der Speisen, kann zudem der Geschmack der Patientinnen und Patienten nicht getroffen werden oder die Verpflegungsqualität als mangelhaft angesehen werden. Die Betroffenen können die Verpflegung als unappetitlich empfinden und ersetzen die Verpflegung durch eigenständig gekaufte Speisen. Ebenso kann das Nichteinhalten von Hygienestandards die Verpflegungsqualität verschlechtern (Eiff 2013, S. 44). Die Wirtschaftlichkeit spielt bei der Verpflegung ebenfalls eine Rolle und kann zu einer Herausforderung werden. Dem befragten Krankenhaus stehen 3,75 EUR für das Frühstück, Mittag- und Abendessen zur Verfügung. Dies beträgt nur die Materialkosten. Eine gesamte Patientenverpflegung pro Tag, die auch alle weiteren benötigten Aspekte, wie beispielsweise die Personalkosten, berücksichtigt liegt bei 14,70 EUR (Qualitätsmanager, persönliche Kommunikation, 06.12.2018). Aus dem gesamten Budget eines Krankenhauses steht lediglich ein kleiner Anteil für die Verpflegung zur Verfügung. Somit stehen die Krankenhäuser zwischen Qualitätsanspruch und Kostendruck (Eiff 2013, S. 7).

11.7 Schlussfolgerungen

Den Patientinnen und Patienten eine hohe Verpflegungsqualität im Krankenhaus anbieten zu können ist von Bedeutung. Während eines Krankenhausaufenthaltes stellt die Nahrung für viele Patientinnen und Patienten das einzige positive Erlebnis dar. Eine Verpflegung, mit der die Betroffenen zufrieden sind, verbinden sie mit Lebensqualität. Aus diesem Grund ist nicht nur die Speise an sich entscheidend, sondern auch die damit verbundene Umwelt, wie der Ort, die Zeit und die Essatmosphäre. Zugleich ist das Angebot einer qualitativen Verpflegung, mit wirtschaftlichem Druck verbunden, da lediglich ein geringes Budget, für diesen Teilbereich, zur Verfügung steht (Eiff 2013, S. 6 f.). Darüber hinaus ist es, aufgrund der unterschiedlichen Patientinnen und Patienten und den Bedürfnissen, die ihr Krankenhausaufenthalt mit sich zieht, nicht leicht, es allen Betroffenen recht machen zu können. Das Interview in einem Hamburger Krankenhaus bietet einen Vergleich von Theorie und Praxis. Deutlich wurde, dass das Einhalten von beispielsweise den DGE-Qualitätsstandards angestrebt wird, die Überprüfung im Alltag sich jedoch als schwierig erweist.

Schließlich ist aufgrund dessen, dass die Verpflegung die Patientenzufriedenheit und die damit verbundene Weiterempfehlung des Krankenhauses beeinflusst, eine qualitativ hochwertige Verpflegung anbieten zu können ein Ziel, was jedoch gleichzeitig eine Herausforderung darstellt, da Aspekte die Sicherstellung der Verpflegungsqualität gefährden können. Ein einrichtungsinternes Qualitätsmanagementsystem bietet eine Möglichkeit, Qualität im Krankenhaus nachhaltig zu sichern (Hellmann 2017, S. 30).

Literatur

Benes, G. M., & Groh, P. E. (2014). *Grundlagen des Qualitätsmanagements* (Bd. 3). München: Hanser.

Berndt, U. (2008). *Risikomanagement der Patientenernährung im Krankenhaus*. Baltmannsweiler: Schneider Verlag Hohengehren.

Bundesinstitut für Risikobewertung (BfR). (2018). Problematik der Lebensmittelinfektion. https:// www.bfr.bund.de/de/problematik_der_lebensmittelinfektion-11100.html. Zugegriffen: 29. Dez. 2018.

Deutsche Gesellschaft für Ernährung. (2011). *DGE-Qualitätsstandard für die Verpflegung in Krankenhäusern* (Bd. 1). Bonn: In Form Deutschlands Initiative für gesunde Ernährung und mehr Bewegung.

Gärtig-Daugs, A. (2014). *Evidenzbasierte Leitlinien – ein Instrument zur Steigerung der Qualität im Gesundheitswesen? Ein interaktionstheoretischer Beitrag zur Versorgungsforschung* (Bd. 37). Hamburg: Kovac.

Hellmann, W. (2017). *Kooperative Kundenorientierung im Krankenhaus. Ein wegweisendes Konzept zur Sicherung von mehr Qualität.* Stuttgart: Kohlhammer.

Hofmann, C., Koller, F., & Kreuter, M. (2016). *Nährstoffreich. Ernährung in Krankenhaus und Pflege.* Wien: Facultas Verlags- und Buchhandels AG.

Huster, S. (2012). Vulnerable Patientengruppen dürfen nicht untergehen. https://www.caritas.de/ neue-caritas/heftarchiv/jahrgang2012/artikel/vulnerable-patientengruppen-duerfen-nich. Zugegriffen: 29. Dez. 2018.

Menn, C. (2018). *Convenience-Lebensmittel. Vorverarbeitete Lebensmittel.* Bonn: Bundeszentrum für Ernährung. https://www.bzfe.de/inhalt/convenience-lebensmittel-1593.html. Zugefriffen: 24. Dez. 2018.

Robert Koch Institut. (2018). Lebensmittelbedingte Ausbrüche. https://www.rki.de/DE/Content/ Infekt/Ausbrueche/LM/lebensmittelbedingte_Ausbrueche_node.html. Zugegriffen: 29. Dez. 2018.

Sänger, S. (2010). Patientenorientiertes Qualitätsmanagement. In H.-W. Hoefert & M. Härter (Hrsg.), *Patientenorientierung im Krankenhaus* (Bd. 15, S. 51–77). Göttingen: Hogrefe Verlag.

Statistisches Bundesamt. (2018). Stationäre Krankenhauskosten 2017 auf 91,3 Milliarden Euro gestiegen. https://www.destatis.de/DE/PresseService/Presse/Pressemitteilungen/2018/11/PD18_ 435_231.html. Zugegriffen: 23. Dez. 2018.

v Eiff, W. (2013). *Speisenmanagement in der Sozialverpflegung. Qualitäts-, Wirtschaftlichkeits- und Marketingaspekte der Verpflegung in Krankenhäusern, Reha-Kliniken und Pflegeheimen* (Bd. 1). Bad Wörishofen: Holzmann Medien GmbH & Co. KG.

CIRS als Werkzeug des Qualitäts- und Risikomanagement im deutschen Versorgungssystem

Josephine Mack

12.1 Einleitung und Definition

Das Robert-Koch Institut (RKI) geht in „Gesundheit in Deutschland" (2015) auf die weiterhin steigende Relevanz des Qualitätsmanagements für die deutschen Gesundheitsversorgung ein. Es sei von zentraler Wichtigkeit „vorbeugende Maßnahmen zu entwickeln, um Fehler zu vermeiden beziehungsweise Patientensicherheit […] zu gewährleisten" (RKI 2015, S. 354). Auch eine gute Qualität der Versorgung solle, laut RKI, mittels eines integrierten und funktionierenden Qualitätsmanagements ermöglicht werden (RKI 2015, S. 354). Das RKI bezieht sich auf Daten des Aktionsbündnisses Patientensicherheit (APS), die zeigen, dass bei fünf bis zehn Prozent der Patientenbehandlungen „unerwünschte Ereignisse" (RKI 2015, S. 355) auftreten. Dabei seien zwei bis vier Prozent dieser auftretenden Ereignisse vermeidbar (RKI 2015, S. 355).

Im Folgenden soll näher auf die Bedeutung des *Critical Incidence Reporting System* (CIRS) als Werkzeug zur Fehlerberichterstattung in der Qualitätssicherung und im Risikomanagement des deutschen Versorgungssystems eingegangen werden. Hierzu wird zunächst die Verortung dieses Werkzeuges beschrieben und darauffolgend auf Bedarf und Nutzen eingegangen. Im Weiteren werden zwei Umsetzungsbeispiele vorgestellt und kurz miteinander verglichen. Im Anschluss werden Herausforderungen die des CIRS als Werkzeug des Qualitäts- und Risikomanagements mitbringt betrachtet, um abschließend Schlussfolgerungen ziehen zu können.

J. Mack (✉)
Hochschule für Angewandte Wissenschaften Hamburg, Hamburg, Deutschland
E-Mail: Josephine.Mack@haw-hamburg.de

© Springer-Verlag GmbH Deutschland, ein Teil von Springer Nature 2020
W. Leal (Hrsg.), *Qualitätsmanagement in der Gesundheitsversorgung,* Erfolgskonzepte Praxis- & Krankenhaus-Management, https://doi.org/10.1007/978-3-662-59675-3_12

12.1.1 Qualitäts- und Risikomanagement

Laut L. Dürselen in „Zertifizierung von Krankenhäusern" (2013) umfasse eine Qualitätsmanagementsystem „die Summe aller Methoden, Maßnahmen und Kontrollen, welche den Zweck haben, die Qualität der erbrachten Dienstleistung jederzeit und auf einem einheitlichen Niveau sicher zu stellen und dieses Niveau ständig zu verbessern" (Dürselen 2013, S. 495). Eine dieser Methoden, beziehungsweise ein wichtiges Teilgebiet sei, P. Gausmann, in „Methoden des klinischen Risikomanagements" (2013), zufolge, das Risikomanagement. Dieses umfasse wiederum diverse Systeme zur Gefahren- und Risikoverhinderung und Steuerung. Es gehe darum verschiedene Faktoren, unter anderem die medizinische Versorgung, präventiv zu betrachten und Risiken zu minimieren (Gausmann 2013, S. 505). Gausmann beschreibt drei wesentliche Dimensionen für das klinische Risikomanagement als Organisationsentwicklung (OE), Wissenstransfer (WT) und Sicherheits-Marketing (SM). Die drei Komponenten wirken wechselseitig aufeinander, wobei die OE Werkzeuge für die „Risikoidentifizierung, -bewertung, -bewältigung und kontrolle" (Gausmann 2013, S. 506) zu Verfügung stelle. Hierzu zähle, unter anderem, dass „Critical Incident Reporting System (CIRS)" (Gausmann 2013, S. 507), dass zur Analyse kritischer Ereignisse genutzt wird (vgl. RKI 2015, S. 358 f.).

12.1.2 CIRS als Teil des Risikomanagements im deutschen Versorgungssystem

Wie im vorangehenden Abschnitt bereits beschrieben, gehört das Risikomanagement zum Gebiet des Qualitätsmanagement und besteht aus diversen unterschiedlichen Methoden, die alle angewandt werden, um die Sicherheit und Qualität der Versorgung stabil zu halten und wenn nötig jeder Zeit zu verbessern. Das *CIRS* ist dabei, laut A. Jakolow-Standke in „Beschwerde- und Risikomanagement" (2013), ein geeignetes Werkzeug zur „Risikoidentifikation und Analyse" (Jakolow-Standke 2013, S. 524).

Unter der Überschrift „Qualitätsförderung und Qualitätsverbesserung" nennt auch das RKI, im Gesundheitsbericht 2015 unter anderem das *CIRS* als ein „Fehlerberichtssystem" (RKI 2015, S. 358), dass die Möglichkeit biete aus gemachten Fehlern zu lernen und so die Qualität der medizinischen Versorgung zu analysieren und zu verbessern. Die *CIRS* können dabei sowohl innerhalb einer Einrichtung angesiedelt sein als auch im Internet für alle Interessierten und beteiligten Dienstleister zugänglich und einsehbar. Als Beispiel für die öffentlich zugänglichen Systeme nennt das RKI „CIRSmedical Deutschland", welches für alle Versorgungseinrichtungen anonyme Berichtsmöglichkeiten bereithalte (RKI 2015, S. 358 f.).

Um das *CIRS* verstehen zu können ist es sinnvoll zunächst die Begrifflichkeit zu erläutern. *Critical Incident Reporting System* beinhaltet den Begriff des kritischen Ereignisses *(critical incident),* wobei dies, nach dem Aktionsbündnis Patientensicherheit, als „Ein Ereignis, das zu einem unerwünschten Ereignis führen könnte oder dessen

Wahrscheinlichkeit deutlich erhöht" (Aktionsbündnis Patientensicherheit 2019) beschrieben wird. Ein unerwünschtes Ereignis wiederum sei „Ein schädliches Vorkommnis, das eher auf der Behandlung denn auf der Erkrankung beruht. Es kann (dabei) vermeidbar oder unvermeidbar sein" (Aktionsbündnis Patientensicherheit 2019).

Vermeidbar werde ein unerwünschtes Ereignis, laut C. Gunkel, J. Rohe, A. Sanguino Heinrich, C. Hahnenkamp und C. Thomeczek in „CIRS – Gemeinsames Lernen durch Berichts- und Lernsysteme" (2013), dann, „wenn ein Fehler das Ereignis verursacht hat" (C. Gunkel et al. 2013, S. 2).

Ein Fehler wird, nach dem Aktionsbündnis Patientensicherheit, wie folgt definiert: „Eine Handlung oder ein Unterlassen bei dem eine Abweichung vom Plan, ein falscher Plan oder kein Plan vorliegt. Ob ein Schaden daraus entsteht, ist für die Definition des Fehlers irrelevant" (Aktionsbündnis Patientensicherheit 2019).

Mittels des *CIRS* können sowohl tatsächliche, als auch beinahe geschehene Fehler dokumentiert und analysiert werden. Die Veröffentlichung dieser Berichte und Analysen diene auch dazu mögliche Fehlerquellen frühzeitig zu identifizieren und nach Möglichkeit in Zukunft zu minimieren oder zu sogar ganz zu beseitigen (RKI 2015, S. 358 f.).

Die Entstehung und möglichen Folgen eines *Critical Incident* lassen sich folgendermaßen abbilden:

In Abb. 12.1 wird deutlich, dass es bei einem *Critical Incident* zwei mögliche Folgen geben kann. Entweder kann es zum Schadensfall kommen, wenn nicht ausreichend wirksame Bewältigungsstrategien vorhanden sind, oder es kommt zu einem Beinahe-Unfall.

J. Thüß geht in „Rechtsfragen des Critical Incident Reportings in der Medizin" (2012) darauf ein, dass Beinahe-Schäden genauso wichtig für die Risikoanalyse seien wie tatsächliche Schäden, da, wenn man beides als Endergebnis betrachte, beidem dieselbe Grundstruktur zugrunde liege. Das bedeute, dass in beiden Fällen die gleichen

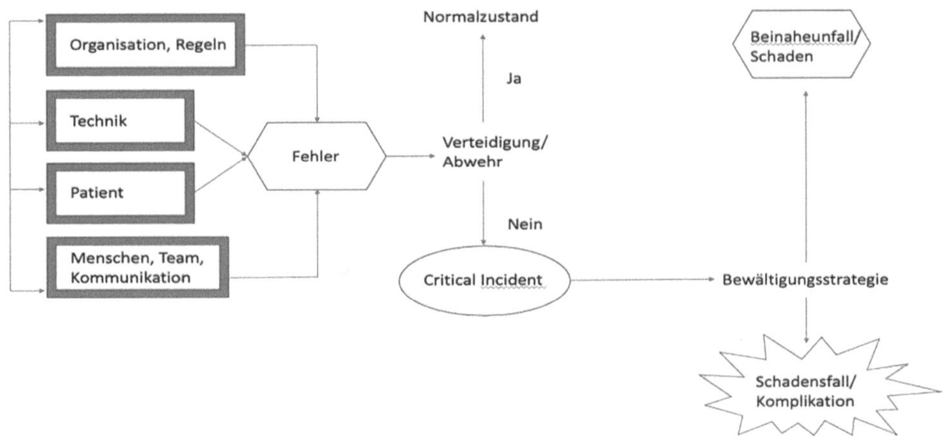

Abb. 12.1 Entstehung und mögliche Folgen eines kritischen Ereignisses (Critical Incident). (Eigene Darstellung, modifiziert nach Thüß 2012, S. 25)

Informationen verfügbar sind, der einzige Unterschied sei die funktionierende, oder eben nicht funktionierende Bewältigungsstrategie (siehe Abb. 12.1) (Thüß 2012, S. 23).

Zusammenfassend lässt sich also sagen, dass das *CIRS* ein System ist, mithilfe dessen die Akteure des medizinischen Versorgungssystems, unerwünschte Ereignisse und Beinahe-Unfälle und -Schäden beschreiben und reflektieren können. Da die *CIRS* öffentlich zugänglich sind – die internetbasierten per Weblink und die internen der Krankenhäuser beispielsweise in Form eines jährlichen Berichtes – kann national und bereichsübergreifend an den Fehlern der eigenen als auch anderer Institutionen gelernt werden (vgl. RKI 2015, S. 358 f.). Außerdem lässt sich sagen, dass es ein Teil des Risikomanagements, speziell eine Methode der Organisationsentwicklung ist (Gausmann 2013, S. 506 f.), als auch generell eine wichtige Funktion für die Qualitätsförderung und Qualitätsverbesserung im deutschen Gesundheits- und Versorgungssystem einnimmt (RKI 2015, S. 358 f.).

12.1.3 Ablauf eines CIRS

Der Ablauf innerhalb eines *CIRS* kann in Form eines einfachen Kreislaufes dargestellt werden (siehe Abb. 12.2). Für den Prozess sei es, laut Gunkel et al., von zentraler Bedeutung, dass die Mitarbeiter_innen der Versorgungsstätten ein unerwünschtes Ereignis oder eine Risikosituation als solche identifizieren und den Vorfall als meldenswert einstufen (Gunkel et al. 2013, S. 13).

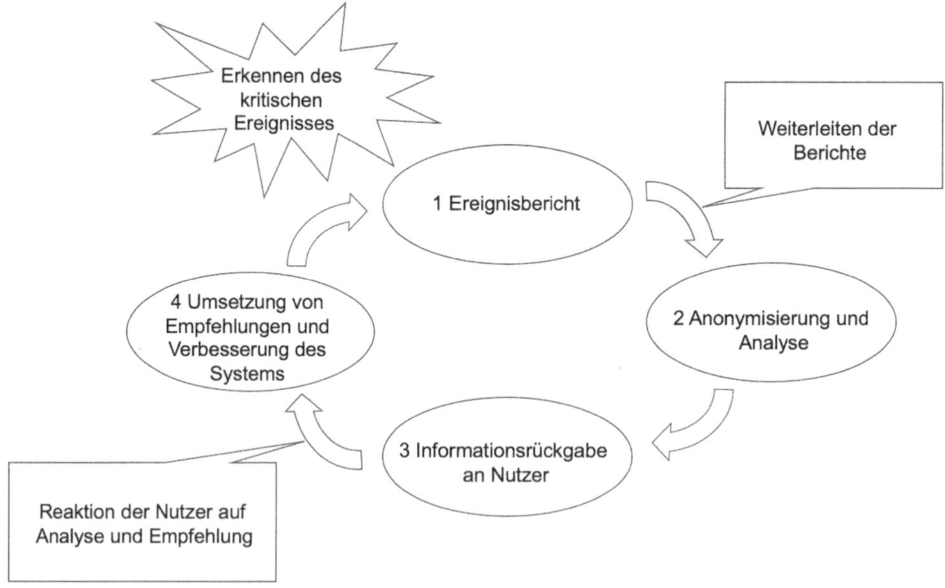

Abb. 12.2 Theoretischer Ablauf innerhalb eines Critical Incident Reporting Systems. (Eigene Darstellung, modifiziert nach Gunkel et al. 2013, S. 14)

Wenn die Einstufung des Ereignisses als relevant erfolgt ist gehe es, nach Gunkel et al. mit der ersten Station des Kreislaufes weiter, dem Berichten des Ereignisses. Diese Berichte können an die *CIRS*-Netzwerke weitergeleitet werden, wo sie anonymisiert werden und eine Analyse (Gunkel et al. 2013, S. 14) durch qualifizierte Expert_innen, mittels verschiedener Methoden erfolge (Gunkel et al. 2013, S. 19). Eine der, von Gunkel et al. kurz beschriebenen methodischen Vorgehen sei angelehnt an das *London Protocol*. Dieses „fokussiert nicht nur […] eine auslösende Ursache, sondern versucht alle fehlerhalten Vorgänge und beitragenden Faktoren des Ereignisses zu identifizieren" (Gunkel et al. 2013, S. 20).

Die Auswahl der Expert_innen richtet sich nach Art des *CIRS*. Das internetbasierte Netzwerk CIRSmedical.de beispielsweise nutzt seinen Fachbeirat aus Expert_innen unterschiedlicher Institutionen, um die Fälle zu analysieren (Ärztliches Zentrum für Qualität in der Medizin 2018). Krankenhausinterne *CIRS* können ein Analyseteam aus disziplinübergreifend zusammengestellten Mitarbeiter_innen nutzen, wobei entsprechende Fortbildungen hilfreich seien (Gunkel et al. 2013, S. 18 f.).

Der nächste Schritt des Kreislauf-Prozesses, der auf die Anonymisierung und Analyse folgt definieren Gunkel et al. als Informationsrückgabe an die Nutzer_innen. Diese haben daraufhin die Möglichkeit auf die Analyse und Empfehlungen der Expert_innen ihrerseits mit Kommentaren zu reagieren, solange das *CIRS* beispielsweise im Internet öffentlich zugänglich sei (Gunkel et al. 2013, S. 14).

Der Prozessablauf des *CIRS* sehe als vierten Schritt vor die Ergebnisse und Handlungsempfehlungen umzusetzen und in den Versorgungsalltag zu integrieren. Dies bedarf der aktiven Einbindung des Qualitätsmanagements und es sei an dieser Stelle ebenfalls eine Evaluation und Berichterstattung an die Geschäftsführung möglich. Nach Beseitigung des Fehlers könne der Prozess mit anderen Ereignissen wiederholt werden, beziehungsweise wieder von vorne beginnen (Gunkel et al. 2013, S. 14).

12.2 Bedarf

In der Jahresstatistik 2017 „Behandlungsfehler-Begutachtung der MDK-Gemeinschaft", des Medizinischen Dienstes des Spitzenverbandes Bund der Krankenkassen (MDS) und des Medizinischen Dienstes der Krankenversicherung (MDK) (2018) werden die aktuellen Zahlen zu Behandlungsfehlern in Deutschland des Jahres 2017 vorgestellt. Der MDK hat 2017 13.519 vorgeworfene Fälle des stationären, ambulanten, humanmedizinischen, zahnmedizinischen und pflegerischen Bereiches in Deutschland untersucht. Die Ergebnisse zeigen einen allgemeinen, leichten Rückgang der Fälle im Vergleich zum Jahr 2016, wobei der MDK auf eine fehlende Repräsentativität hinweist, die einen direkten Rückschluss auf allgemeine Fehlerhäufigkeiten und die Veränderung des Zustandes der Patientensicherheit, behindere (Medizinischer Dienst des Spitzenverbandes Bund der Krankenkassen & Medizinischer Dienst der Krankenversicherung 2018, S. 7).

Außerdem wird durch die Ergebnisse der begutachteten Fälle 2017 abermals deutlich, dass in 75,3 % der Fälle (also dreiviertel) der Vorwurf des Behandlungsfehlers nicht bestätigt werden konnte. Dabei sei allerdings zu beachten, dass die Vorwürfe auch dann nicht bestätigt werden können, wenn kein entstandener Schaden nachweisbar sei. Dies betreffe, laut der Daten, allerdings nur 3,3 % der Fälle. In den restlichen 72,1 % wurde kein Fehler festgestellt (MDS & MDK 2018, S. 8).

In 24,7 % der untersuchten Fälle wurde ein Behandlungsfehler (mit Schaden) nachgewiesen. Dabei lag bei 19,9 % ebenfalls eine Kausalität für den entstandenen Schaden vor, bei 3,5 % sei die Kausalität unklar und bei 1,3 % konnte keine Kausalität nachgewiesen werden (MDS & MDK 2018, S. 8).

Weitere Ergebnisse der Studie zeigen, dass der Bedarf an Gutachten bei Verdacht auf Behandlungsfehler in den letzten Jahren insgesamt zugenommen habe, auch wenn die Zahlen der Studie 2017 im Vergleich zu Vorjahr leicht rückläufig waren (MDS & MDK 2018, S. 9), was die Relevanz von Fehlermeldesystemen, wie beispielsweise des *CIRS* verdeutlicht. Wie in den vorangegangenen Abschnitten erläutert ist ein funktionierendes Qualitäts- und Risikomanagement von zentraler Bedeutung, vor allem, wenn die Patientensicherheit und Qualitätsverbesserung stetig auf einem hohen Niveau gehalten und gefördert werden soll.

Eine weitere Anlaufstelle für Begutachtung vorgeworfener Behandlungsfehler ist die Bundesärztekammer. Diese veröffentlicht ebenfalls jährlich eine Statistik der Gutachterkommission und der Schlichtungsstellen zu den entstandenen Behandlungsfehlern in Deutschland, wobei deren Daten für 2017 im Trend ähnliche Ergebnisse wie die des MDKs liefern (Bundesärztekammer 2018, S. 4).

Auf der Internetseite der Bundesärztekammer ist außerdem zu lesen, dass die Behandlungsfehler im Verhältnis zu der Gesamtanzahl von Behandlungen in Deutschland „im Promillebereich" (Bundesärztekammer 2019) lägen. Trotzdem sei es von zentraler Wichtigkeit, im Sinne der Qualitätssicherung (und -förderung), dass klar bleibe welche Belastung ein Behandlungsfehler oder Komplikationen für alle Beteiligte darstelle (Bundesärztekammer 2019).

Auch der MDK macht deutlich, dass jeder Fehler ein gewisses Schadenspotenzial berge, wodurch die Bedeutung eines Fehlermeldesystems wie dem *CIRS* noch verdeutlicht werde. So beschreibt der MDK das Lernen aus den gemachten Fehlern, unerwünschten Ereignissen und Beinahe-Schäden als „notwendige Ergänzung zur Verbesserung der Patientensicherheit" (MDS & MDK 2018, S. 8).

Das Aktionsbündnis Patientensicherheit geht in seinen „Empfehlungen zur Einführung von Critical Incident Reporting Systemen (CIRS) Praxistipps für Krankenhäuser" (2017) zusätzlich auf die Komplexität der Krankenhausinternen Strukturen ein, die, im Sinne einer guten und sicheren Behandlungsqualität, wirksam „organisiert und koordiniert" (Aktionsbündnis Patientensicherheit 2017, S. 3) werden müssen. Hierbei seien das *CIRS,* sowie das Risikomanagement von zentraler Bedeutung für die Förderung der Patientensicherheit in Krankenhäusern (Aktionsbündnis Patientensicherheit 2017, S. 3).

12.3 Nutzen

Den Nutzen eines *CIRS* im Allgemeinen beschreibt A. Pauli in „Risikomanagement und CIRS als Gegenstand der Krankenhaushaftung" (Pauli 2013) damit, dass die Erfassung von Beinahe-Schäden eine deutlich höhere Gesamtzahl der zu analysierenden Fälle bereithalte, als wenn man sich nur auf die tatsächlichen Schadensfälle beschränke. „Kritische Zwischenfälle und Beinahe-Schäden treten sehr viel häufiger auf als tatsächliche Schäden" (Pauli 2013, S. 63).

Wie bereits erwähnt liegen Beinahe-Schäden und tatsächlichen Schäden dieselbe Struktur zugrunde, weshalb Pauli darauf hinweist, dass auch durch Analyse von Beinahe-Schäden und kritischen Ereignissen Mängel im System identifiziert werden können (Pauli 2013, S. 63). Einen weiteren Nutzen, oder Vorteil in der Verwendung des *CIRS* sieht Pauli darin, dass nicht nur Schlüsse auf Systemmängel, sondern auch auf die zu fördernden Kompetenzen von Mitarbeiter_innen gezogen werden können. Die kritischen Ereignisse, bei denen nur ein Beinahe-Schaden entsteht seien gut geeignet, um Strategien zu entwickeln für mögliche vergleichbare Situationen in der Zukunft (Pauli 2013, S. 64).

Gunkel et al. verdeutlichen außerdem, dass die Feedbackfunktion der Analyse vorgefallener Ereignisse und die Entwicklung wirksamer Bewältigungs- und Vermeidungsstrategien einen wertvollen Austausch und das Lernen voneinander (auch fachbereichübergreifend) bieten könne. „Der Nutzen des CIRS liegt dabei in der Verbreitung der Erkenntnisse über Ereignisse und Fehler sowie deren präventive Vermeidung" (Gunkel et al. 2013, S. 10). Internetbasierte *CIRS* bieten zusätzlich den Vorteil, dass sich über eigene Strategien und Erfahrungen ausgetauscht werden kann und diese weitreichend geteilt werden können. Auch ein erweiterter Blickwinkel für interne und externe Fälle und die daraus gezogenen Konsequenzen könne einen positiven Beitrag für die eigene Institution und Arbeitsweise bereithalten (Gunkel et al. 2013, S. 10 ff.).

In einem Videobeitrag des Vorsitzenden der Ständigen Konferenz der Gutachterkommissionen und Schlichtungsstellen und Präsident der Ärztekammer Mecklenburg Vorpommern, A. Crusius (2018), nennt er das *CIRS* als eines der Werkzeuge, durch das die Zahl der Behandlungsfehler im letzten Jahr leicht zurückgegangen sei (Crusius 2018).

12.4 Umsetzungsformate und deren öffentliche Darstellung

Um einen Überblick über die praktische Umsetzung des *CIRS* in Deutschland zu geben wird im Folgenden die öffentliche Präsentation ausgewählter, deutscher Krankenhäuser vorgestellt, sowie das internetbasierte *CIRS* „Krankenhaus-CIRS-Netz Deutschland 2.0".

12.4.1 Universitätsklinikum Hamburg Eppendorf

Für das Universitätsklinikum Hamburg Eppendorf ist online der „2016 Referenzbericht"
(2018) einzusehen. In diesem wird, im Abschn. A.-12, auf den „Umgang mit Risiken in
der Patientenversorgung" (UKE 2018, S. 31) eingegangen. Darunter falle, laut Bericht,
der „Einsatz eines einrichtungsinternen Fehlermeldesystems" (UKE 2018, S. 33). Dieses hausinterne *CIRS* werde durch interne Gremien der einzelnen Kliniken „analysiert
und auf Verbesserungspotenzial geprüft" (UKE 2018, S. 33). Im Jahr 2016 seien dadurch
„600 Maßnahmen zur Verbesserung der Patientensicherheit und Behandlungsqualität"
(UKE 2018, S. 33) umgesetzt worden. Zu diesen Änderungen werden im Bericht mögliche Beispiele genannt wie „Prozessverbesserungen, Schulungen, Konfliktklärung oder
Produktwechsel" (UKE 2018, S. 33). Wichtig sei, dass „Übergreifende Maßnahmen"
(UKE 2018, S. 33) durch das klinische Qualitäts- und Prozessmanagement herbeigeführt
beziehungsweise umgesetzt werden (UKE 2018, S. 33). Die angegebene Regelmäßigkeit
themenbezogener Tagungen wird als „monatlich" (UKE 2018, S. 33) angegeben. Hierzu
zählen „Interne Auswertungen der eingegangenen Meldungen" (UKE 2018, S. 33)
sowie „Schulungen der Mitarbeiter zum Umgang mit dem Fehlermeldesystem und zur
Umsetzung von Erkenntnissen aus dem Fehlermeldesystem" (UKE 2018, S. 33), welche
ebenfalls monatlich stattfinden (UKE 2018, S. 33).

Ein weiterer Bestandteil des Qualitätsberichtes des Universitätsklinikums Hamburg
Eppendorf ist die „Teilnahme an einrichtungsübergreifenden Fehlermeldesystemen" (UKE
2018, S. 33). Hierzu wird im Detail lediglich angegeben, dass das KH-CIRS genutzt
werde und die Tagungen diesbezüglich quartalsweise stattfinden (UKE 2018, S. 33).

Auf der offiziellen Internetseite des Universitätsklinikums Hamburg Eppendorf
gibt es, neben der Download-Möglichkeiten der Qualitätsberichte, Informationen zur
Patientensicherheit. Diese nennen das *CIRS* sowie Berichtssysteme über Unerwünschte
Ereignisse als Möglichkeiten für Mitarbeiter_innen und Patient_innen Fehler zu melden.
Auch wird informiert, dass die eintreffenden Meldungen bearbeitet und analysiert wer-
den und bei Bedarf Maßnahmen zur „Patientensicherheit [...] und Behandlungsqualität"
(UKE 2019a) erarbeitet und umgesetzt werden (UKE 2019a).

Auch unter dem Reiter „Risikomanagement im UKE" (UKE 2019b) wird das *CIRS*
als „moderne Methode[...]" des klinischen Risikomanagements genannt. Ein gut etab-
liertes klinisches Risikomanagement trage zu einem wirksamen Qualitätsmanagement
bei (UKE 2019b).

12.4.2 Asklepioskliniken

Bei Asklepios gestaltet sich die Vorstellung des *CIRS* etwas versteckter. Unter dem Über-
begriff „Asklepios Programm Patientensicherheit" (Asklepios 2019a) findet man auf der
Internetseite des Krankenhauskonzerns ein paar Informationen zum Fehlermeldesystem.

Hier wird die Meldung von Systemschwachstellen in erster Linie mit der wichtigen Verbesserung der Patientensicherheit verknüpft dargestellt (Asklepios 2019a).

Erst wenn man unter „Fachinformationen zur Patientensicherheit bei Asklepios" (Asklepios 2019b) weiter sucht kann man bei den „Exemplarisch ausgewählte[n] Elemente[n] des Programms" (Asklepios 2019b) die Unterüberschrift „Fehler berichten und lernen: CIRS" (Asklepios 2019b) finden. Hier wird erklärt, dass das krankenhausinterne *CIRS* an die Empfehlungen des Aktionsbündnisses Patientensicherheit (Aktionsbündnis Patientensicherheit 2017) angelehnt sei und die Ergebnisse dazu beitragen, dass sowohl innerhalb von Abteilungen, aber auch der Einzelklinken und klinikübergreifend durch „Veröffentlichung relevanter Meldungen" (Asklepios 2019b) davon profitiert werde. Es werden relevante Fälle vorgestellt und mit allen Mitarbeiter_innen geteilt, wobei dies beinhaltet, dass konkrete Bewältigungsmaßnahmen und -strategien mit auf den Weg gegeben werden, damit in Zukunft alle aus dem gemachten Fehler lernen und weitere kritische Ereignisse, oder sogar daraus folgende Schadensfälle vermieden werden können. Der regelmäßig veröffentlichte „Fall des Monats" (Asklepios 2019b) soll ebenfalls dazu beitragen, dass entstandene Fehler nicht wiederholt werden. Laut Asklepios seien seit dem Jahr 2010 „über 10.000 Meldungen abgegeben und ca. 8000 Maßnahmen zur Verbesserung daraus abgeleitet" (Asklepios 2019b) worden (Asklepios 2019b).

Auch die Asklepios Kliniken veröffentlichen jährlich einen Qualitätsbericht (Asklepios 2019c). Im „Working on EXCELLENCE in Healthcare – Bericht zur Medizinischen Ergebnisqualität 2016" (2017), verfasst von J.R. Ortlepp, H. Witt und E. Zukunft, wird lediglich vage darauf eingegangen, dass zum „Asklepios Programm" (Ortlepp et al. 2017, S. 21) die „Patientensicherheit" (Ortlepp et al. 2017, S. 21) und „CIRS" (Ortlepp et al. 2017, S. 21) gehören (Ortlepp et al. 2017, S. 21).

Als einen der „Bestandteile der Qualitätsoffensive" (Ortlepp et al. 2017, S. 24) wird das „Risikomanagement" (Ortlepp et al. 2017, S. 24) als zentral genannt. Auch hier wird darauf eingegangen, dass das „Asklepios Programm Patientensicherheit" (Ortlepp et al. 2017, S. 24) sich zu einem komplexen Netzwerk innerhalb der Kliniken und klinikübergreifend entwickelt habe. Dies beinhalte unterschiedliche Werkzeuge und Teilbereiche, wobei im Bericht auch an dieser Stelle das „CIRS, [und] Asklepios CIRS-Netzwerk" (Ortlepp et al. 2017, S. 25) genannt werden (Ortlepp et al. 2017, S. 24 f.). Auf weitere Einzelheiten, wie sie auf der Internetseite (Asklepios 2019b) zu finden sind, wird im Qualitätsbericht nicht eingegangen.

12.4.3 Krankenhaus-CIRS-Netz Deutschland 2.0

Das, bereits mehrfach erwähnte, Krankenhaus-CIRS-Netz Deutschland 2.0 ist ein internetbasiertes *CIRS*. Krankenhausmitarbeiter in ganz Deutschland nutzen, beziehungsweise können das Netzwerk nutzen, um kritische Ereignisse zu melden. Wie im Abschn. 12.1.2 und 12.1.3 erläutert, ist der Ablauf eines webbasierten *CIRS* dahin gehend zu unterscheiden, dass es öffentlich zugänglich und somit auch von nicht-medizinisch geschulten Personen einzusehen ist.

Im Krankenhaus-CIRS-Netz Deutschland 2.0 (KH-CIRS-Netz) hat jede_r Internetnutzer_in theoretisch die Möglichkeit Fälle zu melden. Adressiert ist das Programm allerdings an Krankenhäuser in Deutschland, die bereits ein bestehendes *CIRS* krankenhausintern betreiben und die dort gemeldeten Fälle zum **„überregionalen, interprofessionellen und interdisziplinären Lernen** zur Verfügung stellen wollen" (Krankenhaus-CIRS-Netz Deutschland 2.0 2019a). Es bestehe allerdings auch die Möglichkeit zu „komplizierten Fällen einen Expertenkommentar" (Krankenhaus-CIRS-Netz Deutschland 2.0 2019a) zu erhalten. Die Idee des Betreibers ist hier, dass die Berichte direkt durch den „CIRS-Beauftragten oder dem CIRS-Team des Krankenhauses eingegeben werden" (Krankenhaus-CIRS-Netz Deutschland 2.0 2019a).

Auch Krankenhäuser, die kein hausinternes *CIRS* vorweisen, können das KH-CIRS-Netz als externes System nutzen (Krankenhaus-CIRS-Netz Deutschland 2.0 2019a). Hier seien alle Mitarbeiter_innen von Krankenhäusern und **„im Krankenhaus Tätige"** (Krankenhaus-CIRS-Netz Deutschland 2.0 2019a) dazu aufgefordert bei Bedarf an das KH-CIRS-Netz zu berichten (Krankenhaus-CIRS-Netz Deutschland 2.0 2019a).

Die Übermittlung der Fallberichte kann im KH-CIRS-Netz auf verschiedene Arten erfolgen. Einer ist die Nutzung des vorgefertigten Formulars, welches auf der Startseite auszuwählen ist (Krankenhaus-CIRS-Netz Deutschland 2.0 2019b). Bei der krankenhausinternen Verwendung der „Software CIRSmedical" (Krankenhaus-CIRS-Netz Deutschland 2.0 2019b) könne die Übermittlung von Fallberichten ebenfalls über eine eingerichtete Schnittstelle der Systeme erfolgen (Krankenhaus-CIRS-Netz Deutschland 2.0 2019b). Laut der Internetseite sei „Die Einrichtung einer Schnittstelle für andere Softwaresysteme […] in Planung" (Krankenhaus-CIRS-Netz Deutschland 2.0 2019b).

Sobald Berichte an das KH-CIRS-Netz Deutschland gesendet werden werden diese durch Mitarbeiter_innen des Ärztlichen Zentrums für Qualität in der Medizin (ÄZQ) bearbeitet und, wenn nötig, mit den erforderlichen Anonymisierungen versehen. Unter „Fallberichte" (Krankenhaus-CIRS-Netz Deutschland 2.0 2019c) könne jeder Fall, nach Freigabe des Bearbeitungsteams, durch jede_n Nutzer_in eingesehen werden. „[B]ei überregionaler Relevanz" (Krankenhaus-CIRS-Netz Deutschland 2.0 2019c) erhalte der Bericht einen Fachkommentar, wobei darauf geachtet werde, dass die sich ähnelnden Fälle, für die bereits Fachkommentare bestehen, miteinander verlinkt werden, sodass es weniger Dopplungen gibt. Außerdem werde eine Klassifikation der Fallberichte vorgenommen. Die Einteilung folgt in:

- „Typischer Fall" (Krankenhaus-CIRS-Netz Deutschland 2.0 2019c)
- „Fall des Monats" (Krankenhaus-CIRS-Netz Deutschland 2.0 2019c)
- „Alert" (Krankenhaus-CIRS-Netz Deutschland 2.0 2019c)
- „Besonders interessanter Fall" (Krankenhaus-CIRS-Netz Deutschland 2.0 2019c).

Die möglichen Nutzer_innenkommentare werden, so wie die Berichte selbst, durch das Team der ÄZQ kontrolliert und, bei Bedarf, hinsichtlich Anonymität korrigiert. Danach werden auch sie freigegeben, sodass sie unter dem Fallbericht und möglichen Fachkommentaren erscheinen (Krankenhaus-CIRS-Netz Deutschland 2.0 2019c).

Um einen Eindruck des strukturellen Aufbaus eines CIRS-Berichtes zu bekommen wird im Folgenden kurz ein solcher vorgestellt. Er ist auf der Startseite des Krankenhaus-CIRS-Netzes Deutschlands 2.0 angegeben, beziehungsweise verlinkt (Krankenhaus-CIRS-Netz Deutschland 2.0 2019d).

Zunächst gibt es Auswahlfelder zu bestimmten Eckdaten:

Die folgenden drei Felder sind für Freitexte konzipiert, wobei die zu beantwortenden Fragen wie folgt lauten (Abb 12.3):

- „Was ist passiert?“ (CIRSmedical 2019)
- „Was war das Ergebnis?“ (CIRSmedical 2019)
- „Wo sehen Sie Gründe für dieses Ereignis und wie hätte es vermieden werden können?“ (CIRSmedical 2019).

Die nächsten Felder sind wiederum welche mit Auswahlfunktion, wobei der mögliche, entstandene Schaden, der bei dem_r Patienten_in erfolgt sein kann, eingestuft werden soll (Kategorien siehe Abb. 12.4) (CIRSmedical 2019).

Auch verschiedene „Faktoren“ (CIRSmedical 2019), die zum Ereignis beigetragen haben können, werden abgefragt, wobei die Antwortmöglichkeiten in Abb. 12.5 dargestellt werden (Abb. 12.5) (CIRSmedical 2019).

Abb. 12.3 Abfrage der Eckdaten des CIRSmedical Berichtsformulars. (Eigene Darstellung, modifiziert nach CIRSmedical 2019)

„Zuständiges Fachgebiet“

„Altersgruppe des Patienten“

„Geschlecht des Patienten“

„Wo ist das Ereignis passiert?“

„Welche Versorgungsart“

„In welchem Kontext fand das Ereignis statt? (Ereignisart)“

(CIRSmedical, 2019)

> „nein"
>
> „Minimaler Schaden / Verunsicherung des
>
> Patienten"
>
> „Passagerer Schaden leicht - mittel"
>
> „Passagerer Schaden schwer"
>
> „Dauerschaden leicht - mittel"
>
> „Dauerschaden schwer"
>
> „Tod"
>
> (CIRSmedical, 2019)

Abb. 12.4 Schadenskategorien des CIRSmedical Berichtformulars. (Eigene Darstellung, modifiziert nach CIRSmedical 2019)

> „Kommunikation (im Team, mit Patienten, mit anderen Ärzten etc.)"
>
> „Ausbildung und Training"
>
> „Persönliche Faktoren des Mitarbeiters (Müdigkeit, Gesundheit, Motivation etc.)"
>
> „Teamfaktoren (Zusammenarbeit, Vertrauen, Kultur, Führung etc.)"
>
> „Organisation (zu wenig Personal, Standards, Arbeitsbelastung, Abläufe etc.)"
>
> „Patientenfaktoren (Sprache, Einschränkungen, med. Zustand etc.)"
>
> „Technische Geräte (Funktionsfähigkeit, Bedienbarkeit etc.)"
>
> „Kontext der Institution (Organisation des Gesundheitswesens etc.)"
>
> „Medikation (Medikamente beteiligt?)"
>
> „sonstiges:"
>
> (CIRSmedical, 2019)

Abb. 12.5 Antwortkategorien der beitragende Faktoren des CIRSmedical Berichtformulars. (Eigene Darstellung, modifiziert nach CIRSmedical 2019)

Zuletzt wird abgefragt, wie oft (ebenfalls kategorisiert) „dieses Ereignis ungefähr auf[tritt]" (CIRSmedical 2019) (Abb. 12.6), sowie Angaben dazu gemacht werden sollen „Wer berichtet […] (Berufsgruppe)" (CIRSmedical 2019) (Abb. 12.7).

Abb. 12.6 Kategorisierte Antwortmöglichkeiten zur Ereignishäuigkeit des CIRSmedical Berichtformulars. (Eigene Darstellung, modifiziert nach CIRSmedical 2019)

„Pflege-, Praxispersonal"

„Arzt / Ärztin, Psychotherapeut/in"

„Apotheker / Apothekerin"

„andere Berufsgruppe"

(CIRSmedical, 2019)

Abb. 12.7 Kategorisierte Antwortmöglichkeiten zur Berufszugehörigkeit des Berichtenden im CIRSmedical Berichtformulars. (Eigene Darstellung modifiziert nach CIRSmedical 2019)

„nicht anwendbar"

„täglich"

„monatlich"

„jährlich"

„erstmalig"

(CIRSmedical, 2019)

Das Formular für die Fallberichterstattung an das KH-CIRS-Netz Deutschland wird durch CIRSmedical unterstützt, welches (wie bereits mehrfach erwähnt), beispielsweise vom Robert Koch Institut als internetbasiertes *CIRS* genannt wird (RKI 2015, S. 359) und auch vom Aktionsbündnis Patientensicherheit als überregional wirkendes aufgeführt ist (Aktionsbündnis Patientensicherheit 2017, S. 33). Als Träger des Projektes Krankenhaus-CIRS-Netz Deutschland 2.0 werden auf deren Internetseite das Ärztliche Zentrum für Qualität in der Medizin (ÄZQ), die Deutsche Krankenhausgesellschaft e. V. und der Deutsche Pflegerat e. V. genannt (Krankenhaus-CIRS-Netz Deutschland 2.0 2019d), wobei zur Bearbeitung der eingehenden Fälle und Formulierung der „Fachkommentare" (Krankenhaus-CIRS-Netz Deutschland 2.0 2019e) Unterstützung des „Fachbeirat[s]" (Krankenhaus-CIRS-Netz Deutschland 2.0 2019e) erfolge, welcher „aus 51 Vertretern aus

46 Fachgesellschaften, Berufsverbänden und weiteren Institutionen" (Krankenhaus-CIRS-Netz Deutschland 2.0 2019e) bestehe (Krankenhaus-CIRS-Netz Deutschland 2.0 2019e).

Auch im Hinblick auf andere, bestehende interne und internetbasierte *CIRS* wird auf der Internetseite des Krankenhaus-CIRS-Netztes Deutschland 2.0 kurz eingegangen. Dort heißt es, dass keinerlei Konkurrenz gegenüber anderen Systemen bestehe, sondern eine Kooperation angestrebt werde, damit das Ziel der überregionalen Berichterstattung und Lernprozesse erreicht werden könne (Krankenhaus-CIRS-Netz Deutschland 2.0 2019f).

12.4.4 Vergleich der Umsetzungsformate

Die vorangehend vorgestellten Praxisbeispiele unterscheiden sich in ihrem strukturellen Ansatz eher wenig, da allen die grundlegenden Empfehlungen des Aktionsbündnis Patientensicherheit zugrunde liegen. Der größte, erkennbare Unterschied liegt möglicherweise darin, dass es sich bei den ersten beiden Praxisbeispielen (UKE und Asklepioskliniken) um ein krankenhausinternes CIRS handelt und bei dem letzten Beispiel um das Krankenhaus-CIRS-Netz Deutschland 2.0, welches internetbasiert angelegt ist.

Unterschiede lassen sich allerdings auch hinsichtlich der öffentlichen Darstellung und Etablierung zwischen den beiden institutionsinternen *CIRS* erkennen. Der Fokus der Asklepioskliniken scheint in erster Linie auf handhabbare Informationen für nicht-medizinisch versierte Leserinnen und Leser konzipiert zu sein. Dies könnte daraus geschlossen werden, dass der „Weg" bis zu fachbezogenen Informationen über das interne *CIRS* relativ lang ist und die schnell findbaren Informationen eher auf die Patientensicherheit und die Maßnahmen zur Verbesserung dieser im Vordergrund stehen. Das System, welches dahinter steht wird trotzdem vereinfacht erklärt, wenn man als Leser_in auf der Seite weiterforscht (vgl. Abschn. 12.4.2).

Das UKE hat Hinweise auf ihr internes *CIRS* ebenfalls bei der Patientensicherheit verortet, wobei es, im Gegensatz zu der Webpräsentation der Asklepioskliniken, keine genauen Zahlen über eingehende Meldungen auf der Internetseite gibt. Dies wird allerdings im jährlichen Qualitätsbericht des Universitätsklinikums veröffentlicht. Hier gibt es sogar relativ genaue Zahlen dazu wie viele Meldungen ungefähr in dem Berichtsjahr eingegangen und wie viele daraus resultierende Maßnahmen ergriffen wurden (vgl. Abschn. 12.4.1). Bei den Asklepioskliniken wird im Internet lediglich eine ungefähre Zahl an Meldungen und Maßnahmen seit dem Jahr 2010 genannt und im Qualitätsbericht sind keinerlei aktuelle Daten zu finden. Hier wird das CIRS lediglich als Bestandteil des Programms für Patientensicherheit genannt (vgl. Abschn. 12.4.2).

Für beide Praxisbeispiele gilt allerdings, dass die institutionsinternen *CIRS* öffentlich nur gefiltert vorgestellt werden. Es werden teilweise einzelne Fälle veröffentlich (vgl. Asklepios 2019b), allerdings bekommt man als außenstehende_r Patient_in keinen tatsächlichen Überblick über die gemeldeten Fälle und die konkreten Maßnahmen, die von Experte_innen geraten und möglicherweise umgesetzt werden. Es ist also kein direkter Einblick in das *CIRS* möglich. Dies kann hingegen das Krankenhaus-CIRS-Netz Deutschland 2.0 bieten. Hier können sämtliche gemeldeten und freigegebenen Fälle überregional im Internet eingesehen werden. Auch der Einblick in das beispielhafte Berichtsformular der CIRSmedical-Software ist für Außenstehende möglich. Durch die Kommentarfunktion kann außerdem ein produktiver Austausch interdisziplinär und institutionsübergreifend stattfinden, wodurch der Lernprozess für eine deutlich größere Anzahl von Krankenhausangestellten ermöglicht wird (vgl. Abschn. 12.4.3).

12.5   Herausforderungen

Da die Etablierung eines *CIRS* für Institutionen nur eine Empfehlung und keine Pflicht ist können, laut Gunkel et al. „nur ein Teil der sicherheitsrelevanten Ereignisse innerhalb der Organisation erkannt werden" (Gunkel et al. 2013, S. 13). Das heiße wiederum, dass die tatsächliche Fehlerrate von medizinischen Institutionen nicht in Gänze erfasst werden können (Gunkel et al. 2013, S. 13).

Eine weitere Herausforderung stelle, nach Pauli, dar, dass „durch die Implementierung eines CIRS in einer Institution und das Sammeln von Zwischenfallberichten die Ziele des Risikomanagements nicht erreicht werden" (Pauli 2013, S. 64). Die Fallberichte müssen weiterverwertet werden, indem sie einer fachgerechten Analyse unterzogen und wirksame Vermeidungs- beziehungsweise Bewältigungsstrategien entwickelt werden. Auch der interne Austausch über die gewonnenen Erkenntnisse und die ganzheitliche Umsetzung der Verbesserungsmaßnahmen sei von zentraler Wichtigkeit um ein *CIRS* wirksam zu machen. Pauli geht auch darauf ein, dass die Voraussetzung zur erfolgreichen Nutzung des *CIRS* auf der vollständigen Mitarbeit und Überzeugung der Mitarbeiter_innen und Leitung der Einrichtung beruhe. Dies beinhalte auch, dass die Systeme aktiv genutzt werden (Pauli 2013, S. 64).

Ein weiterer Aspekt, der sich auf die erstgenannte Einschränkung durch die Empfehlung bezieht sei, dass durch die *CIRS* keine „statistisch verwertbare Aussagen über Häufigkeit von sicherheitsrelevanten Ereignissen" (Pauli 2013, S. 65) getroffen werden können. Auch die Beachtung dessen, dass ein_e Handelnde_r sich in einer kritischen Situation anderer Ressourcen bewusst sein kann, als hinterher in einem reflektierenden Zustand, sei wichtig für der Erarbeitung möglicher Verbesserungsmaßnahmen (Pauli 2013, S. 65).

Als Herausforderung kann sich ebenfalls herausstellen, dass für einen wirksamen Einsatz des *CIRS* zuvor ein wirksames und stabiles Risikomanagement in der Institution eingerichtet sein sollte, da das *CIRS* ein Werkzeug desselbigen darstellt (vgl. Abschn. 12.1.2). Auch das Aktionsbündnis Patientensicherheit erklärt, dass ein CIRS in ein „umfassendes Risikomanagementkonzept" (Aktionsbündnis Patientensicherheit 2017, S. 4) eingebunden sein müsse (Aktionsbündnis Patientensicherheit 2017, S. 4). Hierzu geht Jakolow-Standke zusätzlich darauf ein, dass die Implementierung eines Risikomanagements (genau wie die eines *CIRS*) durch die Leitung des Unternehmens gestützt und vorangetrieben werde. Dies beinhalte beispielsweise die Bereitstellung notwendiger Ressourcen und entsprechende Handlungen der Führungsebenen (Jakolow-Standke 2013, S. 524).

Da das Risikomanagement wiederum ein Teil des Qualitätsmanagements ist kann man darauf schließen, dass auch ein funktionierendes Qualitätsmanagement eine notwendige Voraussetzung für die Etablierung und wirksame Nutzung des *CIRS* darstellt.

12.6 Schlussfolgerungen

Zusammenfassend lässt sich sagen, dass das *Critical Incident Reporting System* eine wichtige Rolle als Werkzeug des klinischen Qualitäts- und Risikomanagements im deutschen Gesundheitssystem einnimmt. Es ist wichtig zu beachten, dass nicht alle medizinischen Einrichtungen über ein *CIRS* verfügen, oder es nutzen, wodurch die Aussagekraft über die Anzahl kritischer Ereignisse nicht gewährleistet ist. Außerdem ist zu beachten, dass es sowohl in- als auch externe Fehlermeldesysteme gibt, wobei die Krankenhäuser, die ein internes System benutzen, teilweise zusätzlich ein externes (wie das Krankenhaus-CIRS-Netz Deutschland 2.0) verwenden. Der Unterschied zwischen den beiden System-Varianten liegt in erster Linie darin, dass die internen *CIRS* dafür da sind, krankenhausinterne Fehler auszumerzen und lokale Verbesserungsmaßnahmen schnell und wirksam umzusetzen und die überregionalen, internetbasierten Netzwerke vor allem ein Interesse daran haben institutionsübergreifende und fachübergreifende Lernerfolge zu ermöglichen. Auch die Austauschplattform und die externen Anreize und Ideen können zu einer noch erfolgreicheren Lösungs- und Strategiefindung beitragen. Es wird also nicht nur aus den internen Fehlern gelernt, sondern es besteht auch die Möglichkeit aus überregionalen Fehlern Schlussfolgerungen und Maßnahmen für die eigene Institution abzuleiten.

Trotz das das *CIRS* ein wichtiges und wertvolles Werkzeug des Risikomanagements ist muss bedacht werden, dass es lediglich ein Teil der Gesamtstruktur von Qualitäts- und Risikomanagements eines Unternehmens oder einer Institution darstellt. Die Etablierung eines *CIRS* ist dementsprechend nur dann wirklich erfolgreich, wenn ebenfalls ein wirksames Qualitäts- und Risikomanagement besteht. Auch das Mitwirken und die Unterstützung aller Mitarbeiter_innen und Führungskräfte nimmt eine zentrale Bedeutung ein, wenn es darum geht, dass entstehende Fehler wahrgenommen und durch wirksame Strategien und Maßnahmen für die Zukunft beseitigt werden. Die Sicherheit von Patient_innen und der immer steigende Anspruch an die Behandlungsqualität medizinischer Einrichtungen macht die Relevanz von wirksamen Werkzeugen, wie dem *CIRS*, in Deutschland deutlich und zeigt, dass auch in Zukunft Methoden zur Verbesserung von Qualität und Handlungsabläufen eher an Relevanz gewinnen, als verlieren werden.

Literatur

Aktionsbündnis Patientensicherheit. (2017). Empfehlungen zur Einführung von Critical Incident Reporting Systemen (CIRS) Praxistipps für Krankenhäuser. https://www.aps-ev.de/wp-content/uploads/2016/08/07-12-10_CIRS_Brosch__re_mit_Umschlag.pdf. Zugegriffen: 14. Jan. 2019.

Aktionsbündnis Patientensicherheit. (2019). Glossar. https://www.aps-ev.de/glossar/. Zugegriffen: 14. Jan. 2019.

Ärztliches Zentrum für Qualität in der Medizin. (2018). Netzwerk CIRSmedical.de. https://www.aezq.de/patientensicherheit/cirs/netzwerk-cirsmedical.de. Zugegriffen: 14. Jan. 2019.

Asklepios. (2019a). Für Ihre Sicherheit. https://www.asklepios.com/konzern/qualitaet/patienten-sicherheit/konzernweites-programm/.

Asklepios. (2019b). Fachinformationen zur Patientensicherheit bei Asklepios. https://www.asklepios.com/konzern/qualitaet/patientensicherheit/fachinformationen/. Zugegriffen: 14. Jan. 2019.

Asklepios. (2019c). Jährlicher Bericht zur Medizinischen Ergebnisqualität. https://www.asklepios.com/konzern/qualitaet/ergebnisqualitaet/jahresbericht/. Zugegriffen: 14. Jan. 2019.

Bundesärztekammer. (2018). Statistische Erhebung der Gutachterkommissionen und Schlichtungs-stellen für das Statistikjahr 2017. https://www.bundesaerztekammer.de/fileadmin/user_upload/downloads/pdf-Ordner/Behandlungsfehler/Statistische_Erhebung_2017.pdf. Zugegriffen: 14. Jan. 2019.

Bundesärztekammer. (2019). Behandlungsfehler-Statistik Behandlungsfehler erkennen, Fehlerursachen bekämpfen. http://www.bundesaerztekammer.de/patienten/gutachter-kommissionen-schlichtungsstellen/behandlungsfehler-statistik/. Zugegriffen: 14. Jan. 2019.

CIRSmedical. (2019). Berichtsformular. https://www.cirsmedical.ch/DeutschlandPlus/m_files/cirs.php?seitennr=AEZQ. Zugegriffen: 14. Jan. 2019.

Crusius, A. (2018). Behandlungsfehlerstatistik: Fehlerprävention fördern. http://www.bundesaerztekammer.de/patienten/gutachterkommissionen-schlichtungsstellen/behandlungs-fehler-statistik/2017/. Zugegriffen: 14. Jan. 2019.

Drüselen, L. (2013). Zertifizierung von Krankenhäusern. In J. F. Debatin, A. Ekkernkamp, B. Schulte, & A Tecklenburg (Hrsg.), *Krankenhausmanagement Strategien, Konzepte, Methoden* (2. Aktualisierte und erweiterte Aufl., S. 495–499). Berlin: Medizinisch Wissenschaftliche Ver-lagsgesellschaft.

Gausmann, P. (2013). Methoden des klinischen Risikomanagements. In J. F. Debatin, A. Ekkern-kamp, B. Schulte, & A. Tecklenburg (Hrsg.), *Krankenhausmanagement Strategien, Konzepte, Methoden* (2. Aktualisierte und erweiterte Aufl., S. 505–508). Berlin: Medizinisch Wissen-schaftliche Verlagsgesellschaft.

Gunkel, C., Rohe, J., Sanguino Heinrich, A., Hahnenkamp, C., & Thomeczek, C. (2013). CIRS – Gemeinsames Lernen durch Berichts- und Lernsysteme. In ÄZQ (Hrsg.), *äzq Schriftenreihe*. Berlin: ÄZQ.

Jakolow-Standke, A. (2013). Beschwerde- und Risikomanagement. In J. F. Debatin, A. Ekkern-kamp, B. Schulte, & A. Tecklenburg (Hrsg.), *Krankenhausmanagement Strategien, Konzepte, Methoden* (2. Aktualisierte und erweiterte Aufl., S. 521–527). Berlin: Medizinisch Wissen-schaftliche Verlagsgesellschaft.

Krankenhaus-CIRS-Netz Deutschland 2.0. (2019a). An wen richtet sich das KH-CIRS-Netz-D 2.0? https://www.kh-cirs.de/fragen/an_wen.html. Zugegriffen: 14. Jan. 2019.

Krankenhaus-CIRS-Netz Deutschland 2.0. (2019b). Wie kann berichtet werden? https://www.kh-cirs.de/fragen/wie_kann.html. Zugegriffen: 14. Jan. 2019.

Krankenhaus-CIRS-Netz Deutschland 2.0. (2019c). Was passiert mit Ihren Berichten? https://www.kh-cirs.de/fragen/was_passiert.html. Zugegriffen: 14. Jan. 2019.

Krankenhaus-CIRS-Netz Deutschland 2.0. (2019d). Fälle Berichten & Lernen. https://www.kh-cirs.de/index.html. Zugegriffen: 14. Jan. 2019.

Krankenhaus-CIRS-Netz Deutschland 2.0. (2019e). Was ist die Steuergruppe und der Fachbeirat? https://www.kh-cirs.de/fragen/was_ist.html. Zugegriffen: 14. Jan. 2019.

Krankenhaus-CIRS-Netz Deutschland 2.0. (2019f). Abgrenzung zu anderen CIRS-Projekten. https://www.kh-cirs.de/fragen/abgrenzungen.html. Zugegriffen: 14. Jan. 2019.

Medizinischer Dienst des Spitzenverbandes Bund der Krankenkassen, & Medizinischer Dienst der Krankenversicherung. (2018). Jahresstatistik 2017 Behandlungsfehler-Begutachtung der MDK-Gemeinschaft. https://www.mds-ev.de/fileadmin/dokumente/Pressemitteilungen/2018/2018_06_05/Jahresstatistik_BHF_begutachtung_2017.pdf. Zugegriffen: 14. Jan. 2019.

Ortlepp, J.R., Witt, H., & Zukunft, E. (2017). Working on EXCELLENCE in Healthcare – Bericht zur Medizinischen Ergebnisqualität 2016. Hoffmann, R. (Hrsg.). https://www.asklepios.com/konzern/qualitaet/ergebnisqualitaet/jahresbericht/. Zugegriffen: 14. Jan. 2019.

Pauli, A. (2013). Risikomanagement und CIRS als Gegenstand der Krankenhaushaftung. In B. Badura, K. Engelmann, D. Hart, & H. Raspe (Hrsg.), *Gesundheitsrecht und Gesundheitswissenschaften* (Bd. 24). Baden-Baden: Nomos.

Robert Koch Institut. (2015). Qualitätssicherung und Qualitätsmanagement in der Gesundheitsversorgung. *Gesundheit in Deutschland* (S. 353–362). Berlin: RKI.

Thüß, J. (2012). Rechtsfragen des Critical Incident Reportings in der Medizin. In C. Katzenmeier (Hrsg.), *Kölner Schriften zum Medizinrecht* (Bd. 9). Berlin: Springer.

Universitätsklinikum Hamburg Eppendorf. (2018). 2016 Referenzbericht zum Qualitätsbericht 2016. Gemeinsamer Bundesausschuss (Hrsg.). https://www.uke.de/patienten-besucher/qualität/qualitätsberichte/index.html. Zugegriffen: 14. Jan. 2019.

Universitätsklinikum Hamburg Eppendorf. (2019a). Patientensicherheit. https://www.uke.de/patienten-besucher/qualität/patientensicherheit/index.html. Zugegriffen: 14. Jan. 2019.

Universitätsklinikum Hamburg Eppendorf. (2019b). Risikomanagement im UKE. https://www.uke.de/patienten-besucher/qualität/risikomanagement/index.html. Zugegriffen: 14. Jan. 2019.

Heva Baybarz

13.1 Definition

Ein Sturz wird unterschiedlich definiert und wahrgenommen. Daher ist es von Bedeutung zunächst aufzuzeigen, von welcher Definition das vorliegende Kapitel sowie die erfassten Sturzdaten, welche in den folgenden Unterkapiteln noch aufgeführt werden, ausgehen.

Bei einem Sturz kommt die betroffene Person „unbeabsichtigt auf dem Boden oder auf einer anderen Tiefe" auf. Ebenso ist von Sturz die Rede, wenn ein Betroffener beispielsweise „in die Hocke gerät oder sich bei einem Sturz durch Hinsetzen auffangen kann" (Hellmann und Rößlein 2015, S. 9). Sturzereignisse kommen im Krankenhaus-Alltag häufig vor und haben unterschiedliche Ursachen.

Das vorliegende Kapitel befasst sich mit dem Thema „Stürze und ihre Prävention" und bezieht sich ausschließlich auf Stürze, welche sich im Krankenhaus ereignen. Zudem gilt das Krankenhaus X in Hamburg als Fallbeispiel in diesem Kapitel und exemplifiziert aktuelle Sturzdaten. Anzumerken ist, dass die verwendeten Abbildungen in Anlehnung an die originalen Sturzdaten erstellt wurden.

13.2 Sturzursachen und Sturzrisiko

Für die Entwicklung gezielter Maßnahmen zur Sturzreduzierung muss zunächst geklärt werden, wie Stürze überhaupt verursacht werden und welche Faktoren diese begünstigen. Stürze ereignen sich während Aktivitäten, die zum Verlust des Gleichgewichts führen

H. Baybarz (✉)
Hochschule für Angewandte Wissenschaften Hamburg, Hamburg, Deutschland
E-Mail: Heva.Baybarz@haw-hamburg.de

© Springer-Verlag GmbH Deutschland, ein Teil von Springer Nature 2020
W. Leal (Hrsg.), *Qualitätsmanagement in der Gesundheitsversorgung*, Erfolgskonzepte
Praxis- & Krankenhaus-Management, https://doi.org/10.1007/978-3-662-59675-3_13

können, wie beispielsweise beim Gehen, beim Ein- und Aussteigen aus dem Bett und bei Rollstuhl- und Toilettentransfers (Relias 2017). Die Ursachen für Stürze sind vielfältig. Sie lassen sich in intrinsische und extrinsische Risikofaktoren unterteilen.

13.2.1 Intrinsische Faktoren

Die intrinsischen Ursachen sind in der Person selbst begründet, wie beispielsweise physiologische und krankheitsbedingte Veränderungen. Einige Beispiele für intrinsische Risikofaktoren sind: Medikamentenwirkungen und -nebenwirkungen, Beeinträchtigung von Kognition und Stimmung, Gehstörungen, Gleichgewichtsstörungen, Sehstörungen sowie psychische Veränderungen (Relias 2017).

Insbesondere stellt das höhere Alter einen relevanten Sturzrisikofaktor dar. Einer Statistik auf Statista, welche den Anteil der Personen mit einem Sturz in den vergangenen zwei Jahren aufzeigt, ist zu entnehmen, dass 73 % der Männer und Frauen im Alter von 65 Jahren und älter in den letzten zwei Jahren gestürzt waren (Statista 2018). Da es mit zunehmendem Alter zu zahlreichen physiologischen Veränderungen kommt, steigt die Anfälligkeit für Stürze. Beispielsweise nimmt die Reaktionsfähigkeit, die Funktionsfähigkeit des Nerven- und des Herz-Kreislauf-Systems sowie auch die Regulation von Skelett und Muskulatur ab. 65-Jährige haben bereits 25 % weniger Muskelmasse als 25-Jährige. Auch die Sehkraft lässt nach, Verschleißerkrankungen des Skeletts nehmen zu und die allgemeine Leistungsfähigkeit sinkt. Somit ist die Mobilität älterer Menschen stark beeinträchtigt. (Relias 2017).

Außerdem sind kognitive Störungen als wichtige krankheitsbedingte Veränderungen zu nennen, welche ebenso zu den intrinsischen Sturzfaktoren zählen. Demente Menschen oder Menschen mit Depressionen sind einer hohen Sturzgefahr ausgesetzt. Durch die veränderten Denkprozesse nehmen sie die Gefahren in der Umgebung nicht wahr oder interpretieren diese falsch. Die Störungen des Bewusstseins und der Wahrnehmung führen dazu, dass Menschen mit Demenz häufiger im Krankenhaus stürzen (Motzek et al. 2017).

Eine erhöhte Sturzgefahr wird bei Krankheitsbildern angenommen, welche mit schwerwiegenden Funktionsbeeinträchtigungen einhergehen, wie z. B. Morbus Parkinson, Osteoporose, Arthrose und Rheuma. Auch Erkrankungen, die eine kurzzeitige Ohnmacht verursachen können, wie Epilepsie oder Diabetes mellitus oder aber Patienten mit einer körperlichen Behinderung stellen ein erhöhtes Sturzrisiko dar (Aktionsbündnis Patientensicherheit e. V. 2013, S. 14).

Des Weiteren kann die Einnahme von bestimmten Medikamenten wie Opioide, Antidepressiva, Hypnotika und Sedativa sturzfördernd wirken (Zieschang 2015). Diese Medikamente können zu Störungen der Wahrnehmung, der Orientierung und des Kreislaufes führen, sodass das Gleichgewicht und der Gang negativ beeinflusst werden und die Gefahr zu stürzen zunimmt (vitanet.de 2015).

13.2.2 Extrinsische Faktoren

Die extrinsischen Sturzursachen sind im Umfeld der Person begründet. Einige Beispiele für umfeldbezogene Risikofaktoren sind: mangelhaftes Schuhwerk, Lichtverhältnisse, gefährliche Umgebungsbedingungen und Hindernisse. Außerdem haben auch situationsbedingte Umstände, wie die Dauer des Aufenthalts im Krankenhaus und die Tageszeit des Sturzereignisses einen Einfluss (Kraxner 2018).

Häufig erleiden Menschen in der ersten Woche ihres Krankenhausaufenthaltes einen Sturz. Für dieses Phänomen sind womöglich akute Erkrankungen wie Hypotonie oder die fehlende Vertrautheit mit der Umgebung verantwortlich (Aktionsbündnis Patientensicherheit e. V. 2013, S. 14 f.).

Die physikalischen Bedingungen des Umfeldes können für Patienten eine Herausforderung darstellen, wenn sie beispielsweise versuchen aus unangemessen hohen Betten auszusteigen oder Bettgitter zu überklettern. Zudem kann der Gebrauch falsch eingestellter Mobilitätshilfen wie Rollatoren einen Sturz begünstigen (Kraxner 2018). Auch das Gehen in schlecht beleuchteten Bereichen kann vor allem für ältere Menschen, die meist über ein vermindertes Sehvermögen verfügen, riskant sein. Sonach können sie Stolperfallen wie Kabel und Infusionsschläuche oder unebene, glatte Böden nicht sehen (Aktionsbündnis Patientensicherheit e. V. 2013, S. 14).

Stürze sind nicht immer die Folge eines einzigen körpereigenen oder extrinsischen Faktors. Vielmehr können komplexe Sturzereignisse aus einer Kombination beider Sturzrisikofaktorengruppen hervorgerufen werden. Es wird davon ausgegangen, dass die extrinsischen Risikofaktoren vorwiegend auf Personen wirken, die jünger als 80 Jahre sind. Hingegen wirken die intrinsischen Risikofaktoren überwiegend auf Personen sturzauslösend, die älter als 80 Jahre alt sind (Kraxner 2018).

13.2.3 Fallbeispiel 1: Sturzursachen im Krankenhaus X

In diesem Kapitel wird zunächst aufzeigt, während welchen Aktivitäten sich Stürze in dem Krankenhaus X ereigneten. Anschließend werden die Sturzursachen dargestellt. Die hier verwendeten Sturzdaten stammen aus dem Jahr 2017.

Die aufgeführten Abb. 13.1 und 13.2 bilden Kreisdiagramme ab, welche die Sturzauswertungen aller medizinischen Fachbereiche des Krankenhauses X umfassen. Es wurden insgesamt 399 Stürze erfasst.

Der Abb. 13.1 ist zu entnehmen, dass sich die meisten Stürze, und zwar 54 % der erfassten 399 Stürze, während einer Mobilisation bzw. Selbstmobilisation ereigneten. Hierbei handelt es sich beispielsweise um die Fortbewegung oder den Lagewechsel des Körpers im Bett. Wie bereits im vorherigen Kapitel behandelt, können Alterserkrankungen und Schmerzen durch operative Eingriffe oder Schmerzen, die bei bestimmten Bewegungen entstehen, für Mobilitätseinschränkungen verantwortlich sein.

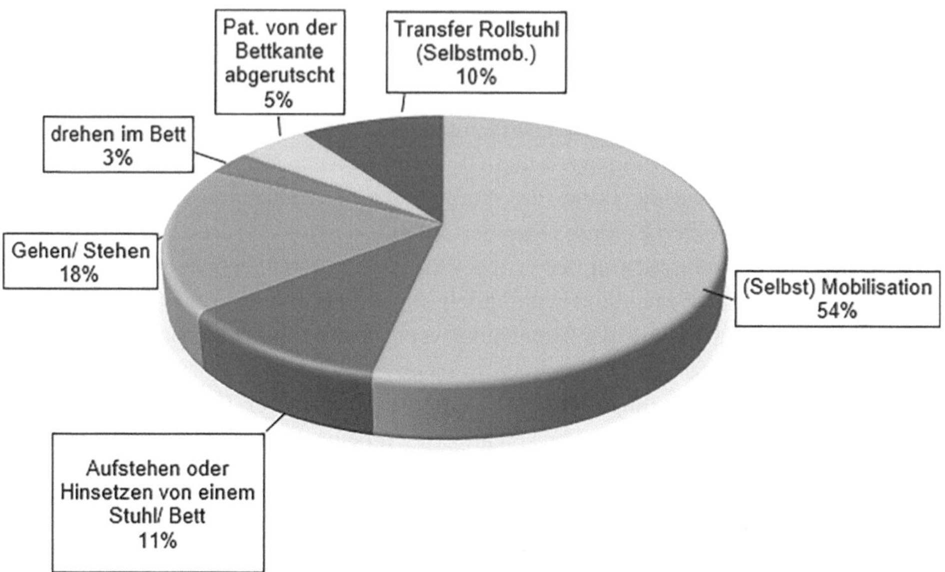

Abb. 13.1 „Stürze beim … 2017". (Eigene Darstellung in Anlehnung an Rados, T. 2018; Bemerkung: In der ursprünglichen Sturzauswertung wurden gerundete Zahlen genutzt!)

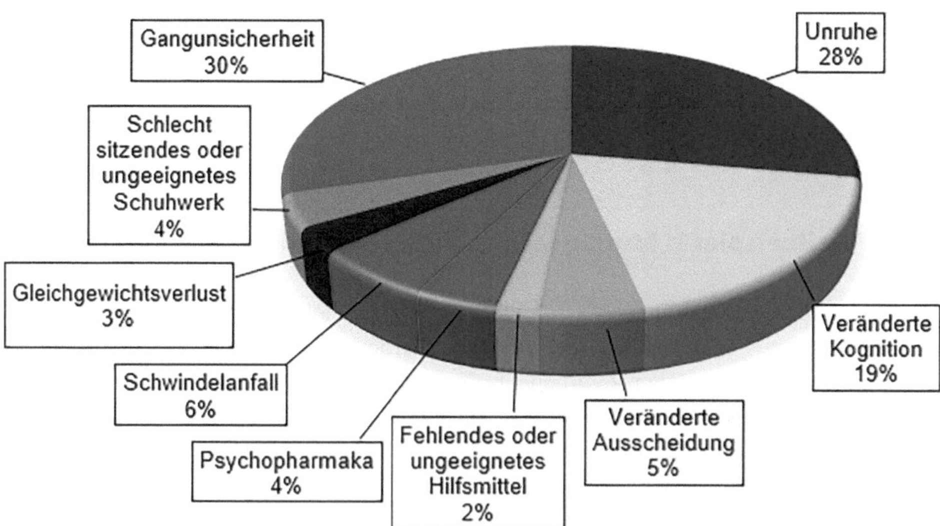

Abb. 13.2 „Sturzursache 2017". (Eigene Darstellung in Anlehnung an Rados, T. 2018; Bemerkung: In der ursprünglichen Auswertung wurden gerundete Zahlen genutzt!)

Zudem zeigt die Abb. 13.1, dass 18 % der erfassten Sturzfälle beim Gehen oder Stehen, erfolgten. Auch das Aufstehen oder Hinsetzen von einem Stuhl bzw. Bett stellte für 11 % der Gestürzten und der Transfer mit Hilfsmitteln wie etwa dem Rollstuhl stellte für 10 %

der Personen, die in ärztlicher Behandlung sind, eine Gefahr dar, welcher nach einem Gleichgewichtsverlust ein Sturz folgte.

In der Abb. 13.2 werden die erfassten Sturzursachen dargestellt. Es fällt auf, dass vielfältige Sturzursachen, welche sowohl intrinsischen als auch extrinsischen Faktoren entspringen, aufgeführt sind. Aus dem Kreisdiagramm ist zu ersehen, dass die Gangunsicherheit (30 %), die Unruhe (28 %) und die veränderte Kognition (19 %) als die drei häufigsten Sturzursachen erfasst wurden. Es ist anzunehmen, dass diese Stürze durch physische und psychische körperliche Einschränkungen hervorgerufen wurden. Eine körperliche Behinderung oder Verletzung könnte beispielsweise für den unsicheren Gang verantwortlich sein. Auch Menschen, die bereits gestürzt sind und eine Sturzangst entwickelt haben, zeigen eine Gangunsicherheit. Das unruhige Verhalten und die veränderte Kognition kommen meistens bei Personen vor, die an Demenz oder Depressionen erkrankt sind (Relias 2017). In Abb. 13.2 wird unter anderem auch der Schwindelanfall (6 %), welcher zum Beispiel durch chronische Erkrankungen ausgelöst wird, und die veränderte Ausscheidung (5 %) als Sturzursachen abgebildet.

13.3 Der Bedarf an Sturzprävention im Krankenhaus

Die Identifikation der Sturzursachen und Risikofaktoren erfolgte in Abschn. 13.2, welche für eine angemessene Sturzprävention essenziell ist. Im folgenden Kapitel werden mögliche Sturzfolgen aufgezeigt, um die Relevanz einer gezielten Sturzprävention hervorzuheben.

Das Statistische Bundesamt veröffentliche für das Jahr 2015 die Anzahl der Gestorbenen nach ausgewählten Todesursachen und registrierte Stürze auch als eine Todesursache. Es wurden insgesamt 12.867 Todesfälle infolge eines Sturzes in Deutschland aufgezeichnet (Destatis 2018). Bei Menschen, die älter als 65 Jahre sind, gehen die meisten Todesfälle auf Stürze und Sturzfolgen zurück. Insbesondere sind also die Gesundheit und das Wohlbefinden älterer Menschen von Stürzen bedroht. Gründe dafür sind beispielsweise Gleichgewichtsprobleme, Demenz und die nachlassende Sehkraft (Gillespie et al. 2013). Außerdem zeigen Statistiken, dass das Risiko nach einem erlittenen Sturz im nächsten Jahr nochmals zu stürzen „zwei- bis dreimal so hoch wie in der übrigen Bevölkerung desselben Alters" ist (Kraxner 2018).

Nicht jeder Sturz muss schwerwiegende Folgen haben, jedoch hat jeder Sturz Folgen. Es wird unterschieden zwischen physischen und psychischen Sturzfolgen, welche die selbstständige Lebensbewältigung der Betroffenen im Alltag erheblich beeinträchtigen kann (Hellmann und Rößlein 2015, S. 7 f.).

Die zahlreichen Sturzfolgen reichen von körperlichen Verletzungen und eingeschränkter Beweglichkeit bis hin zu krankhafter Angst vor erneuten Stürzen. Als physische sturzbedingte Verletzungen sind zum Beispiel Prellungen, Platz- und Schnittwunden sowie Hämatome zu nennen (Hellmann und Rößlein 2015, S. 7). Frakturen wie Hüftbrüche zählen als weitere schwere Verletzungen, dessen Folgen tief greifender sind: „die Hälfte aller betroffenen Personen erholt sich nicht mehr vollständig, 20 % versterben in den nächsten sechs Monaten" (Kraxner 2018). Menschen mit Osteoporose sind beispielsweise besonders anfällig für Frakturen, da die Knochen an Festigkeit verlieren und es somit leichter zu Brüchen kommt (Relias 2017).

Wenn nach einem Sturz keine körperlichen Folgen hervortreten, können psychische Folgen wie erhöhte Angst und reduzierte Aktivität auftreten (Hellmann und Rößlein 2015, S. 7). Denn, Menschen, die einmal einen Sturz erlitten haben, neigen zur Entwicklung einer Gangunsicherheit und ändern ihre Lebensweise (Relias 2017). Da sie das Vertrauen in die eigene Mobilität verlieren, schränken die Betroffenen ihren Bewegungsradius ein, ziehen sich somit sozial zurück und sind auf die Hilfe anderer angewiesen (Hellmann und Rößlein 2015, S. 7). „25 % der Gestürzten zeigen Symptome eines solchen Post-Fall-Syndroms, welches häufig korreliert mit zunehmender Gangunsicherheit, erhöhtem Sturzrisiko, weiterer Verschlechterung der Knochenstruktur und Depression. Die Betroffenen geraten hier leicht in einen Teufelskreis" (Relias 2017).

Wie in diesem Kapitel aufgezeigt wurde, können Sturzopfer aufgrund seiner Folgen in vielerlei Hinsicht bei der Bewältigung ihres Lebensalltags beeinträchtigt werden. Um die Patientensicherheit zu gewährleisten, ist die Minderung des Sturzrisikos erforderlich. Für den Erhalt der Mobilität, Selbstständigkeit und Lebensqualität der Behandelten bedarf es einer gezielten Sturzprävention im Krankenhaus, welche zugleich der Reduzierung von Sturzfolgen dient.

13.4 Sturzrisiko-Assessment

Im Fokus dieses Kapitels steht die Einschätzung des Sturzrisikos. Nachfolgend wird erläutert, wie Stürze systematisch erfasst und dokumentiert werden, da dieser Vorgang für die Entwicklung gezielter Präventionsmaßnahmen zur Sturzvermeidung notwendig ist. Anschließend wird ein Fallbeispiel zu erfassten Sturzdaten aufgeführt.

Stürze können aus dem Zusammenspiel multikausaler Faktoren resultieren. Aus diesem Grund ist ein umfassendes Sturzrisiko-Assessment relevant, um das individuelle Sturzrisiko zu erkennen und darauf abgestimmte präventive Maßnahmen einzuleiten. Im Rahmen des Assessments muss ein konkretes Sturzrisiko festgestellt werden, damit pflegerische und medizinische Maßnahmen geplant werden können (Relias 2017). Während der stationären Aufnahmeuntersuchung erfolgt die Einschätzung des Sturzrisikos auf Grundlage standardisierter Instrumente zur Sturzrisikoeinschätzung und gilt als primäre Prävention, die allgemeine Maßnahmen zur Sturzvermeidung erzielt (Bujan et al. 2018). Einerseits stellen bestehende Erkrankungen, verordnete Medikamente und personenbezogene Risikofaktoren andererseits aber die Umgebungsbedingung eine Sturzgefahr für die zu behandelnde Person dar. Demzufolge variiert sich das Sturzrisiko zwischen den Menschen. Beispielweise wird dokumentiert, ob eine oder mehrere Risikofaktoren bestehen, wie zum Beispiel Augenerkrankungen, welche zu den krankheitsbedingten Risikofaktoren zählen (Hellmann und Rößlein 2015, S. 14 f.).

Das allgemeine Sturzrisiko wird anhand von Skalen wie der *Morse Fall Scale* oder Morse-Fall-Skala eingeschätzt, welches ein standardisiertes diagnostisches Instrument ist. Wie bereits erwähnt, werden Daten hinsichtlich personenbezogener, medikamentenbezogener sowie umfeldbezogener Risikofaktoren erfasst. Anhand von Fragen nach der Multimorbidität, dem kognitiven Status sowie der Beurteilung der Gangsicherheit, erlaubt die Morse-Fall-Skala beispielsweise „eine genauere Eingrenzung kritischer Bereiche der Mobilität" (Bujan et al. 2018).

Wenn keine Sturzrisikofaktoren erfasst werden, wird die Person, die in Behandlung ist, regelmäßig hinsichtlich der Risikofaktoren wie Kognition und Medikation überprüft. Stellt sich bei dem Sturzrisiko- Assessment jedoch heraus, dass Risikofaktoren vorhanden sind, ist eine Modifizierung dieser angebracht. Es werden Interventionen eingeleitet und ihre Wirkungen überwacht (Hellmann und Rößlein 2015, S. 14 ff.). Ereignet sich trotzdem ein Sturz, so sind dieser und ihre Begleitumstände kritisch zu erfassen und zu prüfen (Bujan et al. 2018). Auf das Sturz-Assessment bzw. auf die Erfassung von Stürzen wird im folgenden Kapitel genauer eingegangen.

13.4.1 Systematische Erfassung und Dokumentation aller Stürze

Nach einem Sturz findet eine körperliche Untersuchung statt, wobei Verletzungen und akute Fälle beurteilt und behandelt werden. Zudem werden durch die anwesende Pflegekraft oder die Person im ärztlichen Dienst die Umstände des Sturzereignisses erfasst. Hierbei wird die gestürzte Person zu den Symptomen befragt, die zum Zeitpunkt des Sturzes bestanden. Es wird auch nach früheren Stürzen und deren Umständen gefragt. Darüber hinaus werden die Sturzzeit, der Sturzort sowie die Boden- und Lichtverhältnisse, also umfeldbezogene Faktoren geprüft und dokumentiert. Wenn keine körperlichen Beschwerden zum Zeitpunkt des Sturzes bemerkt werden, kommen umfeldbezogene Faktoren, wie ein feuchter Fußboden, infrage. Damit mögliche Ursachen, die miteinander korrelieren, erkannt werden, ist eine genaue Dokumentation des Sturzes von großer Bedeutung, nur so können geeignete individuelle Präventionsmaßnahmen entwickelt werden. Die Sturzanamnese wird digital erhoben. „Eine systematische, vorzugsweise digitale Protokollierung […] und Archivierung des Sturzereignisses erlaubt jederzeit eine auch retrospektive Analyse und bildet die Voraussetzung, ggf. systemische Fehlerquellen, wie z. B. eine unzulängliche Flurbeleuchtung, zu erkennen und zu beheben" (Bujan et al. 2018). Die digitalen Sturzprotokolle, welche Angaben über Ort und Zeit des Sturzes und alle erlittenen Verletzungen beinhalten, gelangen in Form eines Sturzberichts in das Krankenhausinformationssystem (KIS). Unter einem Krankenhausinformationssystem sind alle Systeme zu verstehen, die das Erfassen, Bearbeiten und Speichern aller medizinischen und administrativen patientenbezogenen Daten innerhalb eines Krankenhauses ermöglichen (eGesundheit.nrw o. J.). Damit alle in einem Krankenhaus ereigneten Stürze in dem KIS-System vorzufinden sind und eine Reevaluation der Sturzrisikofaktoren, also ein aktuelles Sturzrisiko-Assessment, welche nach jedem Sturz erfolgt, stattfinden kann, wird eine sorgfältige und kompetente Erfassung und Dokumentation vorausgesetzt. Überdies ist anzumerken, dass eine regelmäßige Überprüfung der individuellen Risikofaktoren und eingeleiteten Maßnahmen beachtet werden sollte (Bujan et al. 2018).

Außerdem werden die bei der Sturzerfassung gewonnenen Informationen für das interne Qualitätsmanagement verwendet. Die erhaltenen Daten werden ausgewertet und dienen neben der internen Qualitätskontrolle als rechtliche Absicherung (Hellmann und Rößlein 2015, S. 29).

Durch das Sturz- und Sturzrisiko-Assessment können somit weitere bzw. mehrere Sturzursachen und Sturzrisikofaktoren ermittelt werden, auf dessen Grundlage eingeleitete Präventionsmaßnahmen angepasst oder neue gezielte Interventionen geplant werden.

13.4.2 Fallbeispiel 1: Erfasste Stürze im Krankenhaus X

Im Folgenden werden die im Jahr 2017 erfassten Stürze des Krankenhauses X in Hamburg in einem Säulendiagramm (Abb. 13.3) demonstriert und beschrieben.

Auf der x-Achse sind jeweils die Stationen aufgeführt, auf welchen sich die Stürze ereigneten. Nach den folgenden Stationen wurde stratifiziert:

- Neurologische Frührehabilitation (Stationen G1 und G2)
- Geriatrische Frührehabilitation mit dem Palliativbereich (Station G3)

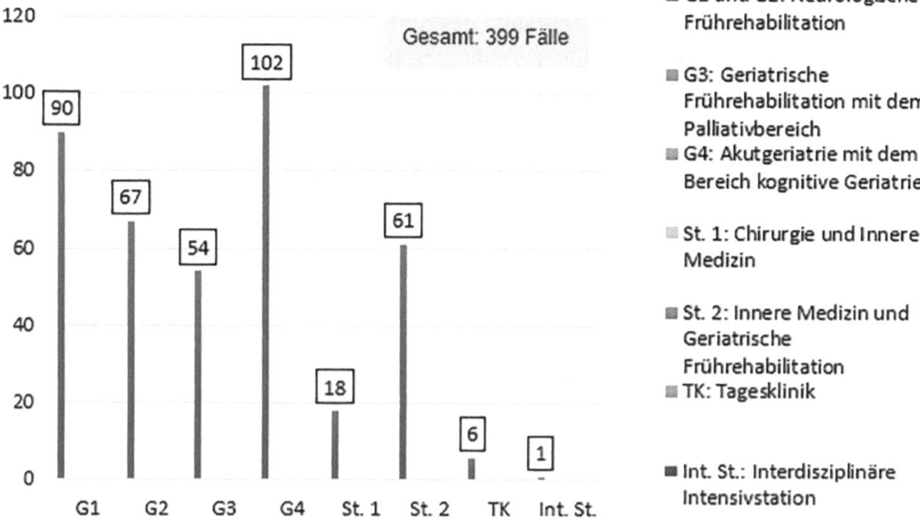

Abb. 13.3 „Stürze nach Station 2017". (Eigene Darstellung in Anlehnung an Rados, T. 2018)

- Akutgeriatrie mit dem Bereich kognitive Geriatrie (Demenzbereich) (Station G4)
- Tagesklinik (TK)
- Chirurgie und Innere Medizin (St. 1)
- Innere Medizin und Geriatrische Frührehabilitation (St. 2)
- interdisziplinäre Intensivstation (ITS).

Hierbei ist anzumerken, dass die Neurologische Frührehabilitation sich über zwei Stationen erstreckt (G1 und G2).

Die y-Achse gibt die Anzahl der Stürze in absoluten Zahlen an. In der Legende wird die Bedeutung der in dem Diagramm verwendeten Abkürzungen erklärt. Der Abbildung geht hervor, dass insgesamt 399 Sturzfälle dokumentiert wurden. Es fällt auf, dass die Neurologische Frührehabilitation mit 157 Stürzen die meisten Stürze im Krankenhaus aufzeichnete. Auf dieser Station werden schwerstbetroffene Menschen nach neurologischen Erkrankungen wie Schlaganfall, Multipler Sklerose oder schwersten Schädel-Hirnverletzungen behandelt. Zu beachten ist, dass sich die Menschen hier oft in einem bewusstseinsgestörten Zustand befinden, was somit die hohe Anzahl der Stürze erklärt (Deutscher Verlag für Gesundheitsinformation o. J. a).

An zweiter Stelle steht die Akutgeriatrie mit dem Bereich kognitive Geriatrie (G4). Hier ereigneten sich nämlich 102 Stürze. Die Akutgeriatrie auch Altersmedizin genannt, versorgt ältere Menschen, die infolge einer akuten Verletzung oder Erkrankung behandelt werden müssen. Neben diesen Personen werden auf der Station G4 (siehe Abb. 13.3) auch ältere Menschen mit kognitiven Störungen und Demenz behandelt. Diese haben beispielsweise aufgrund verminderter Kognition Schwierigkeiten ihren Alltag zu bewältigen. Zu beachten ist, dass es im Alter häufig zu Multimorbidität kommen kann und es aufgrund dessen einer gezielten Behandlung spezifischer Krankheitserscheinungen bedarf (Dggeriatrie.de 2013). Es ist nochmals festzustellen, dass viele altersabhängige Veränderungen Stürze verursachen und geriatrisch erkrankte Menschen ein hohes Sturzrisiko aufzeigen.

Im Vergleich zu der Neurologischen Frührehabilitation (G1 und G2) und der Akutgeriatrie (G4) ereigneten sich auf den anderen Stationen deutlich weniger Stürze. Beispielsweise wurden auf der Station für Innere Medizin und Geriatrische Frührehabilitation (Station 2) 61 und auf der Station für Geriatrische Frührehabilitation mit dem Palliativbereich (Station G3) 54 Stürze verzeichnet. Letztere versorgt insbesondere alternde Menschen mit einer unheilbaren Erkrankung, die mit einer begrenzten Lebenserwartung einhergeht (Deutscher Verlag für Gesundheitsinformation o. J.).

Es ist unverkennbar, dass auf den Stationen für Chirurgie und Innere Medizin (18), der Tagesklinik (6) und der interdisziplinären Intensivstation (1) wesentlich weniger Stürze registriert wurden als auf den anderen Stationen (siehe Abb. 13.3).

Aus den präsentierten Sturzdaten lässt sich nicht ersehen, welche Faktoren jeweils für die Stürze verantwortlich waren. Das Diagramm gibt ausschließlich einen Überblick über die Sturzfälle auf den einzelnen Stationen. Es gibt also nur einen Hinweis auf das Sturzrisiko von Personengruppen, die auf den verschiedenen Stationen versorgt werden.

13.5 Mögliche Maßnahmen zur Sturzvermeidung und zur Verringerung sturzbedingter Folgen

Das vorliegende Kapitel gibt einen umfassenden Überblick über Sturzpräventionsmaßnahmen und Ansätze, die in der aktuellen Literatur existieren.

Die Sturzprävention erzielt nicht nur die Vermeidung von Stürzen, sondern auch die Reduktion sturzbedingter Folgen. In den vorherigen Kapiteln wurde bereits gezeigt, dass Stürze auf unterschiedliche Ursachen zurückzuführen sind. Dementsprechend gibt es auch verschiedene Maßnahmen, die sich für das individuelle Sturzrisiko der Patienten eignen. Nach jedem Sturz werden Maßnahmen eingeleitet, um weitere Stürze und Verletzungen zu verhindern (Hellmann und Rößlein 2015, S. 29).

In erster Linie „ist ein systematisches Vorgehen und die interdisziplinäre Zusammenarbeit über die beiden klassischen Berufsgruppen der Pflegefachkräfte und Ärzte hinaus" für alle Präventionsmaßnahmen äußerst relevant (Aktionsbündnis Patientensicherheit e. V. 2013, S. 13). Auch „Mitarbeiterinnen und Mitarbeiter des Reinigungspersonals, die oftmals die Umgebung sicherer gestalten können, sollten […] in die Maßnahmen einbezogen werden wie z. B. Berufsgruppen, die bei Neu- und Umbaumaßnahmen für die Gestaltung der Räume verantwortlich sind" (Aktionsbündnis Patientensicherheit e. V. 2013, S. 13). Somit sind alle, die patientennah arbeiten, für die Patientensicherheit verantwortlich.

Um Stürze zu verhindern, sollen auch beispielsweise Beinahestürze erfasst werden, damit eine Konzeptüberarbeitung angeordnet wird (Bujan et al. 2018).

Ohne ein kompetentes Personal ist das Erkennen des Sturzrisikos sowie die Entwicklung von Präventionsansätzen gar nicht möglich. Damit zum Beispiel umfeldbezogene Risikofaktoren im Krankenhaus wie die Sitzhöhe des Bettes oder die Beleuchtung erkannt werden, ist eine erhöhte Aufmerksamkeit des Personals von großer Bedeutung. Deshalb sollte das Personal für diese Problematik geschult werden und regelmäßig an „Personal-Schulungen im Umgang mit Sturzgefährdeten" teilnehmen (Aktionsbündnis Patientensicherheit e. V. 2013, S. 10). Vorteilhaft wären auch vermehrte Kontrollgänge bei besonders sturzgefährdeten Personen sowie eine zügigere Reaktion auf die Patientenklingel dieser Risikopersonen.

Bei der stationären Aufnahme werden neben den Sturzrisiko-Assessments, welches zur Erkennung des individuellen Sturzrisikos dient, zu behandelnde Personen und/oder Angehörige, insbesondere bei Patienten mit eingeschränkter Kognition, über die Sturzvermeidung persönlich informiert. Zudem erhalten diese eine Broschüre, in welcher sie nochmals über präventive Maßnahmen nachlesen können. Durch diese primärpräventive Maßnahme sollen beispielsweise vorher bestehende Risikofaktoren wie ungeeignetes Schuhwerk oder Gangunsicherheit eliminiert werden, indem passendes Schuhwerk und Hilfsmittel wie Rollstuhl oder Rollator bereitgestellt werden (Bujan et al. 2018). Darüber hinaus wird anhand der Einschätzung des individuellen Sturzrisikos gegebenenfalls ein primärpräventives Konzept erstellt, welches eine geeignete Therapieplanung, die aktuelle Medikation sowie bestehende Erkrankungen „und mögliche vegetative Störungen

(z. B. nächtliche Blasenentleerungsstörung) berücksichtigen" (Bujan et al. 2018). Beispielsweise konnten bei Menschen mit beeinträchtigenden Fußschmerzen die Zahl der Stürze durch Fuß- und Knöchelübungen und angepassten Einlagen gesenkt werden (Gillespie et al. 2013).

In Bezug auf die Ganganalyse hochbetagter Personen wurde aktuell ein neuer Präventionsansatz entwickelt. Der Gesundheitskonzern Agaplesion und die Friedrich-Alexander-Universität Erlangen-Nürnberg (FAU) führen eine Langzeitstudie zur Sturzprophylaxe geriatrischer Patienten durch. Mithilfe von mobilen Sensoren an den Schuhen wird der Gang der Behandelten von Forschenden und ärztlichem Fachpersonal analysiert. Dadurch soll ein mögliches Sturzrisiko rechtzeitig erkannt und mögliche Folgen wie Frakturen und Pflegebedürftigkeit gemieden werden. „Die Sensorik an den Schuhen zeichnet sturz- und therapierelevante Gangparameter auf. Dazu zählen u.a. Schrittdauer, -länge und -geschwindigkeit sowie Abhebe- und Aufsatzwinkel des Fußes" (It-zoom.de 2018). Diese gewonnenen Daten werden anschließend interpretiert und evaluiert. Mit diesem Fortschritt wird sich eine Verbesserung der Versorgung einzelner Personen erhofft. Zurzeit wird das Forschungsprojekt im Frankfurter Agaplesion Markus Krankenhaus und im Diakonieklinikum Hamburg durchgeführt, jedoch ist die Ausweitung des Projekts und die Einbindung weiterer Einrichtungen in Planung (It-zoom.de 2018).

Zu betonen ist, dass die Sturzvermeidung eine präventive Reduzierung des Sturzrisikos voraussetzt. Es bedarf also einer ausführlichen und umfassenden Überprüfung des individuellen Sturzrisikos, da Interventionen auf der Grundlage bekannter Sturzrisikofaktoren und nachgewiesener Sturzursachen konzipiert werden.

13.5.1 Anpassung der Medikation

Die bei einem Sturzrisiko-Assessment erhobenen Faktoren können auf Symptome einer unerwünschten Arzneimittelwirkung hinweisen, welche sturzfördernd wirken (Relias 2017). Aus diesem Grund sind die Medikamente auf Nutzen und Risiko abzuwägen, gegebenenfalls sollte eine Reduktion der Medikamentendosis erfolgen. In einer Studie konnte nachgewiesen werden, dass Stürze durch „das schrittweise Absetzen von bestimmten Medikamenten, die zur Verbesserung des Schlafs, Verminderung von Angstzuständen und Behandlung von Depressionen eingesetzt werden (psychotrope Medikamente)", vermindert werden können (Gillespie et al. 2013).

Die regelmäßige Kontrolle und Überwachung von Medikamenten auf mögliche Neben- und Wechselwirkungen wäre hier von Vorteil. Außerdem könnte zum Beispiel bei Menschen mit Osteoporose eine Modifizierung der Medikation in Betracht gezogen werden, da bei diesen ohnehin ein sturzbedingtes Frakturrisiko besteht. Eine Verbesserung der Knochendichte kann durch Kalzium- und eiweißreiche Ernährung und die Verhinderung bzw. Verlangsamung des Knochenabbaus mit geeigneten Medikamenten erfolgen (Relias 2017). Es wäre ratsam eine Kombination verschiedener Interventionen zu überdenken.

13.5.2 Körperliches Training

Als eine wesentliche Maßnahme insbesondere für ältere Menschen gilt die Stärkung des Gleichgewichtssinns und der Kraft durch Bewegung. Ebenso bleibt die Muskelmasse dadurch erhalten, was sich wiederum positiv auf den sicheren Gang und den sicheren Transfer auswirkt (Relias 2017).

Viele ältere Menschen trauen sich nach einem Sturz nicht mehr selbstständig aufzustehen und schränken ihre Bewegungen ein. Jedoch können Stürze nicht durch Bewegungsvermeidung verhindert werden. Ganz im Gegenteil kann eine Bewegungsvermeidung dazu führen, dass Betroffene kognitive Beeinträchtigungen wie Demenz oder Depressionen entwickeln. Außerdem ist Osteoporose auch eine mögliche Folge, da diese Personen aufgrund ihres Bewegungsmangels nicht mehr ausreichendem Tageslicht ausgesetzt sind (Relias 2017).

Bewegungsprogramme und -therapien sind als Maßnahme bei Menschen mit beispielsweise einer Muskelschwäche, welche ihre Geh- und Balancefähigkeit verändert, einzuleiten. Oder allgemein bei Personen, bei denen der körperliche Trainingszustand infolge einer Krankheit geschwächt ist (Hellmann und Rößlein 2015, S. 22).

Oft nehmen ältere Menschen an solchen Programmen teil. Im Rahmen dieser Maßnahme werden dem Gesundheitszustand des Patienten angepasste Übungen durchgeführt, diese enthalten zum Beispiel Gleichgewichtsübungen und Krafttraining. Es konnte nachgewiesen werden, dass durch gezielte Übungen, Stürze und die Zahl von Knochenbrüchen insgesamt wirksam vermindert werden konnten (Gillespie et al. 2013).

13.5.3 Einsatz von Hilfsmitteln

Um die körperliche Gesundheit im Alter oder von beispielsweise Risikopatienten mit Osteoporose, Demenz, Schlaganfall mit Halbseitenlähmung und starken Blutdruckschwankungen zu bewahren, werden bestimmte Hilfsmittel eingesetzt (Relias 2017). Im Folgenden werden einige dieser Hilfsmittel vorgestellt.

Hüftprotektoren auch Save-Hipp-Hosen genannt, sind gepolsterte Hosen, welche das Hüftfrakturrisiko reduzieren. Außerdem werden Knie- und Ellenbogenprotektoren sowie Sturzhelme genutzt oder Sturzmatten um das Bett gelegt, um das Verletzungsrisiko der Betroffenen zu senken (Bujan et al. 2018).

Zu erwähnen ist, dass der Einsatz von Hilfsmitteln in Abhängigkeit vom Mobilitätsniveau zu erwägen ist. Menschen, die beispielsweise einen unsicheren Gang haben und ihr Gleichgewicht nicht halten können, werden mit Gehhilfsmitteln wie dem Rollator oder Gehstock versorgt. Die Funktionsfähigkeit von Gehhilfsmitteln ist regelmäßig zu überprüfen, um weiteren Sturzgefahren entgegenzuwirken. Bei sturzgefährdeten Personen, bei denen die Gangunsicherheit mit mehreren Stürzen einhergeht und nicht zu korrigieren ist, wird der Rollstuhl als Hilfsmittel genutzt (Bujan et al. 2018).

13.5.4 Alarmsysteme

Trotz einer umfassenden Veränderung und Anpassung der Umgebung und weiteren präventiven Maßnahmen bleibt das Sturzrisiko für bestimmte Risikopatienten mit beispielsweise Kognitionsstörungen bestehen. Durch Ausfälle kognitiver Fähigkeiten zeigen diese Patienten Symptome wie ein beeinträchtigtes Urteilsvermögen oder Desorientiertheit auf, sodass sie insbesondere in der Nacht wirr umherwandern (Hager 2015). Ebenso sind Menschen mit neuromuskulären Funktionsstörungen, wie beispielsweise bei Parkinson, einer großen Sturzgefahr ausgesetzt, da sie in ihrer Mobilität stark beeinträchtigt sind (Bujan et al. 2018).

Bei den oben genannten Risikopatienten können verschiedene Alarmsysteme einen Sturz verhindern. Am Körper getragener Bewegungsmelder oder auch Bewegungsmatten mit druckempfindlichen Sensoren, welche beim Betreten ein Signal an das Pflegepersonal geben, gelten als eine gute Sturzprävention und verhindern teure und aufwendige Behandlungsprozesse. Außerdem wird ein Mobilitätsverlust sturzgefährdeter Personen vermieden (Bujan et al. 2018).

Darüber hinaus gibt es auch den kontaktlosen Sturzsensor *fearless*. Dieser reagiert bereits beim Aufsetzen einer Person und benachrichtigt das Pflegepersonal. Zudem unterstützt *fearless* durch vorbeugende Sturzmaßnahmen, es kann zum Beispiel in der Nacht das Licht einschalten. Der Sensor ist ungefähr so groß wie eine 1-Liter-Flasche und kann an der Wand angebracht werden. Anderen Alarmsystemen wie der Uhr am Handgelenk oder den Bewegungsmatten ist *fearless* „sowohl hinsichtlich Funktionalität und Reichweite, als auch in Bezug auf die frühzeitige Alarmierung weit überlegen" (cogvis 2018).

13.5.5 Freiheitsentziehende Maßnahmen

Freiheitsentziehende Maßnahmen schränken die Bewegungsfreiheit von Betroffenen ein und sind nur mit richterlichem Beschluss umsetzbar. Die Fixierung mit zum Beispiel Gurten, das Hochziehen von Bettgittern sowie das Abschließen von Türen sind als solche Maßnahmen zu nennen (Aktionsbündnis Patientensicherheit e. V. 2013, S. 24). Der Einsatz von Fixierungsmaßnahmen ist nur unter bestimmten Voraussetzungen gesetzlich erlaubt, wie zum Beispiel, wenn „die Gefährdung des Patienten nicht durch andere Mittel, die seine Freiheit gar nicht oder weniger beeinträchtigen, abzuwenden ist" (Aktionsbündnis Patientensicherheit e. V. 2013, S. 25). Der Einsatz von Fixierungsmaßnahmen ist zwar dazu bestimmt, um Betroffene vor Stürzen und Verletzungen zu schützen, jedoch ist „das hohe Gut der Freiheit des Patienten zu berücksichtigen [...]" (Aktionsbündnis Patientensicherheit e. V. 2013, S. 24).

Des Weiteren ist hervorzuheben, dass das Hochziehen von Bettgittern nur im Ausnahmefall nach einer detaillierten Aufklärung des Behandelten möglich ist, beispielsweise bei Personen mit einer Schlafstörung, welche „sich auf freiwilliger Basis diese vorbeugende Maßnahme wünschen" (Bujan et al. 2018). Außerdem kommen diese freiheitsentziehenden Maßnahmen als Schutzmaßnahme bei Psychosen, Hyperaktivität und Verwirrtheit zum Einsatz, wobei eine Resistenz gegen Arzneimittel besteht (Bujan et al. 2018).

Die freiheitsentziehenden Maßnahmen sind kritisch zu betrachten, da diese ethisch nicht vertretbar sind. Es besteht die Möglichkeit, dass Menschen mit eingeschränkter Bewegungsfreiheit eine Immobilität entwickeln können und langfristig die damit verbundenen körperlichen und psychischen Folgeschäden entwickeln. Zudem ist beispielsweise bei demenziell erkrankten Menschen der Nutzen gegen das Risiko abzuwägen, da diese versuchen könnten über das Bettgitter zu klettern und sich dabei verletzen könnten. Um einer Sturzgefahr entgegenzuwirken, müsste diese Maßnahme eventuell mit dem Sturzsensor kombiniert werden.

Eine weitere Gefahr stellt die Fixation von Personen durch eng angelegte Gurte dar. Diese könnten zu Ödemen und Durchblutungsstörungen führen. Bei kognitiv Beeinträchtigten, die sich möglicherweise von ihrer Fixierung befreien wollen, kann es von Atemproblemen bis hin zum unbeabsichtigten Tod kommen.

Der bisherige Forschungsstand gibt zahlreiche präventive Maßnahmen zur Vermeidung von Stürzen und zur Verringerung sturzbedingter Folgen. Außer den freiheitsentziehenden Maßnahmen, die auch kritisch beleuchtet wurden, sind die zusammengefassten Maßnahmen größtenteils als effektiv einzustufen. Eine Optimierung der Sturzprävention ist durch regelmäßiges Evaluieren von erfolgten Sturzfällen und eingesetzten Maßnahmen annehmbar.

13.6   Herausforderungen

Stürze stellen sowohl Betroffene als auch das Krankenhauspersonal vor eine große Herausforderung. Bei Opfern von Stürzen können Folgen wie Autonomieverlust und Immobilität auftreten, welche die Bewältigung ihres Alltags erschweren. Auch Stürze ohne größere Schäden können Folgen haben wie eine verminderte körperliche Aktivität oder soziale Isolierung, welche durch die Angst vor einem weiteren Sturz entsteht (Kraxner 2018).

Aufgrund des demografischen Wandels wird zukünftig von einer Zunahme älterer zu behandelnden Personen in Krankenhäusern ausgegangen. Wie in den vorherigen Kapiteln bereits erläutert, zeigen ältere Menschen ein erhöhtes Sturzrisiko auf. Die Sturzhäufigkeit verdoppelt sich bei Menschen über 60 Jahren (Bujan et al. 2018). Die Bereitstellung entsprechend ausreichender Ressourcen und Kapazitäten müssen im Krankenhaus erfolgen. Das heißt beispielsweise, dass die Ausweitung des geriatrischen Bereichs mit Rehabilitation geplant werden muss. Neben diesen Aspekten muss auch die wirtschaftliche Belastung für das Gesundheitssystem berücksichtigt werden, die daraus resultiert (Bujan et al. 2018). Somit entstehen durch Stürze und die operative Versorgung von Sturzfolgen wie Frakturen und die damit zusammenhängenden Maßnahmen zur

Rehabilitation sowie auch die Entwicklung von geeigneten Präventionsmaßnahmen sehr hohe Kosten (Kraxner 2018).

Für Angehörige von Erkrankten ergeben sich durch Sturzereignisse auch Unannehmlichkeiten. Möglicherweise benötigen schwerstbetroffene Personen bei der Pflege und/oder Finanzierung ihrer Rehabilitationsmaßnahmen langfristig Unterstützung.

Bei der Durchführung präventiver Sturzmaßnahmen werden Angehörige mit eingebunden, damit diese den Behandlungsprozess aktiv mitgestalten und fördern können. Dieses nimmt wiederum eine gewisse Zeit in Anspruch (Kraxner 2018).

Sturzfälle sind auch für das Krankenhauspersonal belastend, da sie zum Teil die Verantwortung für ihr Fehlverhalten müssen. Zudem haftet der Krankenhausträger für Versäumnisse und organisatorische Mängel (HARTMANN GROUP 2015). Bei dem Sturz- Assessment steht dann zum Beispiel die Klärung der Frage im Fokus, inwieweit das ärztliche und Pflegepersonal seine Arbeit aufmerksam und zuverlässig wahrgenommen hat. Es wird unter anderem überprüft, ob sich Stürze besonders bzw. häufiger während des Schichtdienstes desgleichen Personals ereignen.

Die genannten Aspekte stellen nur einen relevanten Teil dessen dar, welcher im Hinblick auf Stürze und Sturzprävention als Herausforderung betrachtet werden könnte. Darüber hinaus gibt es womöglich weitere Schwierigkeiten und Probleme, die sich mit dieser Thematik ergeben.

13.7 Schlussfolgerungen

In dieser wissenschaftlichen Arbeit, welche sich mit Stürzen und ihrer Prävention befasst, wurden die Risikofaktoren und Ursachen von Stürzen ausgeführt. Es stellte sich heraus, dass Stürze weitreichende Folgen für die Betroffenen sowie deren Angehörigen haben (Kraxner 2018). Außerdem wurden eine Reihe von Maßnahmen vorgestellt, welche zur Vermeidung von Stürzen und Sturzfolgen dienen. Daraus geht hervor, dass Stürze nicht aller Voraussicht nach komplett vermieden werden können. Jedoch kann das Sturzrisiko und somit schwerwiegende Sturzfolgen durch gezielte Sturzprävention reduziert werden. Im Fokus der Prävention stehen der Erhalt und die Förderung der Lebensqualität und der Mobilität sturzgefährdeter Personen (Hellman und Rößlein 2015, S. 7 f.). Deshalb sollten nicht erst nach einem Sturz Interventionen eingeleitet werden.

In diesem Bereich bedarf es an weiterer Forschung, da hier auf jeden Fall noch Entwicklungspotenzial besteht. Aus diesem Grund sollten mehr Forschungsprojekte gefördert werden, dadurch könnte das Gesundheitssystem hohe Kosten sparen. Um die Patientensicherheit im Krankenhaus gewährleisten zu können, benötigt es systematischen diagnostischen Instrumenten, welche das individuelle Sturzrisiko von Patienten schnell erkennt oder zumindest dazu beiträgt, dass Stürze fachgerecht behandelt werden. Durch das frühzeitige Identifizieren besonders sturzgefährdeter Menschen können gezielt effektive Maßnahmen entwickelt und durchgeführt werden. Im Rahmen der Primärprävention sollten stetig weitere Konzepte optimiert und überprüft werden.

Literatur

Aktionsbündnis Patientensicherheit. (2013). Vermeidung von Stürzen älterer Patienten im Krankenhaus – Eine Ausarbeitung, die Hintergründe und Fakten zur Sturzprävention vermittelt, S. 2–27. https://www.aps-ev.de/wp-content/uploads/2016/08/Sturzvermeidung_Fakten-und-Erklaeuterungen.pdf. Zugegriffen: 27. Dez. 2018.

BKK Dachverband. (2018). Anteil der Personen mit einem Sturz* in den vergangenen zwei Jahren nach Alter und Geschlecht. Statista – Das Statistik-Portal. https://de.statista.com/statistik/daten/studie/285610/umfrage/sturzrisiko-von-maennern-und-frauen-nach-altersgruppe/. Zugegriffen: 27. Dez. 2018.

Bujan, B., Döring, C., Sturzenegger, C., & Bürk, K. (2018). Primäre und sekundäre Sturzprävention in der Rehabilitation: Hinweise zur Sturzprophylaxe. *Die Rehabilitation.* https://www.thieme-connect.com/products/ejournals/html/10.1055/a-0638-8948#N68025. Zugegriffen: 3. Jan. 2019.

Destatis. (2018). Staat & Gesellschaft – Todesursachen – Gestorbene nach ausgewählten Todesursachen – Statistisches Bundesamt (Destatis). https://www.destatis.de/DE/ZahlenFakten/GesellschaftStaat/Gesundheit/Todesursachen/Tabellen/EckdatenTU.html. Zugegriffen: 31. Dez. 2018.

Deutscher Verlag für Gesundheitsinformation, G. (o. J.a). Neurologische Rehabilitation | Was ist das genau? Leading-medicine-guide.de. https://www.leading-medicine-guide.de/Rehabilitation/Neurologische-Rehabilitation. Zugegriffen: 4. Jan. 2019.

Deutscher Verlag für Gesundheitsinformation, G. (o. J.b). Palliativmedizin beim Kolonkarzinom. Leading-medicine-guide.de. https://www.leading-medicine-guide.de/Medizinische-Fachartikel/Palliativmedizin-beim-Kolonkarzinom. Zugegriffen: 4. Jan. 2019.

Dggeriatrie.de. (2013). Was ist Geriatrie? https://www.dggeriatrie.de/nachwuchs/91-was-ist-geriatrie.html. Zugegriffen: 5. Jan. 2019.

eGesundheit.nrw. (o. J.). Krankenhausinformationssystem (KIS) – eGesundheit.nrw. https://egesundheit.nrw.de/wiki/krankenhausinformationssystem-kis/. Zugegriffen: 3. Jan. 2019.

fearless: Der intelligente Sturzsensor. (2018). cogvis. https://www.cogvis.at/fearless.html. Zugegriffen: 3. Jan. 2019.

Gillespie, L., Robertson, M., Gillespie, W., Sherrington, C., Gates, S., Clemson, L., & Lamb, S. (2013). Maßnahmen zur Prävention von Stürzen bei älteren Menschen, die zuhause leben. Cochrane.org. https://www.cochrane.org/de/CD007146/massnahmen-zur-praevention-von-stuerzen-bei-aelteren-menschen-die-zuhause-leben. Zugegriffen: 3. Jan. 2019.

Hager, K. (2015). Risikofaktoren für Stürze und kognitive Einbußen bei alten Menschen. Deutsches Aerzteblatt. https://www.aerzteblatt.de/archiv/167881/Risikofaktoren-fuer-Stuerze-und-kognitive-Einbussen-bei-alten-Menschen. Zugegriffen: 8. Jan. 2019.

HARTMANN GROUP. (2015). Der Sturz im OP – Ein voll beherrschbarer Organisationsbereich? https://hartmann.info/de-de/wissen-und-news/2017/05/23/der-sturz-im-op. Zugegriffen: 8. Jan. 2019.

Hellmann, S., & Rößlein, R. (2015). *Expertenstandard Sturzprophylaxe in der Pflege.* Hannover: Kunz.

It-zoom.de. (2018). Sturzprävention im Krankenhaus mit mobilen Sensoren. https://www.it-zoom.de/mobile-business/e/sturzpraevention-im-krankenhaus-mit-mobilen-sensoren-19064/. Zugegriffen: 7. Jan. 2019.

Kraxner, M. (2018). Allgemeine Informationen zum Thema Sturz. Sturzpraevention.net. http://www.sturzpraevention.net/sturz.html. Zugegriffen: 28. Dez. 2018.

Motzek, T., Junge, M., & Marquardt, G. (2017). Einfluss der Demenz auf Verweildauer und Erlöse im Akutkrankenhaus. *Zeitschrift für Gerontologie und Geriatrie, 50*(1), 59–66.

Rados, T. (2018). *Sturzauswertung für 2017- Wilhelmsburger Krankenhaus Groß- Sand*. Hamburg: Wilhelmsburger Krankenhaus Groß-Sand.

Thomsen, M. (2017). Stürze und Sturzfolgen vermeiden – Ein Blick auf den Expertenstandard. Relias Learning. https://www.reliaslearning.de/blog/stürze-und-sturzfolgen-vermeiden-ein-blick-auf-den-expertenstandard. Zugegriffen: 27. Dez. 2018.

Vogt, A. (2015). Medikamente können das Sturzrisiko erhöhen. Vitanet.de – Das Gesundheitsportal für Prävention, Gesundheit und Pflege. http://alter-pflegen.vitanet.de/senioren-gesundheit/stuerze/medikamente. Zugegriffen: 28. Dez. 2018.

Zieschang, M. (2015). Sturzgefahr und Medikamente. *Arzneimittelkommission der deutschen Ärzteschaft, 42*, 71–72. https://www.akdae.de/Arzneimitteltherapie/AVP/Artikel/201502/071h/index.php. Zugegriffen: 28. Dez. 2018.

Modjgan Tawakkuli

14.1 Definition

Die Behandlung von Patienten_innen in einer stationären Einrichtung (Krankenhaus, Pflegeeinrichtung etc.) erfolgt in einem strukturierten Zyklus (Pfannstiel et al. 2016, S. 138). So beginnt der Weg eines jeden Patienten mit der Aufnahme, gefolgt von der Behandlung und der Entlassung. Die Organisation der Aufnahme und der Entlassung eines Patienten ist zentraler Bestandteil des Aufnahme- und Entlassungsmanagements. Hierbei werden das Aufnahme- und Entlassungsmanagement unterschiedlich definiert: Unter Aufnahmemanagement werden alle Aktivitäten rund um die Organisation und Vorbereitung der Patientenaufnahme verstanden (Pfannstiel et al. 2016, S. 140). Entlassungsmanagement dagegen wird nicht einheitlich und allgemeingültig definiert (AQUA 2015, S. 37–44). Generell kann jedoch gesagt werden, dass Entlassungsmanagement alle Tätigkeiten im Krankenhaus miteinschließt, „die sich auf den Übergang bzw. auf die Vorbereitung auf eine gegebenenfalls notwendige weitere nachstationäre Versorgung (Behandlung, Pflege, Betreuung) beziehen" (vgl. Hartwig et al. 2008, S. 157). Der Entlassungsprozess enthält allgemein medizinische, rechtliche, psychosoziale und pflegerische Komponenten (ebd.). Neben dem oft verwendeten Begriff „Entlassungsmanagement", werden auch die Begriffe „Entlassmanagement,", „Überleitungsmanagement", „Pflegeüberleitung", „Entlassungsplanung oder -vorbereitung" genutzt (AQUA 2015, S. 12). All diese Begriffe implizieren jedoch entlassungsvorbereitende Maßnahmen und beschreiben „die umfassende Aufgabe, für die Patienten eine bedarfsgerechte Weiterversorgung nach der Entlassung aus dem Krankenhaus sicherzustellen und die Patienten und deren Angehörige auf die (nachstationäre)

M. Tawakkuli (✉)
Hochschule für Angewandte Wissenschaften Hamburg, Hamburg, Deutschland
E-Mail: Modjgan.Tawakkuli@haw-hamburg.de

© Springer-Verlag GmbH Deutschland, ein Teil von Springer Nature 2020
W. Leal (Hrsg.), *Qualitätsmanagement in der Gesundheitsversorgung,* Erfolgskonzepte
Praxis- & Krankenhaus-Management, https://doi.org/10.1007/978-3-662-59675-3_14

Versorgungssituation (…) vorzubereiten" (vgl. AQUA 2015, S. 14). Ein allgemeines, systematisches und für alle Einrichtungen vorgeschriebenes Aufnahme- und Entlassungsmanagement gibt es jedoch nicht (Hartwig et al. 2008, S. 157).

14.2 Der Bedarf

Der Bedarf an einem Aufnahme- und Entlassungsmanagement steigt stetig. Durch den Anstieg der Fälle chronischer Erkrankungen und des demografischen Wandels ist die Anzahl der Patienten in den letzten Jahren gestiegen (AQUA 2015, S. 13). So verzeichnen Krankenhäuser eine immer höhere Patientenaufnahme: 2017 wurden 19, 4 Mio. Patienten in deutschen Krankenhäusern aufgenommen (Statistisches Bundesamt 2018b). Im Jahre 2010 waren es dagegen noch 17,2 Mio. Patienten (ebd.). In Angesicht der daraus resultierenden Komplexität der Patientenaufnahme,-Versorgung,- und Entlassung, wird die Einführung bzw. Durchführung eines Aufnahme- und Entlassungsmanagements für Krankenhäuser immer bedeutender, um eine effektive Patientenversorgung zu gewährleisten (AQUA 2015, S. 13). Der Bedarf für ein Aufnahmemanagement zeigt sich unter anderem an der hohen Anzahl an Patienten, die über die Notaufnahme in die Krankenhausversorgung aufgenommen werden. Hier machen die durch die Notaufnahme aufgenommenen Patienten ca. ein Drittel der gesamten Patientenanzahl eines Krankenhauses aus (Pfannstiel et al. 2016, S. 142). Sowohl Notfall- als auch einige Elektivpatienten gelangen über die Notaufnahme in das Krankenhaus (ebd.) und „etwa jeder dritte Patient_ in, der zur Versorgung in die Notaufnahme kommt, wird anschließend stationär aufgenommen" (vgl. Pfannstiel et al. 2016, S. 142). Somit gehen ungeplante und geplante Aufnahmen einher, deren Organisation wichtig sind, um Engpässe bei den Bettenkapazitäten und einen Patientenstau zu vermeiden (Fleischer 2015, S. 38). Um eine sektorübergreifende und kontinuierliche Versorgung der Patienten_innen zu gewährleisten, ist ein Entlassungsmanagement von großer Bedeutung. Gerade bei chronisch kranken, älteren und hochbetagten Patienten_innen kann das Risiko für gesundheitliche Komplikationen auch nach der Entlassung steigen. Dementsprechend bleibt der Bedarf der Versorgung für solche Patienten_innen bestehen und weist einen umfassenderen Handlungsbedarf für das Entlassungsmanagement auf (AQUA 2015, S. 13). Diskontinuitäten in der Patientenversorgung können durch ein Entlassungsmanagement, besonders mit der damit eingeschlossenen Organisation einer Anschlussversorgung, vorgebeugt bzw. vermieden werden (AQUA 2015, S. 12 f.). Die Bedeutung und der Bedarf eines Entlassungsmanagements werden durch die Gesetzgebung zusätzlich bestärkt. 2007 trat das Gesetz zur Stärkung des Wettbewerbs in der gesetzlichen Krankenversicherung (GKV-WSG) erstmals in Kraft. Dieses soll den Anspruch bzw. das Recht der Versicherten „auf ein effektives Versorgungsmanagement beim Übergang von einem Krankenhausaufenthalt zu einer nachstationären Versorgung" (vgl. AQUA 2015, S. 13) gewährleisten. Krankenhäuser, Pflegeeinrichtungen und Krankenkassen sind demnach für eine sachgerechte Anschlussversorgung der Patienten_innen verantwortlich (AQUA 2015, S. 13 f.). Eine weitere Konkretisierung des Rechts auf Entlassungsmanagement und der Gleichsetzung mit dem Recht der Krankenhausbehandlung erfolgte mit dem Gesetz zur Verbesserung der Versorgungsstrukturen in der gesetzlichen Krankenversicherung (GKV-VStG) im Jahre 2012 (AQUA 2015, S. 14). Jeder Versicherte mit einem Krankenhausaufenthalt hat somit einen rechtlichen Anspruch auf ein Entlassungsmanagement.

14.3 Der Nutzen

Das Aufnahme- und Entlassungsmanagement gewinnt aufgrund seines Bedarfs immer mehr an Wichtigkeit. Durch eine Vielzahl von Projekten konnten positive Auswirkungen für Krankenhäuser und ihre Patienten_innen durch ein strukturiertes Aufnahme- und Entlassungsmanagement nachgewiesen werden (Gesundheit Österreich GmbH, Bundesinstitut für Qualität im Gesundheitswesen (GÖG & BIQG) 2012, S. 3). Sogar die Vermeidung von Wiederaufnahmen oder die Verkürzung der Verweildauer konnte bei einigen Patientengruppen erzielt werden (ebd.). Besonders die Vermeidung von Wiederaufnahmen und Versorgungsbrüchen sind Zweck und Nutzen des Entlassungsmanagements (AQUA 2015, S. 37). Das Ziel des Entlassungsmanagements (s. § 39 Abs. 1 SGB V des GKV-VStG) liegt hierbei bei einer kontinuierlichen Patientenversorgung und der Verbesserung der Verständigung zwischen den betreffenden stationären und ambulanten Versorgungsbereichen (AQUA 2015, S. 37). Aus Sicht des Patienten_in bezweckt das Entlassungsmanagement „eine zielgerichtete und systematische Überleitung von Patienten_innen" (vgl. Hesse und Klewer 2013, S. 154) sowie die aktive Einbindung der Patienten_innen in den Entlassungsprozess, den Patienten_in zu befähigen, eigene Entscheidungen bezüglich seiner/ihrer Gesundheitsversorgung zu fällen und die Unterstützung und Entlastung von Patienten_innen und Angehörigen. Allen voran steht die Steigerung der Zufriedenheit der Patienten_innen (AQUA 2015, S. 37). Das Entlassungsmanagement geht jedoch über den krankenhausinternen Nutzen hinaus und trägt zur effektiven Arbeit der nachstationären Leistungserbringer (z. B. ambulante Pflege, Hausärzte, Rehabilitationszentren und Pflegeheime) bei. Um einen lückenlosen Übergang der Patienten_innen und ihrer Weiterversorgung zu gewährleisten, ist das Entlassungsmanagement danach ausgerichtet, Informationen klar und deutlich an die nachstationären Versorgungsinstanzen zu übermitteln, um eine problemlose Kommunikation und Patientenzuweisung zu gewährleisten (AQUA 2015, S. 13). Mit der Reformierung des Entlassungsmanagements im Jahre 2015 durch das GKV-Versorgungsstärkungsgesetz (GKV-VSG), haben die Krankenhäuser nunmehr die Möglichkeit, Nachbehandlungen- und Leistungen zu veranlassen. So kann durch Krankenhausärzte_innen im Rahmen des Entlassungsmanagements Verband-, Arznei-, Hilfs- und Heilmittel, Soziotherapie und häusliche Krankenpflege verordnet und Arbeitsunfähigkeit bescheinigt werden. Durch den Rahmenvertrag Entlassungsmanagement, der seit Oktober 2017 für alle Krankenhäuser verbindlich wurde, wird der Nutzen eines Entlassungsmanagements weiter aufgezeigt: Patienten_innen sollen somit einen individuell an ihren Versorgungsbedarf zugeschnittenen Entlassungsplan erhalten, der über eine gegebenenfalls notwendige Anschlussversorgung entscheidet. Dies soll so früh wie möglich veranlasst werden, um eine lückenlose Überleitung zu gewährleisten. Auch die Notwendigkeit der anschließenden Medikation nach einem Krankenhausaufenthalt oder andauernder Arbeitsunfähigkeit sollen im Entlassungsplan verzeichnet werden. Besonders Patienten_innen mit komplexem Versorgungsbedarf (z. B. Patienten_innen mit Behinderungen der Mobilität und Selbstversorgung) bedürfen einer individuellen Beurteilung ihrer Versorgungssituation. Die Organisation der Entlassung und die eigentliche Umsetzung des Entlassungsplans (z. B. Kontaktaufnahme zu den nachstationären Versorgungsinstanzen) sollen zeitgerecht durch das Krankenhaus garantiert werden. Hierbei muss beachtet werden, dass die schriftliche Einwilligung des Patienten_innen und ihre Rechte für das Entlassungsmanagement und auch während des Prozesses gewahrt bleiben (Bundesministerium für Gesundheit 2018).

14.4 Mögliche Umsetzungsformate

14.4.1 Qualitätsstandard Aufnahmemanagement

Der von dem Bundesministerium für Arbeit, Soziales, Gesundheit und Konsumentenschutz (BMASGK) verfasster und im Juni 2018 veröffentlichter „Qualitätsstandard Aufnahme- und Entlassungsmanagement" stellt ein mögliches Umsetzungsformat für das Aufnahmemanagement vor. Der Qualitätsstandard richtet sich „an alle Gesundheitsdienstleisterinnen/-dienstleister aus dem medizinischen, pflegerischen, therapeutischen, psychosozialen und sozialen Bereich mit Aufgaben in der Patientenversorgung" (BMASGK 2018, S. 9).

Im Qualitätsstandard werden Kernprozesse des Aufnahmemanagements in Form von Empfehlungen vorgeführt. Als erstes sieht der Qualitätsstandard eine optimale Zuweisung des Patienten_in, z. B. vom Hausarzt zum Krankenhaus, als einen wichtigen vorausgehenden Schritt vor der eigentlichen Aufnahme (s. Abb. 14.1). So soll der Zuweisungsprozess eine Informationsübermittlung ohne Lücken, Patientenorientierung und eine gute Überleitung der Schnittstellen zwischen den beteiligten Einrichtungen gewährleisten. Die erste Empfehlung für das Aufnahmemanagement beinhaltet die Weitergabe der gesammelten wichtigen Informationen und Daten (medizinisch, pflegerisch, sozial und therapeutisch) inklusive Risikoinformation (z. B. Infektionen, Allergien etc.) des Patienten_in der Zuweisenden an die zugewiesene Einrichtung (BMASGK 2018, S. 17). Hierbei wird zudem eine standardisierte Weitergabe empfohlen, z. B. mit einem Überweisungsschein (BMASGK 2018, S. 19). Somit kann einer Verzögerung des Aufnahmeprozesses durch fehlende Patienteninformationen vorgebeugt werden (BMASGK 2018, S. 17). Bei der stationären Aufnahme sollte eine standardisierte Patienteninformation, wie diagnose-, organisations-, und krankenhauspezifische Information (z. B. Ort, Datum und Zeitpunkt der Anmeldung, Telefonnummer der Stationen etc.) angelegt werden (BMASGK 2018, S. 20). Die Bekanntgabe dieser Informationen

Abb. 14.1 Qualitätsstandards des Aufnahmemanagements adaptiert nach BMASGK (2018)

an Patienten_innen und Zuweiser können die Zusammenarbeit zwischen den Beteiligten fördern (BMASGK 2018, S. 17). Die Informationen über die bevorstehende Einrichtung und den dortigen Aufenthalt, kann den Patienten_in genaustens auf erwartete Aufnahmeformalitäten vorbereiten. Die rechtlichen Regelungen bezüglich der Weitergabe von Daten müssen hierbei beachtet und eingehalten werden. Aufklärung über die jeweiligen Rechte der Patienten_in sind diesbezüglich von großer Bedeutung. Des Weiteren sollte die Entscheidung des Aufnahme- und gegebenenfalls Operationszeitpunktes möglichst nach dem Wunsch des Patienten_in erfolgen. Letztlich sollten „geltende Standards der präoperativen Diagnostik (…) [und] Regelungen in Sachen Befundeinholung" (vgl. BMASGK 2018, S. 18) eingehalten werden, um Doppelbefundungen und dementsprechend Belastungen für Patienten_innen zu verhindern.

Der eigentliche Aufnahmeprozess beginnt mit der Datensicherung. Das Untersuchen der Daten auf ihre Korrektheit und Vervollständigung sind hierbei auch maßgebliche Voraussetzung für die Planung und Vorbereitung des Entlassungsprozesses (BMASGK 2018, S. 22). Von weiterer Wichtigkeit ist der Informationswechsel mit außenstehenden „Nahtstellenpartnern" (vgl. BMASGK 2018, S. 23) (z. B. Sozialdienst) zum Beispiel bei einer Aufnahme, die geplant wurde, jedoch nicht vonstattengegangen ist, oder bei nicht geplanten Aufnahmen. Darüber hinaus wird eine Risikoeinschätzung des nachstationären Versorgungsbedarfs als Voraussetzung für die Weiterleitung an das Entlassungsmanagement empfohlen (BMASGK 2018, S. 22 f.). Das Risikoassessment soll bei geplanten Aufnahmen innerhalb von 24 h und bei ungeplanten innerhalb 24 bis 48 h erfolgen (BMASGK 2018, S. 25).

Zu erwähnen ist, dass der Aufnahmeprozess sich zwischen geplanten und ungeplanten Aufnahmen unterscheidet. Die hier beschriebenen Prozessabläufe beziehen sich hauptsächlich auf geplante Aufnahmen. Der Prozess der Zuweisung würde bei ungeplanten Patienten_innen wegfallen (BMASGK 2018, S. 22).

14.4.2 Expertenstandard Entlassungsmanagement

Mögliches Umsetzungsformat für das Entlassungsmanagement bietet der Expertenstandard „Entlassungsmanagement in der Pflege" des Deutschen Netzwerks für Qualitätsentwicklung in der Pflege (DNQP), der im Jahre 2004 veröffentlicht und 2009 aktualisiert wurde (Schmidt 2016, S. 43). Die zweite aktualisierte Fassung des Expertenstandards soll Anfang 2019 veröffentlicht werden (DNQP 2018a, S. 2).

Der Expertenstandard richtet sich an Pflegekräfte in Krankenhäuser und Fach- und Rehabilitationseinrichtungen und bezieht sich auf Patienten_innen, für die, der Bedarf einer nachstationären Pflege und Versorgung abzusehen ist. Hierbei handelt es sich wie bereits erwähnt um ältere und hochbetagte Menschen, sowie multimorbide Patienten_innen, die häufig chronische Erkrankungen aufweisen. Diese Patienten_innen „leiden nach Meinung der Experten langfristig unter einer Einschränkung der Lebensqualität, eventuell einer nicht ausreichend koordinierten Schmerzbehandlung und einem oft viel zu früh entstehenden professionellen Pflege- und Hilfebedarf" (vgl. Schmidt 2016, S. 44). Der Expertenstandard gilt als Orientierung für ein effektives Entlassungsmanagement bzw. Optimierung für bereits bestehende Ansätze einer strukturierten Patientenüberleitung (Schmidt 2016, S. 44). Ziel des Expertenstandards ist es, Versorgungsbrüche mittels guter Kommunikation zwischen den beteiligten Einrichtungen und gezielter Entlassungsvorbereitung zu vermeiden (Schmidt 2016, S. 55).

Laut des Expertenstandards nimmt hierbei die Pflegefachkraft eine maßgebende Koordinationsrolle ein. Mit Verweis auf internationale Studien wird die Funktion der Pflege aufgrund ihrer Nähe zu den Patienten_innen für den Entlassungsprozess hervorgehoben. Die Koordinationsfunktion der Pflegefachkraft kann sich diesbezüglich in zwei verschiedenen Organisationsformen des Entlassungsmanagements zeigen: Im Rahmen des indirekten Entlassungsmanagements, wird eine im Zentrum stehende Pflegefachkraft mit gegebenenfalls weiterer Zusatzqualifikation benannt. Das direkte Entlassungsmanagement sieht eine Koordination des Entlassungsprozesses durch mehrere Pflegekräfte der Station vor (Schmidt 2016, S. 45), womit der Entlassungsprozess als Gegenstand des Pflegeprozesses angesehen wird (AQUA 2015, S. 37). Welche

Organisationsform angewandt wird, wird der Einrichtung überlassen und nicht vom Expertenstandard vorgegeben. Doch nicht nur die Pflegefachkraft ist für ein erfolgreiches Entlassungsmanagement verantwortlich. Die multidisziplinäre Zusammenarbeit und Kooperation unteranderem mit der Sozialarbeit, Medizin, Physiotherapie und Psychologie ist hier von Bedeutung (Schmidt 2016, S. 56).

Im Expertenstandard werden mehrere Standardkriterien für ein optimales Entlassungsmanagement beschrieben. Insgesamt beinhaltet der Expertenstandard sechs Standardkriterien (s. Abb. 14.2), die jeweils in sich struktur-, prozess-, und ergebnisorientierte Rahmenbedingungen beinhalten und entsprechende Verantwortliche (Einrichtung, Arzt und Pflegefachkraft) definieren (Schmidt 2016, S. 55). Folglich sind die Standardkriterien entsprechend der Dimensionen des Qualitätsmanagements aufgebaut (Matschke 2018, S. 60).

Das erste Standardkriterium legt fest, dass die Einrichtung auf der Strukturebene für ein multiprofessionelles Entlassungsmanagement eine schriftliche Verfahrensregelung zur Verfügung stellt und dafür Sorge trägt, dass die dafür benötigten personellen (z. B.

Abb. 14.2 Standardkriterien des Entlassungsmanagements. (Eigene Darstellung in Anlehnung an Matschke, G. 2018)

Pflegefachkräfte mit ausreichender Qualifikation), organisatorischen (z. B. Bestimmung der Arbeitsteilung, Zeitbestände, Bereitstellung von Fortbildungs- und Schulungsräume) und fachlichen Rahmenbedingungen (z. B. Assessmentkriterien- und Instrumente) vorhanden sind (Schmidt 2016, S. 57). Die schriftliche Verfahrensregelung soll den Verlauf und die Verantwortlichkeiten innerhalb des Entlassungsprozesses regeln und die ausgewählten Assessment- und Evaluationskriterien und Verfahren festlegen (Schmidt 2016, S. 45). So soll es unter anderem eine Pflegefachkraft mit ausreichender Kompetenz über Instrumentenauswahl- und Implementierung zur Risikoeinschätzung des zu erwartbaren Bedarfs eines Patienten_in geben. Hierbei unterscheidet der Expertenstandard zwischen dem Versorgungs- und Unterstützungsbedarf eines Patienten_in. Der Versorgungsbedarf beschreibt „die notwendige professionelle Unterstützung zur Wiederherstellung oder Kompensation krankheitsbedingter und anderer Beeinträchtigungen. Der Begriff Unterstützungsbedarf beinhaltet darüber hinaus die individuelle Patientenperspektive, indem die individuelle Lebenssituation, die individuellen Ressourcen sowie das soziale Umfeld einbezogen werden, um krankheitsbedingte Selbstpflege- und Versorgungsdefizite ausgleichen zu können" (vgl. Schmidt 2016, S. 45). Auf der Prozessebene führt die Pflegefachkraft somit innerhalb von 24 h mit den Patienten_innen und Angehörigen eine Einschätzung des nachstationären Unterstützungsbedarfs und der Versorgungsrisiken, die zu erwarten sind, durch. Eine Aktualisierung der Einschätzung kann bei Änderungen des Versorgungs- und Krankheitsverlaufs erfolgen. In Anbetracht der relativ kurzen Liegezeiten, ist eine möglichst frühzeitige Einschätzung wichtig, um schnellstmöglich passende Entlassungsmaßnahmen einzuleiten. Des Weiteren ist eine nachzuvollziehende Dokumentation der Einschätzungsmaßnahmen von hoher Bedeutung. Eine Unterscheidung zwischen der von der Pflegefachkraft und der des Patienten_in und Angehörigen vollzogenen Einschätzung sollte in der Dokumentation ersichtlich sein (Schmidt 2016, S. 49). Von Vorteil wäre ein von allen Beteiligten zugängliches Dokumentationssystem, das alle bereits erhobenen Informationen und Daten beinhaltet. So kann vermieden werden, dass Daten und das Befragen des Patienten_in nicht wiederholt oder unterlassen werden (Matschke 2018, S. 60). Letztlich soll eine systematische und aktuelle Beurteilung und Dokumentation der zu erwartbaren Risiken und des Versorgungsbedarfs eines Patienten_in vorliegen (Ergebnisebene).

Das zweite Standardkriterium sagt aus, dass auf der Strukturebene die Pflegefachkraft zur Implementierung des Entlassungsmanagements über Steuerungs- und Planungskompetenzen verfügt. Auf der Prozessebene wird (durch die Pflegefachkraft) ein individueller Entlassungsplan in Absprache mit dem Patienten_innen, den Angehörigen und den teilnehmenden Berufsgruppen erstellt. Dabei sollen Handlungsvoraussetzungen hervorgehen, um eine bedarfsgerechte nachstationäre Versorgung sicherzustellen (Ergebnisebene).

Das dritte Standardkriterium gibt an, dass den Patienten_innen und ihren Angehörigen durch die Pflegefachkraft eine bedarfsgerechte Information über nachstationäre Versorgungsrisiken und zu erwartende Pflege- und Versorgungserfordernisse/-entscheidungen, Beratung und Schulungen angeboten werden. Gewährleistet wird dies mit der Kompetenz der Pflegefachkraft und durch sie angeführte Koordination der anderen teilhabenden Berufsgruppen.

Für das vierte Standardkriterium soll auf der strukturellen Ebene die Pflegefachkraft die Befähigung und Befugnis zur Koordination des Entlassungsprozesses erhalten. In Zusammenarbeit mit dem Patienten_innen und seinen Angehörigen, sowie den hausinternen und weiterversorgenden Berufsgruppen und Einrichtungen soll der Entlassungstermin, der zu erwartbare Unterstützungs- und Versorgungsbedarf und die notwendigen Maßnahmen abgestimmt werden.

Um das fünfte Standardkriterium zu erfüllen, verfügt die Pflegefachkraft über die Fähigkeit zu beurteilen, ob die Entlassungsplanung dem individuellen Bedarf des Patienten_innen und Angehörigen entspricht. Eine Überprüfung der Entlassungsplanung sollte spätestens 24 h vorher erfolgen. Wenn nötig, können weitere Veränderungen durchgeführt werden, sodass die Patientenentlassung optimal vorbereitet ist.

Abschließend erfolgt eine Evaluation der Entlassung durch die Pflegefachkraft. Hierbei soll eine Qualitätskontrolle der Entlassungsplanung nach 48 h (48–72 h s. Konsultationsfassung 2018) durch die Kontaktaufnahme mit dem Patienten_innen und seinen Angehörigen erfolgen, um sicherzustellen, dass die Entlassung bedarfsgerecht und angemessen umgesetzt wurde. Dies wäre das sechste und letzte Standardkriterium (Schmidt 2016, S. 57 f.; DNQP 2018b, S. 10).

Das Anstreben der Implementierung dieser Standardkriterien, kann das Entlassungsmanagement zu einem geregelten und systematischen Prozess, der im Krankenhaus integriert ist, werden lassen. Zuletzt bedarf es einer erfolgreichen Zusammenarbeit zwischen den beteiligten Berufsgruppen und Einrichtungen, um eine Versorgungskontinuität der Patienten_innen zu gewährleisten (Schmidt 2016, S. 56). Der Expertenstandard betont jedoch, dass „vor dem Hintergrund des fragmentierten Versorgungssystems dringend weitere einrichtungsübergreifende Regelungen zu treffen" sind (vgl. Schmidt 2016, S. 56).

Die Umsetzung des Expertenstandards ist laut des SGB V für Gesundheitseinrichtungen nicht gesetzlich verpflichtend. Gemäß § 135a SGB V gilt der Expertenstandard in der Rechtsordnung als „der Stand der wissenschaftlichen Erkenntnisse und der fachlich gebotenen Qualität" (Matschke 2018, S. 49). Folglich kann den Einrichtungen geraten werden, sich an dem Expertenstandard, nach einer Anpassung an ihre Erfordernisse, zu orientieren und ihre Kriterien zu implementieren (Matschke 2018, S. 59). So liegt der Anteil der Krankenhäuser, die den Expertenstandard Entlassungsmanagement umsetzen bei 63 % (AQUA 2015, S. 34).

Auch ein im Rahmen dieser Arbeit befragtes Krankenhaus orientiert sich an dem Expertenstandard (s. Fragen zum Entlassungsmanagement im Krankenhaus X). Das Krankenhaus ist ein Beispiel für eine gut funktionierende Implementierung des Expertenstandards: Ein fachkompetentes Personal steht für das Entlassungsmanagement zur Verfügung, Kontakt zum Patienten_innen und Angehörigen besteht, eine schnellst mögliche Entlassungsvorbereitung wird angestrebt und das Entlassungsmanagement wird letztlich evaluiert.

Als weiteres Praxisbeispiel kann das CaritasKlinikum Saarbrücken genannt werden. Die Implementierung standardisierter Entlassungsvorgänge sollen den Patienten_innen beim Übergang zwischen den Leistungserbringern professionell vorbereiten und begleiten. Die Betreuung der Patienten_innen ist hierbei sehr wesentlich. Die Zufriedenheit und Sicherheit der Patienten_innen des Klinikums beruht auf diesen Elementen des Entlassungsprozesses. Speziell für das Entlassungsmanagement beauftragte Fachkräfte sorgen bereits vor der Entlassung für Entlassungsvorbereitungen, stehen in Kontakt mit Angehörigen und sind bestrebt, individuelle Patientenbedürfnisse zu decken. „Die lücken- und reibungslose Behandlung von Patientinnen und Patienten_innen an Versorgungsübergängen ist das vorrangigste Ziel des CaritasKlinikums Saarbrücken" (vgl. CaritasKlinikum 2018). Die im Expertenstandard betonte Kooperation mit weiteren Versorgungsträgern sieht das Klinikum ebenso als bedeutend an und ist auf dem Weg, einen Außendienst zur verbesserten und vertiefenden Kommunikation und Kooperation mit nachstationären Einrichtungen zu etablieren. Zudem verfügt das CaritasKlinikum über Arbeitsgruppen, die sich mit der hausinternen Struktur und Implementierung des Entlassungsmanagements beschäftigen (CaritasKlinikum 2018).

Wie bereits aufgezeigt, setzen jedoch noch nicht alle stationären Einrichtungen den Expertenstandard Entlassungsmanagement um. So können durch den Expertenstandard mögliche Verbesserungen des Entlassungsprozesses noch nicht durchgängig beobachtet werden, obwohl die „modellhafte Implementierung" (vgl. Schmidt 2016, S. 63) aufzeigte, dass der Expertenstandard in der Praxis anwendbar ist. Eine stetige Kontrolle und Überprüfung der Implementierung des Expertenstandards wird zurzeit nicht durchgeführt (Schmidt 2016, S. 63).

14.4.3 Fragen zum Entlassungsmanagement im Krankenhaus X

1. Wie wird das Entlassungsmanagement bei Ihnen organisiert und wer ist dafür verantwortlich?

Verantwortlich seien in erster Linie der Arzt und die Station. Die Koordination der Entlassung erfolge durch ein geschultes und auf das Entlassungsmanagement spezialisiertes Team. Wenn Hilfebedarf erkennbar sei, werde das Entlassungsmanagement von der Station eingeschaltet. Auch Angehörige der Patienten_innen stünden mit dem Entlassungsmanagement im Kontakt.

2. Gibt es Besonderheiten bzw. Schwierigkeiten, die man beim Entlassungsmanagement berücksichtigen muss und gegebenenfalls auch verbessern kann?

Entlassungsdruck könne eine Schwierigkeit für das Entlassungsmanagement darstellen. Dabei sei der Zeitpunkt der Entlassung die Frage. Die Entlassung am Wochenende oder die zusätzliche Bestellung von Hilfsmitteln könnten den Entlassungsprozess erschweren. Zusätzlich sei eine Entlassung innerhalb kürzester Zeit, verständlicherweise stressig für alle Beteiligten. Deswegen der Anspruch des Entlassungsmanagements: Je frühzeitiger das Entlassungsmanagement eingeschaltet wird, desto besser. So solle bereits bei der Aufnahme des Patienten_innen nach der Entlassung gefragt werden bzw. die Entlassung geplant werden, um den Sozialdienst auch so schnell wie möglich einzuschalten.

3. Orientieren Sie sich am Expertenstandard Entlassungsmanagement?
Das Krankenhaus orientiere sich an dem Expertenstandard Entlassungsmanagement.

4. Wie wird die Qualität des Entlassungsmanagements gemessen bzw. überprüft?
Jeder Patient_in habe die Möglichkeit, mithilfe eines Meinungsbogens den gesamten Aufenthalt inklusive der Entlassung im Krankenhaus zu bewerten. Somit erfolge eine Beurteilung des Entlassungsmanagements durch den Patienten_innen. Nach ein bis zwei Tagen trete man mit dem Patienten_innen in telefonischem Kontakt und stelle sicher, dass der Patient_in mit der eigentlichen Entlassung, der Lieferung der Hilfsmittel, dem Pflegedienst und der Wundversorgung zufrieden ist. Bei Schwierigkeiten z. B. bei der verspäteten Lieferung von Hilfsmitteln, werde umgehend gehandelt. Auch nach einem poststationären Aufenthalt wie der in einer Rehabilitationseinrichtung, werden Patienten_innen gebeten, sich mit dem Krankenhaus in Verbindung zu setzen, und Bescheid zu geben, ob sie zufrieden mit dem Aufenthalt in der nachstationären Einrichtung waren und ob die Versorgungsziele erreicht wurden. Der direkte Kontakt mit dem Patienten_innen und den Angehörigen und die gleichzeitige Dokumentation sei dementsprechend wichtiges Messkriterium des Krankenhauses.

14.5 Herausforderungen

Verschiedene Herausforderungen stehen einer optimalen Implementierung eines Aufnahme- und Entlassungsmanagements in stationären Einrichtungen entgegen, die die Durchführung des Aufnahme- und Entlassungsmanagements jedoch noch bedeutender werden lässt.

14.5.1 Ressourcen- und Kapazitätsdefizite

Der erste Schritt des Patienten_in in einer stationären Einrichtung beginnt mit der Aufnahme entweder als geplanter Patient_in oder als Notfallpatient_in. Beide Patientenarten können mit problematischen Umständen bei der Aufnahme konfrontiert werden. Zu aller erst sollten Notfallpatienten_innen so schnell es geht behandelt werden, wobei es bei elektiven Patienten_innen zu längeren Wartezeiten für einen Termin kommen kann (Pfannstiel et al. 2016, S. 138). Ist nun ein elektiver Patient_in geplant, kann es trotz dessen zu Wartezeiten kommen. Früh-, Spät-, oder Nichterscheinung zu einem Termin führen zu unnötigen Wartezeiten oder Leerlaufzeiten, die später zu Stauungen der Patientenaufnahmen führen kann. Eine Sensibilisierung der Einhaltung der Termine ist hierbei eine wichtige Verbesserungsmaßnahme (Pfannstiel et al. 2016, S. 139). Zudem kommt es vor, dass bei der Einweisung von Elektivpatienten in das Krankenhaus mangelhafte Informationen durch den Zuweisenden übermittelt werden oder Informationen nicht die richtige Station erreichen (GÖG & BIQG 2012, S. 4). Die Bettenkapazität in Krankenhäusern stellt ein weiteres Problem dar. Im Durchschnitt sind 77,8 % der Betten in deutschen Krankenhäusern ausgelastet (Statistisches Bundesamt 2018). Auch trotz der Verkürzung der durchschnittlichen Liegedauer sind Engpässe bei der Vergabe von freien Betten keine Seltenheit. Besonders Notaufnahmen haben mit einem Patientenstau aufgrund der mangelnden freien Bettenverfügbarkeit zu kämpfen. Betten können nämlich auch ausschließlich für Elektivpatienten ausgelegt sein und können nicht durch Notfallpatienten besetzt werden, um schon lange angesetzte Operationen nicht verschieben zu müssen. All das kann zu unzufriedenen Patienten_innen und zu negativen Auswirkungen der wirtschaftlichen Situation des Krankenhauses führen (Fleischer 2015, S. 38). Gerade Patienten_innen kritisieren die langen Wartezeiten und die für sie erscheinende unklaren Abläufe in der Notaufnahme. „Ihnen ist unklar, wie lange sie voraussichtlich warten müssen, worauf die Wartezeit beruht und welche Versorgungsschritte durchgeführt werden" (vgl. Pfannstiel et al. 2016, S. 143). Auch Probleme in der Kommunikation aufgrund „unfreundlicher Mitarbeiter oder sprachlicher Barrieren" (vgl. Pfannstiel et al. 2016, S. 143) werden genannt. Des Weiteren stellt sich eine nicht aufeinander abgestimmte Aufnahme und Entlassung als weitere Schwierigkeit dar (Fleischer 2015, S. 38). Die erwähnten Defizite sowohl in der Organisation der Aufnahme als auch in der Entlassung führen zu erheblichen Störungen in der Patientenversorgung und können auch hausintern zu Belastungen und Spannungen bei und zwischen den Mitarbeitern führen (Pfannstiel et al. 2016, S. 142 f.).

14.5.2 Versorgungsbrüche

Eines der größten Herausforderungen für stationäre Gesundheitseinrichtungen sind die Entstehung von Versorgungsbrüchen. Hierzu betont der Sachverständigenrat zur Begutachtung der Entwicklung im Gesundheitswesen (SVR) in seinem Gutachten aus dem Jahre 2012 die Schwierigkeit der effektiven Patientenversorgung aufgrund der sektoralen Trennung des Gesundheitswesens (AQUA 2015, S. 12 f.). So kann es zwischen der stationären und ambulanten Versorgung zu Schnittstellenproblemen kommen, die zu Versorgungsbrüchen der Patienten_innen führen kann. Gesundheitliche Komplikationen bzw. die Behinderung der vollständigen Genesung der Patienten_innen können die Folge sein (AQUA 2015, S. 9). Diese Defizite in der Versorgung der Patienten_innen können wiederum zur unvorbereiteten Wiederaufnahme und zu erhöhten Folgekosten führen („Drehtüreffekt") (Hartwig et al. 2008, S. 157). Zusätzliche Probleme nach der Entlassung haben meistens Fehler als Ursache, die bereits während des stationären Aufenthalts aufgetreten sind (z. B. die fehlerhafte systematische Einschätzung des nachstationären Versorgungsbedarfs). Des Weiteren kann der Entlassungsprozess sich verzögern, wenn eine geeignete nachstationäre Versorgungsform und/oder eine abgestimmte Überleitung nicht rechtzeitig mit in den Versorgungsprozess einbezogen wurde (Kurlemann 2010, S. 832). Besonders bestimmte vulnerable Patientengruppen, wie Patienten_innen mit Multimorbidität, höherem Alter, Funktionseinschränkungen und chronischen Erkrankungen haben einen höheren Bedarf für einen nachstationären Versorgungsanspruch und dementsprechend einem eingehenderen Entlassungsmanagement. Der Anteil der alten und hochbetagten Patienten_innen nimmt zusätzlich durch den demografischen Wandel immer weiter zu (AQUA 2015, S. 35). 2017 haben Personen mit einem Alter von 60 und älter ca. ein Viertel der deutschen Bevölkerung ausgemacht (Statistisches Bundesamt 2018). Der demografische Wandel stellt somit eine weitere gegenwärtige und auch zukünftige Herausforderung für das Aufnahme- und Entlassungsmanagement dar.

Aber auch aus der Sicht der nachsorgenden Einrichtungen sind Versorgungsbrüche ein Problem. So zeigte sich im Rahmen einer explorativen qualitativen Studie, dass eine fehlende oder zu späte Weitergabe von behandlungswichtigen Informationen an die nachstationäre Einrichtung, eine zentrale Herausforderung für das Entlassungsmanagement darstellt. Die Versorgungskontinuität der Patienten_innen- besonders die von vulnerablen Patienten_innen- ist durch unvollständige Kommunikation mit Angehörigen und der nachstationären Einrichtung in Gefahr (Grundke et al. 2013, S. 47). Hausärzte kritisierten in dem Hinblick die Kommunikation mit dem Krankenhaus und die Unvollständigkeit, Verspätung oder das Ausbleiben von Entlassungsbriefen. Angehörige, der ambulante Pflegedienst sowie Hausärzte erwähnen eine „unzureichende Planungszeit (…), um auf einen erhöhten Unterstützungsbedarf zu reagieren" (vgl. Grundke et al. 2013, S. 49).

Die sektorenübergreifende Patientenbefragung der Gesundheit Österreich GmbH und des Bundesinstituts für Qualität im Gesundheitswesen (GÖG/BIQG) gibt des Weiteren Aufschluss über die Sicht der Patienten_innen bezogen auf die Situation des Aufnahme- und Entlassungsmanagements in Österreich. Die folgenden ausgewählten Ergebnisse der 2015 publizierten Patientenbefragung bestätigen das Entwicklungspotenzial des Aufnahme- und Entlassungsmanagements. Bei dem Übergang von der stationären Behandlung zu der ambulanten Nachversorgung, gaben dreizehn Prozent der Patienten_innen an, dass die Kooperation zwischen den Einrichtungen nicht gut funktionierte. Hierbei kam es bei einigen Patienten_innen nicht zur vollständigen Übermittlung aller behandlungswichtigen und über den Gesundheitszustand relevanten Informationen (17 %). Darüber hinaus gaben 29 % der Patienten_innen die Information ihres voraussichtlichen Entlassungszeitpunktes erst kurz vor ihrer Entlassung erhalten zu haben. Hierzu ist jedoch zu beachten, dass geplante und ungeplante Patienten_innen über ihren Entlassungszeitpunkt zu unterschiedlichen Zeiten informiert werden können. So kann ein ungeplanter Patient_in zumeist später über den Zeitpunkt der Entlassung informiert werden. Auffallend ist weiter, dass der Anteil der Patienten_innen, die keine Informationen und Hinweise zum „selbständige[n] Durchführen von notwendigen Behandlungsschritten (z. B. Wundpflege wie Pflaster wechseln, Injektionen selbst verabreichen)" (vgl. GÖG & BIQG 2012, S. 31), bei 17 % liegt.

Die Erwartungen der Patienten_innen liegen jedoch bei einer lückenlosen Weiterbehandlung zwischen den einzelnen Einrichtungen bzw. Schnittstellen und der Berücksichtigung ihrer individuellen Bedürfnisse auch bereits vor einer Entlassung (Grundke et al. 2013, S. 48).

14.5.3 Das DRG-System

Seit der Einführung der Krankenhausfinanzierung auf Grundlage von diagnosebezogenen Fallgruppen (DRG) ist die zunehmende Verkürzung der durchschnittlichen Verweildauer im Krankenhaus eine zusätzliche Herausforderung für das Aufnahme- und Entlassungsmanagement. Dadurch werden „stationäre Arbeitsabläufe verdichtet" (vgl. Grundke et al. 2013, S. 47) und Nachbehandlungen werden folglich meistens nun in nachstationären Einrichtungen (z. B. ambulant) und nicht mehr wie früher während des Aufenthalts in der stationären Einrichtung vollzogen (GÖG & BIQG 2012, S. 3). Der schon durch den demografischen Wandel erhöhte poststationäre Versorgungsbedarf der Patienten_innen erhöht sich zusätzlich durch die verkürzte Verweildauer (Grundke et al. 2013, S. 47). Die verkürzte Verweildauer ist nämlich Grund für die schnelle Entlassung der Patienten_innen, obwohl sie schwerwiegende „gesundheitliche Problem- und Bedarfslagen" (vgl. AQUA 2015, S. 47) aufweisen. All das hat zur Folge, dass die Anzahl der Patienten_innen mit einem erhöhten Versorgungsbedarf in Krankenhäusern immer weiter steigt. Die Patienten_innen werden jedoch zügiger entlassen, wodurch ein viel zu geringer Zeitrahmen für das Entlassungsmanagement entsteht. Die Wichtigkeit eines Aufnahme- und Entlassungsmanagement steht hier der durch das DRG-System entstehende Komplexität der Managementdurchführung gegenüber (AQUA 2015, S. 13). So geben Ärzte und Pflegekräfte an, dass seit der Einführung des DRG-Entgeldsystems sie sich „durch bürokratische und organisatorische Veränderungen" (vgl. Grundke et al. 2013, S. 48) belasteter fühlen, weswegen zu wenig Zeit für die Kommunikation und den Kontakt zum Patienten_innen vorhanden ist. Auch die mangelnde Zeit der Patienten_innen Grundlagen ihrer Krankheitsbewältigung zu erlernen, kommt durch die Absenkung der Verweildauer, zu kurz. Es besteht ein „erhöhtes Gefährdungspotential, wenn Patienten_innen den Umgang mit ihrer Erkrankung, den damit verbundenen Einschränkungen und therapeutischen Notwendigkeiten während des Krankenhausaufenthaltes nicht nachhaltig erlernen bzw. verstehen" (vgl. Grundke et al. 2013, S. 50).

14.6 Schlussfolgerungen

Die Organisation und Planung der Aufnahmen und Entlassungen in stationären Einrichtungen durch ein Aufnahme- und Entlassungsmanagement sind qualitative Elemente und wichtige Maßnahmen der Patientenversorgung. Die bestmögliche Implementierung des Aufnahme- und Entlassungsmanagements, die zur Erreichung der

Ziele und des Zwecks eines Aufnahme- und Entlassungsmanagement führt, beinhaltet die sektorübergreifend regelmäßige und gute Kooperation, Kommunikation und Informationsübermittlung zwischen den Zuweisenden, der stationären Einrichtung und den Weiterversorgern, der Einbeziehung des Patienten_in und der Angehörigen in den Aufnahme- und Entlassungsprozess und der dazugehörigen Berücksichtigung der Patientenrechte und der Erfüllung der Verpflichtungen seitens der Versorger. Neben der lückenlosen Kommunikation und Koordination zwischen den Leistungserbringern, ist eine systematische Einschätzung des Versorgungs- und Unterstützungsbedarfs eines Patienten_innen, die bereits im Aufnahmeprozess beginnt, maßgeblich für die Vermeidung von Versorgungsbrüchen. Versorgungsbrüche wurden als mögliche Herausforderung für das Aufnahme- und Entlassungsmanagement aufgezeigt. Hier gilt es die sektoralen Trennungen durch eine Vernetzung mit den beteiligten Leistungserbringern zu überbrücken und gerade im Zuge der Zunahme an multimorbiden, chronisch kranken und alten Patienten_innen, Schnittstellenprobleme zu minimieren. Auch wenn in Anbetracht des DRG-Systems Patienten_innen wesentlich früher entlassen werden und sich Behandlungsbedingungen verändert haben, muss der Patient_in und seine Bedürfnisse im Mittelpunkt stehen. Gesundheitspolitische Maßnahmen und Rahmenbedingungen in diesem Bereich, zur Entlastung der Mitarbeiter und Patienten_innen (z. B. Verminderung der bürokratischen und verwaltungstechnischen Tätigkeiten), sollten hier erarbeitet werden. Kurze Verweildauern sollten nicht Grund zur Verminderung der Qualität in stationären Einrichtungen sein. Die optimale Abstimmung der Aufnahmen und Entlassungen stellen hierbei eine Schlüsselfunktion dar. Um dies zu gewährleisten, liegt die Lösung von Kapazitätsdefiziten in einer bedarfsgerechten Kapazitätsplanung. Eine zeitgerechte Entlassung, die durch die zuvor genannten Maßnahmen ermöglicht werden kann, ist diesbezüglich für die Aufnahme von Patienten_innen, um Betten- bzw. Behandlungskapazitäten zu schaffen, von zentraler Bedeutung. Dies setzt eine funktionsfähige Steuerung der Patienten_innen und ausreichende personelle und technische Ressourcen voraus. Trotz der Verpflichtung seitens der stationären Einrichtungen eine bedarfsgerechte Weiterversorgung für jeden Patient_innen zu gewährleisten, gibt es jedoch aktuell kein vorgeschriebenes und einheitliches Aufnahme- und Entlassungsmanagement. Die in Österreich erarbeitete „Qualitätslinie Aufnahmemanagement" enthält umsetzungsfähige Empfehlungen für das Aufnahmemanagement und der „Expertenstandard Entlassungsmanagement" stellt erste Standards für die Umsetzung des Entlassungsmanagements in Deutschland. Es bedarf jedoch weiterer Forschung im Bereich Aufnahme- und Entlassungsmanagement, um weitere Kriterien und gemeinsam erarbeitete Standards zu entwickeln. Schließlich sollte ein gut funktionierendes Aufnahme- und Entlassungsmanagement in den Behandlungsstrukturen der stationären Einrichtungen fest verankert sein. Hierbei gilt als gemeinsames Ziel die Qualität der Versorgung zu verbessern, aufrechtzuerhalten und schließlich zu steigern.

Literatur

AQUA-Institut für angewandte Qualitätsförderung und Forschung im Gesundheitswesen GmbH. (2015). Entlassungsmanagement. Konzeptskizze für ein Qualitätssicherungsverfahren (S. 9–11, 12–14, 33–36, 37–39). https://www.aquainstitut.de/fileadmin/aqua_de/Projekte/425_Entlassungs-management/Konzeptskizze_Entlassungs-management.pdf. Zugegriffen: 11. Okt. 2018.

Bundesministerium für Arbeit, Soziales, Gesundheit und Konsumentenschutz (BMASGK) (Hrsg.). (2018). *Qualitätsstandard Aufnahme- und Entlassungsmanagement. Bundesministerium für Arbeit, Soziales, Gesundheit und Konsumentenschutz* (S. 17–26). Wien: BMASGK.

Bundesministerium für Gesundheit. (2018). Entlassmanagement. https://www.bundesgesundheitsministerium.de/service/begriffe-von-a-z/e/entlassmanagement.html. Zugegriffen: 12. Okt. 2018.

CaritasKlinikum Saarbrücken. (2018). Aufnahme- und Entlassungsmanagement. https://www.caritasklinikum.de/ihr-aufenthalt/aufnahme-und-entlassungsmanagement. Zugegriffen: 11. Okt. 2018.

Destatis, Statistisches Bundesamt. (2018a). Bevölkerungsstand. https://www.destatis.de/DE/ZahlenFakten/GesellschaftStaat/Bevoelkerung/Bevoelkerungsstand/Tabellen_/lrbev01.html. Zugegriffen: 2. Jan. 2019.

Destatis, Statistisches Bundesamt (2018b). Grunddaten der Krankenhäuser in Deutschland. https://www-genesis.destatis.de/genesis/online/data;sid=C8D70B17ED2E0D7F9F3BCCC8351791EF.GO_1_3?operation=abruftabelleBearbeiten&levelindex=1&levelid=1567028058198&auswahloperation=abruftabelleAuspraegungAuswaehlen&auswahlverzeichnis=ordnungsstruktur&auswahlziel=werteabruf&selectionname=23111-0001&auswahltext=&werteabruf=starten. Zugegriffen: 1. Jan. 2019.

Deutsches Netzwerk für Qualitätsentwicklung in der Pflege. (2018a). Newsletter, Aktuelle Projekte des DNQP. https://www.dnqp.de/fileadmin/HSOS/Homepages/DNQP/Dateien/Newsletter/Newsletter_01.2018.pdf. Zugegriffen: 6. Jan. 2019.

Deutsches Netzwerk für Qualitätsentwicklung in der Pflege (Hrsg.). (2018b). Konsultationsfassung zum Expertenstandard Entlassungsmanagement in der Pflege. 2. Aktualisierung. Hochschule Osnabrück (S. 7–10). https://www.dnqp.de/fileadmin/HSOS/Homepages/DNQP/Dateien/Expertenstandards/Entlassungsmanagement_in_der_Pflege/2_Aktualisierung-Entlassungs-management_Praeambel-Standard-Kommentierung.pdf. Zugegriffen: 12. Jan. 2019.

Fleischer, W. (2015). Aufnahme- und Entlassmanagement. Wo sich noch Schätze heben lassen. *Deutsches Ärzteblatt, 112,* 38–39. https://www.aerzteblatt.de/pdf.asp?id=167072. Zugegriffen: 11. Okt. 2018.

Gesundheit Österreich GmbH, & Bundesinstitut für Qualität im Gesundheitswesen. (2012). Bundesqualitätsleitlinie zum Aufnahme- und Entlassungsmanagement in Österreich (BQLL AUFEM) (S. 2–6, 61–66).

Grundke, S., Kudela, G., & Klement, A. (2013). Verkürzte Liegezeiten und Probleme haus-ärztlicher Anschlussversorgung. *Gesundheits- und Sozialpolitik, 67,* 47–51. https://doi.org/10.5771/1611-5821-2013-4-47.

Hartwig, J., Janzen, P., & Waller, H. (2008). Entlassungsvorbereitung im Krankenhaus aus der Sicht älterer, pflegebedürftiger Patienten. *Pflege, 21,* 157–162. https://doi.org/10.1024/1012-5302.21.3.157.

Hesse, S., & Klewer, J. (2013). Anforderungen an das pflegerische Entlassungsmanagement eines Krankenhauses der Regelversorgung aus der Sicht nachsorgender Einrichtungen. *Heilberufe-Science, 4,* 153–156. https://doi.org/10.1007/s16024-013-0166-z.

Kurlemann, U. (2010). Entlassungsmanagement. Minimierung der Schnittstellenprobleme zwischen Krankenhaus und nachstationärer Versorgung. *Der Gynäkologe, 43*, 832–838. https://doi.org/10.1007/s00129-010-2592-7.

Matschke, G. (2018). *Die Entlassung aus Krankenhäusern und Reha-Einrichtungen. Expertenstandard Entlassungsmanagement- Anspruch und Wirklichkeit* (S. 48–50, 59, 60–61). Hamburg: Diplomica.

Pfannstiel, M. A., Rasche, C., & Mehlich, H. (2016). *Dienstleistungsmanagement im Krankenhaus.* Wiesbaden: Springer Fachmedien. https://doi.org/10.1007/978-3-658-08429-5.

Schmidt, S. (2016). *Expertenstandards in der Pflege – Eine Gebrauchsanleitung* (S. 41–58, 59–83). Berlin: Springer. https://doi.org/10.1007/978-3-662-47727-4.

Qualitätsmanagement aus Sicht der Kostenträger

Elif Ölki

Abkürzungen

BIBB   Bundesinstitut für Berufsbildung
IAB   Arbeitsmarkt- und Berufsforschung
PQM   Projekt- und Qualitätsmanagement
RBK   Robert-Bosch-Krankenhaus
UKF   Universitätsklinikum in Freiburg

15.1   Definition

Unter Qualifikation ist ein individuelles Arbeitsvermögen gemeint, das heißt (d. h.) die Summe der subjektiv-individuellen Fähigkeiten wird betrachtet, Kenntnisse und Verhaltensweisen, die einem Individuum berechtigen, Anforderungen in bestimmten Arbeitsfunktionen auf Dauer nachzukommen. In der Berufspädagogik gilt Qualifikation als „Schlüsselbegriff im Zusammenhang mit der Begründung und Rechtfertigung von Lernzielen und -inhalten" (vgl. Schmid und Klenk 2018). Die DIN 69901 beschreibt das Projektmanagement als „Gesamtheit von Führungsaufgaben,- organisation,- techniken und -mitteln für die Initiierung, Definition, Planung, Steuerung und den Abschluss von Projekten" (vgl. Krane 2015, S. 748). Das Projektmanagement schließt ihn seiner Disziplin verschiedene Dimensionen mit ein: die funktionale Dimension, die institutionelle Dimension, die instrumentelle Dimension sowie die personelle, psychologische und soziale Dimension. Letzteres berücksichtigt und lenkt zwischenmenschliche Prozesse wie das einsetzten

E. Ölki (✉)
Department Gesundheitswissenschaften, Hochschule für Angewandte
Wissenschaften Hamburg, Hamburg, Deutschland
E-Mail: Elif.oelki@haw-hamburg.de

© Springer-Verlag GmbH Deutschland, ein Teil von Springer Nature 2020   227
W. Leal (Hrsg.), *Qualitätsmanagement in der Gesundheitsversorgung*, Erfolgskonzepte
Praxis- & Krankenhaus-Management, https://doi.org/10.1007/978-3-662-59675-3_15

und qualifizieren des Personals, die Leitung des Projektteams, die Gestaltung der betrieblichen Zusammenarbeit und die Konfliktbewältigung (Grabner 2019, S. 255). Die Qualifikation der Mitarbeiter_innen fällt im Projekt- und Qualitätsmanagement (PQM) in den Bereich Personalmanagement, hierzu gehört wiederum die Personalentwicklung, welche die Qualifizierung der Mitarbeiter_innen umfasst. Die Personalentwicklung lässt sich in die Tätigkeitsbereiche: Ausbildung, Fortbildung, Weiterbildung und Kompetenzentwicklung einteilen (Wien und Franzke 2013, S. 13).

15.2 Bedarf

Der Bedarf einer Mitarbeiterqualifikation besteht, um den Bestand eines Krankenhauses und damit auch die stationäre Versorgung der Bevölkerung sowie die Arbeitsstellen im Medizinbetrieb auf Dauer zu erhalten. Die Qualifizierung der Mitarbeiter_innen stellt Maßnahmen zur Verfügung sowie eine bedarfsgerechte Ausstattung und die Arbeitsproduktivität (Naegler 2014, S. 50). Sollen in Betrieben zum Beispiel (z. B.) neue Produkte und Dienstleistungen produziert werden oder sich Kundenanforderungen und Produktionsprozesse verändern und neugestaltet werden ist frühzeitiges Handeln notwendig. Der Bedarf an diese Fähigkeiten und Kompetenzen bei den Beschäftigten ist dahin gehend erforderlich (bfw 2017, S. 14). Neben unternehmerischen Zielen sind auch externe Bedingungen ausschlaggebend, denn in Deutschland arbeiten circa 4,8 Mio. Menschen im Gesundheitswesen, womit sich dieser als der größte und expansivste Wachstums- und Beschäftigungsmarkt darstellt. In naher Zukunft wird sich das Gesundheitswesen den Veränderungen des Versorgungsbedarfs, als Folge des demografischen Wandels, der zunehmenden Komplexität der Versorgungsauftrags und neuen Anforderungen an Interprofessionalitäten stellen müssen (Zöller 2012, S. 6). Denn die Arbeitsmärkte stehen durch den demografischen Wandel vor großen Herausforderungen. In Deutschland macht sich die abnehmende und alternden Bevölkerung in Betrieben bemerkbar (Bundesministerium für Arbeit und Soziales (BMAS) 2014, S. 6). Gründe für eine alternde Bevölkerung ist die steigernde Lebenserwartung, welcher auf den medizinisch-technischen Fortschritt zurückzuführen ist, als auch die Anhebung des Rentenbeginns. Außerdem fehlen junge Erwerbstätige im Berufsleben, aufgrund geburtenschwache Jahrgänge. Folglich stehen Unternehmen in naher Zukunft weniger qualifiziertes Personal zur Verfügung (Beinicke und Bipp 2019, S. 4).

> „Das Erfassen und Steuern von zunehmend komplexeren Pflege- und Behandlungssituationen verlangt umfassende und in Teilen auch auf wissenschaftlicher Basis erworbene Kompetenzen. Auf der anderen Seite wird es bei der Abnahme der erwerbsfähigen Bevölkerung zusehends schwieriger, die für den steigenden Pflegebedarf notwendigen Fachkräfte zu gewinnen. Somit muss die Pflegeausbildung von morgen so ausgestaltet werden, dass sie die gesellschaftlichen Veränderungen antizipiert und die damit verbundenen erhöhten und komplexeren Behandlungs- und Betreuungsbedarfe frühzeitig berücksichtigt.

Ebenso braucht es innovative Konzepte, die die vorhandenen Ressourcen besser miteinander verzahnen. Gleichzeitig muss das Berufsfeld so attraktiv werden, dass sich junge Menschen dafür wieder vermehrt begeistern können" (vgl. Weidner et al. 2012, S. 11–12).

Um dies zu gewährleisten ist es empfehlenswert in Fort- und Weiterbildungsmaßnahmen zu investieren (BMAS 2016). Für Krankenhäuser bedeuten diese Veränderungen einen Anstieg des Personalmangels im stationären und im ambulanten Bereich, sowohl bei Ärzten als auch bei nichtärztlichen Fachkräften. Ein weiterer Bedarf besteht bezüglich des gesundheitlichen Wohlbefindens der Belegschaft. Mitarbeiter_innen sind im hohen Maße körperlichen und psychischen Belastungen ausgesetzt. Dies gilt insbesondere für die Pflege älterer und kranker Menschen. Aus der Arbeitssituation, denen viele Mitarbeiter_innen in Pflegeberufen gegenüberstehen, steigt das Risiko für psychische Beanspruchungsfolgen wie z. B. Burnout-Symptome. Hierbei zielt die Qualifizierung des Personals auf einen besseren Umgang mit psychischen Belastungen und Störungen der gesamten Belegschaft ab (Zimber et al. 2010, S. 210). Grundsätzlich ist erkennbar, dass die Personalentwicklung an Bedeutung gewinnt. Wettbewerbsvorteile auf dem Arbeitsmarkt lassen sich durch qualifizierte Mitarbeiter_innen verwirklichen. Es ist erkennbar, dass gelerntes Wissen schnell erschlafft, der regelmäßige Fortschritt und die sich verändernden Marktbedingungen erfordern eine Flexibilität der Unternehmen, welche durch motivierte Mitarbeiter_innen realisiert werden kann (Wien und Franzke 2013, S. 14–15). Schließlich wird durch den mangelnden Personalbedarf, der im Zuge des demografischen Wandels voranschreitet, eine frühzeitige Mitarbeiterqualifizierung unerlässlich werden, um Mitarbeiter_innen in absehbarer Zeit Karriere- und Laufbahnentwicklungen aufzuzeigen (Stockinger et al. 2014, S. 8). Hinzu kommt, dass im Zuge der zunehmenden Automatisierung und Digitalisierung sich neue Aufgabenfelder entwickeln und somit die Anforderungen an Beschäftigte sich verändern und steigen (Unternehmen für Bildung (bfw) 2017, S. 7).

15.3 Nutzen

Das Anhäufen von Wissen, Kenntnissen und Fakten über eine lange Zeitspanne verliert an Bedeutung, wenn es in der Praxis nicht angewendet wird. Deshalb sind mehr kleinere, jedoch kontinuierliche Lernperioden in Betrieben erforderlich, die sowohl theoretisch als auch in der Praxis aufeinander aufbauen (vgl. bfw 2017, S. 7).

Hierbei entscheiden Qualifizierungsangebote für die Gesundheitsversorgungsberufe oftmals die unternehmerische Erfolgskonzeption (Stockinger et al. 2014, S. 4). Mitarbeiter_innen die bestrebt und engagiert ihre Aufgaben erfüllen und die Bereitschaft zeigen sich neuen Herausforderungen zu stellen, sind maßgeblich für ein erfolgreiches und zukunftsorientiertes Unternehmen. Um diesen Erfolg zu sichern ist eine zielgerichtete Mitarbeiterqualifikation entscheidend. Zur Anfertigung einer passenden Konzeption, muss

eine Zielsetzung formuliert und eine Problemanalyse sowie eine Bestands- und Bedarfs-
ermittlung durchgeführt werden. Auf dieser Grundlage werden Maßnahmen zur Mitarbeiterqualifizierung gebildet, umgesetzt und letztlich im Hinblick auf die Zielsetzung
evaluiert. Dabei ist die Mitarbeiterqualifizierung ein andauernd wachsender Prozess. Die
Personalentwicklung definiert und benennt Instrumente und Methoden, welche sich mit
den spezifischen Maßnahmen der Personalentwicklung befasst und diese Maßnahmen
fortschreibt (Wien und Franzke 2013, S. 16). Das Hauptziel der Mitarbeiterqualifikation
ist nicht die Behebung von Mängeln bei der Erledigung von Aufgaben, sondern eher das
Stärken und Vertiefen oder auch das Erweitern von Wissen, sowohl bei dem bestehenden
als auch bei zukünftigen Personal (Wien und Franzke 2013, S. 13). Die Qualifikationsent-
wicklung fokussiert sich zudem auf eine Schließung von Qualifikationslücken als auch
die Motive der Beschäftigten nach Karriere, Selbstentfaltung und Selbstbestimmung zu
sicherzustellen (Stockinger et al. 2014, S. 7). Die Mitarbeiterqualifizierung sollte festlegen, welche Mitarbeiter_innen für welche Aufgabenbereiche infrage kommen, dafür
ist zunächst eine Bestimmung des Entwicklungsbedarfes nötig. Die Bestimmung des
Entwicklungsbedarfs, Entwicklungsmaßnahmen und Entwicklungskandidaten ist häufig in der Praxis nicht leicht umzusetzen (Wien und Franzke 2013, S. 18). Eine mögliche Vorgehensweise umschließt Planung, Umsetzung und Evaluation der Maßnahmen.
Auf welche Bedingungen die Maßnahmen abzielen können ist individuell, diese können
eine Vertiefung des Wissens, den Erwerb und die Festigung neuer fachlichen Methoden
meinen aber auch die Entwicklung der Persönlichkeit, wie die Steigerung des Selbstver-
trauens (Stockinger et al. 2014, S. 7). Ziel der Mitarbeiterqualifizierung ist die Anpassung
auf die veränderten Ansprüche der Arbeitnehmer. Vergütung und Karriereentwicklung
kommen allein nicht mehr infrage, sondern Flexibilität bei den Arbeitszeiten, die Vereinbarkeit von Familie und Beruf, Sinnhaftigkeit der Tätigkeiten, Anerkennung, Vertrauen,
Respekt sowie ein motivierendes Arbeitsklima und Umfeld. Der Arbeitsmarkt im Gesundheitswesen entwickelt sich immer mehr zu einem Arbeitnehmermarkt. Fachkräfte können sich mittlerweile für einen Arbeitgeber entscheiden, der ihnen die bestmöglichsten
Bedingungen bietet, denn der Wettkampf um gut ausgebildete Fachkräfte, vor allem in
der Pflege, ist gegenwärtig groß. Folglich sollten Krankenhäuser und Pflegeeinrichtungen
gezielte Anstrengungen zur Steigerung der Attraktivität und Verbesserung der Arbeits-
qualität einführen, um passendes Personal zu gewinnen. Die Aufgabe des PQM ist es hier
die gewonnenen Mitarbeiter_innen erfolgreich in das Unternehmen zu integriert sowie die
fachlichen und die persönlichen Kompetenzen in die Unternehmenskultur einzubringen.
Die Einarbeitung und Integration entscheiden, ob sich das Personal mit den neuen Aufgaben vertraut und im Unternehmen gut aufgenommen fühlt. Dieser Prozess gelingt dann,
wenn das Unternehmen sich entscheidet eine strategisch ausgerichtete Mitarbeiterqualifizierung einzuführen, der die gesamte Belegschaft umfasst. Solch eine Qualifikation setzt
eine spezifische und zielgerichtete Unternehmensstrategie voraus (Stockinger et al. 2014,
S. 5). Jedes Unternehmen sollte genau überlegen wie eine Strategie für die Mitarbeiter_
innen aussehen und wie sich mögliche Umsetzungsformate in die Unternehmensstrategie
eingliedern können (Füssel 2015, S. 35). Im Hinblick auf die steigenden Anforderungen

und den wachsenden Bedarf im Gesundheitssektor gilt es, die Potenziale des Personals zu bewahren und gezielt zu fördern. Abgesehen von der Mitarbeiterzufriedenheit, ist sie entscheidend für den wirtschaftlichen Erfolg und die Marktposition eines Unternehmens (Stockinger et al. 2014, S. 5).

15.4 Mögliche Umsetzungsformate

Vor der Durchführung der Mitarbeiterqualifikation kann in Bewerbungs- und Auswahlgesprächen gezieltes und in das Anforderungsprofil passendes Personal rekrutiert werden, dabei sollten Karrierepfade, Arbeitslohn, Aufgaben- und Verantwortungsbereiche als auch Arbeitsmodelle zur Ansprache kommen (Freund 2016, S. 40). Ein Anforderungsprofil bezeichnet ausgewählte Kennzeichen, die bislang in der Tätigkeit erforderlich waren. Die Entwicklung eines Anforderungsprofils kann die Personalauswahl vereinfachen sowie den Entwicklungsbedarf der Beschäftigten ermitteln. Ein Anforderungsprofil setzt sich aus der Summe folgender Merkmale und ihrer jeweiligen Ausprägung zusammen: Die Vorbildung, persönlicher Werdegang, die Verhaltensweisen sowie Fähigkeiten und Eigenschaften. Anhand der Analyse werden letztlich Eigenschaften einer Person identifiziert. Zudem sollte eine Anforderungsanalyse erstellt und herangezogen werden, welche die Personalsuche, Personalplanung, Personalauswahl, Stellenbeschreibung- und Bewertung, Potenzialanalyse, Personal- und Trainingsentwicklung umfasst (Nerdinger et al. 2019, S. 236).

„Voraussetzung für eine erfolgreiche, zielorientierte Personalentwicklung ist eine Bedarfsanalyse im Unternehmen. Eine erfolgreiche Personalentwicklung kann somit nur auf der Grundlage einer guten Entwicklungsplanung erfolgen" (vgl. Wien und Franzke 2013, S. 18). Bei einer Bedarfsanalyse muss sich ein Krankenhaus oder eine Pflegeeinrichtung grundsätzlich der Frage stellen, welches Personal benötigt wird, um die Tätigkeiten wahrnehmen zu können und welches Personal vergleichsweise dazu vorgehalten wird. Hierbei führt die Personalabteilung die Aufgaben eines internen Dienstleiters aus, welcher unterschiedliche Bereiche, Abteilungen als auch Stationen in Personalfragen zur Verfügung steht. Unter Rücksichtnahme der veränderten Anforderungen eines Arbeitsnehmers, bezieht das Personalmanagement Aspekte eines familienfreundlichen Krankenhauses als auch ein lebensphasenspezifischen Arbeiten in die beruflichen Strukturen mit ein. Immer wichtiger wird es in die Ausbildung zukünftiger Generation an Pflegefachkräften zu investieren. Krankenhäuser sollten praktische Assessmentinstrumente in der Ausbildung anwenden, welche die Fach-, Methoden-, Sozial- und Personalkompetenz umfassen (Freund 2016, S. 39). Das am meisten genutzte Instrument ist die Personalbedarfsentwicklung, worauf 88 % befragter Krankenhäuser zurückgreifen (Stockinger et al. 2014, S. 8). Die Personalbedarfsermittlung ermöglicht eine Anpassung der Personalkapazitäten an den jeweils aktuellen Bedarf eines Krankenhauses oder Pflegeeinrichtung und bestimmt einheitliche und valide Bewertungs- und Kalkulationsverfahren zum Personalbedarf. Die Personalbedarfsberechnung dient als

Grundlage für dispositiven Maßnahmen, also konkrete Maßnahmen zur Qualifizierung von Mitarbeiter_innen. Die Personalbedarfsermittlung konkretisiert die Optimierung der internen Ressourcenverteilung im Rahmen der Budgetplanung, das Umsetzen von Planungszielen für die geplante Leistungsentwicklung sowie Qualitätsstandards (Busse et al. 2017, S. 374). Es stellt sich außerdem die Frage wo Nachfolgereglungen in den kommenden Jahren nötig sind und wo und mit wem zusätzliche Stellen besetzt werden müssen. Eine genaue Nachfolgeplanung kann eine Antwort auf diese Fragen sein und kann darüber hinaus den Erhalt einer hohen Führungsqualität in der Organisation gewährleisten. Ein großer Nutzen besteht darin, die Mitarbeiter_innen über längere Zeit zu beobachten, um so Aussagen über das Leistungsverhalten von möglichen internen und externen Bewerber_innen zu machen. Instrumente oder auch Maßnahmen, die bei einer internen Personalbeschaffung durchgeführt werden müssen, sind Mitarbeitergespräche, Maßnahmen der Talent- und Potenzialidentifizierung, Förder- und Beratungsgespräche sowie Trainee-Programme, d. h. Qualifizierungsprogramme für den Führungsnachwuchs. Die Besetzung von Führungsstellen sollte langzeitig organisiert und vorbereitet werden (Stockinger et al. 2014, S. 8). Ein Trainee-Programm bietet gute Möglichkeiten, vorhandene Potenziale und Ziele auf künftige Führungsaufgaben hin zu prüfen und weiterzuentwickeln. Das Unternehmen verpflichtet sich zudem bei der Durchführung von Trainee-Programmen Karrieremöglichkeiten offenzulegen. Auf diese Weise lernen Mitarbeiter_innen, den beruflichen Alltag aus der Führungs- und Leitungsperspektive wahrzunehmen und Abläufe dementsprechend umzusetzen. Diese Erfahrung öffnet neue Horizonte und erleichtert den Wechsel in eine Führungsposition. Des Weiteren ist die Potenzialbeurteilung eine wichtige Voraussetzung für die Mitarbeiterqualifizierung. Das Leistungs- und Lernpotenzial von Mitarbeitern soll erkannt und entfaltet werden. Der Fokus ist nicht nur die Betrachtung von Leistungsdefiziten, sondern auch ein gezieltes Entwicklungspotenzial der Mitarbeiter_innen. Bei der Personalentwicklung steht die Förderung und Entfaltung des Potenzials im Vordergrund, sprich das Erlernen von Problemlösefähigkeiten und sozialen Handlungskompetenzen. Neben der Potenzialbeurteilung ist es wichtig, die vorhandenen Stärken, d. h. die Entwicklungspotenziale, zu nutzen und allgemein nicht nach Fehlern zu suchen. Grundsätzlich beeinflusst die Stärkennutzung die Auswahl von Menschen und deren Ausbildung, die Stellenbildung und Stellenbesetzung in den Unternehmen sowie die Leistungsbeurteilung und Potenzialanalyse (Stockinger et al. 2014, S. 9). Idealerweise sollte ein Unternehmen mit den Kenntnissen und Fähigkeiten seiner Belegschaft so komprimiert werden, dass zukünftige Herausforderungen bewältigt werden können. Für eine Umsetzung dessen, sollten alle Maßnahmen der Aus- und Weiterbildung, aber auch die Elemente des Talentmanagements herangezogen werden. Eine erfolgreiche Qualifizierung beinhalten eine Analyse des vorhandenen Bestandes an die aktive Gestaltung eines Mitarbeiterportfolios. Die Analyse des gesamten Mitarbeiterbestandes muss auf zwei Ebenen stattfinden: der individuelle Beschäftigte und das Gesamtportfolio. Bei dem individuellen Beschäftigte gehört neben der Analyse der Leistung und der Fähigkeit des Mitarbeiters, die regelmäßige Diskussion zukünftiger Positionen und dazu

Notwendiger Schritte. Während die Leistungsbetrachtung eher vergangenheitsgerichtet ist, sind Entwicklungsthemen klar zukunftsgerichtet. Dazu gehören das Halten der Mitarbeiter_innen und die Qualifizierung für gegenwärtige und zukünftige Positionen. Das Gesamtportfolio umfasst hingegen den Anteil leistungsstarker Mitarbeiter_innen, die innerhalb abgestimmten Zeitabständen in den nächsten Entwicklungsschritt einsteigen können. Neben Nachfolgeplangen sind auch Risikovermeidungspläne notwendig, damit ungeplante Personalabgänge nicht zu ernsthaften Problematiken führen. Die Einsetzung der Mitarbeiter_innen für ein stabiles Rückgrat sollte transparent sein, so wird auch der Anteil der wenig leistungsstarken Mitarbeiter_innen erkenntlich. Die Struktur der Mitarbeiter_innen sollte für den Arbeitgeber ersichtlich sein. Durch diesen Vorteil können zielgerechte Rekrutierungen über spezifische Aus- und Weiterbildungen bis hin zu Projektansätzen und Tätigkeitswechseln verwirklicht werden (Füssel 2015, S. 37). Die Festlegung der Qualifikation kann durch Soll- und Ist- Qualifikation erhoben werden. Die Soll-Qualifikation betrachtet laufbahnbezogene Anforderungsprofile, während die Ist-Qualifikation individuelle Lernziele und Entwicklungsmaßnahmen bestimmt, plant, evaluiert und letztlich eine Erfolgskontrolle durchführt. Zudem schaut sich die Anforderungsanalyse an, durch welche Merkmale Personen beschreibbar sind, die in einer beruflichen Position tätig sind (Nerdinger et al. 2019, S. 236). Eine konkrete und strategische Mitarbeiterqualifizierung in Unternehmen setzt sich aus Zielen, dispositive (Planung, Steuerung, Organisation) und operative (Durchführung) Maßnahmen als auch mit den anzuwendenden Instrumenten zusammen (Tab. 15.1, 15.2, 15.3).

Bei der Planung von Arbeitszeitmodellen ist die Vereinbarkeit von Familie, Beruf und Freizeit gleichfalls zu berücksichtigen wie die Einteilung von Tätigkeitsbereichen, Aufgaben und Prozessabläufe. Empfehlenswert sind Maßnahmen zur Wiedereingliederung von Berufsrückkehrer und ältere Mitarbeiter_innen. Dabei kann die Berücksichtigung folgender Aspekte erforderlich sein: Planungsgespräche zur Elternzeit, als auch Fortbildung während und Einarbeitung nach der Elternzeit (Freund 2016, S. 40). Für die älterer Beschäftigten sollte eine Willkommenskultur geschaffen werden, welche eine offene Kommunikation gewährleistet und Vorurteile ausräumt. Zur Aufrechterhaltung einer konstruktiven Führungskultur wird die Zuweisung eines direkten Ansprechpartners für die Mitarbeiter_innen unerlässlich. Dieser sollte der Belegschaft zur Verfügung stehenden Führungsinstrumente, wie Mitarbeiterjahresgespräche nutzen, und die Einflüsse einer gesundheitsorientierten Personalführung einbeziehen (Freund 2016, S. 41). Um Personalengpässe zu vermeiden ist das Konzept eines Springerpools einsetzbar. Dies soll Mitarbeiter_innen planbare Arbeitszeiten ermöglichen. Zudem ist im Falle eines Mitarbeiter_innen Ausfalls ein Vertretungsplan verankert, damit bereitstehende Mitarbeiter_innen nicht zur Vertretung herangezogen oder in Stationen außerhalb ihrer Tätigkeitsbereiche geschickt werden (Freund 2016, S. 57–58). Wissenschaftliche und technische Assistenz in der Pflege hat zentrale Bedeutung, da Maßnahmen entwickelt und umgesetzt, Prozesse optimiert und Versorgungsqualität verbessert werden. Dafür muss die bestehende „*On-Top*-Mentalität" angelegt werden, d. h. keine zusätzlichen Aufgaben an- oder zu übernehmen, ohne andere dafür abzugeben (Freund 2016, S. 58).

Tab. 15.1 Dispositive Maßnahmen zur Mitarbeiterqualifikation in Anlehnung an Engelke und Oswald (2017)

Dispositive Maßnahmen	Instrumente
Entscheidung über Inhalte, Umfang und Organisation • Bereich (Strukturen und Prozesse) • Arbeitsgruppen • Mitarbeiter_innen • Aufbau Kompetenzmanagement • Entwicklung eines Einarbeitungskonzept • Gestaltung eines Demografiemanagement/*Diversity Management*	• Personalentwicklungsbedarfsanalyse • Bildungscontrolling • Kosten-/Nutzencontrolling
Arbeitsstrukturierung und Personalförderung in Bezug auf • *Job Enrichment* • *Job Enlargement* • *Job Rotation* • *On-the-Job*-Maßnahmen • *Near-the-Job*-Maßnahmen • *Off-the-Job*-Maßnahmen Entwicklung Karriereprogramm • Ergonomische Arbeitsplatzgestaltung	• Tätigkeitsanalysen • Stellenbeschreibungen • Mitarbeitergespräche • Zielvereinbarungen

Tab. 15.2 Dispositive Maßnahmen zur Mitarbeiterqualifikation in Anlehnung an Engelke und Oswald (2017)

• Gestaltung Aus-, Fort- und Weiterbildungsprogramme • Aufbau von Informations- und Dokumentationsmanagementsystemen, Ausgestaltung des Anreizsystems, Strukturierung des Nachfolgemanagementprozess	• Mitarbeiterbefragungen • Einrichtung von bereichsübergreifenden/multidisziplinären • Arbeitsgruppen/ • Projektgruppen • Zielvereinbarungen
Festlegung von Regelungen zur Anpassungbdes Personalbestands: Örtliche Maßnahmen: Versetzung, Umsetzung z. B. Einsatz in Tochtergesellschaft; Quantitative Maßnahmen: Einstellungsstopp, Aufhebungsverträge, befristete Arbeitsverträge; Qualitative Maßnahmen: Umschulung, Fortbildung, Aufgabenstrukturierung; Zeitliche Maßnahmen: Urlaubsgestaltung, Abbau von Überstunden, Arbeitszeitveränderungen • Freisetzung der Mitarbeiter_innen	• Personalfreisetzungsplanung und -kontrolle • Evaluation des Anpassungsprozesses/Auswertung von Gesprächen mit ausscheidendem Personal Rechtliche Rahmenbedingungen

(Oswald et al. 2017, S. 378)

Tab. 15.3 Operative Maßnahmen zur Mitarbeiterqualifikation in Anlehnung an Engelke und Oswald (2017)

Operative Maßnahmen	Instrumente
Einführung von neuen Mitarbeitern Durchführung arbeitsplatzbezogener Qualifizierungsmaßnahmen: Praktikum, Berufsausbildung, Trainee-Programme, Fort- und Weiterbildung, Coaching	• Einarbeitungskonzept • Beurteilungsbogen • Personalgespräche
• Installation neuer Software • Laufende Abstimmung über Arbeitsinhalte	• Arbeitsstättenverordnung • Stellenbeschreibung • Mitarbeiterbeurteilung • Rückkopplungsgespräche
• Routinemäßige Pflege der Wissensdatenbank • Verwaltung Mitarbeiterbibliothek • Zeitplanung interner Weiterbildungsangebote/Seminare • Durchführung von Fallstudien und Rollenspielen	• Internet • Videokonferenzen • Gesprächs- und Fragetechniken
• Administrative Organisation der Anpassungsmaßnahmen (z. B. Zeitplan) • Prüfung rechtlicher Rahmenbedingungen • Kommunikation an Mitarbeiter_innen • Kontinuierliche Mitarbeiterbetreuung • Personalfreisetzung von Mitarbeitern mit kurzfristig gültigen Arbeitsverträgen	Hintergründe für Personalfreisetzung Rechtliche Rahmenbedingungen

15.4.1 Ärztemangel als Chance der Weiterbildung

In Krankenhäusern entwickelt sich der Ärztemangel zu einem immer größeren Problem, vor allem in der stationären Versorgung. Von 2006 bis 2009 hat sich der Anteil der Allgemeinkrankenhäuser mit Stellenbesetzungsproblemen im Ärztlichen Dienst annähernd verdreifacht. Während 2006 noch 28 % der Krankenhäuser entsprechende Probleme zeigten, lag 2009 der Anteilswert bei 80 %. Im selben Zeitraum hat sich die Anzahl offener Arztstellen im Krankenhaus sogar beinah von 1300 auf 5000 vervierfacht. Ein Besetzungsmangel im ärztlichen Dienst kann Auswirkungen auf die Krankenhausorganisation und die Patientenversorgung haben (Blum und Löffert 2010, S. 5). In deutschen Krankenhäusern bestehen mehr als die Hälfte der unbesetzten Arztstellen Assistenzärzte. Um diese Schwierigkeiten zu bewältigen sind Maßnahmen der Weiterbildung unerlässlich (Blum und Löffert 2010, S. 81).

In Abb. 15.1 sind die am prozentual weitesten verbreiteten Maßnahmen dargestellt. Gezielte Fortbildung der Weiterbildungsmöglichkeiten, standardisierte Weiterbildungspläne, regelmäßige Weiterbildungsgespräche und Zusagen zur Einhaltung der vorgegebenen Weiterbildungszeiten werden von rund 40 % der Krankenhäuser regelmäßig verwendet. Seltener anzutreffen seien dagegen Tutoren- oder Mentorensysteme sowie feste Lernziele je Weiterbildungsperiode (Blum und Löffert 2010, S. 81).

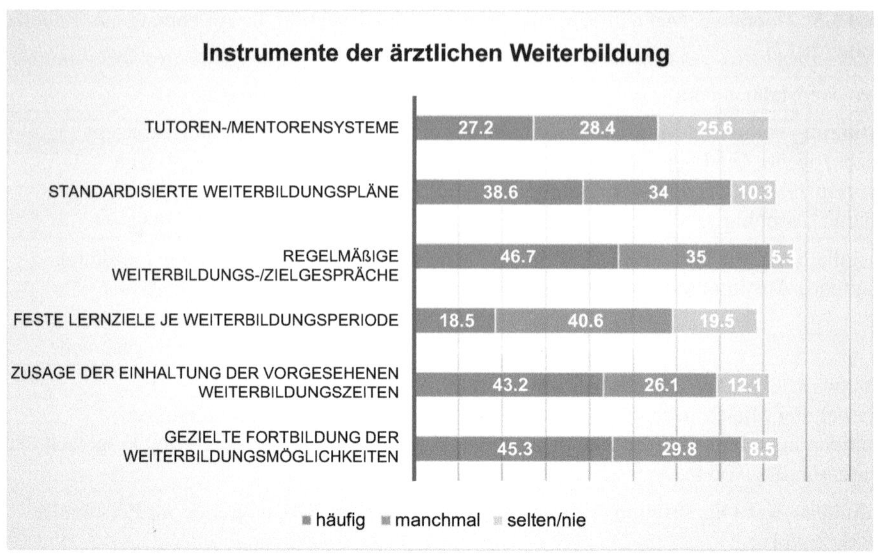

Abb. 15.1 Instrumente der ärztlichen Weiterbildung in Anlehnung an Blum und Löffert (2010)

15.4.2 Qualifikation in Pflegeberufen

Die Arbeitsbelastung in der Pflege führt zu einer Überbelastung des Personals und gefährdet die Gesundheit. Die Arbeitsbedingungen tragen zu einer zunehmenden Unzufriedenheit im Beruf. Auch Aspekte wie der geringe Arbeitslohn, Schichtdienste und begrenzten Karrieremöglichkeiten führen dazu, dass Pflegeberufe an Attraktivität verlieren. Daher müssen Maßnahmen gewährleistet werden, die über die Besserung der Arbeitsbedingungen hinausgehen (Wieteck 2016, S. 11). Die geringen Möglichkeiten für Mitarbeiter_innen des Pflegedienstes, sich während der Arbeitszeiten mit fachlichen und relevanten Themen aus der Pflege auseinanderzusetzen, verschlechtert die Entwicklung und Durchführung eines Pools an entsprechend qualifiziertem Pflegepersonal. Die Grenze zwischen Praxis und Theorie wird verstärkend größer, da es sich als schwierig erweist Versorgungskonzepte, wie zum Beispiel die Kontinenzförderung, in der Pflegepraxis zu integrieren (Wieteck 2016, S. 12). In späteren Verlauf wird ein Interview mit dem Krankenhaus X aufgezeigt, um mögliche Umsetzungsformate aufzuzeigen.

15.4.3 Case Studie: Universitätsklinikum Freiburg

Das Universitätsklinikum in Freiburg (UKF) setzt seit 2008 ein Programm zur Qualifizierung von pflegerischen Berufsanfängern im Anästhesie- und Intensivbereich um.

Das Universitätsklinikum ermöglicht neuen Mitarbeiter_innen einen Berufseinstieg in diesen Spezialgebieten. In den vergangenen Jahren ist die Zahl der Intensivplätze um 8,84 % gestiegen und im Jahr 2010 wurden 24.886 Intensivbetten für die Versorgung vorgehalten. Es wäre möglich, dass bis zu 1200 bis 1740 offene Pflegestellen auf Intensivstationen existieren. Folglich können Pflegende unbesetzte Arbeitsplätze auf den Stationen kompensieren und Einarbeitungen nicht mit der notwendigen Sorgfalt begleitet, was gehäuft zu einer Überforderung der neuen Mitarbeiter_innen führt, verstärkt durch die Anforderungen der Intensivstationen und von Berufsanfängern. Das Qualifizierungsprogramm des UKF bindet und gewinnt Berufsanfänger im Anästhesie- und Intensivbereich. Durch seine verschiedenen Strukturen wird sichergestellt, dass sowohl Berufsanfänger nicht überfordert werden und die Qualität der Patientenversorgung gewährleistet bleibt (Stockinger et al. 2014, S. 18–19). Das Qualifikationsprogramm sieht für Berufsanfänger eine kontinuierliche Praxisbegleitung und *Training on the Job,* begleitende Reflexion, vor. Berufsanfänger haben die Möglichkeit ihre Bedürfnisse nach Zeit und Raum für konkretes Nachfragen und die Gelegenheit mit erfahrenen Kollegen sich auszutauschen. Das erfolgreich verwendete Feedback-Instrument wird von Beginn an eingesetzt, um einen Kompetenzzuwachs er erkennen. Berufsanfängern werden die Betreuung von Überwachungspatienten empfohlen und erst mit wachsender Erfahrung an die Betreuung beatmender Patienten herangeführt. Auch die Unterstützung des gesamten Teams sichert eine erfolgreiche Einarbeitungszeit z. B. durch Rücksichtnahme der Fähigkeiten in der Gestaltung des Dienstplans oder in der Schichteinteilung (Stockinger et al. 2014, S. 19–20). Die Begleitung durch Praxisanleitungen zu verschiedenen Themen ist der Anhaltspunkt nach der Phase der Einarbeitung. Diese bietet Berufsanfängern die Gelegenheit, Themen anzusprechen, die während der Einarbeitungszeit nicht besprochen werden konnten oder in denen der Berufsanfänger noch Entwicklungsbedarf aufgezeigt. Auch in dieser Phase wird das Feedback-Instrument eingesetzt, um die Entwicklung des Kompetenzniveaus verfolgen zu können. Die praxisorientierte Vermittlung von theoretischem Wissen ist ein weiterer Teilbereich des Qualifizierungsprogramms. Während der ersten drei Monate werden, in einem Zeitumfang von 50 min, in einem Basismodul der modularisierten Weiterbildung die intensivpflegerischen Themen praxisorientiert behandelt, die während der Grundausbildung noch nicht besprochen worden sind. Diese Schulungstage sollen die Vertiefung der im Alltag bereits kennengelernten theoretischen Aspekte sicherstellen. Der erfolgreiche Abschluss des Basismoduls wird bei der Absolvierung der Fachweiterbildung anerkannt. Im Qualifizierungsprogramm werden außerdem Pflegevisiten der Pflegenden auf den Intensivstationen durchgeführt und geleitet von dem jeweiligen Praxisanleiter der Station. Berufsanfänger haben somit die Möglichkeit, am Patientenbett eine Einschätzung der Sachlage vorzunehmen und ein für den Patienten wichtiges Problem vertiefter anzusprechen (Stockinger et al. 2014, S. 20).

15.4.4 Case Studie: Robert-Bosch-Krankenhaus

Mehr als 1000 Mitarbeiter_innen arbeiten standortübergreifend im Pflege- und Funktionsdienst des Robert-Bosch-Krankenhauses (RBK). Im Pflegedienst sind mehr als 90 % der Mitarbeiter_innen 3- bis 3 ½-jährig examinierte oder integrativ ausgebildete Pflegekräfte. In der Onkologie, im Zentral-OP, den Intensiv- und IMC-Stationen und in der geriatrischen Rehabilitation sind fachweitergebildete Beschäftigte tätig. In Kooperation mit der dualen Hochschule Baden-Württemberg bildet das RBK akademisches Pflegepersonal aus. 10 % des Pflegepersonals besteht aus einem 2-jährig ausgebildetes Kranken- und Gesundheitshelfer sowie Servicekräfte. Das Bildungszentrum des RBK bietet jährlich 30 Ausbildungsplätze für die integrative Pflegeausbildung oder auch 24 Ausbildungsplätze für die 2-jährige Modellausbildung in der Gesundheits- und Krankenpflegehilfe an. Auch die Fort- und Weiterbildung ist Bestandteil im Bildungszentrum (Stockinger et al. 2014, S. 31). Inbegriffen werden Fachweiterbildungslehrgänge für die Anästhesie und Intensivpflege, Intermediate Care, Außerklinische Intensiv- und Beatmungspflege, Gesundheits- und Krankenpflege in der Onkologie, Praxisanleitung in den Gesundheitsberufen. Sämtliche Fort- und Weiterbildungsangebote werden finanziell vom Arbeitgeber gefördert (Stockinger et al. 2014, S. 31–32).

15.4.5 Fragen zur Mitarbeiterqualifikation im Krankenhaus X

Welche Instrumente werden verwendet, um die Mitarbeiter_innen erfolgreich zu qualifizieren?
Die Mitarbeiterqualifikation ist eine Aufgabe der Führungsebene, deshalb seien strukturierte Führungsqualizierungen erforderlich, die den Führungskräften das Nötige Knowhow vermitteln. Dabei werde auf Mitarbeitergespräche zurückgegriffen. Des Weiteren besitzt das Krankenhaus eine umfangreiche medizinische Fortbildung und bietet mehrere Seminare im Jahr an. Bei ärztlichem Personal sei die ärztliche Weiterbildung bedeutend. Dementsprechend werde in den ärztlichen Bereichen Möglichkeiten geschaffen, welche nicht nur theoretische Inhalte übermittelt, sondern auch Untersuchungen, Prozeduren, Operationen bewilligt. Vergleichsweise gehe es in der Pflege zu. Auch hier stelle die Weiterbildung sowohl theoretische als auch praktische Kenntnisse dar. Weiterbildung unterscheide sich bei jeder Berufsgruppe. Zudem bilden Pflichtfortbildung und Pflichtunterweisungen einen großen Umfang, wie beispielsweise die Strahlenschutzunterweisung, wofür eine jährliche Unterweisung stattfinde.

Wie sieht konkrete Weiterbildung in der Pflege aus?
Verwendet werde zum einen die Leistungsorientierte-Beurteilung. Hierbei bestehe die Umsetzung aus der Festlegung von Jahreszielen. Die Ziele können sowohl fachlich

als auch persönlich sein und am Ende des Jahres werden die Ziele reflektiert, evaluiert und ausgewertet. Die Weiterbildung in der Pflege sei mit einer finanziellen Prämie verbunden.

Wie wird die Mitarbeiterqualifizierung finanziert?
Die Kosten seien im Wirtschaftsplan berücksichtigt.

15.5 Herausforderungen

Krankenhäuser werden Anforderungen, wie dem Wunsch nach Vereinbarkeit von Familie und Beruf nicht mehr ausweichen können, sollte dies dennoch passieren, wird mit einem Abstieg motivierter Mitarbeiter_innen und bedarfsgerechten Personalbestand zu rechnen sein (Naegler 2014, S. 14–15). Produktivität und Leistungsfähigkeit hängen von der Verfügbarkeit motivierter und leistungsfähiger Mitarbeiter ab. Im Zuge des demografischen Wandels wird es für Krankenhäuser und Pflegeeinrichtungen immer problematischer, ihren Fachkräftebedarf zu sichern. Daher müssen die verantwortlichen Entscheidungsträger Maßnahmen zur Fachkräftesicherung entwickeln, denn gegenwärtig lässt sich beobachten, dass trotz erhöhter Arztzahlen und Zunahme des Personals in der Pflege, bis 2020 ungefähr 56.000 Ärzte und 140.000 Pflegefachkräfte nicht vorhanden sein werden und somit Fachkräftemangel und Versorgungsengpässe zunehmen werden (Bouncken et al. 2014, S. 269). Ferner lässt sich beobachten, dass in Deutschland die Bereitschaft an Fort- und Weiterbildungsprogrammen von Pflegepersonen kaum existent ist. Ein möglicher Grund hierfür kann sein, da für höhere Qualifikationsniveaus keine höheren Vergütungsstufen existieren und kaum erwähnenswerte finanzielle Vorteile entstehen (Wieteck 2016, S. 12). Lediglich 32 % der über 55- Jährigen nehmen an betrieblichen Weiterbildungsangebote teil. Vergleichsweise sind 49 % der 25- bis 39-Jährigen empfänglicher gegenüber Fort- und Weiterbildungsmaßnahmen, was sich im Hinblick auf den demografischen Wandel nachteilig auswirken kann (Beinicke und Bipp 2019, S. 4). Gegenwärtig ist im Rahmen der angewandten Pflegeforschung die Bereitstellung von Ressourcen in der Praxis nicht vorgesehen. Hierbei ist es wichtig, Rahmenbedingungen zu fördern, welche Pflegenden mit einem akademischen Abschluss zusagt, ihre Fähigkeiten aus der Theorie anzuwenden. Ziel ist es eine evidenzbasierte Struktur in der Pflege zu fördern, welche für Akademiker aus pflegerischen Studiengängen berufliche Gegebenheiten eröffnet, um weiterhin in der pflegerischen Versorgungspraxis (Care of point) tätig zu sein (Wieteck 2016, S. 12).

In den letzten Jahren haben Heranwachsende eher mit einem Studium als mit einer Ausbildung begonnen. Aufgrund des demografischen Wandels und der steigenden Zahlen der Schüler mit der allgemeinen Hochschulreife, wird in der Zukunft der Anteil der gleichaltrigen Bevölkerungen steigen als auch der Anteil der Akademiker beziehungsweise die Zahl des akademischen Neuangebots, während der Anteil des mittleren Qualifikationsbereiches zurückgehen wird. Somit können zukünftige Engpässe auf mittlerer Qualifikationsebene entstehen, vor allem in Pflegeeinrichtungen kann ein Mangel an Personal entstehen kann, in welchem anteilsmäßig Fachkräfte des mittleren Qualifikationsbereichs tätig sind. Aufgrund niedrigem Arbeitslohn- und -bedingungen sowie unzureichende Entwicklungsaussichten verschärft sich der Fachkräftemangel. Untersuchungen vom Bundesinstitut für Berufsbildung (BIBB) in Kooperation mit dem Institut für Arbeitsmarkt- und Berufsforschung (IAB) verdeutlichten, dass es in den nächsten Jahren zu einem steigenden Überangebot von akademisch qualifizierten Fachkräften kommen wird. Die Prognosen des BIBB/IAB zeigen auf, dass Engpässe bei Fachkräften im mittleren Qualifikationsbereich auftreten werden und spätestens im Jahr 2025 unter dem Bedarf liegen, wobei grundlegend von einem Nachfrageüberschuss bis zum Jahr 2030 gesprochen wird (Esser 2012, S. 3). Trotz vieler Vorteile aus Sicht des Kostenträgers sowie der Notwendigkeit einer Einführung der Mitarbeiterqualifizierung bleibt eine zielgerichtete Personalentwicklung im Krankenhaus und in Pflegeeinrichtungen eher die Seltenheit. Mehrmalig wird Personalentwicklung nur als Oberbegriff für verschiedene Arbeitseinteilungen verwendet. Einzig die fachliche Fortbildung profitiert von der Personalentwicklung, da medizinisches Wissen und Können stets im Wandel sind und regelmäßig erneuert wird, um es schnell in den Arbeitsalltag zu integrieren (Stockinger et al. 2014, S. 5).

15.6 Schlussfolgerung

Die Mitarbeiterqualifikation kann auf verschiedenen Ebenen stattfinden und individuelle Motive und Ziele umfassen. Qualifikation sollte auf die bestehenden und zukünftigen Mitarbeiter_innen angepasst werden. Im Vorhinein kann im Bewerbungsverfahren schon ein bestehendes Anforderungsprofil angewandt werden. Bei der bestehenden Belegschaft ist es ratsam zu Beginn eine Bedarfsanalyse durchzuführen als auch eine Personalbedarfsbestimmung, was auch die Nachsorgeplanung beinhaltet. Eine Potenzialbeurteilung hilft die Mitarbeiter_innen ein- und abzuschätzen. Soll- und Ist-Qualifikationen helfen Arbeitgebern einzuschätzen in wie fern Mitarbeiter_innen noch qualifiziert werden müssen. Noch Entwicklungspotenzial haben Maßnahmen, die es Berufsrückkehrern erleichtern, strukturiert in den Beruf einzusteigen. Um kurzfristige Engpässe zu vermeiden, kann auf das Konzept eines Springerpools zurückgegriffen werden. Für die Durch- und Umsetzung einer Mitarbeiterqualifikation gibt es verschiedene und vielzählige Maßnahmen und Instrumente wie Mitarbeitergespräche oder Mitarbeiterbefragungen.

Literatur

Beinicke, A., & Bipp, T. (2019). *Strategische Personalentwicklung. Psychologische, pädagogische und betriebswirtschaftliche Kernthemen* (Hg. von Birgit Spinath S. 4). Berlin: Springer. https://www.spriger.com/de/book/9783662556887. Zugegriffen: 12. Jan. 2019.

Bfw (Unternehmen für Bildung). (2017). *Leitfaden für die Erstellung von passgenauen Qualifizierungen. Erstellt im Rahmen des vom BMBF geförderten Projekts Prokom-4.0* (Hg. von bfw S. 7, 14).

Blickle, G. (2019). *Arbeits- und Organisationspsychologie* (4., vollständig überarbeitete Aufl., Hg. von Friedemann W. Nerdinger & Gerhard Blickle & Niclas Schaper, S. 236). Berlin: Springer. https://www.springer.com/de/book/9783662566657. Zugegriffen: 10. Jan. 2019.

Blum, K., & Löffert, S. (2010). *Ärztemangel im Krankenhaus – Ausmaß, Ursachen, Gegenmaßnahmen – Forschungsgutachten im Auftrag der Deutschen Krankenhausgesellschaft* (Hg. von Deutsches Krankenhausinstitut e. V., S. 5, 81). Düsseldorf: Deutsches Krankenhausinstitut e. V. https://www.dki.de/sites/default/files/downloads/langfassung_aerztemangel.pdf. Zugegriffen: 10. Jan. 2019.

BMAS (Bundesministerium für Arbeit und Soziales). (2014). *Fortschrittsreport „Altersgerechte Arbeitswelt" des BMAS*. https://www.bmas.de/SharedDocs/Downloads/DE/PDF-Publikationen/fortschrittsreport-ausgabe-4-juni-2014.pdf?__blob=publicationFile&v=2.

BMAS (Bundesministerium für Arbeit und Soziales). (2016). *Fortschrittsbericht „Personalentwicklung und Weiterbildung" des BMAS*. http://www.bmas.de/DE/Service/Medien/Publikationen/Forschungsberichte/Forschungsberichte-Aus-Weiterbildung/fb-469-personalentwicklung-weiterbildung.html. Zugegriffen: 12. Jan. 2019.

Engelke, D. R., & Oswald, J. (2017). *Personalmanagement im Krankenhaus* (3., erweiterte und aktualisierte Aufl., S. 14–15, 50). Berlin: Medizinisch Wissenschaftliche Verlagsgesellschaft mbH & Co. KG.

Esser, F. H. (2012). Qualifizierungswege in den Gesundheitsberufen und aktuelle Herausforderungen. In: Qualifizierung in Gesundheits- und Pflegeberufen. Im System bleiben – Auch bei den Gesundheitsberufen! Zukunftsorientierte Pflegebildung. Kranken- und Altenpflege – Was ist dran am Mythos vom Ausstiegs- und Sackgassenberuf? Ein sektoraler Qualifikationsrahmen für die Altenpflege. Soziale Kompetenzen von medizinischen Fachangestellten messen. Gesundheitsförderung in der Pflege. BWP Berufsbildung in Wissenschaft und Praxis. 41. Jahrgang. BIBB (Hg., S. 6). Bertelsmann.

Freund, K. (2016). *Landespflegerat Hessen. Empfehlungen zur Situation der Pflege in Krankenhäusern* (S. 39–41, 57–58). https://www.thm.de/ges/images/Downloads/Forschung/Empfehlungen_Pflege_im_Krankenhaus_2016-09-05_Final.pdf.

Füssel, B. (2015). Personalentwicklung- Themen, Trends, Best Pracitices 2016. (Hg. Karlheinz Schwuchow / Joachim Gutmann). Haufe-Lexware GmbH & Co. KG. Freiburg.

Grabner, T. (2019). *Operations Management. Auftragserfüllung bei Sach- und Dienstleistungen* (4., aktualisierte Aufl., S. 255). Wiesbaden: Gabler.

Haupt, A., & Bouncken, R.B. (2014). *Dienstleistungsmanagement im Krankenhaus II. Prozesse, Produktivität, Diversität* (Hg. von Ricarda B. Bouncken, Mario A. Pfannstiel, & Andreas J. Reuschl, S. 269). Wiesbaden: Gabler. https://www.springer.com/de/book/9783658051334. Zugegriffen: 10. Jan. 2019.

Krane, E. (2015). *Leitbegriffe der Gesundheitsförderung und Prävention. Glossar zu Konzepten, Strategien und Methoden* (Hg. von BZgA (Bundeszentrale für gesundheitliche Aufklärung), S. 748).

Naegler, H. (2014). *Personalmanagement im Krankenhaus* (3., erweiterte und aktualisierte Aufl., S. 14–15, 50). Berlin: Medizinisch Wissenschaftliche Verlagsgesellschaft mbH & Co. KG.

Oswald, J., Engelke, D. R., Winter, C., & Schmidt-Retting, B. (2017). *Management im Gesundheitswesen. Das Lehrbuch für Studium und Praxis* (4. Aufl., Hg. von Reinhard Busse, Jonas Schreyögg, & Tom Stargardt, S. 374, 379). Berlin: Springer. https://www.springer.com/de/book/9783662550236. Zugegriffen: 14. Jan. 2019.

Schmid, J., & Klenk, J. (2018). *Qualifikation.* Springer Gabler. https://wirtschaftslexikon.gabler.de/definition/qualifikation-45959. Zugegriffen: 3. Jan. 2019.

Stockinger, A., Buchstor, B., Thoma, J., Feuchtinger, J., Matzke, U. (2014). *Personalentwicklung in Pflege- und Gesundheitseinrichtungen. Erfolgreiche Konzepte und Praxisbeispiele aus dem In-und Ausland* (Hg. von Renate Tewes & Alfred Stockinger, S. 4–5, 7, 9, 18–20, 31–32). Berlin: Springer. https://www.springer.com/de/book/9783642373237. Zugegriffen: 14. Jan. 2019.

Weidner, F., Kratz, T., Esser, H., & Zöller, M. (2012). Qualifizierung in Gesundheits- und Pflegeberufen. Im System bleiben – Auch bei den Gesundheitsberufen! Zukunftsorientierte Pflegebildung. Kranken- und Altenpflege – Was ist dran am Mythos vom Ausstiegs- und Sackgassenberuf? Ein sektoraler Qualifikationsrahmen für die Altenpflege. Soziale Kompetenzen von medizinischen Fachangestellten messen. Gesundheitsförderung in der Pflege. BWP Berufsbildung in Wissenschaft und Praxis. 41. Jahrgang. BIBB (Hg., S. 3, 6, 11–12). Bertelsmann.

Wien, A., & Franzke, N. (2013). *Systematische Personalentwicklung. 18 Strategien zur Implementierung eines erfolgreichen Personalentwicklungskonzepts.* Wiesbaden: Gabler.

Wieteck, P. (2016). SACHVERSTÄNDIGENEINSCHÄTZUNG. Die Einschätzung gibt einen aktuellen Überblick über die angespannte Pflegepersonalsituation in deutschen Einrichtungen der Gesundheitsversorgung sowie den aktuellen Versorgungsdefiziten. Verschiedene Lösungsansätze zur Personalsituation, Personalbemessung und „Neuausrichtung" der pflegerischen Inhalte zur Attraktivitätssteigerung werden vorgestellt (S. 11–12). RECOM Verlag.

Zimber, A., Gregersen, S., Kuhnert, S., & Albert, N. (2010). *Betriebliche Gesundheitsförderung durch Personalentwicklung. Teil I: Entwicklung und Evaluation eines Qualifizierungsprogramms zur Prävention psychischer Belastungen* (S. 210). Stuttgart: Georg Thieme Verlag KG. https://www.thieme-connect.com/products/ejournals/abstract/10.1055/s-0029-1214403. Zugegriffen: 10. Jan. 2019.

Zöller, M. (2012). Qualifizierungswege in den Gesundheitsberufen und aktuelle Herausforderungen. In: Qualifizierung in Gesundheits- und Pflegeberufen. Im System bleiben – Auch bei den Gesundheitsberufen! Zukunftsorientierte Pflegebildung. Kranken- und Altenpflege – Was ist dran am Mythos vom Ausstiegs- und Sackgassenberuf? Ein sektoraler Qualifikationsrahmen für die Altenpflege. Soziale Kompetenzen von medizinischen Fachangestellten messen. Gesundheitsförderung in der Pflege. BWP Berufsbildung in Wissenschaft und Praxis. 41. Jahrgang. BIBB (Hg., S. 6). Bertelsmann.

Sara Baschiri

16.1 Definition

Der Begriff Compliance wird sowohl in der Praxis als auch in der Literatur aufgrund einer fehlenden gesetzlichen Bestimmung auf verschiedenerweise definiert, es gibt keine einheitliche Definition. Im Deutschen wird, wenn nicht der englische Begriff genutzt wird, von einer „Regelüberwachung" gesprochen.

Die Bezeichnung Compliance oder auch Corporate Compliance kann wie folgt definiert werden: (Haag und Jantz 2019, S. 13). Compliance meint die Einhaltung aller für das jeweilige Unternehmen relevanten gesetzlichen Pflichten, Gebote, Vorschriften sowie der Einhaltung von Vorgaben der Zentrale durch Konzerneinheiten und der unternehmensexternen und internen Regelungen (Wecker 2013, S. 21). Ein regelkonformes Verhalten wird seitens des gesamten Unternehmens, sprich der Organisationsmitglieder sowie der Mitarbeiter hinsichtlich aller gesetzlichen Regelungen wie Ge- und Verbote erwartet (Quentmeier 2012, S. 13). Non-Compliant stellt das Gegenteil zur Compliance dar und meint das Nicht-Einhalten von Gesetzen, Regeln und Standards. Institutionen, Unternehmen, staatliche und behördliche Einrichtungen, als auch Personen, welche sich nicht an die entsprechenden Vorgaben halten, handeln demnach non-compliant. Non-Compliance, also die Nicht-Konformität kann sanktioniert werden, durch beispielsweise Bußgeld, einer Verwarnung oder sogar einer Entlassung (Quentmeier 2012, S. 22).

S. Baschiri (✉)
Hochschule für Angewandte Wissenschaften Hamburg, Hamburg, Deutschland
E-Mail: Sara.Baschiri@haw-hamburg.de

© Springer-Verlag GmbH Deutschland, ein Teil von Springer Nature 2020
W. Leal (Hrsg.), *Qualitätsmanagement in der Gesundheitsversorgung,* Erfolgskonzepte
Praxis- & Krankenhaus-Management, https://doi.org/10.1007/978-3-662-59675-3_16

16.1.1 Deutsche Corporate Governance

Da immer mehr Missstände in Unternehmen herausgestellt wurden, hat das Bundesjustizministerium die Regierungskommission „Coporate Governance Kodex" eingesetzt. Corporate Governance kann mit dem deutschen Begriff.

Unternehmensführung gleichgestellt werden und schließt sämtliche Prozesse der Leitung und Überwachung eines Unternehmens mit ein. Die Regierungskommission verabschiedete am 26 Februar 2002 den Deutschen Coporate Governance Kodex (DCGK) (Haag und Jantz 2019, S. 39). Der DCGK enthält wesentliche gesetzliche Vorschriften zur Leitung und Überwachung von deutschen börsennotierten Gesellschaften und Empfehlungen, als auch Anregungen international und national anerkannter ethischer Standards, die Unternehmen als Grundlage ihrer Geschäftstätigkeit definieren (Schach und Christoph 2015, S. 1 ff.). In der Ziffer 4.1.3 des Deutschen Corporate Governance wird Compliance folgendermaßen definiert: „Der Vorstand hat für die Einhaltung der gesetzlichen Bestimmungen und der unternehmensinternen Richtlinien zu sorgen und wirkt auf deren Beachtung durch die Konzernunternehmen hin (Compliance)" (Wecker 2009, S. 35). Compliance wurde somit von der Kommission nicht nur auf die Beachtung der gesetzlichen Bestimmungen- begrenzt, denn Compliance geht über die reine Orientierung an Gesetzen hinaus und integriert unternehmensinterne Regelwerke, wie- Geschäftsordnung, Satzung, Arbeitsanweisungen, Merk- und Informationsblätter, Unterschriftenregelungen sowie Konzernrundschreiben. Sobald sich das Unternehmen an der Spitze eines Konzerns befindet, umschließt Compliance auch die weiteren, zum Konzern gehörenden Tochtergesellschaften und Teilkonzerne. Das leitende Unternehmen ist dann verpflichtet die eigenen Compliance Vorstellungen geltend zu machen. Vom DCGK ausgegangen gilt Compliance ausdrücklich als Geschäftsleitungsaufgabe und ist ganz deutlich als Gesetzesrecht zu verstehen. Der DCGK stellt zwar nur für börsennotierte Aktiengesellschaften und Unternehmen eine Pflicht dar, ist jedoch auch für alle Unternehmen anderer Rechtsformen relevant. Compliance wird bereits eingeführt, obwohl dies für die Rechtsform des Unternehmens noch nicht verpflichtend ist (Quentmeier 2012, S. 19).

Der DCGK wird regelmäßig von der Kommission angepasst. So ist bereits seit dem erstmaligen Inkrafttreten, Änderungen vorgenommen worden. Letztmalig wurde im Jahr 2012 von Gesellschaften mit beschränkter Haftung, seitens der Kapitalgeber oder den Gerichten gefordert, sich ebenfalls an die Empfehlungen des DCGK zu halten. Denn es ist nicht auszuschließen, dass Gerichte hinsichtlich der Bewertung sorgfältiger Unternehmensführung, scheinbar vermehrt Wertungen des DCGK heranziehen werden. Jährlich erklären der Vorstand und Aufsichtsrat von börsennotieren Unternehmen das den Empfehlungen der Regierungskommission der DCGK nachgegangen wurde. Außerdem wird auch erklärt, welche Empfehlungen nicht berücksichtigt wurden. Mit dem DCGK wird das Ziel verfolgt, das Vertrauen in die Unternehmensführung deutscher Gesellschaften, durch vorausgehende und geltende Regeln für Unternehmensleitung- und Überwachung, zu stärken (Wecker 2013, S. 21).

16.2 Bedarf und Nutzen

Der vor 15 Jahren in Deutschland noch sehr unbekannte Begriff „Compliance" wurde zunächst in der angloamerikanischen Bankenwelt angesehen (Quentmeier 2012, S. 11). Erst durch Wirtschaftsskandale, wie Korruptions-, Kartellrechtsverstöße und der Bilanzfälschungsskandale, die nicht nur in den USA, sondern auch in Deutschland vorkamen, sorgte der Begriff auch in der europäischen Öffentlichkeit für Aufmerksamkeit (Haag und Jantz 2019, S. 30). Der Compliance Gedanke in Deutschland trat somit anfangs im Bank und Kapitalmarktrecht auf, das Finanzwesen wurde damit als Vorreiter für den Aufbau von Compliance-Abteilungen gesehen. Zu den Aufgaben dieser Compliance-Abteilungen zählten insbesondere die Verhinderung von Interessenkonflikten und die Unterbindung krimineller Handlungen, wie Betrug bei beispielsweise Finanzaktionen, Marktmissbrauch sowie Insiderhandel. Durch die immer mehr für Anerkennung sorgenden gravierenderen Regelverstöße im wirtschaftlichen Bereich, erlangte Compliance schließlich in Deutschland immer stärker an Bedeutung. Für Unternehmen, Organisationen und Behörden stellen nationale sowie internationale Gesetze und Vorschriften eine enorme Wichtigkeit dar (Quentmeier 2012, S. 11).

Compliance ist vom hohen Nutzen um insbesondere Schäden für das Unternehmen, dem Management und der Beschäftigten abzuwehren (Haag und Jantz 2019, S. 21).

Das Ausschließen von rechtlichen Konsequenzen für das Unternehmen und die Verhinderung eines negativen Images in der Öffentlichkeit sind als Ziele der Compliance anzusehen (Baumöl 2009, S. 106).

Außerdem zielt Compliance darauf ab eine nachhaltige Steigerung des Unternehmenswertes herbeizuführen und im Sinne der Aktionäre und Mitarbeiter eine hohe Wertschöpfung zu erlangen (Quentmeier 2012, S. 17 ff.).

Die Notwendigkeit der Einrichtung einer Compliance-Organisation steht im eigenen Interesse der jeweiligen Geschäftsleitung. So sichert sich die Geschäftsleitung, infolge der steigenden Anzahl von Haftungstatbeständen, nur durch die Errichtung einer funktionstüchtigen Struktur mitsamt der Einhaltung gesetzlicher Verpflichtungen ab.

Im Mittelpunkt einer Compliance-Organisation steht besonders der langfristig sichergestellte Unternehmenserfolg. Mit einer funktionierenden Compliance-Organisation, welche Fehlerquellen und Zwischenfälle durch Rechtsverstöße reduziert geht eine Verbesserung des internen Informationsflusses und der Kontrollmaßnahmen, eine frühzeitige Erkennung von Fehlern sowie eine bessere Außendarstellung hinsichtlich der Kunden einher (Wecker 2013, S. 29). Es gibt vielerlei Normen und Gesetze nach denen sich ein Unternehmen zu richten hat. So zum Beispiel, Regelungen zum Immissions- und Umweltschutz oder auch gesetzliche Vorgaben in der Entwicklung und Herstellung von Lebensmittel- und Pharmaprodukten. Bei allen ist es von enormer Wichtigkeit, dass Produkte, die eine Gesundheitsgefährdung für den Menschen oder eine Belastung für die Umwelt darstellen, auszuschließen. Bereits hier spiegelt sich Compliance wider, denn es geht um die Einhaltung von Gesetzen und Normen.

Ein weiterer Aufgabenbereich von Compliance liegt in der Vermeidung von schwerer Wirtschaftskriminalität oder anderer beschwerlicher Straftaten. Beispielsweise zur Vermeidung von Datenschutzverstößen, Korruptions-, Wettbewerbs- und Kartellrechtsverstößen, Verletzungen von Bilanz- und Buchhaltungsvorschriften, Geldwäsche und Terrorismusfinanzierung, Verstößen gegen Exportkontrollvorschriften sowie schweren Umweltverstößen und von Produkthaftungsfällen.

Die Einhaltung anderer Gesetze soll hiermit nicht negiert werden, denn die für Unternehmen geltenden Gesetze wie das Sozial-, Arbeits- und Steuerrecht, die Umweltgesetze sowie technische Normen sind auch von Wichtigkeit und diese gilt es ebenfalls einzuhalten. Diese Angelegenheiten werden allerdings von vielen Unternehmen nicht in den Zuständigkeitsbereich des Compliance-Officer im Unternehmen gelegt. Vielmehr betrifft es das jeweilige Fachbereich und die Verantwortung wird dementsprechend der Abteilung zugeteilt (Haag und Jantz 2019, S. 50).

16.2.1 Compliance-Officer

Der Compliance-Officer (CO) oder auch Compliance-Beauftragter hat eine besondere Verantwortlichkeit und sorgt dafür, dass Straftaten seitens des Unternehmens verhindert werden (Hein 2016, S. 14). Außerdem gilt dieser als Verantwortlicher für alle Fragen zu Compliance und sorgt für die Weitergabe der Informationen zum Stand des Compliance-Systems, zu dessen Weiterentwicklung sowie über weiterer allgemeiner und aktueller Compliance-Themen (Haag und Jantz 2019, S. 62). Zudem verfügt der CO über ein unabhängiges Aufklärungs-, Bearbeitungs-, Beratungs- und Entscheidungsrecht (Wecker 2009, S. 238). Für den CO werden durch Compliance vorbeugende und aufklärende Maßnahmen aufgezeigt, welche gewährleisten, dass den (inter-) nationalen Gesetzen, Richtlinien und Vorschriften ohne Vorbehalt rechtmäßig nachgegangen wird (Hein 2016, S. 13) Dass außerdem allen Anforderungen, Standards, Arbeitsanweisungen sowie der Werte- und Unternehmenskultur ausnahmslos Folge geleistet wird (Schneider 2018, S. 21). In kleineren Unternehmen können diese Compliance-Funktionen oder konkrete Compliance-Aufgaben an die Unternehmensvertreter übergeben werden, beispielsweise an die Sicherheits-, Qualitäts-, Datenschutz- und Exportkontrollbeauftragten. Diese Personen werden in kleineren Unternehmen grundsätzlich auch nicht mit dem Titel CO angesprochen, vielmehr ist von Notwendigkeit das diese Unternehmensbeauftragten neben ihrer Haupttätigkeit, die Compliance-Aufgaben gewährleisten. Die mittelständischen Unternehmen übergeben häufig dem Leiter einer Fachabteilung zusätzlich die Funktion des CO. Diese besitzen somit eine Doppelfunktion und sind beispielsweise gleichzeitig Leiter einer Rechtsabteilung, Personalabteilung oder Datenschutzabteilung. In Groß- und multinationalen Unternehmen werden besonders oft separate Compliance-Abteilungen eingerichtet. Der Leiter für diese Abteilung wird somit als CO bezeichnet und nimmt nur Compliance als Hauptaufgabe wahr (Haag und Jantz 2019, S. 62). Zu den Aufgaben des CO gehört zum einen die Ermittlung der unternehmensspezifischen

Risikobereiche und der relevanten Vorschriften, der Aufbau von Prozessen sowie Schulungen von Mitarbeitern. Weiterhin gehören zu den Aufgaben die Kontrolle bei der Einhaltung von Compliance Vorschriften und das Dokumentieren des Compliance-Berichtes, indem für die Geschäftsleitung mindestens einmal jährlich über Tätigkeiten, wie zum Beispiel der Wirksamkeit der Regelungen oder mögliche Defizite, Bericht erstattet wird (Schmola 2016, S. 16 ff.).

16.2.2 Compliance-Kultur

Für ein wirkungsvolles Compliance-Management-System (CMS) werden vielerlei organisatorische Maßnahmen vorausgesetzt. So ist besonders eine fest verankerte Compliance-Kultur von Wichtigkeit (Praxishandbuch Compliance, S. 24) Diese stellt die Grundlage dar und bezieht Grundeinstellung und Verhaltensweisen des Managements mit ein (Schmola 2016, S. 30). Zu den Bestandteilen der Compliance-Kultur zählen die vorgeschriebenen und gelebten Werte sowie unternehmenskulturelle Leitlinien eines Unternehmens (Seidel und Wendt 2017, S. 29). Zahlreiche Bereiche von Unternehmen sind vom CMS betroffen. Für eine gute Compliance-Kultur ist wesentlich, wie die Unternehmensleitung, etwa die Geschäftsführer, Verwaltungsleitung und Führungskräfte, das Leitbild, die Verhaltensrichtlinien sowie Compliance-Grundsätze kommunizieren, widerspiegeln und selbst vorleben. Hierbei wird auch vom sogenannten „Tone at the Top" gesprochen (Schmola 2016, S. 33).

Also die auf Unternehmensintegrität ausgerichteten und glaubhaft vermittelte, vorbildliche Haltung des Top-Managements (Seidel und Wendt 2017, S. 29). Die Führungskräfte haben somit einige zentrale Funktionen. Sie gelten einerseits als Vorbilder und Wirken als Beschleuniger, die eine erhöhte Akzeptanz der Richtlinien und Regeln hervorrufen. Andererseits üben sie einen großen Einfluss aus, da sie viele Mitarbeiter erreichen und fungieren somit als Multiplikatoren. Schließlich werden sie als Botschafter für die umfassende Unternehmenskultur gesehen. Da besonders die Rolle der Führungskräfte bei der erfolgreichen Gründung und Weiterführung eines Compliance-Managements von Bedeutung ist, müssen Unternehmen ihr Augenmerk auf die Auswahl und Entwicklung von Führungskräften sowie der Kommunikation und Transparenz setzen (Schmola 2016, S. 33 ff.). Die Compliance-Kultur ist somit das Resultat einer fortdauernden Kommunikation von Organisationsmitgliedern, welche individuelle Annahmen, Einstellungen und Verhaltensmuster aufweisen (Seidel und Wendt 2017, S. 28). Der wesentliche Einflussfaktor für eine angesehene Compliance-Kultur ist die Grundeinstellung der vorgelebten Verhaltensweisen der Führungskräfte (Schmola 2016, S. 35).

Um schließlich allen gesetzlichen und unternehmerischen Vorgaben genauestens gerecht zu werden, bedarf es neben den umfassenden Aufgaben eines CO und einer starken Compliance-Kultur, besonders die Einrichtung des Compliance-Management-Systems. Auf dieses System soll im Folgenden Kapitel eingegangen werden.

16.3 Compliance-Management-System

Mitarbeiter eines Unternehmens welche verantwortungsvoll und aufmerksam handeln und Kenntnis über die wesentlichen Facetten des Unternehmensschutzes besitzen, haben mehr Handlungssicherheit. Auf diese Weise können materiell und immateriell verursachte Schäden nachhaltig vermieden werden und Mitarbeiter werden zu integren Verhalten hingeleitet. Auch wenn der Aufbau und die Durchführung eines Compliance-Management-Systems (CMS) einen aufwendigen, umfangreichen und kostspieligen Prozess darstellen, ist eine gut funktionierende Compliance-Organisation unabdingbar. Denn Compliance leistet schließlich durch die Steigerung der Unternehmenseffizienz einen wichtigen Beitrag zum Unternehmenserfolg. Darüber hinaus trägt Compliance zu einer aktiven Risikovorbeugung im Unternehmen bei, denn in bestimmten Bereichen im Unternehmen wird vielseitig mit Problemen, bezogen auf Compliance, umgegangen (Quentmeier 2012, S. 17 ff.). Für die Einrichtung eines CMS werden bestimmte organisatorische Maßnahmen vorausgesetzt, welche konkrete Handlungsweisen beinhalten und sich in fünf Elementen eingliedern lassen. Hierzu zählen die **Risikoanalyse, Commitment der Geschäftsleitung, Kommunikation, Organisation und die Dokumentation.** Der erste Schritt zur Absicherung gegen Rechtsrisiken ist die Identifikation des im Unternehmen vorhandenen **Risikopotenzials** (Wecker 2009, S. 41). Als Compliance-Risiken, die mit einem besonders hohen Schadensrisiko für das Unternehmen und der verantwortlichen Akteure einhergehen, gelten beispielsweise Verstöße gegen Antikorruptionsgesetze, Buchhaltungs- und Rechnungslegungsvorschriften, Kartell- und Wettbewerbsrecht, Vergaberecht, Datenschutzrecht, Außenwirtschaftsrecht, Produkthaftungsrecht, Geldwäschegesetz, Arbeitsrecht sowie das Umweltrecht. Ein Rechtsverstoß impliziert immer rechtliche Konsequenzen, unter anderem Haft- oder Geldstrafen, Geldbußen und Schadensersatzforderungen. Es gilt also die unternehmensspezifischen Risiken beispielsweise anhand von Fragebögen zu identifizieren und Gegenmaßnahmen einzuleiten (Haag und Jantz 2019, S. 72 ff.). Nachdem ein Überblick über potenzielle Risiken des Unternehmens verschafft wurde, gilt die Durchführung einer Risikobewertung, welche die Abschätzung der Eintrittswahrscheinlichkeit eines möglichen Rechtsverstoßes und des damit verbundenen Schadensausmaßes einschließt. Daraus abzuleitend folgen erforderliche Schritte zur Risikovorbeugung (Wecker 2009, S. 41). Als deutliches Beispiel der Risikoanalyse wird das Korruptionsproblem gesehen. Beispielsweise gelten Spenden als klassischer Bereich eines Risikopotenzials in einem Unternehmen. Zur Bekämpfung dieser Korruptionsrisiken müssen insbesondere Präventionsmaßnahmen eingerichtet werden. So sollte das Augenmerk daraufgelegt werden, dass die Spende nur an die entsprechende Institution ausgezahlt wird und eine schriftliche Prüfung und Zustimmung der zuständigen Spendenabteilung sowie des Vorstands vorliegen. Des Weiteren sollten Barzahlungen bei Spenden ausgeschlossen werden und der Compliance-Officer jegliche Spendenvorgänge überprüfen (Quentmeier 2012, S. 24). Ein weiteres Compliance-Element ist das **Commitment der Geschäftsleitung,** welches meint das Compliance nicht bloß als Pflicht und reiner Formalakt gelten darf. Vielmehr muss sich die Unternehmensleitung verpflichtet fühlen und Compliance als Chefsache im Unternehmen befürworten. Den Mitarbeitern muss seitens der Unternehmensleitung klar gemacht werden, dass bei Rechtsverstößen im Unternehmen entsprechende Sanktionen, welche bis hin zur Kündigung des Arbeitsverhältnisses gehen können, folgen. Ein Geschäftsabschluss, dass aufgrund der Nichtachtung der im Unternehmen herrschenden Compliance-Grundsätze zustande kommt, dient keinesfalls dem Unternehmensinteresse. Vielmehr schadet dies dem Image eines Unternehmens. Als Compliance-Grundsätze gelten unter anderem das Verbot von Kartellabsprachen, keine Korruption, Gerechtigkeit im Wettbewerb, Trennung von Unternehmens- und Privatinteressen, Einhaltung der Menschenrechte sowie die Einhaltung des Gleichbehandlungsgesetzes. Das sich ein Unternehmen zu bestimmten Compliance-Richtlinien verpflichtet fühlt und Maßnahmen zur Prävention und Kontrolle einführt, muss durch eine klare **Kommunikation** bekannt gemacht werden (Quentmeier 2012, S. 25 f.). Durch diese Compliance-Kommunikation werden die Mitarbeiter über das angehende Programm und die entsprechende Organisation informiert. Zudem wird über festgestellte Verstöße und Hinweise kommuniziert (Schmola 2016, S. 30). Hierbei gibt es unterschiedliche Möglichkeiten die herangezogen werden können um Informationen weiterzugeben. Einerseits durch die Internetseite des Unternehmens, Versendung von Informationsbroschüren an die Mitarbeiter, Schulungs- und Trainingsmaßnahmen, Vorträgen auf Tagungen, E-Mails der Geschäftsleitung oder einer Intranetseite ausschließlich zu Compliance-Themen (Quentmeier 2012, S. 26). Bei der Kommunikation wird schließlich auch vorausgesetzt, dass über die im Unternehmen geltenden Rechtsrisiken in den jeweiligen Hierarchieebenen gesprochen werden, um die zur Risikobeherrschung erforderlichen Maßnahmen aufzusuchen. Eine überschaubare Organisationsstruktur soll durch Compliance vermittelt werden (Wecker 2009, S.44 f).

In der **Compliance-Organisation** steht die Festlegung von Rollen und Verantwortung in der Aufbauorganisation an erster Stelle, damit die Umsetzung eines professionellen CMS gelingt. Das CMS muss andauernd auf Wirksamkeit und Angemessenheit geprüft werden. Die Compliance-Verbesserung geht mit einer ausreichend vorliegenden **Dokumentation** einher (Schmola 2016, S. 30). Diese kann durch eine klare Bestimmung von Zuständigkeiten gewährleistet werden. Um Compliance-Verstöße zu vermeiden und einen nachhaltigen Erfolg zu erzielen ist außerdem ein Überwachungskonzept von Notwendigkeit. Hierbei wird ein Überwachungsplan erstellt, indem passende personelle Ressourcen zur Vollziehung von Überwachungsmaßnahmen bereitgestellt werden. Aus den Ergebnissen der Überwachung geht dann eine entsprechende Berichterstellung hervor. Zudem können nach einer Untersuchung der Ergebnisse, Schwachstellen im CMS hergeleitet und abschließend Maßnahmen zur Wirksamkeitssteigerung eingerichtet werden (Schmola 2016, S. 53). Ein CMS möchte primär drei Ziele erreichen: Zum einen die Compliance-Verstöße präventiv verhindern, zum anderen Fehlverhalten und Verstöße frühzeitig erkennen sowie auf Verstöße und Fehlverhalten rechtzeitig reagieren und diese sanktionieren (Haag und Jantz 2019, S. 169). In einem guten CMS fließen soziale

Verantwortung, Recht, nachhaltige Umwelt, Produktion und Produktsicherheit, hohe Produktivität sowie optimale Wirtschaftlichkeit und Kundenorientierung mit ein und sind von enormer Wichtigkeit (Quentmeier 2012, S. 17 ff).

16.4 Compliance-Verstöße

Compliance-Verstöße bringen erhebliche Nachteile mit sich, sowohl für das Unternehmen selbst, für die Unternehmensleitung als auch für die Mitarbeiter. Mit schwerwiegenden Haftungsrisiken als Folge muss gerechnet werden.

Zu den Konsequenzen und Sanktionen lassen sich unteranderem besonders Bußgelder für das Unternehmen, sobald keine ausreichenden Compliance-Maßnahmen vorliegen, um Fehlverhalten zu vermeiden, einordnen. Außerdem können Bußgelder, Geld- oder Freiheitsstrafen für die Mitarbeiter, von denen kriminelle Verstöße ausgehen sowie für die Geschäftsleitung, wenn die erforderliche Aufsichtspflicht nicht gewährleistet, verhängt werden. Des Weiteren können Schadenersatzansprüche der Gesellschaft gegenüber der Geschäftsleitung erfolgen. Zudem gehen Reputationsschäden, aufgrund von Gesetzesverstößen, für das Unternehmen einher und zuletzt kann ein Unternehmen von der Vergabe öffentlicher Aufträge ausgeschlossen werden. Es gilt schließlich bei Compliance, erforderliche Maßnahmen im Unternehmen zu integrieren, welche Schutz vor potenziellen Haftungsrisiken und Schäden für Unternehmen, Geschäftsleitung sowie Mitarbeiter bieten (Haag und Jantz 2019, S. 53).

16.5 Mögliche Umsetzungsformate

16.5.1 Compliance im Produkthaftungsbereich

Für produzierende Unternehmen gilt die Vermeidung von Produkthaftungsansprüchen als ein sehr umfangreiches Thema. Die Schäden und Risiken proaktiv zu vermeiden zählen zum Aufgabengebiet der Compliance und beinhalten sehr komplexe Prozesse.

Im Hinblick einer proaktiven Betrachtung sollte der Umgang mit Produkthaftung nicht allein auf die Produkthaftung im engeren Sinne beschränkt werden. Es sollten jegliche Gefahren und Schäden aus riskanten, schadhaften und schadensstiftenden sowie nicht regelkonformen Produkten eingeschlossen werden (Wecker 2009, S. 73). Denn falsches oder unbedachtes Handeln im Falle einer Produktkrise bringt enorme Nachteile mit sich. Da es für das betroffene Unternehmen sehr kostspielig werden kann und schlimmstenfalls mit einer strafrechtlichen Verantwortung der handelnden Person endet. Von einer Produktkrise ist zu sprechen, wenn ein Unternehmen beispielsweise ein Produkt im Bereich Kinderspielzeug herstellt und im Nachhinein durch neue Erkenntnisse festgestellt wird, dass ein Bestandteil des Spielzeugs aus diesem Produktionsprozess krebserregend ist. Folglich lässt sich dann eine Produktkrise feststellen. Daraufhin erfolgt ein Zurückrufen des Produktes, es können Schadenersatzansprüche entstehen und im schlimmsten Fall folgt eine Klage. Dies ist nicht nur sehr kostenaufwendig, sondern schadet offenkundig dem Image des Unternehmens und besonders der Gesundheit des Menschen. Letztlich sorgt eine strukturierte und gut aufgebaute Compliance vor. Viele Probleme und Gefährdungen können bereits im Voraus beseitigt werden beziehungsweise werden gar nicht erst auftreten (Quentmeier 2012, S. 52). Es werden gegen den Hersteller solcher Produkte hauptsächlich drei Rechtsquellen herangezogen. Hierbei handelt es sich um die vertragliche Gewährleistung (§§ 433 ff. BGB bei Kaufverträgen), das Deliktsrecht (§§ 823 ff. BGB) und das Produkthaftungsgesetz (Wecker 2009, S. 73). Als erste Anspruchsgrundlage gilt die vertragliche Gewährleistung, welche den Kaufvertragsgegenstand darstellt und somit einen einwandfreien Zustand des Produktes voraussetzt. Die zweite Anspruchsgrundlage ist das Deliktsrecht, also der Schutz von bestimmten Rechtsgütern gegenüber Jedermann. Hiermit sind die Gesundheit, das Leben und das Eigentum gemeint. Die dritte Anspruchsgrundlage ist das Produkthaftungsgesetz. Damit ist der Schutz von Leben, Gesundheit und das Eigentum von Verbrauchern gemeint. Demnach darf das vom Unternehmen hergestellte Produkt auf keinen Fall Schaden anrichten, sei es an Personen, an der Natur und der Umwelt oder der Gesundheit Dritter. Dies kann einerseits durch die proaktive Vermeidung von Risiken und Schäden aus der Produkthaftung ermöglicht werden. Im Voraus muss bereits der Hersteller eines Produktes darauf Acht geben, dass in der Entwicklungsphase eines neuen Produktes, Qualität und Sicherheit berücksichtigt werden. Außerdem müssen die Risiken aus den jeweiligen Produkten und Kosten aus Schäden vermieden werden. Ferner wenn die Einhaltung produktspezifischer Vorschriften im Vordergrund steht (Quentmeier 2012, S. 53). Alle drei möglichen Anspruchsgrundlagen zum Vorzug eines Geschädigten stehen in der Anspruchskonkurrenz nebeneinander. Eine sogenannte **Anspruchskonkurrenz** liegt vor, wenn der Geschädigte die freie Wahl hat, auf welche der unterschiedlichen Anspruchsgrundlagen er die Rechtsfolge, wie den Anspruch auf Schadenersatz, anerkennen möchte. Die Anspruchsgrundlage, welche für den Geschädigten in der Rechtsverfolgung erfolgsversprechender und mehr zum Vorteil erscheint, wird schließlich aufgegriffen. Ein gut aufgestelltes Unternehmen, in dem Compliance mit integriert ist sorgt deshalb frühzeitig vor und durch ein vorausschauendes Handeln können bereits im Vorfeld einer Vielzahl von Problemen beseitigt werden (Wecker 2009, S. 73 f).

16.5.2 Compliance im Bereich Mergers & Acquisitions-Transaktion

Die Wichtigkeit eines entsprechenden Compliance-Managements wird auch hinsichtlich der Vertraulichkeit von Mergers und Acquisitions (M&A) deutlich. Als M&A werden jegliche Transaktionen im Unternehmensbereich, wie beispielsweise Unternehmenskäufe- sowie Verkäufe, bezeichnet (Quentmeier 2012, S. 53).

Die M&A-Transaktionen sind besonders von einer sehr hohen Vertraulichkeitsstufe abhängig, denn bei den beteiligten Unternehmen ist über die Transaktionsabläufe lediglich eine geringe Anzahl an Personen informiert. Hierzu zählen die Geschäftsleitung, Mitarbeiter der M&A-Abteilung, Steuerabteilung sowie die Controlling- und der Rechtsabteilung. Wenn die Transaktion umfassender ist, kommen weitere Personen hinzu, wie externe Berater, z. B. Rechtsanwälte, M&A-Berater und/oder Steuerberater. Es gilt somit die Verbreitung von ungünstigen Informationen aus Verhandlungen zu unterlassen und die vorgeschriebene Vertraulichkeit, bezogen auf Insiderinformationen bei börsennotierten Unternehmen, zu gewährleisten. Gleichzeitig werden vertragliche Vertraulichkeitsverpflichtungen abgeschlossen, welche ebenfalls befolgt werden müssen. Des Weiteren sind nationale und EU-rechtliche Kartellvorschriften einzuhalten, denn bei einer nicht Einhaltung gehen hohe Bußgelder und die Unwirksamkeit der Transaktion einher (Wecker 2009, S. 86). Darüber hinaus spiegelt sich der Bedarf eines Compliance-Managements in der Due- Diligence wider. Die Due-Diligence ist im Gebiet der Sorgfaltspflichten der Unternehmensleitung einzuordnen und verschafft eine Basis für Kaufentscheidungen. Von Wichtigkeit ist es deshalb, über die Lage und das Potenzial der angeregten Firma aufgeklärt zu sein. Zusätzlich müssen mögliche Risiken beim Kauf geprüft werden und erst dann lässt sich eine Entscheidung über einen Kauf oder Verkauf treffen (Quentmeier 2012, S. 53). Aus vorausgegangenem lässt sich sagen, dass ein funktionierendes Compliance- Management hinsichtlich der einzuhaltenden Vorschriften und der damit zusammenhängenden Risiken von Beginn eines M&A-Transaktionsprozesses bis zum Ende hin von hoher Relevanz sind. Der Compliance-Officer muss rechtzeitig in den Transaktionsprozess integriert werden, denn im Unternehmen, das erworben werden soll, findet eine Prüfung der bestehenden Compliance-Organisation statt. Hier wird somit geschaut, ob die vorhandenen unterschiedlichen Compliance-Systeme kompatibel sind (Wecker 2009, S. 96).

Des Weiteren wird sichergestellt, wie eine Compliance-Organisation in das Unternehmen eingeplant werden kann, falls dort noch keine besteht. Daraufhin muss die Höhe des Aufwands, zur Einführung und Etablierung der eigenen Compliance-Organisation, in das zu kaufende Unternehmen, untersucht werden. So wird garantiert, dass die Integration des gekauften Unternehmens auch aus Compliance Gesichtspunkten unbehindert funktioniert (Quentmeier 2012, S. 54).

16.5.3 Compliance im Bereich Kartellrecht

Compliance im Bereich Kartellrecht vermeidet oder verringert unter anderem Risiken wie, Bußgelder gegen das Unternehmen und die damit einhergehende Wertminderung. Außerdem Bußgelder gegen die Geschäftsleitung und beugt besonders Schadenersatzansprüchen gegen das Unternehmen und die Mitarbeiter vor (Quentmeier 2012, S. 55). Darüber hinaus werden Störungen der betrieblichen Abläufe, sowie Strafverfolgungen und Haftstrafen im In- und Ausland verringert (Wecker 2009, S. 198). Ein Kartell meint den Zusammenschluss mehrerer Unternehmen, die darauf abzielen den Wettbewerb zu schwächen, indem sie eine marktbeherrschende Stellung einnehmen. Das Kartellrecht schließt alle Rechtsnormen die das Handeln der Marktteilnehmer und des Staates beschränken, um somit den Wettbewerb zu schützen, mit ein (Haag und Jantz 2019, S. 224). Es gilt also als das Rechtsgebiet, das sich mit der Freiheit des Wettbewerbs auseinandersetzt und jegliche Arten von unzulässigen Beschränkungen des Wettbewerbs zu verhindern versucht (Quentmeier 2012, S. 55). Ziel der Kartellrechtlichen-Compliance ist es Nachteile für das Unternehmen und die Mitarbeiter, durch die Vermeidung von Verstößen gegen das Kartellrecht, auszuschließen und gleichzeitig im Fall von Verstößen rechtzeitig und angemessen zu reagieren (Wecker 2009, S. 198). Zusätzlich soll eine Vermeidung von Missbrauch der marktbeherrschenden Stellung verfolgt werden (Quentmeier 2012, S. 56). Denn Kartellrechtsverstöße haben vor allem gravierende Image- und Reputationsschäden zur Folge (Schmola 2016, S. 245). Alle Unternehmen sind vom Kartellrecht betroffen und an den Regelungen gebunden, sowohl Einzelunternehmen als auch multinationale, global agierende Unternehmen. Denn das Kartellrecht sorgt für einen Schutz der Funktionsfähigkeit des Wettbewerbs, abgesehen von der Größe und Bedeutung der Unternehmen, von denen Beschränkungen des Wettbewerbs hervorgehen. Im Kartellrecht werden unter anderem Bereiche wie, die Verbote wettbewerbsbeschränkender Vereinbarungen, Verbot von Vereinbarungen zwischen Unternehmen und aufeinander abgestimmten Verhaltensweisen, die eine Verhinderung oder Fälschung des Wettbewerbs bezwecken, geregelt. Zusätzlich werden die Regelungen zu einer Zusammenschlusskontrolle und das Ausnutzen einer marktbeherrschenden Stellung festgelegt (Quentmeier 2012, S. 55).

Besonders Compliance im Bereich Kartellrecht ist in vielen Unternehmen ohne viel organisatorischen Aufwand möglich. Oftmals genügen eine gute Organisation der Mitarbeiter, überschaubare Verhaltensregeln sowie regelmäßige Schulungen. Lediglich bei einzelnen Unternehmen, kann der Aufwand aufgrund der Größe des Unternehmens höher sein. Dennoch gleicht sich dies aus, weil der Schutz der Geschäftsleitung, Mitarbeiter und der Eigentümer des Unternehmens gewährleistet wird. Denn die Kartellrechts-Compliance muss der Geschäftsleitung die Risiken im Unternehmen aufzeigen (Wecker 2009, S. 198).

16.5.4 Das krankenhausspezifische kartellrechtliche Compliance-Management-System

Die Integrierung eines angepassten kartellrechtlichen CMS ist von hoher Bedeutung, um besonders die aus Kartellrechtsverstößen hervorgehenden Konsequenzen zu vermeiden (Schmola 2016, S. 242). In einem effektiven kartellrechtlichen CMS im Krankenhaus wird zu allererst die kartellrechtliche Analyse der entscheidenden Compliance-Risiken, des Krankenhauses vorgenommen. Auf Grundlage der kartellrechtlichen Risikoanalyse werden daraufhin präventive Vorkehrungen getroffen, um künftige Kartellrechtsverstöße zu verhindern. Anschließend müssen die krankenhausinternen Vorgänge einer regelmäßigen Überprüfung unterzogen werden. Falls ein Kartellrechtsverstoß zum Vorschein kommt, müssen reaktive Maßnahmen zur Prüfung eingeleitet werden. Als Grundvoraussetzung eines wirksamen kartellrechtlichen CMS gilt der „Tone at the Top". Demnach ist es entscheidend, dass der Krankenhausträger und die Krankenhausleitung die Initiative ergreifen und das kartellrechtliche CMS in der Praxis vorbildlich widerspiegeln. Ferner muss deutlich vermittelt werden, dass ein Verstoß gegen das Kartellrecht enorme Folgen mit sich bringt. Die Kartellrechtsverstöße lassen sich im Idealfall, durch ein wirkungsvolles CMS zuvor schon verhindern. Besonders die präventive Funktion zur Aufdeckung von Kartellrechtsverstößen, ermöglichen dem Krankenhaus, frühzeitige Maßnahmen einzuführen. Schließlich wird das Risiko von Bußgeldern, Schadenersatzansprüchen und Reputationsschäden immens verringert oder sogar vermieden.

Die Integrierung eines angepassten kartellrechtlichen Compliance-Management-Systems ist von hoher Bedeutung, um besonders die aus Kartellrechtsverstößen hervorgehenden Konsequenzen zu vermeiden (Schmola 2016, S. 264).

16.6 Rechtsgrundlage der Compliance

In der Deutschen Rechtsordnung herrscht kein Gesetz zur Durchführung folgerichtiger Compliance-Maßnahmen und einer allgemeinen Compliance-Organisation seitens der Geschäftsleitung einer GmbH oder AG. Es gibt jedoch gesonderte Gesetze, nach denen Unternehmen aus bestimmten Bereichen ausdrücklich konkrete Organisationspflichten naheliegend an Compliance nachgehen müssen. Hierzu betroffen sind Kredit- und Finanzleistungsinstitute sowie die Versicherungsunternehmen (Wecker 2009, S. 37). So haben sich nach § 93 Abs. 1 AktG die Vorstandsmitglieder von Aktiengesellschaften an die Sorgfalt eines ordentlichen und gewissenhaften Geschäftsleiters zurichten. Dem Vorstand wurde hiermit gegenüber der Gesellschaft, bei der Ausübung seiner Geschäftsführung, eine besondere Pflichtenstellung gewährt. Des Weiteren gilt eine organschaftliche Pflicht des Vorstands gemäß der Legalitätskontrolle von Mitarbeitern im Unternehmen und der Durchführung von organisatorischen Maßnahmen (Schütz et al. 2018, S. 141). Eine weitere Compliance-Maßnahme stellt die Rechtsgrundlage in § 130 OWiG dar. Hier wird die Pflichtenstellung der Aktiengesellschaft als Inhaberin des Unternehmens deutlich. Alle Verstöße die einer bußgeldbewehrten Pflicht unterliegen, werden auf den Geschäftsführer zurückgeführt, falls der Verstoß auf eine Verletzung von Aufsichtspflichten bedingt wurde. Die Geschäftsleitung ist für die Einrichtung eines Compliance-Systems verantwortlich. Aus den vorausgegangenen Vorschriften gehen keine Verpflichtungen für konkrete Compliance-Maßnahmen hervor. Die Einrichtung von Compliance in einem Unternehmen hängt von der jeweiligen Branche, der Unternehmensstruktur, der Größe und Komplexität des Unternehmens, dem konkreten Unternehmensgegenstand und schließlich dem Unternehmens- Risikoprofil, ab (Wecker 2009, S. 37).

Nach § 93 Abs. 1 Satz 2 AktG muss der Vorstand geeignete organisatorische Maßnahmen treffen und ein Früherkennungs- und Überwachungssystem einrichten.

In diesem System gilt es bestandsgefährdende Entwicklungen und Risiken früh zu erkennen und Kontrollmaßnahmen, welche die Umsetzung der angeordneten Früherkennungsmaßnahmen überprüfen, einzuführen. Eine bestandsgefährdende Entwicklung meint beispielsweise existenzbedrohende Risiken für die Vermögens- oder Finanzlage der Gesellschaft oder des Unternehmens (Haag und Jantz 2019, S. 36).

Das Geschäftsleitungsorgan muss schließlich bei der Bestimmung der Anforderungen und der Feststellung einer Compliance-Organisation nach gründlichen Ermittlungen der Risikofaktoren einigen Pflichten nachgehen. So muss das Risikoszenario des Unternehmens sowie das individuelle Gefahrenpotenzial bewertet und beurteilt werden. Zudem muss sich die Geschäftsleitung die Konsequenzen, die bei Eintreffen eines spezifischen Risikos entstehen können, vor Augen führen (Wecker 2009, S. 38). Wenn die Geschäftsleitung kein Überwachungssystem einrichtet und für die Gesellschaft daraus ein Schaden entsteht, erfolgt für den Vorstand ein Sorgfaltsverstoß im Sinne von § 93 Abs. 2 AktG. Infolgedessen ist der Aufsichtsrat verpflichtet Schadenersatzansprüche aufgrund einer Verletzung der Sorgfaltspflicht durchzusetzen (Haag und Jantz 2019, S. 36).

16.7 Compliance-Risiken

Bei der Behandlung und Identifikation von Compliance-Risiken soll begünstigt werden, dass Unternehmen ihre Strategie unter bewusster Hinnahme von Risiken im gesetzlichen Rahmen und in einer ethisch angebrachten Art durch Eigenverantwortung der Mitarbeiter umsetzen können. Fehlverhalten der Mitarbeiter lassen sich auf eine Nicht-Identifizierung und Missachtung von Compliance-Risiken zurückführen. Hieraus ergibt sich eine Nichteinhaltung von regulatorischen, gesetzlichen und unternehmensinternen Vorschriften, einschließlich der Standards. Compliance knüpft somit an Fehlverhalten von Menschen an. Zu den Compliance-Risiken und deren Auswirkungen auf das Mitarbeiterverhalten zählen unter anderem falsche Anreizsysteme, die dafür sorgen das Mitarbeiter Gesetze sowie interne Vorschriften missachten. Weitere Risiken können eine ungenügende oder mangelhafte Kommunikation sein, die aufgrund der resultierenden Verunsicherungen und Gerüchten seitens der Mitarbeiter zu einer erhöhten Fehlerquote oder sogar dem Verlust wichtiger Mitarbeiter führen. Des Weiteren sind unklare und unübersichtliche Weisungssysteme sowie Verhaltensregeln dafür verantwortlich, dass Fehler in Arbeitsvorgängen auftreten. Ferner gelten uneinheitliche betriebsinterne Standards als Risiko und gehen mit einer fehlerhaften und unterschiedlichen Umsetzung gleicher Probleme durch die Mitarbeiter einher (Quentmeier 2012, S. 48 f).

Aus Non Compliance, sprich menschliches Fehlverhalten, resultieren Folgen wie finanzielle Verluste, rechtliche und regulatorische Sanktionen sowie Maßnahmen der Aufsichtsbehörden. Zusätzlich können eine Destabilisierung des Unternehmens und Reputationsschäden entstehen, welche sich in Form eines Vertrauensverlusts am Markt äußern. Compliance-Risiken sind eigenverantwortliche Risiken und knüpfen an

Fehlverhalten von Menschen an. Durch eine gut funktionierende Compliance-Organisation kann dieses Fehlverhalten der Mitarbeiter präventiv gelenkt und vorzugsweise verhindert werden (Quentmeier 2012, S. 50 f).

16.8 Schlussfolgerung

Abschließend lässt sich sagen, dass Compliance für viele Unternehmen eine immer bedeutendere Rolle spielt und alle relevanten Prozessfelder, wie auch das Qualitätsmanagement im Unternehmen, umfasst. Denn die Compliance eines Unternehmens hat einen enormen Einfluss auf die Unternehmenskultur. Durch eine gut integrierte Compliance können Schäden und potenzielle Haftungsrisiken für das gesamte Unternehmen vermieden werden. Da Rechtsverstöße nicht nur mit rechtlichen Konsequenzen einhergehen, sondern auch hochgradige Folgen für das Image eines Unternehmens haben. Hinzu kommt das Compliance eine Steigerung der Unternehmenseffizienz gewährleistet und einen wesentlichen Beitrag zum Unternehmenserfolg und der Kundenzufriedenheit leistet.

Gleichzeitig bringt das integrieren eines Compliance-Management-System in die Unternehmensstruktur zahlreiche Vorteile mit sich. Denn Gesetzesverstöße werden reduziert, z. B. durch Vermeidung, frühzeitige Aufdeckung und rechtzeitige Sanktionierung von Fehlverhalten. Besonders durch ein eingegliedertes Risikomanagement können Haftung und Risiken vermieden werden.

Ferner werden Geschäftsbeziehungen und Organisationsstrukturen verbessert.

Literatur

Baumöl, U. (2009). Compliance. *Controlling – Zeitschrift für Erfolgsorientierte Unternehmenssteuerung, 21*(2), 106–108.

Haag, O., & Jantz, M. (2019). *Compliance im Unternehmen für Dummies* (1. Aufl.). Weinheim: WILEY-VCH.

Hein, R. (2016). *Erfolg im Compliance Management.* Wiesbaden: Springer Gabler. https://link.springer.com/content/pdf/10.1007%2F978-3-658-12848-7.pdf. Zugegriffen: 4. Nov. 2018.

Quentmeier, R. (2012). *Praxishandbuch Compliance.* Wiesbaden: Gabler. https://link.springer.com/content/pdf/10.1007%2F978-3-8349-7137-1.pdf. Zugegriffen: 14. Okt. 2018.

Schach, A., & Christoph, C. (2015). *Compliance in der Unternehmenskommunikation.* Wiesbaden: Springer Gabler. https://link.springer.com/content/pdf/10.1007%2F978-3-658-09471-3.pdf. Zugegriffen: 17. Nov. 2018.

Schmola, G. (2016). *Compliance, Governance und Risikomanagement im Krankenhaus.* In B. Rapp (Hrsg.) Wiesbaden: Springer Gabler. https://link.springer.com/content/pdf/10.1007%2F978-3-658-10667-6.pdf. Zugegriffen: 25. Okt. 2018.

Schneider, T. (2018). *Wirkungsvolle Compliance* (S. 21). Wiesbaden: Springer Gabler. https://link.springer.com/content/pdf/10.1007%2F978-3-662-55941-3.pdf. Zugegriffen: 7. Nov. 2018.

Schütz, M., Beckmann, R., & Röbken, H. (2018). *Compliance-Kontrolle in Organisationen* (S. 141). Wiesbaden: Springer Gabler. https://link.springer.com/content/pdf/10.1007%2F978-3-658-17471-2.pdf. Zugegriffen: 15. Okt. 2018.

Seidel, J., & Wendt, M. (2017). *Compliance in öffentlichen Unternehmen* (S. 15–32). Wiesbaden: Springer Gabler. https://link.springer.com/content/pdf/10.1007%2F978-3-658-15974-0.pdf. Zugegriffen: 6. Nov. 2018.

Wecker, G. (2009). *Compliance in der Unternehmerpraxis*. In H. v. Laak (Hrsg) (2.Aufl.) Wiesbaden: Gabler. https://link.springer.com/content/pdf/10.1007%2F978-3-8349-8282-7.pdf, Zugegriffen: 17. Okt. 2018.

Wecker, G. (2013). *Compliance in der Unternehmerpraxis*. In B. Ohl (Hrsg.) (3. Aufl., S. 21–29). Wiesbaden: Springer Gabler. https://books.google.de/books?id=CKQhBAAAQBAJ&dq=compliance&hl=de&source=gbs_navlinks_s. Zugegriffen: 25. Nov.2018.

Marketing und Benchmarking im Qualitätsmanagement aus der Sicht der Kostenträger

17

Gülcan Dilay Sener

17.1 Definitionen

17.1.1 Definition Marketing

Der Begriff Marketing hat zunächst etwas mit dem Wort „Markt" oder „Vermarktung" zu tun. Demnach ist ein essenzieller Punkt des Marketings der Kunde, der letztendlich den Markt bildet. Marketingtheorien befassen sind demzufolge überwiegend mit dem Kundenaspekt, dabei verlieren statistische Untersuchungen immer mehr deren Relevanz und somit wird die Kundenorientierung in den Fokus gelegt. Vor allem im Dienstleistungssektor liegt der Hauptaspekt des Marketings in der Kundenzufriedenheit. Denn durch die Zufriedenheit der Kunden, gelangen die Unternehmen zu einer kostenfreien und überzeugenden Werbung, mittels Mund- Propaganda (Simone Schmidt 2016, S. 154). Einer der wohlbekanntesten und gängigsten Definitionen des Marketings ist jedoch die Definition der American Marketing Association (AMA) aus dem Jahre 1985, denn dort wird Marketing als „Prozess von Planung und Umsetzung der Entwicklung, Preissetzung, Kommunikation und Distribution von Ideen, Gütern und Dienstleistungen zur Ermöglichung von Austauschprozessen, die die individuellen und organisationsbezogenen Zielsetzungen erfüllen" beschrieben (Ama.org 2018). Dementsprechend beinhaltet Marketing kurzgefasst, alles, was für einen Handel notwendig ist, bei dem der Nachfrager und Anbieter in derselben Weise zufrieden gestellt werden (Pappenhoff 2009, S. 99). Es gibt haufenweise Definitionen, die sich mit Dienstleistungen und der Verbreitung von Produkten in jeglicher Weise und den dazugehörigen Maßnahmen befassen.

G. D. Sener (✉)
Hochschule für Angewandte Wissenschaften Hamburg, Hamburg, Deutschland
E-Mail: GuelcanDilay.Sener@haw-hamburg.de

© Springer-Verlag GmbH Deutschland, ein Teil von Springer Nature 2020
W. Leal (Hrsg.), *Qualitätsmanagement in der Gesundheitsversorgung,* Erfolgskonzepte
Praxis- & Krankenhaus-Management, https://doi.org/10.1007/978-3-662-59675-3_17

Folglich demnach eine betriebsbezogene Definition des Marketings angepasst ans Krankenhaus: „Marketing im Sinne einer marktorientierten Unternehmensführung kennzeichnet die Ausrichtung aller relevanten Unternehmensaktivitäten auf die Wünsche und Bedürfnisse der Anspruchsgruppen" [Deutsche Marketing-Verband (DMV)]. Marketing berührt demgemäß das gesamte Unternehmen und beinhaltet verschiedene Anspruchsgruppen, dies sind die bedeutsamsten Aussagen. Marketing ist mehr als nur Kommunikation (Pappenhoff 2009, S. 98 f.).

17.1.2 Definition Benchmarking

Benchmarking wurde bereits in den 80er- Jahren als Methode des Managements geprägt. Es ist ein Instrument, welches ermöglicht, von anderen zu lernen und infolgedessen das eigene Handeln zu optimieren oder andernfalls neu durchzuführen (Grau 2019, S. 7).

„Vergleichende Orientierung an anderen Unternehmen (den jeweils besten der Branche) durch Konkurrenzanalysen und daraus resultierende Weiterentwicklung des eigenen Unternehmens" (Pschyrembel online 2018a).

Dies meint die Ausprägung eines Unternehmens oder den Vergleich von den jeweiligen Kennzahlen mit dem „Spitzenreiter" aus der Branche. Zentral hierbei ist es sich nicht mit dem Durchschnitt zu vergleichen, sondern wirklich mit den Besten, auch wenn Benchmarking oftmals so ausgeführt wird (Pappenhoff 2009, S. 116).

Nach den erneuerten gesetzlichen Rahmenbedingungen wird es in den kommenden Jahren bedeutsam wichtig sein, Parameter wie Kosten, Qualität und Zeit zu perfektionieren, um im wirtschaftlichen Wettbewerb überleben zu können. Die Managementmethode des Benchmarkings kann hierbei einen entscheidenden Beitrag zur Effizienz- und Qualitätsverbesserung ablegen. Dabei ist Benchmarking der systematische Ansatz zur Ermittlung und Umsetzung von Optimierungspotenzialen in dem eigentümlichen Unternehmen. Hierfür werden die eigenen Produkte, Prozesse sowie vielfältige Strategien mit denen der besten Unternehmen gegenübergestellt. Bei all dem werden nicht nur die Leistungsdefizite erfasst, sondern durch die Gegenüberstellung mit den besten Unternehmen entsprechende Lösungswege ausgemalt, wie sie zur Durchbringung der ermittelten Handhabungen verwendete Methodik in dem eigenständigen Unternehmen manifestieren und letztendlich verbessern können (Bredl et al. 2010, S. 785).

17.1.3 Definition Qualitätsmanagement

Die thematische Formung und die Definition des Qualität Begriffs im Gesundheitswesen wurde grundsätzlich durch Avedis Donabedian gestrickt, der amerikanische Arzt und Professor für Public Health und Soziologie, an der Universität von Michigan, USA war.

„Die Qualität ist der Umfang des Erfolges, der unter optimalen Verhältnissen und vertretbaren Kosten tatsächlich zu erreichen ist. […] Ergebnisse bleiben im Großen und Ganzen die ultimative Beurteilungsebene für die Wirksamkeit und Qualität der medizinischen Versorgung" (Avedis Donabedian).

Die Qualität im Gesundheitswesen wurde von Avedis Donabedian folglich definiert als Produkt aus den Faktoren Wissenschaft und Technologie, wie die Umsetzung in die klinische Praxis. Die daraus resultierende Qualität des Gesundheitswesens lässt sich mittels sieben Kennzeichen näher darlegen: Wirksamkeit *(effectiveness)*, Leistungsfähigkeit *(efficacy)*, Gleichheit *(equity)*, Rechtmäßigkeit *(legitimacy)*, Akzeptanz *(acceptability)*, Optimum *(optimality)* und Rentabilität *(efficiency)*. Diese Attribute, in verschiedenen Konstellationen oder auch einzeln, ermöglichen die Darstellung von Qualität, die dementsprechend dann bewertet werden können (Graf und Janssens 2008, S. 173).

17.1.4 Benchmarking und Qualitätsmanagement

Als Qualitätsmanagement wird die Gesamtheit der Maßnahmen zur Steuerung, Überwachung und Planung der Qualität eines betrieblichen Leistungsprozesses bezeichnet. Zwar stellt Benchmarking lediglich nur eine Komponente im Prozess des kontinuierlichen Qualitätsmanagements dar, sie ist jedoch als Ziel- und Leitstruktur von essenzieller Bedeutung. Aussichtsreich kann Benchmarking nur dann sein, sprich im Sinne einer Leistungssteigerung bzw. Qualitätssteigerung, wenn gewinnbringende Alternativen als die eigentümlichen Herangehensweisen erkannt werden. Je überwiegender das verwendbare Lernpotenzial ist, desto gelungener wird das Benchmarking sein. Die Wahl der eigenen Benchmark Strategie ist hierbei, deswegen sehr wichtig. Beim Benchmarking implizit ist eines der wichtigsten Komponenten die Bereitschaft zur Tapferkeit, erneuerte und andersartige Konzeptionen in die eigenen Prozesse und Strukturen zu integrieren, vor allem das Lernen voneinander trägt hier eine große Bedeutung. Die Differenzierung zwischen Qualitätsmanagement und Benchmarking wird in der Anwendung vereinzelt so streng aufrechterhalten. Häufig ist anstatt von Qualitätsmanagement auch von internem Benchmarking die Rede (Graf und Janssens 2008, S. 173).

17.2 Der Bedarf

Angesichts der immer mehr steigenden Konkurrenz, auch für Institutionen des Gesundheitswesens, wird das Thema Marketing in den kommenden Jahren immer mehr an Relevanz gewinnen (Schmidt 2016, S. 154). Es gibt zahlreiche Gründe die für eine Einführung eines strategischen Konzepts des Marketings in einer Institution des Gesundheitswesens sprechen. Dazu gehört zum einen, den abzusehenden wirtschaftlichen

Auslese Prozess der Krankenhäuser und Praxen in Deutschland ohne erhebliche Schäden zu durchstehen, dabei müssen die angelangten Institutionen sich in einem patienten-zentrierten Leistungswettkampf stets beharren. Zum anderen muss ein Krankenhaus für die Patienten und Patientinnen unter den sich frisch entfaltenden Wettbewerbs-bedingungen auffallend und unverzichtbar sein. Diese Individualität muss also in einer umfangenden Konzeption nicht nur extern, sondern auch intern korrespondiert werden (Prolog: Warum Marketing in einem Krankenhaus? 2009, S. 19).

> „Ich brauche einen Orientierungspunkt (benchmark), an dem wir uns messen können, um zu verstehen, in welche Richtung wir uns und unser Produkt entwickeln müssen" (Charles Christ).

Daraus kann man entziehen, dass Benchmarks sogenannte „repräsentative Bewertungs-maßstäbe" sind, welche die Qualität von Handlungsweisen, nicht nur in Form von Gestaltungen und Verfahren, sondern auch von Präparaten, evaluiert werden können. Die Grundannahme dabei sollte jedoch stets die Einsicht sein, dass man ohne einen Bench-mark mit einem Unternehmen, welches eine bessere Leistung aufweist, die eigene Leis-tung im Unternehmen nicht gesteigert werden kann. Das A und O um erfolgreich beim Benchmarking zu werden, ist die Annahme sich mit dem Besten auf der Branche zu ver-gleichen (Graf und Janssens 2008, S. 173).

Durch die Veröffentlichung des G- DRG- Systems (German Diagnosis Related Groups System), welches dafür da ist um die Krankenhausfinanzierungen leichter zu gestalten, wurde bedacht, durch den Gesetzesgeber einen zum Wirtschaftskampf steuernder Wettbewerb zwischen den Krankenhäusern gestartet. Heutzutage müssen Krankenhäuser sich zur Schau stellen, ob sie ihre geleisteten Handlungen wirtschaft-lich ausführen können oder nicht. Für das eigene Krankenhaus ist es von Bedeutung und nimmt auch immer mehr an Bedeutung zu, sich die Qualität der erbrachten Leistungen in den Fokus zu setzen. Besonders wichtig für die Geschäftsführungen und vor allem für die klinischen Einweiser, sind hierfür annehmbare Kennzahlen, um die Leistungser-bringungen in den wettkämpferischen Branchen abwägen zu können. Mittels der G-DRG Abrechnung und der erhobenen Daten für das externe Qualitätsmanagement fallen eine Menge von Kennzahlen an, die Auskunft über die Leistungserbringungen herleiten kön-nen. Diese Kennzahlen geben Aufschluss über die Kostendaten und den dazugehörigen Angaben, in was für einer Menge und welche Art von Ressourcen benutzt wurden. Besonders gut sind in solchen Fällen entsprechende Krankenhäuser, die an der Fall-kostenkalkulation teilgenommen haben. Durch Leistungs- und Kostendaten, wird jedes Jahr das G- DRG Systems verbessert. Die zusammengefassten Daten der DRG Fall-kostenkalkulation und der deutschlandweiten Leistungsdaten werden jahraus jahrein ausführlich publiziert, dies geschieht nach dem Paragraph 21 KHEntgG (Krankenhaus-entgeltgesetz) (InEK GmbH 2018). Erst durch einen wirtschaftlichen Handlungskonflikt, kommt meistens die Motivation auf, sich mit den Kennzahlen vertraut zu machen. Es ist jedoch immer folgerichtig, seinen eigenen Standpunkt im Konkurrenzkampf zu ken-nen und stets Ausschau nach passenden Entwicklungspotenzialen zu halten, um im

Geschäft zukunftsgerichtet an die Spitze zukommen. Besonders Ratens wert an dieser Stelle ist es, ein Benchmarking-, sprich eine Gegenüberstellung der eigenen Daten mit dem von einem anderen Krankenhaus-, durchzuführen (Fiori et al. 2015, S. 523). Außerdem bestimmt die Rolle der Außenpolitik der jeweiligen Institution eine entscheidende Rolle, die viel über den Erfolg der Institution aussagt. Die modernsten Überlegungen über raffinierte Darstellungsmöglichkeiten der eigenen Institution wird somit zu einem bestimmenden Erfolgskriterium (Prolog: Warum Marketing in einem Krankenhaus? 2009, S. 19).

17.3 Der Nutzen

Marketing im Gesundheitssektor ist eine noch relativ neue Disziplin. in den 60er und 70er Jahren war eine Kundenorientierung im Gesundheitssektor nicht so wichtig, wie es in der heutigen Zeit der Fall ist, denn die Nachfrage überrag das Angebot sowieso schon. Die Arbeiter und Arbeiterinnen in den Krankenhäusern, waren eher damit beschäftigt ihre Kapazitäten auszubreiten (Schreyögg et al. 2010, S. 162). Dem Gegenüber ist Benchmarking, sie ist keine „Zauberformel", die nach der ersten Anwendung alle vorherigen Schwierigkeiten entziffern kann. Um langwierige aussichtsreiche Ergebnisse zu erzielen, ist es von Bedeutung, dieses Benchmarking Konzept als ein dauerhaftes Projekt in das Praxismanagement aufzunehmen. Demgemäß ist es von großer Geltung immer wieder neue Benchmarking Projekte und Konzepte in Anspruch zu nehmen und sie mit höchster Vorsicht auszuführen (Hausegger 2007, S. 92). Qualitätsmanagement Experten und Fachkollegen führen alljährlich eine Überprüfung der medizinischen Qualitätsanforderungen durch, die über Überwachungsaudits erfolgen. Bei diesen Kontrollen rücken zyklisch breitgefächerte qualitätssichernde Tätigkeiten vor, welche die wesentlichen Qualitätsverbesserungen beschaffen (Selbmann 2011, S. 358). Mittlerweile stehen haufenweise verschiedene, dienstbehilfliche und zugleich so qualitativ gute Daten zur Anwendung vom Benchmarking zur Verfügung. Bekanntlich ist Management immerhin reichlich mehr als bloß das einfache generieren von Daten, dem gerechten aufteilen des Geldes und das vergleichen. Bei der Suche nach Auffälligkeiten oder bei der Identifizierung von Handlungsbereichen, bei denen Verbesserungen sinnreich wären, können Gegenüberstellungen und Kennzahlen hilfreich sein. Hierbei ist ein auffälliger Gegenüberstellungswert jedoch alleine nicht aufschlussreich. Denn es sollte in jedem Fall dem Grund der Auffälligkeit auf die Spuren gegangen werden. Meistens bilden vereinheitlichte Gegenüberstellungen und Kennzahlen nur einen Anhaltspunkt für breitere tiefer gehende Untersuchungen. Hierbei sollte man darauf achten, dass man nicht in die Vereinheitlichung gerät. Musterhaft kann man sagen, dass man ein kleines Krankenhaus, welches auf die Beihilfe von Honorarkräften für die zu erledigenden Arbeitsprozesse benötigt wird, nicht mit einem großen Krankenhaus vergleichen kann, wenn es um die Wettbewerbsfähigkeit bei den Personalkosten geht. Dasselbe Prinzip gilt auch manchmal für hoch spezialisierte Zentren. Wenn eine bestimmte Leistung im Krankenhaus aufgrund von zur knapper Wirtschaftlichkeit nicht erbracht werden kann, bedeutet dies nicht zwingend, dass diese Leistung aufgehoben werden muss, wobei man dabei noch beachten muss, ob es überhaupt vom Versorgungsauftrag her zugelassen werden würde. Hinsichtlich des Zusammenspiels von Fallmengen und Fallkosten und der hochgradigen Fixkosten, kann man den Schlüssel darin sehen, die Mengen zu erhöhen, wenn unter Vorbehalt der Bedarf dafür besteht und die in der Zukunft auftretenden Rahmenbedingungen der Ordnungspolitik dies zulassen (Fiori et al. 2015, S. 526).

17.3.1 Benchmarking Arten: internes Benchmarking und externes Benchmarking

Es gibt einmal das interne Benchmarking und dem gegenüber das externe Benchmarking. Das interne Benchmarking ist gekennzeichnet, durch den Vergleich von Prozessen oder Anforderungen die innerhalb eines Krankenhauses oder miteinander arbeitenden Institutionen durchgeführt werden, um einen Vergleich hinsichtlich der Leistung herstellen zu können und demzufolge dann Verbesserungspotenzial in den jeweiligen Schwachstellen herauszuarbeiten. Die Verwendung des internen Benchmarkings macht es einen möglich, für das eigene Krankenhaus ein Gegenüberstellungsobjekt das vermeintliche „Best- Practice" für sich zu gewinnen, und diese dann auf der Krankenhausebene zu erkennen und zu analysieren. Der Vorteil vom internem Benchmarking ist, dass die erforderlichen Daten und Kennzahlen ziemlich leicht zu beschaffen sind. Der Nachteil dabei ist jedoch klar, dass die Vergleiche nur auf der Krankenhausebene ausgeführt werden und es zur schwächeren Erneuerungen kommt, wie als beim externem Benchmarking. Im Gegensatz zum internem Benchmarking, gibt es das externe Benchmarking, dabei wird das eigene Unternehmen mit einem anderen Unternehmen aus der Branche oder aber auch Unternehmen die mit vergleichbaren Prozessen oder Anforderungen aus einer anderen Branche, in Relation gesetzt und somit wird das Krankenhaus anhand dessen verglichen. Eine wichtige Voraussetzung dabei ist, dass ein Unternehmen ausgewählt wird, welches vergleichbare Leistungen und Prozesse ausweist, um eine Gewährleistung der Ergebnisse auf das eigene Krankenhaus zu gestatten (Bredl et al. 2010, S. 790).

17.4 Mögliche Umsetzungsformate

In Krankenhäusern können auf verschiedensten Weisen Vergleiche jeglicher Art ausgeführt werden. Die Priorität wird jedoch bei jedem Krankenhaus die Kundenzufriedenheit darstellen, denn Sie ist der „Spitzenreiter", in den Branchen des Gesundheitswesens. Dem Gegenüber werden geschäftliche Daten, wie Belegungstage, Bettenauslastung oder Einkaufspreise im Vordergrund der Verwaltung stehen. Jedoch können Vergleiche zwischen einzelnen Prozessen und deren Abläufe auch sehr beachtenswert sein. Erforderlich dabei ist zu Beginn dieses Prozesses, Qualität für sich zu definieren, im Weiteren festzusetzen wie man diese messen will und welche Kriterien dafür notwendig sind. Denn nur dann können tatsächliche Vergleiche hergestellt werden (Weiß 2000, S. 133).

17.4.1 Fallbeispiel Bundesgeschäftsstelle für Qualitätssicherung

Die BQS (Bundesgeschäftsstelle Qualitätssicherung), führt seit 2001 den Fortgang des systematisch externen Qualitätsmanagements aus. Die erhobenen Daten von der BQS gestatten einen anonymen Vergleich der erbrachten Leistungen unter den verschiedenen Krankenhäusern, denn die BQS wertet die Daten alle anonym aus, ohne jegliche Namen von Krankenhäusern. Daher können die Ergebnisse nicht zugeordnet werden. Der Vorteil dieser Vorgehensweise ist, dass sich die beteiligten Krankenhäuser ihre geleisteten Handlungen im Vergleich zu anderen Krankenhäusern bewerten können und dadurch ihre eigenen Stärken identifizieren und somit auch zu Verbesserungsansätzen stoßen können. Bei sehr auffallenden Werten wird anschließend ein systematisches Gespräch zwischen dem Krankenhaus und der BQS geführt. Eine Einführung von Mindestmengen die als Ziel der Qualitätsverbesserung dienen soll, führt auf vergleichsweise ähnlichen Werten zwischen dem jeweiligen Krankenhaus sowie grundsätzlich auf Schlussfolgerungen des Benchmarkings zurück (Bredl et al. 2010, S. 791).

17.4.2 Fallbeispiel Benchmarking in der Sana Kliniken AG

Das neue Gesundheitswesen birgt einen Wirtschaftsmarkt mit verschärftem Wettbewerb und aufsteigender Transparenz mit sich. Die zunehmende Konkurrenz, die Ressourcenknappheit, der ansteigende Kostendruck dazu der Zielkonflikt zwischen der Aufrechterhaltung und der Erwerbskampf fordern die Akteure im Gesundheitswesen – besonders die Krankenhäuser und somit auch die jeweiligen Arbeitsbereiche – fixer auf sich erneuernde Rahmenbedingungen zu agieren, um wettbewerbsorientiert zu bleiben und das persönliche Dasein zu gewährleisten. Eine notwendige Bedingung, um in den jeweiligen Sektoren triumphierend wirken zu können, ist die Adaptionsfähigkeit, das eigenständige reflektieren der geleisteten Arbeiten und die Flexibilität, da der Fortschritt in diesem Zusammenhang die einzige Variable darlegt (Bredl et al. 2010, S. 794). Eine Benchmarking Analyse beabsichtigt, vermeintliche „Best- Practices" zu demaskieren, die anschließend als Richtwert sogenannte „Benchmarks" verwendet werden, um von der Ausgangslage dieser Erkenntniswerte, zu Verbesserungen bezüglich der Qualität im eigenen Krankenhaus zu erlangen. Durch den Druck eines Vergleichs mit einem Benchmarking Partner wird die Chance auf die Enthüllung von vermeintlichen Schwachpunkten im persönlichen Qualitätsniveau erhöht und Prozesse werden somit perfektioniert (Bredl et al. 2010, S. 795). Der anliegenste Ansatz für Best- Practice- Analysen ist hierbei eine Gegenüberstellung mit einzelnen Kliniken innerhalb eines Krankenhauses (Best in Company). Das interne Benchmarking wird bei den Sana Kliniken AG anhand des „Sana Analyzers" fertig gestellt. Der „Sana Analyzers", welcher webbasiert ist, stellt einen Vergleich von anonymisierten Daten wie, Leistung, Kosten und Personal auf Fachabteilungs- und Einrichtungsebenen und gestattet damit das Enthüllen von Schwachstellen, welche schlussendlich zur Optimierengen auf konzernweiter Ebene steuern können (Sana Kliniken AG 2012; Sana Kliniken AG 2007, S. 26). Erforscht wird in einem weiteren ausgebreiteten Fall eine Gegenüberstellung mit den Brachen- Besten (Best in Class) oder auch – im breitesten Ansatz – dort werden mehrere Branchen weltweit miteinbezogen auf einen gewissen Prozess der Wertschätzung unabhängig vom Fachgebiet (Albrecht und Töpfer 2017, S. 943). Beim letzten Ansatz wird folglich das konsequent höchste Niveau von Best Practice nämlich Business Excellence, als Wertbestimmung für die Erneuerungen beziehungsweise Verbesserungen im eigenen Krankenhaus als Bedingung gelegt. Beispielgebend können z. B. die Durchlaufgeschwindigkeiten in Service- oder Dienstleistungsprozessen, ein Vergleich zwischen der Durchführung der Aufgaben der Flugsicherung und der Gestaltung der OP Planung, oder aber auch die Servicequalitäten von Hotels sein, wie in einem Benchmarking Projekt von Kliniken mit Flugsicherung Frankfurt ausgeführt wurde (Künzel et al. 2007, S. 159 ff.; Schena und Scharfenorth 2003, S. 70). Es geht in beiden Prozessen um, die Gewährleistung eines hohen Sicherheitsstandards, die Sicherung des OP Betriebes und die Vergabe und Planung von Rechten beziehungsweise auch um Verspätungen eines Flug Betriebes.

Auf drei Bereiche von Hauptfragen wird sich besonders bei einem Benchmarking Prozess fokussiert:

1. In welchen Bereichen können wir besser werden? Wo haben wir Potenzial zum Erfolg? Welche kritischen Gebiete bzw. Erfolgsfaktoren für erforderliche Verbesserungen haben wir?
2. Wer ist auf welcher Art und Weise besser? Was sind Business Excellence Niveaus in allen vergleichenden branchenübergreifenden Unternehmen? Was sind Best Practice Werte inmitten der Branche im Krankenhaus? Was haben die Besten getan und wie haben sie es in die Realität umgesetzt?
3. Wie können wir diesen Werten nahe kommen? Wo müssen wir anlegen? Wie und mit welchem Prozess können wir diese Verbesserungen in das eigene Unternehmen einsetzen? (Albrecht und Töpfer 2017, S. 944).

Dabei gibt es fünf Phasen des Benchmarking Prozesses. Geeignete Benchmarking Objekte zu selektieren, gehört zu der ersten Aufgabe. Dafür ist die SWOT- Analyse gut geeignet, die Stärken- Schwächen-, und Chancen- Risiken Analysen beinhaltet. Außerdem sind Werttreiber- und Erfolgsfaktoren- Analysen ebenfalls hilfreich. Ebenfalls hilfreich und geeignet ist der Ursachen- Wirkungs- Diagramm, welcher: „Qualitätstechnik zur Analyse von Einflussfaktoren auf Qualitätsdefizite und Identifikation von Ursache-Wirkungs-Zusammenhängen als Diskussionsvorlage zur Erarbeitung von Lösungsvorschlägen für Qualitätsprobleme (Qualitätsmanagement)" darstellt

(Pschyrembel online 2018b). Um fündig nach einem annehmbaren Benchmarking Partner zu werden, können zunächst Sekundarinformationen in frei erreichbaren Quellen analysiert werden oder es werden einfach Informationen von Best Practice Institutionen verschaffen. Eine Möglichkeit an diese frei zugänglichen Informationen zu gelangen ist zum einen die Literatur oder Verbände aus dem Gesundheitssektor wie z. B. das deutsche Krankenhaus Institut (DKI). Um die Auswahl für einen möglichen Benchmarking Partner zu erleichtern, sollte man den Informationsbedarf spezifizieren und diesen schließlich in einem Informationsschema festhalten. Allgemein sollte man sich zunächst Sekundarinformationen raussuchen und auswerten um letztendlich erst dann auf die detaillierten Primärinformationen zugreifen, um sich einen groben Überblick zu verschaffen (Albrecht und Töpfer 2017, S. 945). Vergangene Ergebnisse haben aufgezeigt, dass Benchmarking Methoden angeknüpft mit dem Prozessbenchmarking die besten Resultate erzielen, denn es werden nicht nur die wirtschaftlichen Leistungsdaten, sondern auch Qualitätsmerkmale beachtet (Botti 2008, S. 335).

17.4.3 Die Ziele des Benchmarkings

Benchmarking hat eine Vielzahl von positiven Auswirkungen, die einen dabei helfen im eigenen Krankenhaus erfolgreicher zu werden. Zum einen wird ein Verständnis für die im eigenen Unternehmen laufenden Prozesse erzielt. Zum anderen werden Defizite im eigenen Unternehmen ersichtlicher und verständlicher, weshalb es überhaupt zu einem Defizit der Leistung führt. Hinzu kommt, dass durch die Benchmarking Analyse Messgrößen und Vergleichswerte aufgelistet werden, die einem dabei helfen zu sehen auf welchem Standpunkt das eigene Krankenhaus ist. Zu nächst liefert die Analyse Hinweise und Verbesserungsansätze in Methoden und Prozessen. Ebenso hilft es einem dabei einen guten Werdegang einzuschlagen Richtung Best- Practice oder aber auch in Richtung Best in Class. Außerdem gestattet es die Abschätzung von Lösungsalternativen für gegebene Probleme. Ebenso fördert es einen dabei einen konstanten Verbesserungsprozess in die Wege zu leiten. Demzufolge kann man sagen, dass das Benchmarking dafür geeignet ist, das eigene Krankenhaus in bestimmten Prozessen und Methoden bedacht zu optimieren. Dem Hinzu kann man eigene Entschlüsse und Lösungsansätze kreieren, die bei den Benchmarking Partnern bereits erfolgreich angewandt worden sind. Mithilfe der erhobenen Vergleichswerte ist das eigene Vorgehen sich einem Controlling zu unterwerfen und Maßnahmen ein zu einschlagen vertretbar (Bischoff et al. 2019, S. 8).

17.5 Herausforderungen

Die überwiegende Schwierigkeit beim Umsetzen des Benchmarkings besteht darin, dass es viel zu wenige Fachleute gibt, da das Benchmarking in dieser Form im Gesundheitswesen vor erst ein relativ junges Konzept darstellt. Ferner wird der Zugriff zu externen

Informationen im Gesundheitssektor als starker Knackpunkt angesehen, beispielsweise aufgrund von Datenschutzregelungen, Verwickelungen und gesetzlichen Verfahren (Bredl et al. 2015, S. 790). Das Best Practice Unternehmen oder bestenfalls sogar das Business Excellence Unternehmen zu finden ist erstmal nicht das Problem, viel mehr besteht die Schwierigkeit darin ein Unternehmen zu finden, welches bereit ist Benchmarking Partner zu werden. Die zwei Hauptgründe dafür sind, dass solche Unternehmen meistens sehr beliebt bei Anfragen für Benchmarking Partnerschaften sind und zum anderen die Unternehmen selbst auch darauf achten, ob sie aus dieser Partnerschaft einen Vorteil ziehen können. Wenn es dann zu einer Partnerschaft kommt, werden als erstes die Benchmarking Objekte erkannt und fixiert. Die oben genannte Stärken- und Schwächen Analyse kann einen dabei helfen in verschiedensten Bereichen herauszufinden, was gut funktioniert und was noch verbessert werden könnte. Die entnommenen Stärken und Schwächen aus dieser Analyse zeigen im Hinblick auf die Hauptprozesse und Hauptgeschäfte existenz- und erfolgsangreifende Risiken sowie wichtige Potenziale die zum Erfolg führen, in den kommenden Jahren auf. Als nächste Aufgabe steht bevor, die Gründe der Schwächen ausfindig zu machen und den Benchmarking Bereich zu bestimmen. Als Unterstützung hierbei kann man sich die sieben W- Fragen vornehmen: Wer, Warum, Wie, Was, Wo, Wann und Womit?

Nachdem das Benchmarking Objekt festgelegt wurde, kann man mit der inhaltlichen Analyse beginnen. Beim direkten Vergleich mit Stärken und Schwächen bei solchen Projekten beim Benchmarking Partner, ist der Lerneffekt nachweislich bereits relativ groß, da im Krankenhaus dann Wertschöpfungsprozesse mit einem anderen Bestreben und unter einem anderen Anblick betrachtet werden. Die darauffolgenden Stufen der Umsetzung, Erarbeitung und Kontrolle der Verbesserungsansätze zielen auf Tätigkeiten mit enormer Wirksamkeit ab und sind Bestand eines geführten Veränderungsmanagements. Physische Sachverhalte, also bestimmte Marktleistungen oder Technologien sind ausdrücklich einfacher nacharmbar. Es ist schwieriger die jeweiligen Erfolgspotenziale des Benchmarking Partners im eigenen Krankenhaus umzusetzen, je *intangibler* die Erfolgspotenziale sind, damit sind nicht greifbare also immaterielle Güter gemeint. Begonnen wird dieser Prozess mit einer Aufbesserung von Wertschöpfungsprozessen, fährt fort mit dem Verhalten der Mitarbeiter im Servicebereich anschließend der Optimierung der Unternehmenskultur und natürlich innerhalb des eigenen Krankenhauses den Beziehungen zu den Kunden. Gerade diese *intangiblen,* immateriellen und nicht greifbaren Erfolgspotenziale stellen die mächtigsten Gegnerschafts Vorteile dar (Albrecht und Töpfer 2017, S. 945–946). Es können jedoch auch eine Reihe von Gefahren bei Benchmarking Analysen und den Ergebnissen auftreten. Das worauf man als erstes achten sollte ist, dass man nicht Dinge vergleicht, die nicht verglichen werden können. Der direkte Vergleich im eigenen Krankenhaus muss eine entsprechende Gültigkeit mit sich bringen. Wichtig für die Gültigkeit sind vergleichbare Wertschöpfungsprozesse und Rahmenbedingungen sowie eine gleiche Ausgangssituation. Wenn diese vorhanden sind, dann zeigt sich das Benchmark, in anderen Unternehmen, welches Ergebnisse mit einem ausgeprägt größeren Niveau verwirklicht lassen hat.

Diese Feststellung kann Antrieb und Selbstvertrauen in die eigenen Befähigungen geben. Jedoch müssen im eigenen Krankenhaus schon gewisse Voraussetzungen angefertigt worden sein oder diese müssen sich relativ schnell anpassen lassen können. Ansonsten können Best-Practice Benchmarks sowie insbesondere Business- Excellence Benchmarks enttäuschend und entmutigend wirken. In der Regel kommt es erfahrungsgemäß viel mehr drauf an, die einzelnen Schritte des Benchmarking Partners „zu verstehen", und nicht nur versuchen das Ergebnis „zu imitieren". Im Vordergrund steht immer die Validität und Gültigkeit des direkten Vergleichs zwischen den Benchmarking Partnern, bei derartigen Benchmarking Projekten. Wenn die grundsätzlichen Anforderungen gegeben sind, wie z. B., die gleichen Rahmenbedingungen und eine gleiche Ausgangssituation, ist eine gute Vorarbeit des Benchmarkings in dem Sinne bedeutungsvoll. Die Prozesse in den Institutionen sollten durchschaubar für die Mitarbeiter sein und vor allem kapiert werden. Das Benchmarking ist dafür geeignet sein Unternehmen zu entwickeln in einzelnen Prozessen, dies muss jedoch auch von allen Mitarbeitern im eigenen Krankenhaus beachtet werden (Albrecht und Töpfer 2017, S. 945–946).

17.6 Schlussfolgerung

Benchmarking stellt bei der richtigen Anwendung einen facettenreichen Gewinn dar, welcher im aktuellen Gesundheitssystem sehr gebraucht wird, um das eigene Krankenhaus an das Beste Standard umzuwandeln. Zu denen gehören die einzelnen Prozesse und Produkte, sowie die dazu Gewinnung von neuen Patienten und Patientinnen und das bei dem sich rasch wandelnden Marktumfeld und der zusteigenden Konkurrenz. Benchmarking das Managementwerkzeug, nimmt sich als Ziel, verschiedene Veränderungen im Krankenhaus voranzutreiben, die es mit der Umsetzung der resultierenden Maßnahmen ermöglichen sollen, mit den Besten aus der Branche auf demselben Level zu sein oder im besten Fall sogar, der Spitzenreiter in der Branche zu sein. Hierbei ist es von großer Bedeutung nicht Scheu gegenüber Veränderungen zu sein und einen selbstbewussten Standpunkt zu besitzen, damit man das angestrebte Ziel ohne große Probleme erreichen kann. Vermehrte Personalentwicklungen und Wettbewerbsvorteile, die mit einer ansteigenden gesellschaftlich anerkannten festen Form des Benchmarkings ausgeführt werden, sollten als leistungsfähige und aussichtsreiche Prozedur eingefügt und langwierig in allen Abteilungen und Positionen ausgeführt werden. Benchmarking dient als „*Leistungs- Booster*" und bewirkt für das eigene Unternehmen eine erforderliche Qualitätsforderung, indem es Mängel enthüllt und analysiert, sich mit Zahlen, Daten und Fakten auseinandersetzt, dokumentiert und anschließend einen gegliederten Verbesserungsvorschlag aufzeigt (Bredl et al. 2015, S. 791). Man kann sagen, dass Kennzahlen alleine nicht zu einer Problemlösung führen können. Der Ausgangspunkt sollte nie nur die Auffälligkeit sein, sondern viel mehr dazu führen, dass man eine darauffolgende Analyse oder vielleicht sogar eine Diskussion startet, indem man das eigene Krankenhaus miteinbezieht und entsprechende Erfahrungen und Lösungsansätze anstrebt. Im Benchmarking verbirgt sich hinter jeder einzelnen Kennzahl etwas, womit man auf eine Auffälligkeit stoßen kann, oft ist die Ursache der Auffälligkeit jedoch etwas komplett Anderes, etwas was man nie erwarten hätte können. Dabei muss man sagen das an Kennzahlen verknüpfte Automatismen relativ riskant sein können. Strategische Entscheidungen können von Kennzahlen und dem Benchmarking gestützt werden, jedoch können sie nicht kumuliert werden (Fiori et al. 2015, S. 527). Abschließend kann festgestellt werden, dass Benchmarking als Hilfsmittel im Gesundheitswesen ebenfalls eindringen muss, um die zahlreichen Unternehmen im Gesundheitssektor, wie ein Forschungsinstitut, ein Krankenhaus oder ein Universitätsklinikum, verstärkt bei den wettbewerbstauglichen Komponenten – sei es Ressourcen, Patienten_innen, Studenten_tinnen oder aber auch wenn es um das Thema geht eine Führungsposition in Anspruch zu nehmen, zu unterstützen und dies bei den angeführten gesetzlichen Rahmenbedingungen (Bredl et al. 2010, S. 791).

Literatur

Albrecht, D., & Töpfer, A. (2017). In M. Albrecht, & A. Töpfe (Hrsg.), *Handbuch Changemanagement im Krankenhaus* (2. Aufl., S. 942–946). Berlin: Springer. https://link.springer.com/content/pdf/10.1007%2F978-3-642-20362-6.pdf. Zugegriffen: 18. Okt. 2018. https://doi.org/10.1007/978-3-642-20362-6_60.

Ama.org. (2018). Definition of Marketing. https://www.ama.org/AboutAMA/Pages/Definition-of-Marketing.aspx. Zugegriffen: 17. Sept. 2018.

Bischoff, S., Chudoba, D., Grau, M., Reischke, A., Watzlaw, J., & Wiesenhütter, C. (2019). Auszüge aus der Benchmarking-Studie Qualitätsmanagement Berlin-Brandenburg 2008. Ipo-it.com. https://www.ipo-it.com/fileadmin/publikationen_buecher/Broschuere_Ergebnisse_QM-Studie.pdf. Zugegriffen: 27. Dez. 2018.

Botti, J. (2008). Qualitäts- und Wirtschaftlichkeitswettbewerb. *Trauma und Berufskrankheit, 10*(3), 334–336. https://link.springer.com/content/pdf/10.1007%2Fs10039-008-1388-7.pdf. Zugegriffen: 26. Okt. 2018. https://doi.org/10.1007/s10039-008-1388-7.

Bredl, K., Hüsig, S., Angele, M., & Lüring, C. (2010). Strategisches Benchmarking. *Der Orthopäde, 39*(8), 785–791. https://link.springer.com/content/pdf/10.1007%2Fs00132-010-1634-0.pdf. Zugegriffen: 17. Dez. 2018. https://doi.org/10.1007/s00132-010-1634-0.

DMV. (2018). der DMV auf einen Blick – Deutscher Marketing Verband e.V.. Marketingverband.de. https://www.marketingverband.de/deutscher-marketing-verband/wir-ueber-uns/der-dmv-auf-einen-blick/. Zugegriffen: 17. Sept. 2018.

Fiori, W., Renner, S., Beckmann, M., Bunzemeier, H., & Roeder, N. (2015). Benchmarking im DRG-System – ein modernes und unterstützendes Instrument im Management. *Der Gynäkologe, 48*(7), 523–527. https://link.springer.com/content/pdf/10.1007%2Fs00129-015-3735-7.pdf. Zugegriffen: 15. Nov. 2018.

Graf, J., & Janssens, U. (2008). Historie des Qualitätsmanagements. *Intensivmedizin und Notfallmedizin, 45*(4), 171–181. https://link.springer.com/content/pdf/10.1007%2Fs00390-008-0880-4.pdf. Zugegriffen: 13 Dez. 2018.

Grau, M. (2019). Benchmarking: Innovation und kontinuierliche Verbesserung, ohne das Rad neu zu erfinden. Benchmarkingforum.de. https://benchmarkingforum.de/fileadmin/publikationen_buecher/Broschuere_Ergebnisse_QM-Studie.pdf. Zugegriffen: 12. Nov. 2018.

Hausegger, V. (2007). Benchmarking. Erfolgreiches Marketing für die Arztpraxis. (S. 91–94). https://page-one.springer.com/pdf/preview/10.1007/978-3-211-69775-7_9. Zugegriffen: 2. Sept. 2018. https://doi.org/10.1007/978-3-211-69775-7_9.

InEK GmbH. (2018). Datenlieferung gem. § 21 KHEntgG, InEK GmbH. G-drg.de. https://www.g-drg.de/Datenlieferung_gem._21_KHEntgG. Zugegriffen: 18. Nov. 2018.

Künzel, U., Koch, J., & Schlitt, U. (2007). Konzepte und Erfahrungen des Betrieblichen Gesundheitsmanagements (BMG) bei der Fraport AG – Was Krankenhäuser von einem Flughafenbetreiber lernen können. In U. Hellmann (Hrsg.), *Gesunde Mitarbeiter als Erfolgsfaktor – Ein neuer Weg zu mehr Qualität im Krankenhaus*, 159–214. Heidelberg: Economica-Verlag.

Pappenhoff, M. (2009). BWL für Mediziner im Krankenhaus Zusammenhänge verstehen – Erfolgreich argumentieren. *Krankenhaus-Hygiene + Infektionsverhütung, 31*(4), 86–150. https://link.springer.com/book/10.1007/978-3-540-89179-6. Zugegriffen: 6. Nov. 2018. https://doi.org/10.1007/978-3-540-89179-6_6.

Prolog: Warum Marketing in einem Krankenhaus? (2009). Krankenhausmarketing (S. 18–21). https://link.springer.com/chapter/10.1007/978-3-7985-1850-6_6. Zugegriffen: 28. Nov. 2018. https://doi.org/10.1007/978-3-7985-1850-6_6.

Pschyrembel.de. (2018a). *Pschyrembel Online*. https://www.pschyrembel.de/Benchmarking/T00WP/doc/. Zugegriffen: 14. Sept. 2018.

Pschyrembel.de. (2018b). Pschyrembel Online. https://www.pschyrembel.de/Ursachen-Wirkungs-Diagramm/T028K/doc/. Zugegriffen: 12. Dez. 2018.

Pschyrembel.de. (2018c). Pschyrembel Online. https://www.pschyrembel.de/Qualit%C3%A4tsmanagement/K00NR. Zugegriffen: 14. Sept. 2018.

Sana Kliniken AG. (2007). Vernetztes Wissen für die Zukunft: Geschäftsbericht 2007, München 2008.

Sana Kliniken AG. (2012). Ein einmaliger Datenpool ermöglicht exakte Leistungsvergleiche. Abfrage vom 30.06.2015. https://www.sana.de/medizin-gesundheit/qualitaet/benchmarking.html Zugegriffen: 10. Okt. 2018.

Schena, R., & Scharfenorth, K. (2003). Neutralität und Transparenz: Parallelen zwischen OP-Organisation und Flugplanung. *Das Krankenhaus, 95*(1), 70–72.

Schmidt, S. (2016). Marketing. Das QM-Handbuch (S. 153–159). https://link.springer.com/content/pdf/10.1007%2F978-3-662-49868-2.pdf. Zugegriffen: 28. Dez. 2018. https://doi.org/10.1007/978-3-662-49868-2_16.

Schreyögg, J., Potratz, A., Zerres, M., Helmig, B., Graf, A., Weinbrenner, S., Andersen, H., Mayer, L., Trommsdorff, V., Haßel, S., Nederegger, G., & Pawlu, C. (2010). Kundenmanagement. Management im Gesundheitswesen (S. 151–213). https://link.springer.com/chapter/10.1007/978-3-540-29465-8_9. Zugegriffen: 26. Nov. 2018. https://doi.org/10.1007/978-3-540-29465-8_9.

Selbmann, H. (2011). Qualitäts- und Risikomanagement in Gynäkologie und Geburtshilfe. *Der Gynäkologe, 44*(5), 353–360. https://link.springer.com/content/pdf/10.1007%2Fs00129-010-2695-1.pdf. Zugegriffen: 3. Nov. 2018. https://doi.org/10.1007/s00129-010-2695-1.

Weiß, P. (2000). Benchmarking. Praktische Qualitätsarbeit in Krankenhäusern (S. 133–136). https://link.springer.com/chapter/10.1007/978-3-7091-6778-6_7. Zugegriffen: 19. Dez. 2018. https://doi.org/10.1007/978-3-7091-6778-6_7.

Qualitätsmanagement und Digitalisierung – Projekt- und Qualitätsmanagement

18

Ahmet Cakir

18.1 Einleitung

Kein Markt oder auch keine Organisation kann ohne Grundsätze geführt werden, dies gilt für kleine und große Praxen unabhängig davon ob mit oder ohne Mitarbeiter, für fachübergreifende oder überörtliche Kooperationen. Es findet In allen Bereichen statt, von der Anmeldung über die diagnostischen Leistungen bis hin zum Notfall-, Hygiene- oder Gerätemanagement. In all den erwähnten Bereichen werden schon heute Instrumente des Qualitätsmanagements im Alltag angewandt. Dies auf alle relevanten Bereiche auszudehnen, trägt wesentlich zum Erfolg einer Praxis, eines Unternehmens oder auch eines Medizinischen Versorgungszentrums bei. In den letzten Jahrzehnten war der Weltmarkt von vielen Veränderungen geprägt. Der Markt hat sich teilweise vom Anbietermarkt zum Nachfragermarkt entwickelt. Dazu kommen noch die zunehmende Globalisierung und der Produktvielfalt. Dies hat zu immer stärkerem Wettbewerb geführt, wodurch die Qualität immer mehr an Bedeutung gewonnen hat. Auch die Digitalisierung ist einer der weitreichendsten Veränderungen unserer Zeit. Nahezu alle Bereiche des täglichen Lebens, die Gesellschaft und Arbeitswelt, sind von der digitalen Transformation betroffen. Mit dieser Ausarbeitung möchte ich die Auswirkung der Digitalisierung auf das Qualitätsmanagement verdeutlichen.

A. Cakir (✉)
Projekt- und Qualitätsmanagement,
Hochschule für Angewandte Wissenschaften Hamburg, Hamburg, Deutschland
E-Mail: Ahmet.Cakir@haw-hamburg.de

© Springer-Verlag GmbH Deutschland, ein Teil von Springer Nature 2020
W. Leal (Hrsg.), *Qualitätsmanagement in der Gesundheitsversorgung,* Erfolgskonzepte
Praxis- & Krankenhaus-Management, https://doi.org/10.1007/978-3-662-59675-3_18

18.2 Definition

Um klare und eindeutige Aussagen treffen zu können, ist es von essenzieller Bedeutung Begrifflichkeiten zu definieren. Bevor ich also inhaltlich auf Qualitätsmanagement und Digitalisierung eingehe, werde ich die Wörter definieren und ihre Vorstellungsinhalte als Begriffe festlegen. Da ich zwei unterschiedliche Begriffe untersuchen werde, werde ich jeweils die einzelnen Begriffe unabhängig voneinander definieren.

18.2.1 Definition des Begriffs Qualität und Management

Nach der Definition von DIN EN ISO 9004 ist Qualität die Gesamtheit von Eigenschaften eines Produktes oder einer Dienstleistung, die sich auf dessen Eignung zur Erfüllung festgelegter oder vorausgesetzter Erfordernisse beziehen. Qualität ist ein Merkmal für kompromisslose Standards und extrem hohe Voraussetzungen, die quasi zeitlos sind. Qualität ist auch etwas Subjektives und liegt in den Augen des Betrachters. Die Produkte haben die höchste Qualität, die am besten die Bedürfnisse des Verbrauchers erfüllen. Dies hängt eben von der Subjektiven Beurteilung des Kunden ab.

Qualität ist das Übereinstimmen von Produkten und/oder Dienstleistungen mit den vereinbarten Anforderungen. „Qualitas" beschreibt die lateinische Sprache wertneutral die Beschaffenheit oder Eigenschaft eines Gegenstandes (Rudert und Kiefer 2013, S. 16). Nach den Autoren Kamiske und Brauer wird der Begriff „Qualität" folgendermaßen definiert: „Qualität ist die Gesamtheit von Merkmalen einer Einheit bezüglich ihrer Eignung, festgelegte und vorausgesetzte Erfordernisse zu erfüllen" (Kamiske und Brauer 2003, S. 159).

Management kann sowohl leitende Funktionen in Unternehmen bezeichnen als auch Aufgaben wie Planung, Organisation und Kommunikation umfassen. Wie bei vielen Begrifflichkeiten dieses Spektrums, findet sich bei Management auch viele Unterschiedliche Definitionen. Die Begriffe Management bzw. Manager stammen ursprünglich aus dem amerikanischen Sprachgebrauch. Mit Management können drei unterschiedliche Dimensionen der Unternehmensführung gemeint sein, die Personelle Dimension, strukturelle Dimension und die prozessuale Dimension. Bei der Personelle Dimension, geht es um die Personen die das Unternehmen führen. Die strukturelle Dimension ist die Aufbauorganisation des Unternehmens. Zuletzt die prozessuale Dimension bei der es um die Tätigkeiten geht, aus denen das Führen des Unternehmens besteht (Herrmann und Fritz 2016, S. 10).

18.2.2 Definition des Begriffs Digitalisierung und Qualitätsmanagement

Bei der Digitalisierung geht es um die Auswirkung technischer Entwicklungen. Technische Entwicklungen und die Auswirkung auf Arbeiten hat es schon immer gegeben.

Zusammengefasst kann gesagt werden, dass Digitalisierung die wachsende Nutzung digitaler Geräte und die damit einhergehenden Veränderungen von Prozessen beschreibt, zum Beispiel in der Arbeitswelt, in der Wirtschaft und Gesellschaft.

Der Begriff der Digitalisierung hat mehrere Bedeutungen, zudem erwies sich eine allgemeingültige Definition als schwierig. Er kann die digitale Umwandlung und Darstellung bzw. Durchführung von Information bedeuten. Auch die Kommunikation oder die digitale Modifikation von Instrumenten, Geräten und Fahrzeugen kann es umhüllen. Es betrifft den Privat- und Berufsleben gleichermaßen Eine Konsequenz davon ist, dass Räumliche Entfernungen und organisatorische Grenzen verschwinden, während Beschleunigung und Anonymisierung zunehmen (Barton et al. 2018, S. 12).

Der Begriff „Qualitätsmanagement" beinhaltet die Gesamtheit der Maßnahmen zur Sicherung und Verbesserung der Qualität von Produkten und Herstellungsprozessen. Darin eingeschlossen ist die Vermeidung von Fehlern in allen Phasen der Leistungserstellung sowie eine strikte Kundenorientierung bei der Entwicklung neuer Produkte oder Dienstleistungen.

18.3 Nutzen und Bedarf

Da sowohl der Nutzen als auch der Bedarf von Qualitätsmanagement, Qualität und Digitalisierung wichtige Faktoren darstellen, die zu berücksichtigen werde ich jetzt etwas spezifischer drauf eingehen.

18.3.1 Nutzen und Bedarf von Qualitätsmanagement und Qualität

Zu Beginn kostet die Einführung eines Qualitätsmanagementsystems viel Schweiß, Geld und Mut, doch sind diese Anstrengungen meist rasch vergessen, wenn sich erst die positiven Auswirkungen der gesteigerten Qualität etabliert haben. Auch die Einführung eines Qualitätsmanagementsystems wird immer attraktiver und immer mehr Unternehmen wird dessen Notwendigkeit bewusst. Für ein modernes Qualitätsmanagementsystem ist die Kundenorientierung eine zentrale Voraussetzung. Für die Umsetzung eines Qualitätsmanagement-Systems gelten sogenannte Qualitätsmanagement-Normen als verpflichtender Leitfaden. Die international gültige Mindestanforderung stellt die bekannte Qualitätsnorm DIN EN ISO 9001 dar. Die ISO will mit diesen internationalen Normen ein übergeordnetes Qualitätsmanagement-System zur Verfügung stellen, das auf einen großen Bereich von Organisationen der Industrie und Wirtschaft anwendbar ist.

Qualitätsmanagement gehört in den Einrichtungen und Diensten mittlerweile zum Alltag. Neben den hohen Ansprüchen setzt Qualitätsmanagement ein umfassendes Fachwissen für alle Beteiligten voraus. Mehrere Faktoren müssen berücksichtigt werden damit ein modernes Qualitätsmanagementsystem von Erfolg gekrönt ist. Eins davon ist zum Beispiel, dass persönliche Eintreten der Unternehmensspitze für die Projektziele welches von elementarer Bedeutung für den erfolgreichen Verlauf des Projektes ist. Um die Qualität in einem Unternehmen zu verbessern bedarf es eines ganzheitlichen Konzeptes, welches die gewünschten Qualitätsstandards festlegt. Prozesse werden wiederholt niedergeschrieben, reflektiert, erfasst, verändert und ermittelt. Ein gutes Qualitätsmanagement verhilft dem Unternehmen, Kunden zu binden, sich Marktanteile dauerhaft zu sichern und dabei wirtschaftlich zu handeln, daher gewinnt es immer mehr an Bedeutung. Zudem soll das Qualitätsmanagement die Motivation des Managements und der Mitarbeiter stärken sowie schließlich zu einer positiven Entwicklung der gesamten Organisation beitragen. Größere Zufriedenheit durch verbesserte Abläufe und optimierte Strukturen sind nicht nur für Kunden, sondern auch für die Mitarbeiter die wesentlichen Vorteile.

Auch die damit verbundene Qualität gewinnt in den unterschiedlichsten Facetten, immer mehr an Bedeutung. Ein Beispiel dafür wäre im Bereich Gesättigte Märkte, welches dadurch gekennzeichnet ist, dass das Volumen verkaufter Produkte vorwiegend zum Ersatz vorhandener Güter dient. Oder im Bereich Fehlerkosten, denn Fehler beeinträchtigen die Qualität eines Produktes, man kann umgekehrt gute Qualität als die Abwesenheit von Fehlern bezeichnet. Auch im Bereich Umweltbewusstsein oder auch bezogen auf die Zunehmende Technisierung des Alltags, gewinnt die Qualität immer mehr an Bedeutung (Herrmann und Fritz 2016, S. 3).

Die Bestrebung nach Qualität ist kein neues Phänomen, sie besteht wohl seit Menschengedenken. So gab es die Forderung nach Qualität schon im Altertum im Römischen Reich, im Mittelalter und im Bereits aus dem alten Babylon ist bekannt das sie sich verpflichteten „auf Anhieb das Richtige zu tun". Sie brachten schon zu der Zeit eine Art Gesetzgebung welches sie „Kodex Hammurabi" nannten. Heute jedoch kann gesagt werden, dass der Kodex weder human noch effizient war. Ein Auszug aus dem Kodex welches klar den Widerspruch zu unserem modernen Empfinden von heute aufzeigt, war z. B. wenn der Baumeister für jemanden ein Haus baut und es nicht fest ausführt und das Haus, das er gebaut hat, einstürzt und den Eigentümer totschlägt, so soll jener Baumeister getötet werden. Im Römischen Reich jedoch begann eine neue Ära bezüglich des heutigen Qualitätsbegriffs auf. Es wurde auf Kundenforderungen gezielt eingegangen und auf die Beschaffenheit und Güte von Produkten geachtet. In dem Kontext tauchte der Begriff „Qualis" auf, was so viel Bedeutet wie, „wie beschaffen" etwas ist. Im Mittelalter begannen sich sogenannte Zünfte zusammen zu schließen. Eine Zunft entstand, wenn sich die Handwerker einer Gruppe zusammenschlossen, um die Wahrung ihrer gemeinsamen Interessen zu sichern. Die aus qualitätsbewusste Handwerksmeister bestehenden Zünfte versuchten sich mit Qualität, von den Konkurrenten abzuheben. Ein gemeinsames Interesse der Zunftmitglieder war z. B., dass die Ware eine gute Qualität haben sollte. Sie entschieden auch über die Höhe der Preise, um somit die Qualität bei allen anderen sicher zu stellen. Um 1770 n. Chr begann die industrielle Revolution. Sie nahm ihren Ausgang in England und breitete sich dann in Deutschland und weitere europäische Länder immer weiter aus. Die Qualität hat sich seit Beginn der Industrialisierung kontinuierlich weiterentwickelt und gewandelt. Zu der Zeit, setzte sich auch die Arbeitsteilung durch. Die Verantwortung für Kosten, Zeit, Mengen und Qualität wurden einzelnen Abteilungen zugeteilt. Auch die Herkunftsbezeichnung „Made in Germany" fand ihren Anfang im Industriezeitalter. Durch die Exporterfolge der Bundesrepublik Deutschland wurde nach dem Zweiten Weltkrieg „Made in Germany" sogar zu einem Synonym für das deutsche Wirtschaftswunder. So entstanden die ersten, bereits relativ detaillierten Qualitätsbeschreibungen (Weidner 2017, S. 6–8) Auch heute wird eine kontinuierliche Weiterentwicklung der Qualität gefordert und gefördert. Qualität ist eines der herausragenden Differenzierungsmerkmale im Wettbewerb. Kein Unternehmen wirbt mit schlechter Qualität, jedes Unternehmen versucht sich mit seiner Qualität zu profilieren und ist stetig dabei diese zu Erhalten und zu erweitern. Denn der Bedarf an Qualität steigt stetig. Immer mehr Kunden erwarten von einem Unternehmen einen Qualitätsnachweis in Form eines Zertifikats. Eine reine Qualitätsprüfung, beispielsweise in Form einer Endkontrolle, reicht dafür nicht aus. Vielmehr müssen die Qualitätsanforderungen während des gesamten Produktionszyklus von der Zulieferung des Materials bis zur Auslieferung des Produkts bzw. bis zur Erbringung der Dienstleistung und darüber hinaus überprüft und eingehalten werden.

18.3.2 Nutzen und Bedarf von Digitalisierung

Die Welt verändert sich schneller und weitreichender als zuvor und damit auch die Entwicklung der Digitalisierung. Digitalisierung ist ein relativ neues Phänomen, das mittlerweile an höchster Popularität gewonnen hat. Aber was ist dieses Neue Phänomen, das da, zunächst unbemerkt, alle Lebensäußerungen durchdringt. Ohne dass genau gesagt werden kann, wie es geschehen ist, hat sich der Geist des Digitalen der Realität inzwischen bemächtigt. Die Digitalisierung birgt innovative Herausforderungen und Möglichkeiten für Firmen, die neue Geschäftsmodelle, industrielle Produktion, digital vernetzt und die Arbeitswelt dadurch flexibler wird. Der schnelle Wandel, unter anderem durch die technologischen Fortschritte angestoßen, scheint den gesamte Lebensbereich des modernen Menschen zu beeinflussen. Des Weiteren hat die Digitalisierung Privatleben, geschäftliche Prozesse und Geschäftsmodelle erreicht. Bei der Digitalisierung werden Menschen und Dinge vernetzt, Prozesse und Produkte virtualisiert und Daten und Wissen sowie deren Austausch und Vernetzung vollzogen und erlangen eine immer größere Bedeutung (Barton et al. 2018, S. 12). Bei Prozessen darf damit jedoch nicht die Vollautomatisierung ohne jeglichen Einfluss bzw. Eingriff des Menschen verstanden werden. Ein Beispiel hierfür wäre, dass ein Programm welches ein Prozess steuert, bei entsprechender Notwendigkeit Aktionen einbindet, die dann eben von Menschen oder auch vom Cyber Physical Systems vollzogen werden. Das Cyber Physical

Systems bestehen aus miteinander kommunizierenden Geräten mit Software sowie mechanischen und elektronischen Komponenten (Fleischmann et al. 2018, S. 10). Vieles wird nur noch in digitaler Form verwendet wie Bilder, Texte und Musik. Mithilfe des mobilen Internets besteht die Möglichkeit sich zu jeder Zeit über alle möglichen Themen weltweit zu informieren, beschäftigen und zu vernetzen, womit eine ständige Erreichbarkeit einhergeht. Die Digitalisierung birgt innovative Herausforderungen und Möglichkeiten für Firmen, die neue Geschäftsmodelle, industrielle Produktion, digital vernetzt und die Arbeitswelt dadurch flexibler wird. Zusammengefasst kann gesagt werden, dass Digitalisierung die wachsende Nutzung digitaler Geräte und die damit einhergehenden Veränderungen von Prozessen beschreibt, zum Beispiel in der Arbeitswelt, in der Wirtschaft und Gesellschaft. Die Digitalisierung bietet viele Vorteile aber auch neue Herausforderungen die zu bewerkstelligen sind. Die Digitalisierung erleichtert den Alltag, Daten werden per Knopfdruck verschickt, ermöglicht einen raschen Datenfluss und bietet die Möglichkeit, schnell zu reagieren. Wie jedoch bereits erwähnt bringt die Digitalisierung, neben der Vielfalt und den Vorteilen auch Herausforderungen mit sich. Insbesondere wenn man die Aspekte des Qualitätsmanagements, also die laufende Verbesserung der Prozesse, müssen Prozessänderungen, die eine Änderung der Digitalisierung nach sich ziehen, schnell und mit möglichst geringem Aufwand umgesetzt werden können. Wie bereits mehrfach erwähnt hat die Digitalisierung in der Arbeitswelt längst Einzug gehalten. Alle sind sich einig, unabhängig davon ob Laien oder Profis, dieser Einzug der Digitalisierung in der Arbeitswelt kann sowohl positiver als auch negativer Natur sein zugleich. Alles ist verbunden und gleichzeitig sind alle vernetzt.

18.4 Auswirkung der Digitalisierung auf das Qualitätsmanagement

Im Geschäft sind Information das wichtigste Gut. Daher ist es umso wichtiger, sich auch in diesem Kontext mit Qualitätsmanagement zu beschäftigen und damit verbunden die Auswirkung der Digitalisierung auf das Qualitätsmanagement. Auch stellt sich allgemein die Frage, wie Unternehme mit dieser Umwandlung umgehen sollen. Wie kann gewährleistet werden, dass weitere Prozesse effizienter, schneller und sicherer werden. Hierfür gibt es einige Transformation Strategien. Es handelt sich um die Digitalisierung der Marktschließung und Digitalisierung der Geschäftsprozesse. Bei der Digitalisierung der Geschäftsprozesse geht es primär um Änderungen in der Aufbau- und Ablauf Organisation. Weiterhin zählen Änderungen der IT-Infrastruktur und der Ressourcenbereitstellung zu den Aufgaben die bewerkstelligt werden müssen. Damit auch kleine und mittlere Unternehmen den Wandel schaffen, werden Sie vom Bund und des ESF-Fonds unterstützt. Bei der Digitalisierung der Marktschließung geht es um eine Strategie die sich ausschließlich damit beschäftigt, wie und mit wem Geld gemacht wird oder anders ausgedrückt, Wie können neue Kundengruppen auch digital gewonnen werden. Hier geht es mehr um systematische Änderungen als um einen gänzlich neuen Ansatz. Hierzu werden Fragen entlang der Absatz- und Kundenseite ausdiskutiert. Hierfür gehören z. B. die Marketing- und Sales-Bereiche (Kugler und Anrich 2018, S. 4–5).

Ohne ein durchdachtes Qualitätsmanagement wird die Realisierung der Digitalisierung viele Komplikationen mit sich bringen. Um Stolpersteine und Komplikationen zu vermeiden, stellt das Qualitätsmanagement die Grundlage dar. Ein Qualitätsmanagement-System bietet Sicherheit und Flexibilität. Diese beiden Faktoren müssen heute mehr Beachtung erhalten, als je und eh. Die Kundenerwartungen und Ihre Interessen bauen auf Digitale Daten auf, diese wiederum vermehren sich heute mehr als je zuvor. Dadurch können sich die Kundenerwartungen und Ihre Interessen relativ schnell ändern, genau dieser Umstand zwingt einen Förmlich ein Qualitätsmanagement-System zu besitzen welches, Sicherheit und Flexibilität gewährleistet, dies wiederum führt zur nötiger Transparenz, Vermeidung von Fehlern und das sparen von Zeit und Geld (kuk-is 2017). Durch ein sogenanntes „Straight-Through-Processing" wird versucht, grundsätzlich einen hohen Qualitätsstandard und eine hohe Produktivität zu gewährleistet. Mit dem sogenannten „Straight-Through-Processing" soll ein minimaler Interaktionsaufwand bei der Verarbeitung von Inputs gewährleistet werden, um mit geringer Bearbeitungszeit einen fehlerfreien Output hervorzubringen. Um die Flexibilität zu gewährleisten, hat eine auch in Deutschland vorhandene Brokerage-Bank, die Automatisierung der Geschäftsprozesse in der Wertpapier-Order-Verarbeitung eingeführt. Dieser Vorgang führt wiederum dazu, dass Mitarbeiter nur dann tätig werden müssen, wenn eingegangenen Daten fehlerhaft waren. Was oft nicht beachtet wird, sind weitere Optimierungen herzustellen, weil zu sehr der Fokus daraufgelegt wird, sich auf die technische Leistung zu verlassen. Um eben solche und noch weitere Risiken umgehen zu können, die eine Digitalisierung mit sich bringt, bietet die Einführung eines Qualitätsmanagement-Systems ein taugliches Mittel an. Ein professionell gestaltetes Qualitätsmanagement sollte mehrere Grundsätze berücksichtigen, um trotz der Digitalisierung, langfristig betriebswirtschaftliche Erfolge zu gewährleisten. Zu den Grundsätzen zählt unter anderem die Kundenorientierung, Führung und Einbeziehung von Personen. Diese Themen wie „Führung" und „Einbeziehung aller Personen" werden sehr hochgeschätzt, weil sie wichtige Rahmenbedingungen schaffen, um die ständig wechselnden Anforderungen zu erfüllen. Qualitätsmanagement bedeutet mehr als qualitätssichernde Maßnahmen zu setzen, es beinhaltet auch Konzepte für die Anforderungen der Technik zu entwickeln und hervor zu bringen. Auch sogenannte Prozesskennzahlen fördern schnelle Reaktionen auf Änderungen. Dennoch muss betont werden, dass auch hier Kritikpunkte vorhanden sind, weil sowohl Datenredundanz als auch Übertragungsrisiken vorhanden sind. Denn die Daten müssen ein Weg in das Auswertungstool finden, gleichzeitig müssen bestimmte Daten manuell erhoben und in das Auswertungstool übertragen werden. Es kann festgehalten werden, dass Viele Produktions- und Dienstleistungsunternehmen, sowohl die Chancen als auch die Risiken dieser Entwicklung erfassen müssen. Dafür eignet sich ein Qualitätsmanagement-Systems als probates Mittel (frankfurt-school 2017).

18.5 Mögliche Umsetzungsformate der Digitalisierung im Qualitätsmanagement und ihre Herausforderungen

Es gibt auch Ansätze, die aufzeigen welche Möglichkeiten sich in Zukunft durch die Digitalisierung im Qualitätsmanagement anbieten und beschäftigen wird. Es handelt sich um Soziale Medien, Mobiles Arbeiten, Cloud und Analytics. Im Alltag wird Social Media oft auf soziale Netzwerke begrenzt. Jedoch ist die Welt der sozialen Medien inzwischen viel größer und bunter als nur Facebook, Pinterest und Instagram. Inzwischen gibt es für den Business-Bereich auch geeignete Netzwerke, wie Xing oder LinkedIn. Social Media oder soziale Medien sind in der Regel leicht zu bedienende Internet Anwendungen, die es Nutzern ermöglichen, Informationen auszutauschen, miteinander zu kommunizieren und sich untereinander zu vernetzen. Soziale Medien tragen auch zu einem Strukturwandel von Öffentlichkeit bei. Damit der Sinn von soziale Medien auch wirklich zu Geltung kommen kann benötigt es die Interaktion zwischen möglichst vielen Teilnehmern dieses Netzwerks. Eine neue Art der Interaktion auf sozialen Netzwerken ist das sogenannte Social Recruiting, die es ermöglicht per Instant-Messaging schnell und einfach Fragen zu stellen. Diese neue Art der Interaktion soll Personalbeschaffungen ermöglichen. Ein großer Vorteil bei Social Recruiting ist, dass die Beteiligten einen relativ direkten und freiwilligen Kontakt haben. Zudem können Fragen schnell und einfach gestellt werden. Es besteht auch die Möglichkeit, gestellte Fragen auf der Unternehmensseite zu veröffentlichen, dies können andere Bewerber mitverfolgen. Sollte ein Unternehmen gewisse Faktoren erfüllen und eine harmonische Kultur besitzen, wie Transparenz und gegenseitiges Vertrauen, könnte es auch die Interaktion zwischen Menschen unterschiedlicher Abteilungen innerhalb eines Unternehmens einleiten. Eine weitere produktive Zusammenkunft ist die in einem Mastermind-Gruppen. Diese Gruppen bieten den Mitgliedern eines Unternehmens, einen regelmäßigen Austausch von Ideen welches für sie Mitarbeitern von wichtiger Bedeutung sind. Es gab zwar auch in der Vergangenheit große Netzwerker jedoch unterscheidet es sich mit den heute verfügbaren Mitteln. Unterschiede sind unter anderem, dass man immer auf dem neusten Stand gehalten wird. Außerdem gibt es direkte und schnelle Kommunikation, sowie schnelles Feedback für geteilte Inhalte oder Ideen. Zudem ist die Kommunikation weltweit 24 Stunden rund um die Uhr möglich. Ein weiterer Trend der Digitalisierung im Qualitätsmanagement welche für unsere Zukunft eine große Rolle spielen kann, ist das Mobile arbeiten. Handys und Smartphones waren der erste Schritt auf dem Weg zur mobilen Kommunikation und inzwischen wurde der Computer vom Smartphone abgelöst (q-enthusiast 2018).

Vielfältige Möglichkeiten wurden die Türe geöffnet, wie z. B. das Scannen eines QR-Codes. Sie sind mit den Strichcodes auf Produktverpackungen verwandt. In QR-Codes lassen sich beliebige Informationen einbetten. Die Post kann beispielsweise als digitale Briefmarke zum Einsatz kommen oder bei der Bahn kommt sie beim Handy Fahrschein zum Einsatz. Auf Werbeplakaten führen QR-Codes den Betrachter auf eine Internetseite des Unternehmens. Den Mitarbeitern wird mithilfe mobiler

Geräte das Arbeiten unterwegs ermöglicht und erleichtert. Vor allem Smartphones sind aus unserer zunehmend digitalen Arbeitswelt nicht mehr wegzudenken. Der Dennoch ist der Umgang mit mobiler Datennutzung in vielen deutschen Firmen noch nicht ausgeschöpft. Smartphones werden aktuell häufig nur ausschließlich für Mails und Telefonate verwendet. Manche Mitarbeiter verwenden Whatsapp zu Zwecken der Kundenkommunikation. Auch das Ortsunabhängiges Lernen mit Live im Internet stattfindendes Seminare, sogenannte Webinaren, werden durch immer mehr vorhandene WLAN Netzwerken in Deutschland ermöglicht. Es gibt noch weitere attraktive Bemühungen das Arbeitsleben Mobiler zu gestalten, wie im Falle von Microsoft. Microsoft bemüht sich mit Veröffentlichung echter Office-Apps für Smartphones und Tablets das Arbeitsleben Mobiler zu gestellten. Eine weitere Entwicklung der Digitalisierung für eine ortsunabhängige Arbeit stellt Verwendung von Apps bei der Durchführung von Audits. Diese Apps liefern übersichtlich alle Kerninformationen zu Audits und deren Status bzw. Terminplanung. Eine Übersicht über sämtliche Aktivitäten und zugehöriger Termine im Auditprozess wird tagesgenau abgebildet. Das sind einige der Möglichkeiten die sich in Zukunft durch die Digitalisierung im Qualitätsmanagement, im Bereich der Mobilität ergeben können. Diese sollten als Chance und Werkzeug gesehen werden, um im Geschäftsleben produktiv mitwirken zu können. Mit der Integration des mobilen Arbeitens, steigt auch die Notwendigkeit, Daten ebenso ortsunabhängig und schnell zu verwalten und jederzeit darauf zugreifen zu können. (q-enthusiast 2018).

Die Entwicklung und Anpassung des mobilen Arbeitens hat zur Folge, dass mehr drauf geachtet werden muss, dass auf Daten Ortsunabhängig und schnell zugegriffen werden kann. Zudem besteht hier die Herausforderung im richtigen Umgang mit der Vielzahl an möglichen Daten. In diesem Zusammenhang kommen Cloud-Dienste ins Spiel. Cloud-Dienste synchronisieren automatisch die Dateien inmitten andersartigen Geräten, egal ob Smartphone oder Tablet. Dadurch bleiben umständliche Kontrollen überflüssig, ob die unterschiedlichen Versionen der Dateien identisch sind Um auf **allen Geräten die gleichen Daten abzurufen, erfordert heute nicht mehr das Kopieren mit dem USP-Stick von einem Computer auf einen anderen. Denn es war üblich, dass man seine Daten wie Fotos, Musik oder Dokumente auf einzelnen Geräten wie Computer oder Laptop speicherte. So entstand der Bedarf nach einer Speichermöglichkeit, auf die von überall aus zugegriffen werden kann. Jetzt gibt es die Möglichkeit alle Daten auf einem Speicherplatz im Internet, in der sogenannten Cloud zu sichern und so von mehreren Geräten darauf zugreifen zu können. Diesen Prozess zu optimieren ist eines der zwei Ziele der Cloud-Dienste. Weiterhin ergibt sich die Möglichkeit, generell kostenaufwendige Anbieter, für relativ kleines Geld auslagern zu können. Diese erfahrenen Anbieter würden sich dann für kleines Geld um Angelegenheiten wie Serverwartung, Backups und Berechtigungskonzepte anbieten. In diesem Kontext sollte besonders auf Hacker Angriffe und Datenschutz aufmerksam gemacht werden.** *Denno*ch muss sich jedes Unternehmen und jedweder Benutzer exakt überlegen, welcher Preis für die Vereinfachung bezahlt werden können, um sich nicht in unvorhersehbare Probleme zu stürzten. Der im Internet und in den

Unternehmen verfügbare Datenberg, auch Big Data genannt, wird immer größer, und lässt sich nur mit großer Mühe verarbeiten. Technologisch anspruchsvollere Tools und Programme sollen die Datenflut zähmen und übersichtlicher machen. Es wird ersichtlich, dass Soziale Medien, Mobiles Arbeit, Cloud und Analytics miteinander verknüpft sind. Lose Daten sind allerdings noch lange nicht der Garant für Erfolg, denn diese Daten müssen richtig verstanden und erkannt werden, sprich sie müssen richtig analysiert werden. Nachdem das Geschäftsziel der Analyse feststeht, sollte man eine Analysemethodik auswählen und damit Daten erfassen, um die Analyse zu unterstützen. Denn je mehr Daten über ein bestimmtes System erfasst wurde, desto besser kann es ein Unternehmen gelingen, bestimmte Gesetzmäßigkeiten oder Unregelmäßigkeiten zu erkennen, um diese für ihr Vorteile zu nutzen. Nach dem alle vier Zukünftige Trends dargelegt wurden, kann es den Anschein erwecken, dass Computern und Maschinen zu allem in der Lage sind, dass ist jedoch nicht das Fall. Was Computern und Maschinen nicht können ist die Unterscheidung zwischen Kausalität und Korrelation. Genau an diesen Punkt sollten sich auch die besorgten Menschen bzw. Arbeiter bewusstwerden, dass Sie gefragt sind. Es ist nämlich wichtig zu berücksichtigen, ob ein Sachverhalt den anderen verursacht, oder ob sich zwei Fakten nur zufällig so entwickeln, wie sie es tun. Diese Information sollte stets berücksichtigt werden, um nicht auf falsche Analysen zu kommen. Dies waren einige Beispiele an Möglichkeiten bzw. Trends die sich in Zukunft für die Digitalisierung im Qualitätsmanagement anbieten. Alle die erwähnten Punkte stehen mehr oder weniger in einer gewissen Abhängigkeit zueinander.

18.6   Schlussfolgerungen

Vorweg sollte festhalten werden, dass die Digitalisierung im Qualitätsmanagement ein relativ neues Phänomen ist und Ideen und Konzepte noch relativ neu zur Geltung kommen. Zusammengefasst kann gesagt werden, dass kein Markt oder auch keine Organisation ohne Grundsätze geführt werden kann, und zwar unabhängig ihrer Größe. Die Globalisierung und der Produktvielfalt haben bei den Unternehmen zu immer stärkerem Wettbewerb geführt, dadurch hat die Qualität immer mehr an Bedeutung gewonnen. Beispiele dafür wären im Bereich Gesättigte Märkte, im Bereich Fehlerkosten und im Bereich Umweltbewusstsein. Auch die Digitalisierung als grundlegendes Element der modernen Arbeitswelt, ist eine Entwicklung die es vorher in der Form nicht gab. Sowohl Management als auch die Qualität hatte bereits in der Vergangenheit eine große Rolle gespielt, auch wenn es praktisch gesehen Unterschiede aufwies. Die Bestrebung nach Qualität gab es bereits schon in der Vergangenheit im Altertum, im Römischen Reich, im Mittelalter und im Industriezeitalter. Auch gab es bereits in der Vergangenheit die Übereinstimmung das die Arbeit oder das Unternehme geführt und geleitet werden müssen. Mit Management können drei unterschiedliche Dimensionen der Unternehmensführung gemeint sein, die Personelle Dimension, strukturelle Dimension und die prozessualen Dimensionen. Kurzgefasst handelt es sich hierbei um die Führung, die Organisation und zuletzt die Tätigkeiten, aus denen das Führen des Unternehmens besteht. Qualitätsmanagement ist hingegen die Vermeidung von Fehlern in allen Phasen der Leistungserstellung sowie eine strikte Kundenorientierung bei der Entwicklung neuer Produkte oder Dienstleistungen. Die Einführung eines Qualitätsmanagementsystems ist in der Regel eine strategische Entscheidung, die von der Unternehmensführung getroffen wird. Im Qualitätsmanagement müssen gewisse Voraussetzungen erfüllt werden wie z. B. **kompetentes** und umfangreichen **Fachwissen. Wie bei jeder Veränderung bringt auch die Einführung eines Qualitätsmanagementsystems in der Regel Herausforderungen mit sich.** Die Auswirkung der Digitalisierung auf das Qualitätsmanagement. Es geht hierbei um die Frage, wie Unternehme mit dieser Umwandlung umgehen sollen und wie gewährleistet werden kann, dass weitere Prozesse effizienter, schneller und sicherer werden. Denn jede Aktivität kann als Prozess aufgefasst und entsprechend verbessert werden. Die Umsetzung der Digitalisierung wird viele, zum Teil nicht vorhersehbare Komplikationen mit sich bringen Ohne ein funktionierendes Qualitätsmanagement. Diese soll nämlich für die Sicherheit und die Flexibilität sorgen. Um einen hohen Qualitätsstandard und eine hohe Produktivität zu gewährleistet wird ein sogenanntes „Straight-Through-Processing" angewendet. Straight-Through-Processing soll für einen minimaleren Interaktionsaufwand bei der Verarbeitung von Inputs sorgen. Die Brokerage-Bank die Automatisierung der Geschäftsprozesse in der Wertpapier-Order-Verarbeitung eingeführt, um dadurch für Flexibilität zu sorgen. Einige Risikofaktoren sind, sich zu sehr auf die technische Leistung zu konzentrieren und dadurch weitere Optimierungen zu übersehen. Ein weiteres Problem kann die Datenredundanz als auch die Übertragungsrisiken sein. Die Auswirkung der Digitalisierung auf das Qualitätsmanagement muss also sensibel und durchdacht durchgeführt werden. Es hat seine Vorteile, bringt jedoch auch seine Risiken mit. Mögliche Umsetzungsformate der Digitalisierung im Qualitätsmanagement sind Soziale Medien, Mobiles Arbeiten, Cloud und Analytics. Für die Kommunikation die Vernetzung gibt es heute attraktive Netzwerke auch für den Business-Bereich wie z. B. Xing oder LinkedIn. Weitere Optimierungen für die Kommunikation stellt das sogenannte Social Recruiting und die Zusammenkunft in einem Mastermind-Gruppen. Für das Mobile arbeiten haben sich auch vielfaltige Möglichkeiten entwickelt z. B. das Scannen eines QR-Codes, Whatsapp zu Zwecken der Kundenkommunikation, Webinaren oder duch Veröffentlichung echter Office-Apps für Smartphones und Tablets. *Die Cloud-Dienste* **ermöglichen den Zugriff auf alle Daten an einem Speicherplatz im Internet, in der sogenannten Cloud zu sichern und so von mehreren Geräten darauf zugreifen zu können. Weiterhin bietet es die Möglichkeit kostenaufwändige Anbieter, für relativ kleines Geld auslagern zu können. Auch hier sollte die Anwendung durchdacht und sensibel verlaufen zum einen wegen den Datenschutz und zum anderen steigt das Risiko von Hacker angegriffen zu werden. Hier an dieser Stelle ist es wichtig zu erwähnen, dass sowohl Mensch als auch Maschine ihre unersetzbaren Funktionen haben.** Die Digitalisierung im Qualitätsmanagement ist ein Themenbereich, welches relativ neu Praktisch umgesetzt wird. Hier in der Ausarbeitung wurden einige Konzepte vorgestellt, ihre

Potenziale als auch die Risiken. Die Zukunft wird zeigen, wie gut beide zusammen Funktionen können und voneinander profitieren. Es ist interessant zu beobachten, welches Ergebnisse sich in Zukunft herauskristallisieren, ob es mehr Vorteile oder doch mehr Nachteile ergeben. Zum Schluss kann jedoch verständlicher Weise behauptet werden, dass sich die Digitalisierung im Qualitätsmanagement wohl oder übel durchsetzen wird. Das heißt, dass davon aus zu gehen ist, dass sich Unternehmen in den kommenden Jahren sehr bemühen werden einen guten Einstieg zu gewährleisten.

Literatur

Barton, T., Müller, C., & Seel, C. (2018). *Digitalisierung in Unternehmen Von den theoretischen Ansätzen zur praktischen Umsetzung*. Wiesbaden: Springer Vieweg.

Börschinger, R. (2017). Digitalisierung und Qualitätsmanagement. https://blog.frankfurt-school.de/digitalisierung-und-qualitatsmanagement/?lang=de. Zugegriffen: 4. Jan. 2019.

Fleischmann, A., Oppl, S., Schmidt, W., & Stary, C. (2018). *Ganzheitliche Digitalisierung von Prozessen: Perspektivenwechsel – Design Thinking – Wertegeleitete Interaktion*. – Wiesbaden: Springer Vieweg.

Frankl, F. (2018). Digitalisierung im Qualitätsmanagement. https://q-enthusiast.de/digitalisierung-im-qualitaetsmanagement/. Zugegriffen: 7. Jan. 2019.

Georg, E. W. (2017). *Qualitätsmanagement: Kompaktes Wissen, konkrete Umsetzung, praktische Arbeitshilfen*. München: Hanser.

Herrmann, J., & Fritz, H. (2016). *Qualitätsmanagement: Lehrbuch für Studium und Praxis*. München: Hanser.

Kamiske, G. F., & Brauer, J. (2003). *Qualitätsmanagement von A bis Z. Erläuterungen moderner Begriffe des Qualitätsmanagements*. München [u. a.]: Hanser.

Kugler, S., & Anrich, F. (2018). *Digitale Transformation im Mittelstand mit System: Wie KMU durch eine innovative Kultur den digitalen Wandel schaffen*. Wiesbaden: Springer Fachmedien.

Rudert, B., Kiefer, B. (2013). *Qualitätsmanagement: mit Mind Maps einfach und effektiv*. Hannover: Vincentz Network.